쉽게 배우고 바로 활용하는

사회복지 프로그램 개발과 평가 2판

조성우 · 안정선 · 최승희 · 김정선 공저

SOCIAL WELFARE PROGRAM DEVELOPMENT AND EVALUATION

학지사

2판 머리말

학생들에게: 왜 사회복지 프로그램 개발과 평가를 공부해야 할까요?

유능한 사회복지사가 되기 위해서는 클라이언트의 삶을 지금보다 더 나은 방향으로 변화시키고 그러한 변화를 객관적으로 입증할 수 있어야 합니다. 이것을 실현시키는 방법이 바로 프로그램 개발과 평가 역량을 갖추는 것입니다. 불과 20년 전만 해도 사회복지 현장에서 프로그램 개발과 평가의 중요성이 크게 강조되지 않았습니다. 단지 클라이언트를 헌신적으로 돕고 근면하게 일하는 인재를 우수한 사회복지사로 인정하는 경향이 있었습니다. 그러나 최근의 현장 분위기는 크게 달라졌습니다. 사회적으로 사회복지에 대한 관심이 크게 증가하면서 사회복지공동모금회, 기업복지재단, 해피빈과 같은 단체들이 막대한 기금을 가지고 사회복지기관을 지원하게 되었습니다. 이것은 사회복지사들에게 매우 중요한 기회로, 재정지원을 받는 사회복지사는 좋은 여건 속에서 프로그램을 운영하고 클라이언트를 성공적으로 변화시킬 수 있게 되었습니다. 반면에 안타깝게도 재정지원을 못 받은 사회복지사는 상대적으로 어려운 여건 속에서 프로그램을 힘들게 운영하게 되었습니다. 따라서 이제는 좋은 프로그램을 체계적으로 개발하고 이것을 계획서로 작성해서 제출하는 능력이 모든 사회복지사에게 중요해지고 있습니다. 또한 국가에 의한 사회복지시설 평가제도가 시행되면서 모든 사회복지사는 자신의 프로그램 성과를 평가해서 기관에 보고해야 합니다. 똑같은 일을 하고도 평가를 잘하는 사회복지사의 프로그램은 효과가 우수하다고 인정을 받고, 평가를 잘하지 못하는 사회복지사의 프로그램은 효과가 미흡하다고 판단받습니다. 그로 인해 우수한 성과를 보여 준 프로그램은 계속 운영되고, 성과 입증에 실패한 프로그램은 지속적인 운영이 불가능할 수도 있습니다. 이러한 상황을 보면 사회복지를 공부하는 모든 학생에게 이 과목을 열심히 공부하는 일이 얼마나 중요한지를 잘 이해할 수 있습니다. 모든 사회복지사의 희망은 자신의 실천을 통해 클라이언트를 변화시키는 것입니다. 이러한 변화가 펼쳐지는 곳이 바로 사회복지 프로그램 장면입니다. 그러므로 진정한 역량 있는 사회복지사가 되기 위해서는 학업에 대한 강한 의지를 가지고 프로그램 개발과 평가의 세계에 들어가야 합니다.

교수님들께: 왜 이 책으로 수업을 해야 할까요?

● 학생 눈높이에 맞는 교재

프로그램을 직접 운영해 본 경험이 없는 학생들에게 프로그램 개발과 평가는 생소하고 어려운 주제입니다. 기존의 교재들은 지나치게 전문적이거나 필요 이상으로 내용을 축약해서 오히려 이 과목에 대한 흥미를 떨어뜨리는 역효과가 나기도 했습니다. 저자들은 학생들이 이 책으로 독학을 해도 어느 정도 이해할 수 있을 만큼 쉽게 작성하는 데 초점을 두었습니다. 쉽게 이해하며 예습할 수 있는 교재라면 이 과목에 대한 학생들의 흥미를 높일 수 있고, 더 나아가 학생들이 프로그램 개발과 평가를 직접 수행하는 즐거움도 맛보게 될 것입니다. 이를 위해 저자들의 실무경험을 담아 '신입 사회복지사 최고야의 성장 이야기'를 소설 형식으로 각 장마다 제시했습니다.

● 쉽게 강의할 수 있는 교재

이 과목을 담당하는 대부분의 교수님들은 수업시간에 강의만 하지 않고 프로그램 개발, 모의시연, 평가훈련 등의 과제나 프로젝트를 함께 병행할 것입니다. 만약 교재가 어렵고 분량이 지나치게 많다면 제한된 시간 내에서 이 모든 것을 동시에 성공적으로 진행할 수 없습니다. 최근에 프로젝트 기반 학습(PBL) 등의 혁신 교수법이 대학교육 현장에 점차 확산되면서 짧은 강의(short teaching)에 대한 교육현장의 요구가 계속 증가하고 있습니다. 사실 한 학기에 프로그램 개발과 평가를 모두 강의하는 일은 매우 어렵습니다. 그러나 어려운 이야기를 쉽고 짧게 강의하는 데 이 책이 도움이 될 것입니다.

● 실무에 활용할 수 있는 교재

기존의 교재들은 이론 중심으로 구성되어 전문 지식을 구축하는 데 큰 도움이 되고 있으나, 학생들이 실제 프로그램을 개발하고 평가하는 실무능력을 쌓도록 교육하기에는 다소 한계가 있습니다. 이 책은 복잡하고 장황한 이론, 용어, 모델 등을 나열하는 방식을 과감히 버리고 당장 실무에 활용하기 위해 필요한 지식과 기술을 안내하는 데 초점을 두었습니다. 예를 들어, 이 책은 프로그램 목표를 개념적으로 설명하는 것보다는 실제로 목표문을 작성하는 방법을 안내하고 있고, 양적평가와 질적평가의 원리를 소개하는 것보다는 실제로 그러한 기법을 활용해서 어떻게 보고서를 작성하는지를 예시로 제시합니다. 이 책을 통해 충실히 공부한 학생이라면 현장에서 기본적인 프로그램 개발과 평가 업무를 원활하게 수행할 수 있도록 만드는 데 초점을 두었습니다.

● 프로그램 개발과 평가를 모두 가르치는 교재

그동안의 학교 수업은 프로그램 평가보다는 개발에 초점을 두고 진행되고 있습니다. 이 경우 두 가지 문제가 있습니다. 첫째, 프로그램을 체계적으로 계획하기 위해서는 평가 방법도 알아야 하는데, 평가를 충실히 배우지 못하면 프로그램 계획서를 제대로 작성할 수 없습니다. 둘째, 지난 10년 동안 수많은 프로포절 작성 경험을 통해 실천 현장의 관심은 이미 프로그램 개발보다는 평가로 이동하고 있는데, 학생들은 평가실무를 전혀 모른 채 현장에 투입된다는 점입니다. 현장에서 프로그램 개발에 대해 슈퍼비전이 가능한 관리자는 많으나, 평가를 지도할 사람은 턱없이 부족합니다. 따라서 이제는 사회복지를 공부하는 학생들에게 두 영역에 대한 균형 잡힌 이해가 필요하다는 판단하에, 이 책은 프로그램 개발과 평가의 비중을 50:50으로 동일하게 구성했습니다.

저자 소개와 감사 인사

저자들은 사회복지실천 현장에서 사회복지사로서 프로그램 기획 및 평가 업무를 담당하고, 각종 지원재단에서 프로포절 심사와 사업평가 자문을 제공한 경험이 있습니다. 그리고 지금도 현장을 방문해서 프로그램 기획, 평가, 리서치를 가르치고 있습니다. 이렇게 실무현장에서 얻은 경험들은 생생한 사회복지 현장감을 이 책에 불어넣는 데 큰 자산이 되었다고 생각합니다. 또한 故김상곤 교수님은 나머지 저자들과 특별한 인연을 맺으며 생전에 이 책을 함께 기획하신 후 우리 곁을 떠나셨습니다. 사회복지 프로그램 기획과 평가 전문가로서 김 교수님께서 남은 저자들에게 전해 주신 지혜와 격려를 기억하며 이 책을 집필했음을 밝힙니다. 끝으로 한 권의 책이 나오기까지 보이지 않는 곳에서 일해 주신 학지사 김진환 사장님과 직원 여러분께 깊이 감사드립니다.

2024년 3월 저자들 씀

차례

제 15 장 사업제안서 작성 기법 배우기 / 311

제1화

첫 출근

"임명장. 성명 최고야. 위 사람을 행복종합사회복지관의 사회복지사로 임명함. 20××년 9월 1일 관장 사임당." 관장님께서 우아하고 기품 있는 목소리로 이렇게 읽으신 후 나에게 임명장을 주셨다. 이것으로 사회복지사로서 새로운 삶이 시작되었다. 모든 선배 사회복지사 선생님이 우레와 같은 박수를 쳐 주었다. 내가 배치된 부서는 지역사회 주민에게 다양한 프로그램을 제공하는 서비스제공팀이다. 처음 이곳에 입사지원을 하고 합격발표 통지를 받았을 때는 너무 기뻤다. 그러나 막상 첫 출근을 하니 두려움이 앞선다. 나는 '내가 과연 사회복지사로서 일을 잘할 수 있을까? 그래, 해 보자.' 하고 다짐했다. 첫날 신입 직원 오리엔테이션에 참석했다. 한 남성이 들어왔다. 그의 옷은 비록 남루했지만 신분이 높아 보였다. 그는 자신을 이몽룡 부장이라고 소개했다. 이몽룡 부장님께서 복지관의 전반적인 사항을 안내해 주셨다. 부장님으로부터 복지관의 역사와 설립배경, 운영방향, 직원 수, 규모, 복무규정 등에 대해 안내를 받았다. 머리가 핑 돌았다. 무슨 말인지 이해하기 어려웠다. 그래도 다 이해하는 표정을 지었다. '모르는 표정을 지으면 지는 거야.' 그래서 가끔 부장님께 미소를 보이며 고개를 끄덕거렸다. 부장님은 자신의 설명을 내가 이해하는 것으로 받아들이고 점점 열정을 가지고 많은 말씀을 하셨다. 졸리지만 꾹 참았다. 여기까지 와서 수업 때처럼 졸 수는 없다고 생각하며 허벅지를 꼬집었다. '그래, 나는 우리 대학의 자랑이다! 자면 안 돼!' 부장님께서는 신입 직원이 새로운 프로그램을 개발해서 공모전에서 당선되어야 한다는 말씀도 하셨다. '아하! 프로그램 개발과 평가 수업에서 교수님께서 하셨던 말씀이 이거였구나.' 사회복지사는 클라이언트를 위한 프로그램을 직접 개발해야 한다는 그 이야기. 나는 과연 프로그램을 잘 만들 수 있을까? 그럴 능력이 있을까?

---

* 이 이야기는 학생들이 교재의 본문을 좀 더 이해하기 쉽게 돕는 현장의 이야기로서 각 장마다 제시되어 있다.

1. 사회복지 프로그램 개발과 평가는 어떤 과목인가

사회복지 프로그램 개발과 평가는 어떤 과목인가? 이 질문에 쉽게 답변을 하기 위해서는 이 과목이 그동안 우리가 공부한 다른 교과목들과 어떤 관련이 있는지를 알아볼 필요가 있다.

하나의 우수한 사회복지 프로그램이 개발되기 위해서는 모든 전공교과목에서 배운 지식과 기술이 적극 활용되어야 한다. 사회복지학을 공부하는 학생들은 먼저 인간행동과 사회환경을 배운다. 그리고 직접실천(direct practice)과 관련된 과목으로 사회복지실천론, 사회복지실천기술론, 지역사회복지론을 공부한다. 간접실천(indirect practice)과 관련된 과목으로는 사회복지정책론, 사회복지행정론, 사회복지법제론 등을 공부한다. 그다음으로 아동복지론, 가족복지론, 노인복지론, 장애인복지론 등 전문적인 분야의 이론을 공부한다.

우리는 인간행동과 사회환경 교과목을 통해 인간의 심리사회적 발달특성을 이해하고, 생태체계적 관점 안에서 사회체계가 어떻게 인간과 영향을 주고받는지를 이해하게 된다. 이러한 이해를 바탕으로 클라이언트를 사정하고 클라이언트에게 개입하는 방법을 실천론과 실천기술론에서 공부한다. 그리고 생태체계적 관점에서 한 명의 클라이언트를 변화시키기 위해서는 지역사회 체계 전체를 변화시켜야 하기 때문에 지역사회복지론을 공부한다. 이와 더불어 실제로 사회복지기관이 어떻게 운영되는가를 사회복지행정론 교과목을 통해 이해한다. 끝으로 클라이언트 특성에 따라 세부적으로 다양한 사회복지실천 영역(아동복지, 노인복지, 장애인복지, 가족복지, 학교사회복지, 정신건강사회복지 등)을 공부한다.

졸업 후에는 사회복지사가 되어 모든 전공 지식과 기술을 총동원해서 실천 현장에서 클라이언트를 원조하는 업무를 수행하게 된다. 그렇다면 사회복지사는 어떤 장면에서 클라이언트를 만나게 될까? 바로 프로그램이 운영되는 장면을 통해서이다. 삶의 어려움과 위기 속에 있는 클라이언트는 사회복지기관을 방문하고 사회복지 프로그램과 서비스를 이용하면서 비로소 사회복지사를 만나게 된다. 사회복지사는 프로그램을 통해 클라이언트의 삶에 직접적인 영향을 미치게 된다. 따라서 프로그램이 운영되는 장면은 사회복지학을 전공하면서 공부한 모든 지식과 기술이 발휘되는 매우 의미 있고 중대한 무대가 된다.

[그림 1-1]을 보면 프로그램은 나무의 열매와 같다. 좋은 열매는 맛있고 영양이 풍부하듯이 좋은 프로그램은 클라이언트의 욕구를 충족시키고 실제로 클라이언트의 삶에 긍정적인 변화(change)를 가져다주어야 한다. 하나의 좋은 열매가 맺히기 위해서는 많은 준비가 필요하다. 우선, 비옥한 토양이 준비되어야 한다. 그리고 나무의 뿌리가 견고해야 하고 나무의 줄기가 튼튼해야 한다. 나무는 여러 개의 가지와 잎을 쭉 뻗어서 태양으로부터 양질의 빛을 흡수해야 한다. 그리고 적절한 양의 물을 공급받아 수분을 보충해야 한다.

마찬가지로 좋은 프로그램을 만들기 위해서는 인간행동과 사회환경 수업의 토양 위에서 사회복지실천론과 실천기술론의 뿌리를 튼튼하게 내리고, 사회복지행정론을 통해 줄기를 세우고, 지역사회복지론을 통해 각 분야로 가지를 뻗을 기반을 마련해

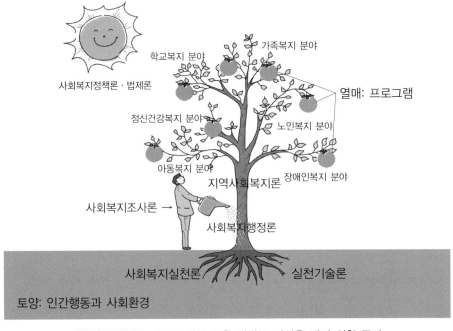

⊕ 그림 1-1 프로그램이 좋은 열매로 결실을 맺기 위한 준비

야 한다. 그리고 각 분야별로 전문 지식과 기술을 축적해야 한다. 이 외에도 나무 밖에서 중요한 자원을 공급받아야 하는데, 우선 각 분야마다 양질의 사회복지 정책과 법제도로 지원받아야 한다. 그리고 프로그램을 운영하고 난 뒤 결과를 조사하고 분석해야 하므로 사회복지조사론에 대한 기술도 반드시 필요하다. 이렇듯 하나의 사회복지 프로그램이 좋은 열매로서 기능하기 위해서는 그동안 공부한 모든 교과목이 종합적으로 활용되어야 하는 것이다.

2. 사회복지 현장에서 무슨 일이 일어나고 있는가

오늘날 사회복지사(social worker)는 소셜 디자이너(social designer)라고 해도 과언이 아니다. 사회복지사가 수행해야 할 역할은 매우 복합적이다. 상담자, 교육자, 중개자, 중재자, 옹호자, 기획가, 행정가, 정책 입안가 등 다양한 역할을 수행하고 있다. 그중에서도 프로그램 기획가나 설계자의 역할은 사회복지사가 수행하는 가장 빈번하고 중요한 업무이다. 사회복지사는 늘 개인과 사회를 변화시키기 위한 프로그램을 기획한다. 개인의 변화를 위한 프로그램을 기획하기도 하고, 가족이나 집단의 변화를 위한 프로그램을 기획하기도 한다. 나아가 지역사회와 사회 전체의 변화를 위한 프로그램을 기획하고 실행하는 업무도 수행한다.

프로그램 기획가로서 사회복지사의 역할이 중요해진 이유는 크게 두 가지로 볼 수 있다. 첫째, 민간모금기관의 기금 지원 때문이다. 사회복지공동모금회, 기업복지재단, 해피빈 등의 단체를 통해 프로그램에 대한 기금지원을 받는 기회가 급증함에 따라 사회복지사들은 이러한 단체에 수시로 사업제안서(프로포절)를 제출하고 있다. 제출된 사업제안서가 선정되면 원하는 프로그램을 실행할 수 있고, 탈락하게 되면 재정적인 어려움으로 프로그램을 시도조차 못하게 되기도 한다. 또한 사업제안서 당선 여부는 기관과 사회복지사 개인의 전문성 평판에도 영향을 미치게 되어 경쟁적으로 기금 확보를 위해 노력하고 있는 상황이다. 둘째, 사회복지시설 평가제도의 도입이다. 「사회복지사업법」에 의해 3년에 1회 이상 국가로부터 보조금을 받는 모든 사회복지기관은 정부로부터 평가를 받아야 한다. 실제 평가영역 중 프로그램 및 서비스 영역의 배점이 가장 큰 비율(45%)을 차지하고 있다(중앙사회서비스원, 2023). 그리고 개별 프로그램을 평가하는 지표로 프로그램 기획의 전문성, 프로그램 수행과정, 프로그램 평가 등의 내용으로 설정되어 있어서 이 제도를 통해 프로그램을 충실하게 기획·실행·평가했는지 확인하고 있다. 사회복지사의 프로그램 기획과 평가 역량이 점점 중요해지는 추세인 것이 분명하다.

3. 사회복지 프로그램이란 무엇인가

우리는 일상에서 프로그램이라는 용어를 자주 사용한다. 방송 프로그램, 컴퓨터 프로그램, 여행 프로그램, 교육 프로그램, 종교수련회 프로그램, 신입생 환영회 프로그램 등 삶의 다양한 영역에서 이 용어를 흔하게 접할 수 있고, 그만큼 다양한 의미로 활용하고 있다. 그렇다면 프로그램은 정확히 어떻게 정의될까?『표준국어대사전』에 따르면 다음과 같이 정의된다(국립국어원, 2023).

- 진행 계획이나 순서
- 연극이나 방송 따위의 진행 차례나 진행 목록
- 어떤 문제를 해결하기 위하여 그 처리 방법과 순서를 기술하여 컴퓨터에 주어지는 일련의 명령문 집합체

앞의 정의에서 우리는 한 가지 분명한 공통점을 찾을 수 있다. 그것은 프로그램이 특정한 목적을 이루기 위해 어떤 '활동'이나 '요소'들을 결합시켜 놓은 것이라는 사실이다. 프로그램은 마치 여행 상품 집합(packages)과 같다. 우리가 여행사에서 여행 상품을 구입하면 그 안에 교통, 숙박, 관광지 방문, 해설, 쇼핑 등 여러 서비스가 모두 포함되어 있다. 이렇듯 하나의 프로그램에는 여러 요소나 서비스가 서로 연결되어 있다. 예를 들어, 한부모가정 아동을 위한 방과 후 돌봄 프로그램에 참여하면, 이

용 아동은 접수, 면접, 학습지도, 문화체험, 지역사회 탐방 등의 다양한 서비스를 경험하게 된다. 이러한 특성을 참고해서 사회복지 프로그램이 어떻게 정의되는지 살펴보자.

사회복지 프로그램이란 사회복지실천의 목적을 성취하기 위해 설계된 조직적인 활동이다. 이러한 정의 안에는 두 가지 내용이 포함되어 있다. 첫째, 프로그램은 어떤 분명한 지향점을 가지고 있다는 것으로, 보통 이것을 목적 혹은 목표라 한다. 사회복지 프로그램의 목적과 목표는 반드시 클라이언트 혹은 지역사회(생태체계)를 변화시키겠다는 사회복지실천의 고유한 목적을 따라야 한다. 둘째, 하나의 프로그램은 다양한 서비스의 집합으로 구성되어 있다. 이러한 서비스 요소들은 목적과 목표를 이루기 위한 내용으로 서로 유기적으로 연결되어 클라이언트에게 제공된다.

⊕ 그림 1-2   **프로그램 정의**

한편, 프로그램 용어를 다양한 관점에서 이해하기 위해 여러 문헌에서 프로그램에 대해 어떻게 정의하는가를 한 번쯤 눈여겨보는 것도 도움이 된다. 사회복지사전에서는 프로그램을 "해야 할 일에 관한 계획과 지침"이라고 정의하고 있다(Barker, 1995). 또한 포퍼(Popper, 1959)는 사회복지 프로그램을 "희망하는 성과를 생산해 내는 일련의 활동"으로 설명했다. 유사한 의미로 "진술된 목적과 목표를 성취하기 위해 설계된, 사전에 조정된 일련의 활동"으로 정의된 적도 있다(Netting, Kettner, & McMurtry, 2008). 이러한 정의들은 사회복지실천 현장에서 나타나는 사회문제와 욕구를 확인하고 그것을 해결하기 위한 조직적인 활동으로 프로그램을 규정하고 있다. 그에 비해 패티(Patti, 1983)는 프로그램을 "조직의 설립이념 또는 사명을 충족시키기 위해 서비스 기술이 클라이언트 집단에게 적용되는 활동이 이루어지는 체계"라고 정의하고 있다. 이는 기관 중심적인 정의로서 프로그램을 조직의 설립이념 또는 사명을 성취하는 수단으로 보고 있는 것이다.

4. 사회복지관의 3대 기능 및 지역밀착형 사업

「사회복지사업법」(2024)에 따르면 사회복지관은 크게 세 가지 기능을 수행해야 한다. 첫째, 서비스제공 사업이다. 여기에는 가족기능강화, 지역사회보호, 교육문화, 자활지원 등의 프로그램이 포함된다. 둘째, 사례관리 사업이다. 여기에는 지역 내 보호가 필요한 클라이언트와 위기개입 대상자를 위한 사례발굴, 사례개입, 서비스연계 등의 프로그램이 포함된다. 셋째, 지역조직화 사업이다. 이것은 지역주민 조직화, 복지네트워크 구축, 자원개발 및 관리 등의 활동을 의미한다. 일반적으로 서비스제공 사업은 집단을 대상으로 프로그램을 실시하고, 사례관리 사업은 주로 개인을 대상으로 서비스를 제공하고, 지역조직화 사업은 지역사회 전체나 지역 주민들을 대상으로 프로그램을 제공한다. 즉, 3대 기능은 대상에 따라 어떤 기능을 발휘할지 결정하는 방식이다.

그러나 최근에는 대상에 따라 이러한 3대 기능을 별도로 운영하기보다는 한 지역 안에서 통합해서 운영하는 것이 더욱 효과적·효율적이라는 현장의 판단에 따라 지역밀착형 사회복지사업을 운영하는 사회복지관이 점차 증가하는 추세이다.

5. 사업, 프로그램, 서비스는 동일한 개념인가

사회복지 현장에서는 사업(business), 프로그램(program), 서비스(service)라는 용어가 혼용되어 언급된다. 어떤 사회복지사는 이 개념들이 동일한 개념이라 주장하고, 또 다른 사회복지사는 이것이 서로 다른 개념이라 주장하기도 한다. 과거에는 영리를 추구하는 기업 분야에서 '사업'이라는 용어를 주로 사용했고 비영리 · 사회복지 분야에서는 상대적으로 '프로그램' 혹은 '서비스'라는 용어를 더욱 선호해 왔으나, 현재는 영리 · 비영리의 모든 분야에서 이 세 가지 용어를 필요에 따라 모두 사용하고 있다. 사전적으로 정의하자면, 원래 프로그램이라는 용어가 가장 상위 개념이다. '어떤 목적을 갖고 계획된 활동'이 프로그램의 뜻이기 때문에 확장시켜 적용하면 국가 정책도 모두 프로그램이다. 예를 들어, 국민기초생활 보장제도, 국민연금제도, 건강보험제도, 고용보험제도, 산재보험제도 등의 사회보험 정책뿐 아니라 교육제도, 국방제도 등도 모두 특정한 목적을 가지고 계획된 활동이므로 프로그램이다. 그러나 프로그램이라는 용어를 사회복지기관에서 운영하는 활동 차원으로 제한해서 규정한다면 보통 [그림 1-3]과 같은 이해가 적절하다.

[그림 1-3]을 보면 하나의 프로그램은 여러 서비스를 보따리에 넣어 둔 것과도 같다. 그리고 기관에서는 유사한 프로그램을 묶어서 하나의 사업으로 관리한다. 이런

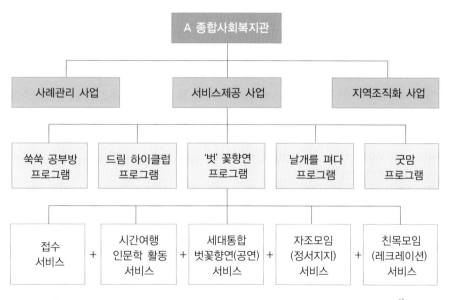

⊕ 그림 1-3   어느 복지관의 사업-프로그램-서비스의 위계적 구조(예)[1]

---

1) 태화기독교사회복지관의 사례이다.

구조에서 본다면 다음의 정의가 가능하다.

- 서비스: 클라이언트를 변화시키는 것과 관련된 활동으로 프로그램의 하위 구성 요소
- 프로그램: 특정 목적을 위해 연결된 서비스들의 집합
- 사업: 프로그램들을 관리하기 위해 구축한 상위 수준의 운영단위

물론 이 개념 구분이 유일한 정답은 아니다. 이렇게 구분을 해도 여전히 사회복지 현장에서는 회의를 하거나 보고서를 작성할 때 이들 용어를 구분하지 않고 사용한다. 그럼에도 불구하고 사회복지 프로그램을 공부한다면 한 번쯤 명확히 구분해서 이해할 필요가 있다.

6. 프로그램 개발 역량

새로운 프로그램을 만들고 싶다면 사회복지사는 어떤 전문 지식과 기술을 갖추어야 할까? 프로그램을 개발하는 단계별로 필요한 25가지 역량은 다음과 같다(안정선, 2011).

프로그램 개발 준비 단계
- 프로그램 기획의 의미와 필요성을 이해하는 능력
- 프로그램 기획의 전반적인 단계를 이해하는 능력
- 프로그램의 근거가 되는 이론과 전략을 명확히 제시하는 능력
- 질 높은 프로그램 개발과 평가를 위해 프로그램 관련 이론을 적용하는 능력
- 프로그램 기획에 필요한 선행연구를 탐색하는 능력
- 선행연구 결과를 읽고 정리하는 능력
- 논리모델(logic model)을 이해하고 적용하는 능력

프로그램 계획서 작성 단계

- 문제와 상황을 분석하는 능력
- 욕구를 파악하고 조사하는 능력
- 프로그램 목표를 수립(작성)하는 능력
- 목표에 대한 평가방법을 제시하는 능력
- 프로그램 논리와 전략 등을 간략한 도식화(표와 그림 등)를 통해 표현하는 능력
- 프로그램 목표를 성취하는 전략적 활동을 구성하는 능력
- 프로그램 홍보방법을 제시하는 능력
- 프로그램 수행에 적합한 예산안을 작성하는 능력
- 계획서를 타인이 잘 이해할 수 있게 작성하는 능력
- 계획서를 효과적으로 발표하는 능력

프로그램 평가 단계

- 각 프로그램 실행과 결과를 구체적으로 기록하는 능력
- 프로그램 만족도를 평가하는 능력
- 개별 클라이언트(변화)를 평가하는 능력
- 집단 프로그램 효과성 평가를 위한 실험설계 능력
- 질적 방법을 활용한 프로그램 평가 능력
- 프로그램 과정평가 능력
- 평가척도 선정 및 활용 능력
- 프로그램 평가지표, 목표값, 평가도구, 평가방법을 선정·제시하는 능력

이상의 25가지 역량은 사회복지사가 프로그램을 통해 클라이언트와 지역사회를 변화시키기 위해 갖추어야 하는 핵심역량이다. 당신은 현재 이러한 역량을 얼마나 갖추고 있는지 자가진단을 해 볼 필요가 있다. 만약 어떤 역량이 부족하다면 이 과목을 통해 체계적으로 학습해야 한다.

실무 연습 문제

1. 우리 지역사회의 다양한 사회복지기관의 홈페이지에 들어가서 어떤 프로그램을 운영하는지
   찾아보자. 이들 프로그램 중 가장 마음에 드는 프로그램을 선정해서 그 이유를 교수님 혹은
   동료들에게 설명해 보자.

2. 사회복지 프로그램을 3대 기능별로 구분해 보자. 최소 3개 이상의 종합사회복지관을 선정해
   서 그곳에서 제공하고 있는 다양한 사회복지 프로그램을 찾아보자. 그리고 프로그램 이름을
   서비스제공 사업, 사례관리 사업, 지역조직화 사업, 기타 중 어느 곳에 해당하는지 구분해서
   작성해 보자.

구분	프로그램 이름
서비스제공 사업	
사례관리 사업	
지역조직화 사업	
기타	

좋은 프로그램을
만들기 위해 준비하기

제2화

나는 사회복지사로서 현장에서 살아남을 수 있을까?

첫 출근 이후 며칠 동안은 각 부서를 방문하며 팀장님들로부터 각 팀의 업무를 안내받았다. 직원수가 20명 정도밖에 안 되는데 수십 가지의 프로그램이 운영된다는 점을 알고 깜짝 놀랐다. 사무실의 모든 선생님이 매우 분주해 보였다. 여기저기서 전화가 오고 지역 주민들이 선생님들을 찾고, 일하다 말고 갑자기 프로그램실로 뛰쳐나가는 선생님도 보였다. 여긴 마치 정글과도 같았다. '나는 복지관에 입사한 게 아니라 생존을 위해 투쟁해야 하는 정글에 뛰어든 게 아닐까? 나는 사회복지사로서 현장에서 살아남을 수 있을까?'

내가 배치된 서비스제공팀 팀장님의 이름은 홍날래이다. 뭔가 매서움이 느껴졌다. 팀장님은 경력 10년차의 베테랑 사회복지사이다. 사회복지직 공무원으로 일하다가 복지관으로 이직하셨다. 부하 직원들이 질문을 하면 막힘없이 바로 지시를 내린다. 너무나 멋져 보이고 카리스마가 느껴졌다. 오늘 팀장님 밑에서 집중적으로 배운 일은 공문서 작성법이다. 전직 공무원 출신답게 공문서 작성을 철저하게 교육하셨다. 나는 공문서 작성을 복지관에서 와서 처음으로 배웠다. 마침표를 안 찍어서 이렇게 혼난 적은 초등학교 시절에도 없었다. 마침표 때문에 혼난 내 모습이 서럽기도 했지만 이 과정이 지나면 나도 팀장님처럼 카리스마가 넘치는 사회복지사가 될 수 있다는 기대를 가지고 꾹 참았다. 오늘 퇴근할 무렵 팀장님께서 나를 부르셨다. "최고야 선생님. 전달할 사항이 있습니다." 나는 좁은 사무실에서 날쌘 표범처럼 전력질주로 1미터를 달려갔다. "네, 팀장님. 부르셨습니까?" 팀장님은 내 눈을 잠시 응시하시더니 침을 꼴딱 삼키셨다. 그의 입술에서 미세한 떨림을 감지할 수 있었다. 팀장님은 이렇게 말씀하셨다. "지역사회에서 청소년 문제가 증가하는 데 비해 현재 청소년 프로그램이 부족합니다. 그래서 이번에 우리 팀에서 새로운 프로그램을 개발하기로 했습니다. 내년부터 바로 운영할 것이고, 그 프로그램을 최고야 선생님께서 개발하는 것으로 팀장회의에서 결정 났습니다." "네? 뭐라구요? 그게 무슨 황당한 시추에이션…… 아니, 이해하기 어려운 말씀인가요? 저는 지난주에 입사했는데 뭘 안다고……." "원래 이 바닥이 그렇습니다. 대학에서 프로그램 개발과 평가 배웠잖아요. 그 과목 성적도 A+ 아닌가요? 일단 도전해 보세요. 여기 안해용 선생님께서 경험이 있어서 도와주실 겁니다." 헉! 이럴 수가! 솔직히 가슴이 철렁 내려앉았다. '오, 신이시여! 왜 저에게 이런 시련을 주시나이까?' 퇴근 시간이 되었는데도 눈앞이 캄캄해서 사무실에서 나오지 못하게 되었다. '프로그램을 어떻게 만들지? 도대체 어디서부터 시작해야 하는 거야?'

1. 좋은 프로그램이란 무엇인가

사회복지사는 좋은 프로그램(good program)을 만들어야 한다. 좋은 프로그램이란 클라이언트와 생태체계의 상호작용을 촉진해서 클라이언트의 삶에 바람직한 변화를 일으키는 영향력 있는 프로그램을 의미한다. 그렇다면 좋은 프로그램은 구체적으로 어떤 특징을 갖는가? 바로 우수한 직원, 충분한 예산, 안정적인 기금 확보, 고유한 정체성, 증거기반 조사능력, 개념적 · 이론적 기반, 서비스 철학, 실증적인 평가를 위한 체계적인 노력 등이 바로 좋은 프로그램의 여덟 가지 특징이다(Royse, Thyer, Padgett, & Logan, 2001). 각 항목을 우리나라의 상황에 맞게 설명하면 다음과 같다.

- 우수한 직원(staffing): 좋은 프로그램을 만들기 위해서는 유능한 직원들이 필요하다. 흔히 사회복지서비스를 휴먼서비스라고 말한다. 사회복지서비스는 인간(직원)이 스스로 도구나 재료가 되어 운영되는 서비스이다. 사회복지에 대한 전문성을 갖춘 직원이 프로그램을 기획하고 운영해야 양질의 서비스를 클라이언트에게 제공할 수 있다.
- 충분한 예산(budgets): 예산은 사전에 적절하게 배정되어야 한다. 실제 예산의 범위 안에서 프로그램 활동과 서비스를 구성해야 하므로, 만약 예산이 부족하다면 의도했던 활동을 하기 어려울 수 있다.
- 안정적인 기금 확보(stable funding): 좋은 프로그램은 기관 자체 예산 외에도 외부로부터 별도의 기금을 지원받아 재정을 충당한다. 대부분의 사회복지기관은 정부의 보조금, 이용료를 가지고 프로그램 예산을 마련하나, 최근 민간 기부문화의 활성화를 계기로 사회복지공동모금회, 기업복지재단, 해피빈 등의 기금제공 단체를 통해 많은 기금이 사회복지 프로그램에 배분되고 있다. 사회복지사가 사업제안서를 기금제공 단체에 제출하고 승인을 받게 되면 프로그램 전체 혹은 일부 예산을 지원받기도 한다.
- 고유한 정체성(recognized identity): 좋은 프로그램은 나름대로 긍정적인 평판

을 보유하고 있다. 좋은 평판은 프로그램의 고유한 정체성에서 시작되며, 독창적일수록 클라이언트는 프로그램을 쉽게 기억하고 긍정적으로 평가한다. 예를 들어, 많은 장애인복지 프로그램이 아동과 장년기의 발달장애인을 중심으로 서비스를 제공할 때, 새로운 프로그램이 처음으로 노년기 발달장애인에 초점을 두고 서비스를 제공한다면 사람들에게 새로운 이미지로 포지셔닝(positioning) 할 수 있게 된다.

- 증거기반 조사능력(evidence-based research foundation): 좋은 프로그램은 프로그램의 성과가 객관적으로 입증된다. 사회복지사는 클라이언트의 변화를 객관적인 증거를 통해 입증해야 한다. 객관적인 증거란 일반적으로 수량화된 자료를 의미한다. 과거에는 현장에서 프로그램을 평가할 때 면접자료, 소감문 등의 질적인 자료를 많이 활용했으나, 최근 평가의 추세는 양적평가를 우선적으로 활용하는 것이 강조되고 있다. 그 결과, 사회복지사는 목표 대비 결과를 보고하고, 만족도 설문조사를 수행하고, 심리측정을 하고, 실험설계를 활용해서 통계분석을 하는 등 양적평가 능력을 적극 활용하고 있다.

- 개념적 · 이론적 기반(conceptual or theoretical foundation): 좋은 프로그램은 학계에서 승인받은 건전한 이론적 모델 위에서 개발된다. 예를 들면, 인간행동과 사회환경, 사회복지실천론, 사회복지실천기술론 등의 교과목에서 배운 다양한 심리사회적 이론과 실천모델(일반체계이론, 생태체계모델, 행동주의이론, 인지행동이론, 과업중심모델, 인간중심모델, 해결중심상담 등)을 클라이언트를 이해하고 프로그램을 개발하는 데 적극적으로 활용할수록 프로그램의 우수성을 인정받기 쉽다.

- 서비스 철학(service philosophy): 좋은 프로그램은 분명한 서비스 철학을 가지고 있다. 서비스 철학이란 통상적으로 이 프로그램에서는 클라이언트를 어떻게 바라보고 대할 것인가를 규정한 명시적 혹은 암묵적 입장이다. 예를 들어, 다음의 두 가지 신념이 있다고 하자.

신념 1. 클라이언트는 자신의 삶을 결정할 능력을 가지고 있습니다.
신념 2. 우리는 전문가로서 클라이언트가 더 나은 삶을 살도록 변화시킬 것입니다.

신념 1은 강점관점을 지지하는 철학으로서, 이러한 철학을 진심으로 따른다면 사회복지사는 프로그램과 관련된 중요한 회의에 클라이언트도 함께 참여시켜 의견을 경청하고 의사결정도 함께 내릴 것이다. 신념 2는 전문가 중심 철학으로서, 이러한 철학을 따른다면 사회복지사는 프로그램과 관련된 중요한 결정을 직원들하고만 모여서 내릴 것이고 클라이언트에게는 주로 결과를 통보할 것이다. 사회복지 프로그램은 병리적 관점보다는 강점관점을, 문제중심과 결정론적 철학보다는 해결중심 철학을 서비스 철학으로서 좀 더 지지하고 있다.

● 실증적인 평가를 위한 체계적인 노력: 훌륭한 프로그램 기획가는 프로그램을 평가할 때 어떤 조사방법을 사용할 것인지 섬세하게 구상한다. 이를 위해서는 다양한 방법을 활용할 수 있어야 한다. 현장에서 흔히 만족도 조사, 심리검사, 목표 대비 결과 산출, 관찰, 심층면접 등의 방법이 활용되는데, 중요한 점은 아무 방법이나 편하게 사용하는 것이 아니라 각 조사방법에 대한 세밀한 검토를 통해 우수한 방법을 선택적으로 사용해야 한다는 것이다. 이러한 의사결정을 명확히 하기 위해서는 사회복지조사론과 자료분석론과 같은 교과목에 대한 충실한 이해와 활용능력이 필요하다.

2. 좋은 프로그램을 만들기 위한 준비

좋은 프로그램을 만들기 위해서는 다양한 준비 사항들이 있겠지만 기본적으로 책무성, 논리모델, 기획과정에 대한 이해가 필요하다.

1) 책무성에 대한 이해

현대 사회는 사회복지에 대해 신뢰성이 부족한 시대이다(Martin & Kettner, 1996). 사회복지에 국가예산이 투입되고 민간의 기금과 후원금이 지원되지만, 동시에 사회복지 프로그램이 돈을 낭비하는 사업이 아닌지 많은 사람이 의문을 표시하고 있다. 어떻게 이러한 의문이 생기게 되었을까? 서구에서는 제2차 세계대전 이후 막대한 예산을 사용하면서 사회복지사업을 실행해 왔으나 이후 복지정책의 성과를 입증하는 데 실패했다. 1970년대부터 복지국가 위기론이 등장했고, 사회복지 현장에서도 복지 프로그램의 효과성을 객관적으로 증명하는 데 실패하면서 사회적으로 사회복지에 대한 신뢰성이 무너졌다. 1980년 이후 많은 국가가 신자유주의 정책노선을 추구하게 되면서 복지 부문 예산을 삭감하는 대신에 경제발전 부문에 예산을 투입하였다. 특히 미국은 공공 부문의 성과관리를 추구하며 1993년에 연방정부 차원에서 「정부 수행과 결과법(Government Performance and Results Act: GPRA)」을 제정하고 모든 공공 부문이 사업의 과정과 결과를 객관적인 성과지표를 통해 평가하고 보고하도록 하였다. 그 결과, 미국의 사회복지서비스도 성과평가 중심으로 재편되고 말았다.

한국의 경우 1997년의 외환위기를 계기로 공공 부문의 관료제에 대한 지속적인 개혁을 추진하게 되었고, 성과관리제도를 도입하면서 정부와 공공기관의 주요 사업마다 성과목표를 세워 이를 달성하도록 하고 있다. 이러한 정부의 변화는 우리 사회에 성과평가 문화를 확산시켰고, 사회복지 영역에 영향을 주었다. 동시에 여러 시사방송 프로그램에서 앞다투어 사회복지시설의 비리와 인권 문제 등을 보도하면서 사회적으로 사회복지기관의 투명성 강화와 국가의 관리감독을 요구하는 목소리도 높아졌다. 그 결과, 1998년의 「사회복지사업법」 개정을 근거로 사회복지시설 평가제도가 도입되어 정부로부터 보조금을 받는 사회복지시설은 3년에 1회 이상 기관 운영 및 프로그램 성과에 대해 평가를 받게 되었다.

사회복지기관에 투입되는 예산은 모두 정부, 국민, 후원자, 이용자, 이용자의 가족들로부터 나온 것이다. 이들을 이해관계자들(stakeholders)이라 부른다. 이해관계자들은 사회복지기관에 재정을 제공하는 대신, 재정을 투명하게 사용하고 프로그램의 성과를 높이기를 요청한다. 사회복지사는 이러한 요청에 대해 책무성을 갖추어야 한다.

그렇다면 책무성이란 무엇인가? 책무성은 사회복지기관이 객관적인 증거를 통해 성과를 입증해서 프로그램의 정당성을 승인받는 능력이다. 사회복지조직은 책무성을 입증하기 위해 '프로그램에 투입된 재원을 적절하게 사용하고 있는가?' '계획된 표적집단에게 서비스를 제공하고 있는가?' '의도한 서비스를 얼마나 많이 제공하고 있는가?' 등에 관해 증거를 가지고 적절하게 설명할 수 있어야 한다(Rossi & Freeman, 1982). 책무성이 강조되면서 단순히 서비스를 제공하고 완수하는 것에서 미래에는 프로그램이 지역사회에 미치는 영향을 분석하는 것으로 프로그램 운영의 초점이 이동될 것이다(Kettner et al., 2008). 책무성은 다양한 관점에서 설명될 수 있다. 책무성을 세분화하여 설명하면 다음과 같다(Grinnell, Gabor, & Unrau, 2010에서 수정).

- 적용범위 책무성(coverage accountability): 프로그램을 실제 이용하는 사람은 사전에 서비스 대상으로 규정된 표적(target) 클라이언트이어야 하고 부적합한 사람은 이용할 수 없어야 한다. 예를 들어, 부유한 비장애아동이 빈곤가정의 중증장애아동을 위한 문화체험 프로그램에 참여해서는 안 된다.
- 문화적 책무성(cultural accountability): 프로그램 담당 직원은 문화적 역량이 있어야 한다. 클라이언트의 인종, 사회계층, 종교, 출신지역, 성적 지향 등의 측면에서 다양성을 이해하고 사회적으로 차별하지 않고 인권을 보호해야 한다. 예를 들어, 자신과 다른 종교를 가지고 있다는 이유로 클라이언트에게 도움이 되는 유용한 정보를 일부러 제공하지 않는 것은 문화적 책무성이 부족한 것이다.
- 서비스 전달 책무성(service delivery accountability): 서비스의 제공량이 부족하거나 초과하지 않도록 적절하게 제공되어야 하고, 서비스 내용 역시 근거에 기반을 두고 설계되어야 한다. 예를 들어, 저소득 빈곤노인에게 1일 1회 도시락 배달 서비스를 제공하다가 예산을 이유로 갑자기 횟수를 줄이는 것은 서비스 전달 책무성이 부족한 것이다.
- 재정적 책무성(fiscal accountability): 재정은 적절하게 지출되어야 하고 세부내역

은 문서로 기록되어야 한다. 또한 예산의 범위 내에서 집행되어야 한다. 사업을 수행하기 전에 항상 예산을 수립해야 하고, 사업 종료 후에는 지출내역을 정리해서 결산보고를 해야 한다. 또한 예산을 편성할 때도 필요 없는 지출을 하지 않도록 예산 낭비를 줄여야 한다.

- 법적 책무성(legal accountability): 프로그램 내용은 건전하고, 안전하고, 심신을 해치지 않으며, 개인의 비밀보장을 지키는 등 관련 법률에 의한 요구를 지켜야 한다. 프로그램 내용이 폭력적이거나 지나치게 경쟁심을 부추기는 내용으로 구성되면 안 되고, 담당 직원은 프로그램 참여자에 대한 정보를 외부에 유출해서도 안 된다.
- 전문가 책무성(professional accountability): 프로그램 담당 직원은 사회복지사의 윤리강령 등과 같은 전문직의 윤리규정과 자격인증에 필요한 규정 등을 모두 지켜야 한다.

사회복지 현장에서 프로그램의 효과성과 영향력을 객관적으로 입증하기 위한 노력이 점차 중요해지고 있다. 책무성을 실천하지 못하는 사회복지기관은 사회적으로 부정적인 평가를 받게 될 것이다. 이는 조직운영에 필요한 재원을 확보하는 데 어려움을 줄 것이며, 결국 조직운영이 불가능해지는 극단적인 결과를 가져올 수도 있다.

2) 논리모델에 대한 이해

프로그램을 개발하거나 평가할 때 논리모델을 활용하면 많은 도움을 받을 수 있다. 논리모델(logic model)이란 어떤 일의 절차를 투입-과정-산출-성과의 단순 구조를 활용해서 이해하기 쉽게 도식화한 그림을 의미한다. 논리모델은 프로그램이 어디서 시작해서 어디로 가는지를 보여 주는 안내지도(road map)의 역할을 하며, 무엇이 투자되었는지, 어떤 활동을 했는지, 그 결과가 무엇인지에 대해 시각적으로 표현해 낸 것이다. 현장에서 논리모델이 유명한 이유는 다른 복잡한 프로그램 이론들보다 논리모델을 기준으로 프로그램에 대해 이야기를 나누면 명확하게 의사소통을 할 수 있기 때문이다.

(1) 논리모델의 뿌리

논리모델은 일반체계이론에서 파생한 모델이다. 일반체계이론(general system theory)은 세상에서 일어나는 모든 일이 투입, 과정, 산출이라는 세 가지 체계의 관계로 구성되어 있다고 보는 관점이다. 예를 들어, 식물의 광합성 작용을 일반체계이론을 통해 설명하면, 햇빛 에너지가 잎에 투입(input)되면 잎의 엽록체에서 빛 에너지를 이용해서 이산화탄소와 물이 유기물로 전환(throughput)되고, 그 결과 식물의 생명에 필요한 에너지가 산출(output)된다. 다른 예로, 우리가 음식물을 입으로 투입하면 소화기관에서 음식물을 에너지와 노폐물로 전환시켜 산출한다. 또한 교실에 학생, 교사, 기자재 등의 자원이 투입된 후 수업과정을 통해 전환이 이루어지고, 그 결과 지적으로 성장한 학생들이 산출된다. 이렇듯 일상의 모든 영역에 체계론적 사고(투입 → 전환 → 산출)를 적용시키는 관점이 바로 일반체계이론이다.

⊕ 그림 2-1   **일반체계이론의 구조**

논리모델은 사회복지 프로그램을 설명할 때 일반체계이론을 그대로 차용한 접근으로서 각 요소의 인과관계를 강조한다. 인과관계란 원인-결과의 관계가 합리적 근거를 가지고 연결된 관계이다. 이러한 관계가 성립될 때 '논리적'이라고 말할 수 있다. 예를 들어, 다음을 살펴보자.

● 인과관계 예시①

예시 ①은 원인-결과의 관계가 합리적 근거로 연결되어 논리적이다.

원인 — 어느 학생이 이성 친구와 헤어졌다 → 결과 — 그 학생이 슬퍼했다

● 인과관계 예시②

예시 ②는 원인－결과의 관계가 논리적이지 않다. 학생이 왜 웃는지 근거가 없기 때문이다.

원인 — 어느 학생이 이성 친구와 헤어졌다 → 결과 — 그 학생이 웃었다

● 인과관계 예시③

예시 ③은 인과관계가 논리적이다. 학생이 새로운 이성 친구를 만나게 된 원인이 제시되어 있고, 그 학생이 왜 웃었는지에 대한 원인도 제시되었기 때문이다.

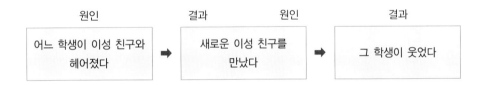

원인 — 어느 학생이 이성 친구와 헤어졌다 → 결과 — 새로운 이성 친구를 만났다 원인 → 결과 — 그 학생이 웃었다

논리모델에서는 각 체계의 관계(그림에서 화살표)를 원인과 결과의 관계로 설명한다. 즉, 투입은 전환의 원인이 되고, 전환은 산출의 원인이 된다. 혹은 전환은 투입의 결과가 되고, 산출은 전환의 결과가 된다.

(2) 논리모델의 각 체계

보통 논리모델에서는 일반체계이론을 확장시켜 [그림 2-2]와 같은 체계를 사용한다.

투입 (inputs) → 과정 (process) → 산출 (outputs) → 성과 (outcomes)

⊕ 그림 2-2 논리모델의 체계

논리모델에 따라 사회복지 프로그램의 각 요소(체계)는 〈표 2-1〉과 같이 설명된다.

⊕ 표 2-1　　논리모델의 구성요소

체계	설명
투입	프로그램을 운영하는 데 활용되는 자원들로서 인적자원, 물적자원, 예산자원, 네트워크 자원, 정보자원, 시간자원으로 구성
과정	자원들을 사용해서 프로그램 산출과 성과를 생성하기 위해 수행되는 모든 작업을 의미하며 서비스나 활동으로 구성
산출	프로그램 종료 후 확인할 수 있는 참가 인원수, 실시 횟수, 활동시간, 결산액 등과 같은 객관적인 실적을 의미
성과	프로그램을 통해 나타나는 인간 혹은 지역사회의 변화(change)를 의미

　　각 요소를 가지고 실제 방과 후 아동보호 프로그램을 논리모델로 그려 보면 [그림 2-3]과 같다. 이 그림에서 중요한 점은 각 요소가 논리적으로 연결되었는지, 즉 원인과 결과의 인과관계가 명확하게 제시되었는지를 확인하는 것이다. 사회복지사, 강사, 자원봉사자, 예산 등을 가지고 개별상담, 대학생 가정방문 멘토링, 방과 후 교실, 지역사회 문화체험을 할 수 있다면 논리적이고, 그렇지 않다면 논리적이지 않다. 그리고 이 과정을 통해 참가 아동 수, 프로그램 제공 시간과 횟수, 자원봉사자 수, 연계

⊕ 그림 2-3　　방과 후 아동보호 프로그램의 논리모델

된 민간단체 수 등을 도출할 수 있으면 논리적이다. 가장 중요한 점은 이러한 모든 과정을 통해 방과 후 아동보호, 자아존중감 향상, 학업성취도 향상, 문화감수성 증가와 같은 성과를 얻을 수 있는지를 검토해야 한다. 이러한 인과관계가 성립되면 이 프로그램의 논리모델은 내용적으로 적절하다. 즉, 타당하다고 진단할 수 있다.

논리모델은 프로그램을 개발할 때 그려 볼 수 있고 평가할 때도 그려 볼 수 있다. 프로그램을 개발할 때 백지 위에 새롭게 그림을 그릴 수 있고, 기존 프로그램을 운영해 보며 보완점을 찾기 위해 논리모델을 그려 볼 수도 있다. 논리모델의 가장 큰 장점은 한 장의 그림으로 프로그램의 목표, 내용, 평가계획을 한눈에 확인할 수 있다는 점이다. 논리모델을 가지고 서로 대화를 한다면 오해 없이 명확하게 프로그램의 의미를 이해하고 전달할 수 있다. 그러므로 논리모델은 훌륭한 의사소통 도구가 된다.

반면에 논리모델의 한계는 지나치게 단순한 그림으로 프로그램을 설명하기 때문에 구체적인 내용을 담을 수 없고, 아무리 논리모델을 잘 그려도 그것이 프로그램의 타당성을 입증하지는 못한다는 점이다. 프로그램의 타당성은 논리모델로 입증되는 것이 아니라, 프로그램이 사회문제를 해결하는지 혹은 클라이언트의 욕구를 충족하는지를 평가해야 입증된다.

(3) 논리모델로 바라본 프로그램 개발과 평가

① 프로그램 개발

프로그램을 개발할 때 논리모델을 사용할 경우에는 우선 어떤 자원을 투입하고 어떤 과정으로 운영할 것인지를 계획해야 한다. 그다음으로 산출과 성과에 대해 각각 목표를 설정하고 구체적인 평가계획을 마련한다. 예를 들어, 정신장애인의 사회기술 훈련 프로그램을 개발할 경우 정신건강사회복지사와 직원을 인적자원으로 투입하고, 프로그램실과 기자재를 물적자원으로 투입하고, 총 300만 원을 예산으로 투입하기로 결정할 수 있다. 그리고 구체적인 활동시간, 실시 횟수, 진행순서 등의 운영과정을 계획한다. 그다음으로 참가자 인원수, 실시 횟수 등 실적(산출)의 목표값을 정하고, 참가자의 사회성 향상을 평가하기 위한 각종 평가도구 활용을 계획한다. 이러한 과정이 바로 논리모델을 활용해서 프로그램을 개발하는 방식이다.

⊕ 그림 2-4   논리모델을 활용한 프로그램 개발

② 프로그램 평가

프로그램을 평가할 때 논리모델은 매우 유용한 관점을 제공해 준다. 사회복지 프로그램에서 중요한 성과는 바로 클라이언트의 변화와 이러한 변화를 만들어 내는 서비스의 품질이다. 평가이론에서 클라이언트의 변화를 평가하는 역할은 성과평가(outcome evaluation)가 맡고, 서비스 품질을 평가하는 역할은 과정평가(process evaluation)가 담당한다. 성과평가의 대상은 산출과 성과이며, 과정평가의 대상은 투입과 과정이다. 예를 들어, 정신장애인의 사회기술훈련 프로그램에서 성과평가를 할 경우에는 목표 대비 결과(인원수, 실시 횟수)를 계산하고, 동시에 참가자들의 사회성 능력에 어떤 변화가 나타났는지 분석한다. 그리고 과정평가를 할 경우에는 좋은 인적자원과 물적자원이 투입되었는지, 운영과정에 어떤 어려움이 없었는지 등에 대해 직원들이 평가회의를 실시한다.

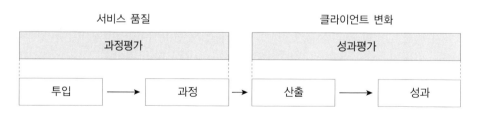

⊕ 그림 2-5   논리모델을 활용한 프로그램 평가

3) 기획과 프로그램 개발과정에 대한 이해

(1) 기획이란 무엇인가

기획이란 어떤 구체적인 활동을 실행하기 전에 그 일에 대한 일련의 계획을 만들어 가는 과정이다. 기획과 계획은 비슷한 의미를 지니는데 차이점을 설명하면, 기획(planning)은 새로운 일을 생각하는 '과정'이고, 계획(plan)은 그 생각을 통해 도출된 '결과'를 의미한다(Midgley & Piachaud, 1984). 어떤 사회복지사가 새로운 프로그램에 대해 이런저런 것들을 마음속에 생각하고 있다면 그것은 기획을 하고 있는 것이고, 생각을 정리해서 결과를 제시했으면 그것은 계획을 세운 것이다. "새로운 프로그램을 기획하고 있습니다."와 "저의 계획을 발표하겠습니다."가 맞는 표현이다. 또한 기획은 개발(development)이라는 용어와도 비슷하다.

개발은 단순히 프로그램에 관한 아이디어를 내놓는 수준을 넘어서 프로그램의 필요성, 목적과 목표, 내용, 예산, 평가방법 등과 같이 전반적인 내용을 확정한 것으로 볼 수 있다. 그리고 프로그램 설계(design)라는 용어도 혼용되는데, 설계란 특별히 프로그램 운영과 평가를 위한 매우 구체적인 과업을 정교하게 설정하는 것을 의미한다. 설계는 어떤 자원을 투입(input)하고, 어떤 과정(process)으로 운영할 것인지를 결정하고 그 후 실적에 산출(output)과 성과(outcome)가 나타나면 어떻게 평가할 것인지를 결정하는 작업이다(Kettner, Moroney, & Martin, 2008).

이것을 정리하면 [그림 2-6]과 같다. 그러나 이러한 구분은 단지 개념적 차이를 이해하기 위한 엄격한 정의일 뿐이며, 실제 사회복지 현장에서는 이 용어들을 명확히 구분해서 적용하지는 않는다.

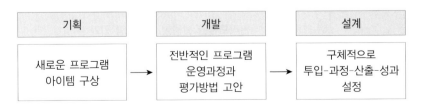

⊕ 그림 2-6   프로그램 기획, 개발, 설계 비교

(2) 창의적으로 기획하기

오늘날 사회복지 현장에는 서로 비슷한 내용으로 구성된 프로그램들이 넘쳐나고 있다. 이러한 기존의 프로그램들로는 앞으로 발생할 새로운 사회문제들을 해결하는 데 한계가 있을 것이다. 따라서 복잡한 현대 사회에서 지속적으로 등장하는 새로운 유형의 사회문제들을 해결하기 위해서는 기존에 없는 새로운 프로그램을 기획할 필요가 있다. 어떤 문제를 해결하기 위해 새롭고 독창적인 대안을 생각해 내는 능력을 창의적 기획(creative planning)이라 한다. 많은 사람이 창의적 기획 능력을 어떤 타고난 능력으로 오해하고 있다. 그러나 창의성 연구자들에 따르면 창의적 사고는 타고난 능력으로만 정의될 수 없으며 특정 분야에 대한 풍부한 지식과 경험에서 생산된다(Csikszentmihalyi, 1996).

만약 어떤 사회복지사가 창의성을 발휘해서 현장에 필요한 새로운 프로그램을 기획하고 싶다면, 우선 사회복지이론을 잘 이해하고 풍부한 현장경험을 갖고 있어야 한다. 예를 들어, 비행청소년을 위한 새로운 프로그램을 기획할 경우 비행이론을 공부하고, 비행청소년의 인구사회학적 특성을 이해하고, 청소년복지 분야의 정책과 제도를 숙지하고, 현장의 변화 추세와 핵심 이슈를 간파할 수 있을 만큼 풍부한 정보를 획득해야 한다. 그리고 실제 비행청소년들을 오랜 시간 동안 만나는 경험도 해야 한다. 이러한 지적ㆍ경험적 자산 속에서 창의적 기획이 가능하다. 즉, 창의적 프로그램은 혼자 골똘히 생각한다고 만들어지는 것이 아니라 해당 분야에 관한 풍부한 지식과 경험의 토대 위에서 만들어지는 것이다.

(3) 프로그램 개발과 평가과정

창의적 기획을 통해 프로그램 아이템이 떠올랐다고 좋은 프로그램이 완성되는 것은 아니다. 그다음으로 해야 할 일은 냉정하고 합리적인 자세로 프로그램 개발과 평가 단계를 따라 진짜 프로그램을 만드는 것이다. 창의적 기획이 예술적 능력이라면, 프로그램 개발과 평가 단계를 따르는 것은 과학적인 능력으로 볼 수 있다. 프로그램을 개발하고 평가하는 일반적인 순서는 다음과 같다.

⊕ 그림 2-7   프로그램 개발과 평가과정

1단계: 사회문제와 욕구를 분석해서 어떤 상황인지 파악하기

사회복지 프로그램은 사회문제를 해결하기 위해 개발된다. 따라서 어떤 사회문제를 해결하기 위해 개발되었는지를 파악할 필요가 있다. 그리고 그 문제와 관련된 클라이언트와 주변 사람들이 갖고 있는 욕구도 분석해야 한다.

2단계: 목적과 목표 작성을 통해 개입 방향을 설정하기

특정 사회문제로 인해 위기와 어려움에 처한 클라이언트를 돕기 위해서는 프로그램의 목적과 목표를 분명하게 정한다. 목적은 프로그램의 중장기적인 성과를 의미하고, 목표는 단기적인 성과로서 달성 여부를 확인할 수 있도록 분명하게 설정되어야 한다.

3단계: 프로그램 과정을 구체적으로 설계하기

그다음 단계는 실제로 프로그램을 어떻게 운영할지에 관한 구체적인 과정 계획을 세우는 것이다. 즉, 언제, 어디서, 누가, 무엇을, 어떻게 하는지에 대해 설정한다. 이때 주의할 점은 2단계에서 설정된 목표와 밀접한 과정으로 설계해야 한다는 점이다. 목표의 내용과 프로그램의 내용은 논리적인 연관성을 지녀야 한다.

4단계: 문제해결을 위해 어떤 자원을 투입할지 정하기

그다음 작업은 어떤 자원들을 활용해서 프로그램을 운영할지 결정하는 것이다. 자원의 종류에는 인적자원, 물적자원, 네트워크자원, 정보자원, 시간자원 등이 있다. 또한 이 단계에서는 예산을 정확하게 설정하는 것도 중요하다.

5단계: 프로그램을 실행하고 관리하기

그다음으로는 프로그램을 실행하면서 잘 운영되는지를 점검한다. 이 단계에서는 각종 기록과 문서를 관리해야 하고, 중간점검을 할 수 있는 방법과 도구도 적절하게 활용해야 한다.

6단계: 프로그램 성과를 평가하기

가장 마지막 단계는 프로그램의 성과를 평가하는 것이다. 이 단계에서 가장 중요한 것은 프로그램을 통해 클라이언트가 변화했는가를 입증하는 작업이다. 이를 위해서는 측정도구 활용, 목표 대비 결과 평가, 실험설계, 서비스 만족도 조사 등의 양적 평가 기법을 적용하거나 심층면접, 문서 및 사진 분석, 현장관찰 등의 질적평가 기법을 활용해서 성과를 보고서로 작성할 수 있어야 한다.

실무 연습 문제

1. 다음은 발달장애아동 대상 사회성 증진 프로그램의 논리모델에 들어가는 항목들이다. 각 항목이 논리모델의 어느 영역에 해당하는지를 찾아서 빈칸에 적합하게 배치해 보자.

• 신청 발달장애아동	• 예산 500만 원
• 발달장애아동 의사소통 능력 향상	• 프로그램 참가자 모집
• 초기 접수	• 학부모 대상 워크숍
• 사회성 집단활동	• 프로그램실
• 사회복지사	• 참석 발달장애아동 10명
• 학부모	• 지역시설(슈퍼마켓, 식당, 약국, 영화관 등)
• 아동의 사회성 증진	• 개별상담 횟수 5회
• 심리상담가	• 지역시설 탐방 및 이용훈련
• 개별상담 서비스	• 발달장애아동 사회성 사정
• 학부모 자녀양육기술 증가	• 사회성 집단활동 10회
• 참석 학부모 10명	• 지역시설 탐방 12회
• 학부모 교육 2회	• 프로그램 평가(만족도 조사 등)

투입	과정	산출	성과

2. 당신은 중학교에서 일하는 학교사회복지사이다. 이번에 1학년을 대상으로 학교폭력예방 프로그램을 개발하고 있다. 논리모델에 따라 프로그램의 전반적인 내용을 구성해 보자.

투입	과정	산출	성과

제2부

프로그램을 개발하고
실행하기

제3장

사회문제와 욕구를 분석해서
어떤 상황인지 파악하기

복지관 문 밖으로 나가다

첫 직장에서 3주의 시간이 지났다. 몇몇 이용자를 알게 되었고 그분들이 나를 보면서 '사회복지사 선생님'이라고 부를 때면 갑자기 감동이 밀려왔다. 그렇다! 나는 사회복지사가 된 것이다. 대학 시절 부모님 속만 썩이며 살았는데……. 이제 나는 진짜 사회복지사이다. 그런데 생각보다 사회복지사의 업무는 행정 일이 많았다. 사실, 나는 클라이언트를 많이 만나고 상담하는 일을 주로 하고 싶었다. 그러나 일을 하면서 배우게 된 것은 문서 작성을 잘해야 하고 회의도 자주 하고 동료도 잘 도와야 한다. 멋진 차림으로 클라이언트를 만나서 그들의 문제를 듣고 사정하고 개입하는 일은 실천론 교과서에나 있는 일일지도 모른다고 생각했다. 선임 사회복지사 안해용 선생님은 이름과 달리, 나를 위해 뭐든 해 주셨다. 그분도 나처럼 처음 입사했을 때 바로 프로그램을 개발하셨다고 한다. 나중에 안 사실인데 그것이 우리 팀의 전통이었다. 진짜 호랑이로 키우기 위해 새끼 때부터 낭떠러지로 밀어 버린다는 전통인데, 그로 인해 안해용 선생님은 그동안 사회복지공동모금회를 비롯한 여러 재단의 프로그램 공모전에서 당선한 뛰어난 프로그램 기획자가 됐다. "안해용 선생님, 프로그램을 개발해야 하는데 어디서부터 시작해야 할지 모르겠어요." 나는 도움을 요청했다. 안해용 선생님은 나에게 질문했다. "프로그램을 개발할 때 많은 사회복지사가 빠지기 쉬운 함정이 무엇인지 아세요?" 나는 잘 몰라서 답변을 못했다. 안해용 선생님은 이렇게 말했다. "그것은 다른 기관에서 진행하고 있는 기존 프로그램 리스트를 찾아보는 것입니다. 많은 사회복지사가 기존의 성공적인 프로그램을 참고해서 자기 프로그램을 적당히 개발합니다. 자, 이때 어떤 문제가 나타날까요?" "음……. 남의 것을 그대로 베낄 것 같아요. 손쉽게 만들 수 있으니까요." "빙고! 맞습니다. 우리 지역사회 클라이언트를 위한 프로그램이 아니라 단지 남의 것을 베껴서 흉내내기만 한 프로그램이 만들어집니다. 영혼 없는 작품이 만들어지는 것이죠. 짝퉁은 오리지널을 절대로 넘어설 수 없습니다. 그런데 남의 프로그램을 베끼면 너무 쉽게 프로그램을 개발할 수 있습니다. 이것이 오늘날 프로그램 기획자에게는 이기기 힘든 유혹입니다." 이 설명을 듣고 나는 질문했다. "안해용 선생님. 그렇다면 어디서부터 시작해야 하나요?" "네. 그것은 아주 단순하고 분명합니다. 바로 클라이언트에게서 시작해야 합니다. 클라이언트가 겪는 문제를 파악하고 그들이 갖고 있는 욕구를 이해하는 것을 먼저 해야 합니다. 자, 저랑 같이 지역사회로 한번 나가 볼까요?" 그는 내 손을 잡고 복지관 문 밖으로 함께 나갔다.

프로그램의 개발은 '클라이언트가 안고 있는 문제를 어떻게 해결할 수 있을까?'라는 질문에서 출발한다. 사회복지사들은 기관의 업무에 따라 주로 만나는 클라이언트들이 정해져 있다 보니, 클라이언트가 당면한 문제에 대한 정형화된 해답을 가지게 된다. 그 해답은 숙련된 서비스 경험에서 혹은 클라이언트에 대한 개인적인 견해에서 나온 것이다. 전자든 후자든 모두 바람직하지 않다. 사회복지사가 클라이언트 문제에 대한 도식화된 해답을 갖는 순간부터 문제의식을 갖는 것이 어려워지기 때문이다. 프로그램 개발을 위해 사회복지사가 갖추어야 할 가장 중요한 것은 문제에 대한 관점과 자세이다.

사회문제를 분석하기 전에 사회복지사에게는 어떤 자세가 요구되는가?

첫째, 진정성이다. 프로그램의 개발은 사회복지사의 클라이언트 문제에 대한 진지한 고민, 문제해결을 간절하게 원하는 진정성에서 출발한다. 유사한 프로그램들이 반복·재생산되는 이유, 세련된 짜깁기로 번듯해 보이지만 치열한 문제에 대한 고민이 담기지 않는 것은 진정성의 상실 때문이다. 사회복지사가 클라이언트에 대한 진정성과 문제해결에 대한 열의가 있을 때 보이지 않았던 클라이언트의 삶의 문제들이 비로소 보인다.

둘째, 기존의 문제해결을 위한 프로그램에 대한 비판의식이다. 예를 들어, 우리 사회는 1990년대 후반부터 학교는 따돌림, 학교폭력의 문제로 몸살을 앓았다. 그동안 많은 학교폭력 프로그램들이 개발·실행되어 왔지만 여전히 학교는 학교폭력의 그늘에서 벗어나지 못하고 있다. 학교현장의 사회복지사는 스스로 끊임없이 질문을 던져야 한다. '왜 현재 학교 폭력예방 프로그램이 제대로 효과성을 발휘하지 못하는가?' '현재의 프로그램의 유용성과 한계점은 무엇인가?' '무엇이 개선되고, 보완되어야 하는가?' '어떤 학생이나 학교에는 이 프로그램이 제대로 작동하고, 그렇지 않은 경우는 왜인가?' 하고 끊임없이 질문을 던져야 한다. 하늘 아래 새것이 없듯이, 대부분의 프로그램이 기존의 프로그램에 대한 비판의식에서 시작해서 수정·보완·개발되는 과정을 거치게 된다. 치열한 비판의식이 없다면 짜깁기 프로그램으로 전락할 수밖에 없다.

1. 사회문제 정의와 분석틀

기획서 작성은 사회문제를 발견하는 데에서 출발한다. 그리고 사회문제 분석을 통해 원인을 파악하고 그 문제에 노출된 클라이언트의 욕구에 기초해서 프로그램을 만든다. 그러므로 사회문제는 기획서 작성의 첫 단추이다. 사회문제는 바람직하지 못한 사회적 조건과 상황이 존재하고 많은 사람이 개선될 필요가 있다고 생각하는 상태를 일컫는데 사회문제로 규정되기 위해서는 다음과 같은 요건이 충족되어야 한다 (최일섭, 최성재, 1994).

첫째 문제의 원인과 특성이 사회적이어야 한다. 태풍, 홍수, 지진과 같은 자연재해는 해당이 안 되고, 알코올 중독, 실직난, 청소년 성매매, 사이버범죄 등이 그 예이다.

둘째, 사회의 지배적 가치나 규범에 어긋나는 행동이어야 한다. 아동 및 노인 학대, 학교폭력 등은 사회적 가치와 규범에 어긋나는 행동에 해당되므로 사회문제로 분류할 수 있다.

셋째, 다수 또는 영향력 있는 사람(정치가, 학자 등)이 문제로 판단하는 경우이다. 대표적인 예는 저출산과 양극화 문제이다.

넷째, 개선을 위해서는 사회적·집단적 개입이 필요하다. 사회문제는 다수의 사람들에게 부정적인 영향을 미치고 그 원인이 사회적이기 때문에 개인이나 가족 차원에서는 해결될 수 없다는 판단이 성립되어야 한다. 고령화, 환경문제, 식량문제가 이러한 경우에 해당된다.

사회문제 분석은 다음의 질문들에 대한 답을 찾는 것이다.

1) 상황 혹은 상태의 본질은 무엇인가

프로그램 기획자는 이 질문의 답을 찾기 위해서 서비스 제공자, 지역사회 지도자, 문제에 영향을 미치는 사람들을 포함해서 가능한 한, 다양한 개인과 집단으로부터 사실과 느낌을 수집한다. 예를 들어, 가정폭력이 증가하는 문제와 관련해서 당사자

뿐만 아니라 그들의 자녀, 가정폭력 쉼터 및 상담실의 전문가, 경찰 등으로부터 정보를 수집한다.

2) 사회문제에 대한 정의는 어떠한가

수많은 기획 노력이 갑자기 종결되거나 비효과적인 프로그램으로 결론이 나는 이유 중의 하나는 기획에 참여한 사람들이 같은 방향으로 문제를 명확하게 이해하고 있지 않기 때문이다. 예를 들어, 지역사회의 실업 문제에 관심이 있다고 했을 때, '실업'이라는 용어는 적극적으로 구직하는 사람들만을 언급할 수도 있고, 혹은 '낙심한 구직자', 시간제 근로자나 연 50주 이하를 근무하는 불완전 고용 근로자를 포함할 수도 있다. 이 모든 용어에 대해 공통된 이해를 하게 될 때 문제와 표적집단에 대한 공유와 정의가 내려지게 된다.

3) 문제 상황을 겪고 있는 사람들의 특성은 무엇인가

이 질문에 대해서는 현황에 대한 통계를 통해 설명할 수 있다. 그들은 누구이며, 어떤 사람들인가? 만약 기획자가 가정폭력 문제에 관심이 있고, 그 정의에 대해 합의를 했다면, 다음 과제는 그러한 여성들이 누구인가를 설명해야 한다.

가정폭력에 노출된 여성이라고 해서 모두 동질적인 집단으로 생각해서는 안 된다. 그 여성들 중 일부는 어린 자녀가 있을 수도 있고, 다른 집단은 정신적 문제를 갖고 있을 수 있다. 이러한 자료들을 고려하지 않은 기획 노력은 일부 집단에게만 적용되는 프로그램 개발에 그치고 만다.

4) 문제 상황의 크기와 분포는 어떠한가

문제에 의해 영향을 받는 인원수와 공간적 분포를 측정한다. 이는 프로그램 기획자들에게 개입전략의 초기 방향을 제시한다.

5) 사회문제로 인해 위협받는 사회적 가치는 무엇인가

사회문제의 관련 대상과 분포가 광범위하지 않고 소수라고 해서 그 문제가 간과되는 것은 아니다. 그 문제로 인해 위협받는 사회적 가치의 당위성이 분명하고, 그 가치의 중요성이 부각될 수 있으며, 이 문제와 관련한 이해관계자들을 설득할 수 있다면 간과되지 않는다.

6) 누가 사회문제로서 규정하는가

이 추론에 대한 질문은 상황의 해결을 누가 지지하고 누가 반대하는가이다. 기획에서 문제 분석은 전통적인 조사의 문제 분석과는 분명히 다르다. '누가' '무엇을' '어디서'에 대한 분석뿐만 아니라, 정치적 환경에 대한 분석까지도 포함한다.

2. 사회문제 분석과 욕구

사회문제의 원인을 분석하기 위해서는 다음의 단계를 따른다.

첫째, 사회문제 분석 질문에 대한 답을 찾는다. 누가 사회문제로서 규정하며, 사회적 가치가 위협받고 있는지, 문제 상황의 크기와 분포, 경험하는 사람들의 특성들을 대략적으로 확인한다.

둘째, 관련 통계, 연구보고서, 저널, 신문기사, 인터뷰 등의 자료들을 면밀하게 분석한다.

셋째, 문제의 원인을 네 가지 차원으로 분류한다. ① 국가 및 정책적 차원, ② 지역사회 차원, ③ 가족 차원, ④ 개인 차원이다. 프로그램의 기획은 지역사회, 가족, 개인 차원의 문제를 다룬다.

넷째, 지역사회, 가족, 개인의 차원 중에서 기획의 주제를 선택하는 데 세 가지 차원을 모두 다룰 수도 있고, 하나의 차원을 선택해서 다룰 수도 있다.

다섯째, 프로그램 기획의 주제로 선택한 사회문제 분석의 내용을 욕구로 전환한다.

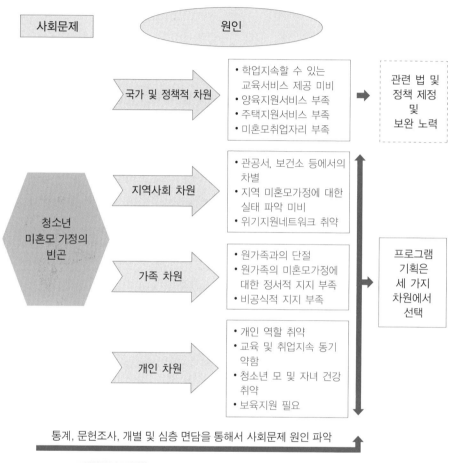

⊕ 그림 3-1   개인 · 가족 · 지역사회 차원의 사회문제 분석

자신이 관심을 가지는 사회문제가 생기면 다음과 같은 질문이 생길 것이다.

● 내가 관심을 가지는 특정한 연령집단(아동, 청소년, 성인, 노인 등)이 있는가?
● 내가 관심을 가지는 특정한 성집단(여성, 남성)이 있는가?
● 내가 목표로 생각하는 특정한 조건이나 환경(실직, 학교 중퇴, 장애 등)이 있는가?
● 내가 목표로 생각하는 특별한 욕구(정신건강, 약물 등)가 있는가?

　　프로그램은 사회문제의 심각성에 대한 인식과 그 해결의 중요성 및 시급성에 대한 사회 구성원의 공감대에서 비롯된다. 본문 내용을 시작하기 전에 다음의 질문에 답해 보자.

- 클라이언트의 문제란 무엇인가? 클라이언트의 문제는 클라이언트가 스스로 해결하지 못하는 삶의 어려움, 고통, 장애물 등이라고 답할 것이다.
- 클라이언트의 욕구란 무엇인가? 클라이언트의 욕구는 클라이언트가 해결하기를 원하는 것이라고 떠올릴 것이다. 그렇다면 약물 남용을 하는 10대 청소년들의 경우, 약물 남용이 문제라는 것은 알지만 그들 스스로가 약물 남용에 대한 해결 의지가 없다면 욕구가 없는 것인가? 또 학교폭력 가해자의 경우 가해자 자신이 문제의식이 없이 학교에서 여전히 폭력으로 과시하고 싶다면 욕구가 없는 것인가? 사회문제이지만 욕구에는 해당이 안 된다고 말해야 할까? 결론적으로 클라이언트의 욕구는 클라이언트가 원하는 것과 다르다. 클라이언트의 바람(want)과 욕구(need)가 반드시 일치하는 것은 아니다.

이에 사회문제와 욕구의 정의를 간략하게 제시하면 다음과 같다.

- 사회문제란 바람직하지 못한 사회적 조건 또는 상황이 존재하고, 많은 사람이 그러한 사회적 조건이나 상황이 개선될 필요가 있다고 생각하는 상태를 말한다(Hanslin, 1996).
- 욕구란 인간이 개인 또는 가족 구성원으로서 기능하기 위한 잠재력을 충분히 발휘하는 것을 제한하는, 객관적으로 확인될 수 있는 어떤 조건을 말한다(Meenaghan, Kilty, & McNutt, 2004).

3. 욕구 종류와 분석방법

1) 욕구조사 종류와 방법

사회복지기관들은 매년 혹은 격년으로 욕구조사를 실시한다. 욕구조사 실시여부와 이를 반영한 사업계획서 작성이 사회복지기관 평가에 반영되기 때문에 대부분의 기관에서 필수적으로 실행한다. 그러나 안타까운 것은 욕구조사의 결과가 기관의 서비스와 프로그램에 반영되지 않은 채 형식적인 보고서로 책장에 꽂혀 있는 경우가 적지 않다는 것이다. 왜 이러한 일이 발생할까? 이는 욕구조사를 하고자 하는 목적이 명확하지 않기 때문이다. 목적이 명확하지 않으면서 형식적으로 실시되는 욕구조사는 불필요한 예산 및 인력을 낭비하며 욕구조사에 응하는 클라이언트의 신뢰를 저버리는 것이다. 매년 유사한 항목으로, 대부분 복지관의 이용자들에게 설문형태로 실행되는 욕구조사는 지역 주민들의 욕구를 제대로 반영하지 못하는 제한점을 가진다.

피니프터, 젠슨, 윌슨과 쾨니그(Finifter, Jensen, Wilson, & Koenig, 2005)는 욕구조사 과정에서 발생하기 쉬운 세 가지 문제점을 다음과 같이 지적한다.

- 경험적 증거보다 직관이나 이야깃거리 같은 정보에 의존하는 문제
- 인구의 특정 대상만을 측정하여 하위 집단들의 다양한 욕구를 설명할 수 없는 문제
- 종합적인 욕구사정을 완성한 후에 다양한 이해당사자에게 피드백을 주는 데 실패하거나 사정을 통해 파악된 욕구를 프로그램의 실행으로 옮기지 못하는 문제

욕구조사를 왜 하는가? 욕구조사를 하는 목적은 다음과 같다.

- 지속되거나 심화되는 사회적 문제를 알린다.
- 지역사회에 필요한 서비스 및 프로그램을 파악한다.

- 특정한 목표 대상층에 맞는 프로그램 개발에 필요한 정보를 확보한다.
- 제공되고 있는 서비스를 이용하기 어렵게 만드는 장애요인을 파악한다.
- 새로운 프로그램을 개발하기 전에 특정한 문제를 가진 클라이언트의 수를 파악한다.
- 잠재적 클라이언트들이 현재 제공되고 있는 서비스들을 알고 있는지 혹은 앞으로 이용하고자 하는지를 알아본다.

그러므로 이러한 목적을 고려하여, 욕구의 유형에 따른 적절한 조사방법을 실행해야 한다. 브래드쇼(Bradshaw, 1977)는 욕구를 규범적 욕구, 인지적 욕구, 표출적 욕구, 상대적 욕구로 나누었고, 각각에 대한 설명과 욕구조사 방법은 다음과 같다.

(1) 규범적 욕구: 전문가에 의한 규정

규범적이라는 용어는 기준 또는 규범이 존재함을 의미한다. 여기에 욕구라는 개념을 더한 규범적 욕구(normative need)는 상황이나 환경이 양적 또는 질적으로 측정되는 것임에 반하여 관습이나 권위 또는 일반적 합의에 의해 확립된 표준 또는 기준이 존재한다는 것을 가정한다. 그러므로 규범적 욕구는 전문가가 규정하는 것이다. 전문가에 의한 규정이다 보니 시대와 기술, 가치 변화를 즉각적으로 민감하게 반영하기 어렵다.

① 기존 통계 및 연구 활용/전문가 심층면담/전문가 델파이조사/AI

욕구조사는 기존의 통계 및 연구를 제대로 찾아서 활용하는 것만으로도 큰 성과를 얻을 수 있다. 요즘은 통계청을 비롯하여 각 정부 부처마다 매우 구체적인 통계 자료를 보유하고 있다. 정부 및 대학의 산하 연구소 등에서도 매년 다양한 주제의 보고서를 발간한다. 이뿐만 아니라 학위논문과 학회지의 논문은 대상자 및 문제에 따른 양적·질적 연구들을 제시하고 있다. 따라서 굳이 프로그램 개발자가 직접 설문조사를 실시하지 않아도 어느 정도 현황과 실태 등을 충분히 파악할 수 있다. 물론 대상이나 지역 등이 세밀하게 고려되지 않기 때문에 해당 기관이 속한 지역의 문제라고 단적으로 말하기 어려운 한계는 따른다.

- **통계 자료**: 통계청, 교육부, 교육청, 민간기관의 통계, 각종 백서
- **국내 석·박사 학위논문**: 국회도서관, 국립중앙도서관, 대학도서관
- **국내 학회지 논문**: 논문 다운로드 사이트(www.riss.kr, www.dbpia.co.kr 등)
- **국외 학회지 및 학위논문**: 국회도서관 혹은 대학 도서관 내의 웹사이트(ProQuest) 활용. 국외 학회지 논문에는 친절한 번역 기능이 있으니 이를 활용해 보자.
- **연구보고서**: 국회도서관, 국립중앙도서관, 연구기관(보건사회연구원, 청소년정책연구원, 여성정책연구원 등)에서 열람
- **인공지능(AI)**: 빅데이터를 통해 다양한 결과물을 산출하는 AI 활용

② 이해관계자 혹은 관련 전문가를 대상으로 개별 및 집단 심층면담을 실시한다

심층면담은 클라이언트를 대상으로 할 수도 있지만, 클라이언트에게 영향을 미치는 주변 인물들로 구성할 수도 있다. 클라이언트에게 영향을 미치는 인물들로 가족이나 교사, 서비스를 제공하는 실무자, 서비스 행정 및 정책에 관여하는 공무원, 연구자 등이 있는데, 이들을 대상으로 면담의 목적에 따라 다양하게 구성할 수 있다.

③ 전문가 대상으로 델파이조사를 실시한다

델파이기법은 지역사회의 주요 인사나 전문가로 패널을 구성하여 이들에게 지역사회 문제에 대한 설문지를 배부한다. 이때 패널은 익명으로 하므로 서로 한자리에 모일 필요가 없으며, 이들에게 여러 가지 제안, 해결책, 아이디어 등을 수집하는데, 이때 서로 불일치하는 영역이 있다면 1차 응답을 기초로 하여 두 번째 설문지를 배부해서 다시 의견을 취합한다. 이러한 방식으로 패널의 의견이 일치될 때까지 이 과정은 계속된다(황성동, 2006).

(2) 인지적 욕구: 클라이언트로부터의 정보

인지적 욕구(perceived need)는 프로그램의 주 대상자인 클라이언트가 자신들의

욕구로 생각하는 것 또는 욕구가 되어야 한다고 느끼는 것으로 정의된다. 문제를 경험하는 당사자인 클라이언트에게서 얻는 정보이기 때문에 가장 정확하고, 클라이언트의 욕구를 가장 대표하는 욕구라 할 수 있다. 그러나 인지적 욕구를 조사하는 과정은 용이하지 않다. 대개 클라이언트에 대한 직접설문이나 이메일, 전화상의 설문을 통해 자료를 수집한다. 그러나 클라이언트가 자신이 모르는 조사자에게 사적이고 개인적인 욕구를 정확하게 표현하지 않을 수 있다. 우편조사의 경우도 낮은 응답률과 표본의 대표성 등의 문제가 생길 수 있다.

① 클라이언트를 대상으로 설문조사를 실시한다

설문조사는 인지적 욕구를 파악하기 위한 방법이다. 클라이언트의 욕구를 가장 많이 대변하지만, 시간과 노력, 비용이 많이 들고 대상자 선정에서도 유의해야 한다. 설문조사가 잠재적 클라이언트나 지역 주민의 욕구를 파악하기 위한 것이기 때문에, 조사의 편의를 위해서 기관의 이용자들만을 대상으로 하였을 경우 욕구조사가 제대로 수행되었다고 보기 어렵다.

② 클라이언트를 대상으로 개별 및 집단 심층면담을 실시한다

면담은 양적 조사에서 드러나지 않는 생생한 욕구를 알 수 있는 방법이다. 심층면담의 유용성은 지역사회 주민을 대상으로 하는 양적 설문조사에 비해서 시간과 노력을 절약할 수 있다는 데에 있다. 사회복지실천 현장에서 사회복지사들이 기획서를 작성할 때에는 보통 1년에 한 번 실시하는 지역 주민 대상의 욕구조사만을 활용하기 때문에 프로그램의 기획 주제와 내용에 따라서 필요한 욕구를 적절하게 반영하는 데에 한계가 있다. 이 경우 클라이언트들을 대상으로 소수의 집단을 구성하고 욕구조사를 실시하여 기획서에 반영한다면 매우 설득력을 가지게 될 것이다. 목적에 따라서 클라이언트의 인적 사항을 다양하게 구성할 수 있다. 예를 들어, 여성 장애인 자활을 위한 프로그램 개발을 위해 여성 장애인들을 심층면담 대상자로 선정할 때에는 장애의 종류, 연령, 학력, 지역 등을 다양화할 수도 있고, 혹은 하나의 조건(예: 장애의 종류)만을 고려하여 대상자를 선별함으로써 대표성을 가지도록 구성할 수도 있다.

(3) 표출적 욕구: 기관의 서비스 이용과 대기자의 수요

표출적 욕구(expressed need)는 서비스에 대한 요구이다. 예를 들어, 서비스에 지원거나 주어진 기간 내에 서비스를 받은 클라이언트와 대기자 명단에 있는 클라이언트로 파악된다. 그러나 서비스를 받아야 하는 대상자들이 자격조건을 갖추지 못해서 받지 못하는 경우나 서비스에 대한 정보조차 모르는 경우는 표출적 욕구에 반영되지 않는다. 그러므로 표출적 욕구는 항상 지역 주민의 진정한 욕구 수준보다 낮게 평가되는 문제를 가진다.

(4) 상대적 욕구: 타 지역의 서비스 양과 수준의 비교

상대적 욕구(comparative need)는 충족되어야 할 기존의 기준이나 바람직한 수준의 서비스가 있다는 가정에서 출발하지 않는다. 상대적 욕구는 지역사회에 존재하는 서비스 수준과 유사한 지역사회나 지리적 영역에 존재하는 서비스 수준의 차이로 측정된다.

표 3-1 욕구의 종류별 장점, 한계점, 수행방법, 적용

구분	설명	장점	한계점	수행방법	적용(중도입국 청소년의 사회적응)
규범적 욕구	전문가에 의해 정의되는 욕구	• 시간, 비용의 절약 • 신뢰할 수 있는 자료의 확보 • 정확한 기준 제공(빈곤, 우울 수준 등)	• 시대 변화를 따라잡기가 힘듦 • 신생 클라이언트 집단 등에 대한 자료가 충분치 않을 수 있음	• 통계 자료 • 전문가 연구(석·박사 학위논문, 학술 저널) • 전문가 대상 설문 혹은 심층면담	• 통계청 • 지방교육청 통계 자료 • 중도입국청소년 관련 논문 • 청소년정책연구원의 연구보고서 • 무지개청소년센터 연구보고서 • 청소년백서 • 중도입국청소년 전문가 대상 심층면담
인지적 욕구	클라이언트에 의해 정의되는 욕구	정확한 클라이언트의 욕구 파악 가능	• 시간, 비용이 많이 듦 • 조사과정의 오류 시 정확한 결과를 기대하기 어려움	• 클라이언트 대상 설문조사 • 클라이언트 대상 심층면담	• 지역의 학교, 다문화가족센터를 이용하는 중도입국청소년 대상 설문조사 • 중도입국청소년 대상 심층면담

60

표출적 욕구	대기자의 수를 통해 파악되는 욕구	클라이언트의 욕구 파악 용이	제공되지 않은 프로 그램의 경우 욕구 파악이 되지 않음	기관의 대기자 명단	중도입국청소년 적응 프로그램의 대기자 수
상대적 욕구	지역 간 비교를 통해 파악되는 욕구	클라이언트의 욕구 파악 용이	제공되지 않은 프로 그램의 경우 욕구 파악이 되지 않음	지역기관 서비스, 프로그램의 비교	서로 다른 두 지역을 비교하여 중도입국청 소년을 위한 프로그램 수, 질 등의 비교

2) 욕구조사 결과를 정리하기

통계와 연구 자료, 양적·질적 논문 자료 등을 바탕으로 문제의 원인을 파악한다. 즉, 프로그램 개발자가 분석하는 문제의 원인이 곧 클라이언트의 욕구와 직결되고, 이는 목적 및 목표로 기술된다. 복잡한 현대 사회에서 문제의 원인은 단선적이지 않고, 문제의 결과 또한 천차만별이다. 프로그램은 문제의 원인 중 극히 일부에 개입하거나 혹은 그 문제로 파급되는 심각성 중 일부를 완화하기 위한 것이다. 미혼모의 빈곤에 관한 연구는 미혼모들이 임신과 출산으로 학업을 중단하게 되고, 저학력은 저임금 경제 활동으로 연결되어 미혼모와 자녀들이 빈곤에 처해지는 악순환의 고리를 만들게 된다고 한다. 이러한 분석에 근거해서 미혼모들이 임신과 출산으로 학업을 중단하지 않도록 학교 내 산전·산후 서비스 등을 마련하고, 보육 서비스를 지원하고 있다. 이는 교육의 지속과 수준을 높이는 것이 미혼모 빈곤의 원인 중 가장 먼저 해결해야 할 핵심 원인이라고 보았기 때문이다.

이처럼 프로그램 개발자가 사회문제의 원인 중에서 무엇을 핵심적으로 볼 것인가가 가장 중요한 관건이다. 문제의 발생 원인에 우선순위를 둘 수도 있고, 때로는 문제 발생 후에 미치는 부정적 영향에 초점을 둘 수도 있다. 예를 들어, 문제의 발생 원인에 초점을 두는 경우는 미혼모 발생의 원인 중 학교에서의 현실적인 성교육, 인터넷 사용교육을 우선 순위로 두고 프로그램을 개발하는 것이다(그림 3-2 참조). 문제 발생 후에 미치는 부정적 영향에 초점을 두는 경우는 양육하는 미혼모들의 심리적 안정을 위해서 원가족과의 관계 회복, 양육기술교육 혹은 입양을 보낸 미혼모들의 우울 등을 중심으로 프로그램을 개발하는 것이다.

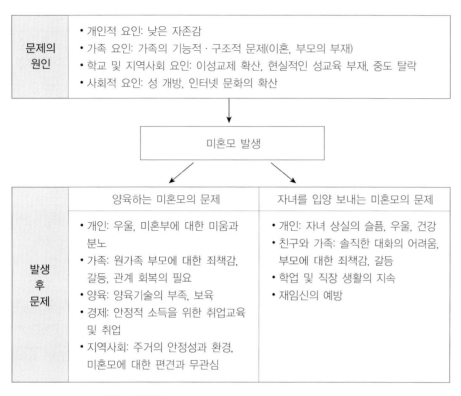

| 문제의
원인 | • 개인적 요인: 낮은 자존감
• 가족 요인: 가족의 기능적 · 구조적 문제(이혼, 부모의 부재)
• 학교 및 지역사회 요인: 이성교제 확산, 현실적인 성교육 부재, 중도 탈락
• 사회적 요인: 성 개방, 인터넷 문화의 확산 |

미혼모 발생

	양육하는 미혼모의 문제	자녀를 입양 보내는 미혼모의 문제

발생
후
문제
	• 개인: 우울, 미혼부에 대한 미움과
	  분노
	• 가족: 원가족 부모에 대한 죄책감,
	  갈등, 관계 회복의 필요
	• 양육: 양육기술의 부족, 보육
	• 경제: 안정적 소득을 위한 취업교육
	  및 취업
	• 지역사회: 주거의 안정성과 환경,
	  미혼모에 대한 편견과 무관심
		• 개인: 자녀 상실의 슬픔, 우울, 건강
		• 친구와 가족: 솔직한 대화의 어려움,
		  부모에 대한 죄책감, 갈등
		• 학업 및 직장 생활의 지속
		• 재임신의 예방

⊕ 그림 3-2   미혼모의 발생 원인과 파급되는 문제

문제 분석과 욕구조사가 끝났다면 프로그램 개발의 필요성을 다음의 순서 흐름대로 기술하면 적절하다.

① 클라이언트의 문제에 대한 심각성(통계, 뉴스, 지역 현황, 특별한 사례)

② 클라이언트가 안고 있는 전반적인 문제에 대한 기술(매우 짧게)

③ 클라이언트 문제가 해결되어야 하는 사회적 가치 및 당위성(매우 짧게)

④ 클라이언트 문제와 관련하여 핵심적으로 해결되어야 하는 욕구를 중심으로 기술

⑤ 클라이언트 욕구 해결을 위한 기존 프로그램의 한계

⑥ 핵심 욕구에 대한 초점/새로운 프로그램 개발의 필요성 제안

* ①~⑥으로 하는 것을 권장하나, 때로는 내용이나 구성에 있어서 순서가 바뀌어도 크게 문제되지 않는다. 다만, 앞의 내용들을 포함하는 것이 바람직하다.

사회적으로 이슈가 된 문제를 주제로 삼으면 참신해 보이고, 공감대를 쉽게 형성할 수 있으나, 관련된 기존 연구나 실태 분석들에 대한 자료가 거의 없다면 난항에 부딪히게 된다. 그러므로 자신이 쓰고자 하는 주제와 관련하여 기존의 국내 및 국외 연구가 어느 정도 진행되었는지를 먼저 확인해야 한다. 예를 들어, 다문화가정의 자녀 중 중도입국청소년들의 한국 사회 적응의 어려움이 새롭게 부각되어 이 문제에 대한 프로그램 개발을 하고자 하는 경우, 국내의 중도입국청소년들에 대한 조사 및 연구가 거의 없는 실정이라면 외국 문헌을 참조해야 하는 어려움에 봉착하게 된다.

사회복지사가 고민하는 클라이언트의 문제나 욕구에 관한 연구가 부재하다고 포기할 필요는 없다. 대상자 클라이언트와 가장 유사한 특징을 가진 클라이언트에 대한 연구를 기반으로 욕구를 설명할 수 있다. 앞서 언급한 중도입국청소년들에 대한 국내 연구가 부족하다면 그들과 가장 유사한 어려움을 겪을 수 있는 대상자들(조기유학 후 귀국 학생, 국내 거주 외국인 유학생)에 관한 연구를 참조하면 된다. 또한 클라이언트 대상자들에 대한 기존 연구문헌들이 부재할 때, 사회복지사는 초점집단 면담을 실시하여 그 결과를 바탕으로 클라이언트의 욕구를 제시한다.

기존 프로그램의 한계는 욕구 설정 자체일 수도 있고 욕구를 해결하는 방법일 수도 있다. 전자의 경우는 일반학교의 장애학생에 대한 학교 부적응의 원인으로 또래관계에 초점을 두는 것의 한계를 제시하고, 일반학급 교사의 장애학생에 대한 태도 등이 부적응의 원인이 될 수 있음을 부각시킨다. 후자의 경우는 기존 장애학생의 학교 적응 지원을 위해서 비장애학생의 장애 인식개선을 위한 교육에 초점을 두었다면, 비장애학생과 장애학생의 신체적·정서적 상호작용 수준을 높이는 방법을 제시하는 것이 통합교육에서 효과적이라는 연구 결과를 강조한다.

마지막으로 사업의 필요성을 기술할 때 다음과 같은 점을 유의한다. 첫째, 백화점식으로 욕구를 나열하지 말자. 욕구를 기술할 때에 교재의 서술방식처럼 기술하는 것은 피해야 한다. 예를 들어, 가출청소년의 욕구를 기술할 때에 개인적·가족적·

교육적·사회적 욕구를 모두 함께 나열하는 것은 불필요하다. 핵심적으로 해결되어야 하는 욕구를 중심으로 기술한다. 둘째, 인용을 하려면 제대로 하자. 특히 참고문헌을 인용할 때 한 연구자만 하는 경우는 바람직하지 않다. 관련연구를 다양하게 분석하여 정확하게 인용하는 것이 기획서의 신뢰도를 높인다.

4. 프로그램 이론과 가설

1) 프로그램 이론

프로그램의 주요 활동이 결과에 미치는 영향에 대한 이론적 근거를 제시하는 것은 매우 중요하다. 그러나 중요성에 비해 실제적인 프로그램 기획서에서 가장 간과되기 쉬운 부분이기도 하다. 사업의 필요성을 기술할 때에는 전혀 언급이 없다가 갑자기 목표와 프로그램 활동내용에 의사소통훈련, 강점관점, 자조활동, 분노조절 등이 등장하는 기획서는 바람직하지 않다. 의사소통훈련을 왜 해야 하는지, 강점관점이 프로그램 성과와 어떤 연관성이 있는지, 문제를 해결하기 위한 최선의 방법으로 자조활동이 적절한 것인지에 대한 설명이 없이 목표와 프로그램에 갑자기 새로운 용어들이 등장해서는 안된다.

프로그램 활동과 개입단위 설정과 관련한 〈표 3-2〉의 질문들을 고려하고, 기획서에는 '활동 → 성과'의 관계가 선명하게 제시되어야 한다.

대상자나 프로그램 활동 특성에 따라서 개입단위는 개인이 될 수도 있고, 가족이나 지역사회 전체가 될 수 있다. 예를 들어, 아동학대 예방 캠페인은 부모를 대상으로 학대예방 교육을 할 수도 있고 지역사회 전체를 대상으로 거리 캠페인으로 전개할 수도 있다.

⬡ 표 3-2   프로그램 이론을 위한 질문들

1단계	욕구분석의 이론적 근거 확인	• 대상자의 주요 욕구로 확신하는가? • 혹은 이제까지 기존 연구들에서 간과되었지만 현장 경험을 통해 다루어야 할 주요 욕구로 부상되었는가? • 지역 주민의 욕구조사와 집단 심층면담을 통해서 파악된 욕구인가? • 기존 연구들에서 파악되었는가?
2단계	투입활동과 성과 간의 이론적 근거	• 투입활동이 대상의 연령이나 특성에 적절한가? • 투입활동이 지역성을 고려하였는가? • 투입활동이 성과에 미치는 효과성이 검증되었는가? • 투입활동은 효율성이 있는가?
3단계	개입단위 및 지역사회 특성 고려	• 개인, 가족, 학급, 학교, 지역사회 단위인가? • 지역사회의 자원을 활용할 수 있는가?

〈예시를 통한 적용〉

중학생이 진로체험을 통해 진로효능감을 향상한다.

1단계	〈1단계 적용〉 욕구분석의 이론적 근거 확인	• 중학생의 진로와 관련한 욕구 중에서 진로효능감의 중요성을 확신하는가? • 중학생의 진로탐색과 관련한 이론들을 검토하였는가?
2단계	〈2단계 적용〉 투입활동과 성과 간의 이론적 근거	• 진로효능감을 향상시키는 다양한 활동에 대한 연구 결과들을 검토하였는가? • 진로체험이 진로효능감 향상에 효과적이라는 연구 결과들을 확인하였는가? • 진로체험의 효율성은 확보될 수 있는가?
3단계	〈3단계 적용〉 개입단위 및 지역사회 특성 고려	• 중학생 대상으로 소규모집단(10명 이하)의 개입단위가 효과적인가? 혹은 학급단위로 해야 하는가? 부모가 함께 개입하는 것이 바람직한가? • 학교사회복지 프로그램으로 적합한가? • 진로체험을 제공할 수 있는 기관들이 지역사회에 다양하게 있는가? • 진로체험을 제공할 수 있는 기관들과 네트워크가 형성되어 있는가?

2) 프로그램 가설

사회문제 원인과 욕구 분석을 통해 문제의 원인이 밝혀지면 프로그램 가설을 설정하게 된다. 프로그램 가설은 'if-then'으로 구성하여 '만약 ○○개입이나 서비스가 제공되면 ○○문제가 개선될 것이다.'와 같이 기술된다.

청소년 미혼모의 빈곤과 관련한 프로그램의 가설은 다음과 같이 성립된다.

- 만약 청소년 미혼모들이 미혼모를 위한 대안학교에 다닐 수 있다면,
- 만약 청소년 미혼모들에게 아동에 대한 보육지원이 이루어진다면,
- 만약 청소년 미혼모들에게 심리·정서지원 서비스가 제공된다면,
- 그러면 그들은 지속적인 학업유지를 통하여 안정된 직장을 갖고, 경제적 수준이 향상될 것이다.

3) 대상자 선정

대상자는 핵심 참여자와 주변 참여자로 구분된다. 핵심 참여자는 성과를 측정하게 되는 대상이고 주변 참여자는 성과측정 대상은 아니지만 핵심 참여자의 변화를 이끌어 내는 데 중요한 역할을 하는 사람이다.

- 핵심 참여자: 프로그램의 변화의 목표가 되는 대상자이다. 생태체계모델을 적용하면 주로 개인 클라이언트 체계(당사자)에 해당한다.
- 주변 참여자: 프로그램의 변화의 핵심은 아니지만 핵심 참여자와 함께 프로그램에 직간접적으로 참여하는 대상자를 의미한다. 생태체계모델을 적용하면 주로 미시체계(가족, 이웃 등)에 해당한다. 프로그램을 기획하고 주도하는 사회복지사나 전문강사들을 주변 참여자로 인식하는 경우가 있는데 이것은 적절하지 않다. 이들은 참여자가 아니라 변화를 위해 투입되는 전문인력이다. 예를 들어, 발달장애인과 비장애인과의 통합프로그램에서 학교 교사나 부모들이 이들의 변화를 촉진하거나 환경적 변화를 위해서 인식개선에 참여하게 되었다면 이들이 바로 주변 참여자이다.

───────────────── 실무 연습 문제 ─────────────────

1. 학교폭력 가해자 학생 대상의 공감적 의사소통 증진 프로그램을 개발하고자 한다. 학교폭력에 대한 규범적 욕구를 조사할 수 있는 방법을 제안해 보자.

2. 학교폭력 가해자 대상의 공감적 의사소통 증진 프로그램을 사회복지사와 공감적 의사소통 전문가가 협력해서 프로그램을 운영하고자 한다. 프로그램의 효과성을 높이기 위해서 일부 프로그램에는 방관자 학생들과 학급교사가 1~2회 참여하도록 기획하였다. 이 프로그램의 핵심참여자와 주변참여자는 누구인지 작성해 보자.

제4장

목적과 목표 작성을 통해
개입 방향 설정하기

제4화

학교에서 뭘 배운 건가요?

　지난 한 주간 매일같이 지역사회로 나가서 많은 청소년들을 관찰하고 이야기를 나누었다. 이 과정에서 지역복지팀의 이순신 선생님의 도움이 컸다. 한때 상사의 시기로 고초를 겪고 휴직을 했다가 최근에 복귀했다. 그리고 "저에게는 아직 12명의 청소년 자원봉사자가 남아 있습니다."라고 말하고 3일 만에 1천만 원 모금 프로젝트를 성공시킨 입지전적 인물이다. 이순신 선생님은 나에게 그 청소년 자원봉사자들을 만나게 해 주셨다. 나는 청소년을 만나서 그들의 삶과 고충에 대해 이야기를 나누었다. 또한 지역 청소년의 문제를 분석한 관련 보고서를 읽은 후 우리 동네 청소년들이 겪는 두 가지 어려움을 알게 되었다. 우선 컴퓨터 게임과 같은 개인 중심의 여가활동에 몰두한 나머지 친구관계에서 적절하게 대화하는 능력이 부족하다는 것이 다. 그리고 늘 혼자 있는 시간이 많다 보니 고립되어 있다는 점이다. 나는 이렇게 분석한 내용을 홍날래 팀장님께 보고했다. 억지로 미소를 참는 팀장의 표정을 읽을 수 있었다. "뭐……. 수고하셨습니다. 비교적 짧은 시간에 우리 지역의 청소년 문제의 특성을 좀 파악하셨네요. 역시 프로그램 개발과 평가 수업에서 A+ 성적을 받을 만하네요. 자, 그럼 프로그램 방향이 분명해 졌습니다. 이제 목표문을 작성하면 됩니다. 오늘 퇴근 전에 작성해서 저한테 제출하세요. 어디 한번 봅시다." 나는 팀장의 지시를 대수롭지 않게 생각했다. '목표문쯤이야 쉽게 쓸 수 있지.' 그러나 막상 책상에 앉아서 작성해 보려고 하니 너무 어려웠다. 3시간을 고민한 끝에 드디어 한 문장을 작성했다. "청소년을 위한 전문적인 상담서비스를 도모한다." 이렇게 작성해서 팀장님께 보여 드렸다. 팀장님은 픽 웃으며 다시 쓰라고 하셨다. "청소년의 대인관계 역량강화를 위해 전문적인 상담서비스를 제공한다."라고 쓴 후 다시 보여 드렸다. "최고야 선생님은 학교에서 뭘 배운 건가요? 프로그램 목표 작성은 프로그램 개발의 기초입니다. 내일 아침까지 다시 제대로 작성해 오세요!" 차가운 팀장님의 표정이 느껴지며 갑자기 사무실에 긴장감이 흘렀다.

　'아! 쉬운 일은 없구나. 어떻게 목표문을 작성해야 할까?'

1. 프로그램 이름, 목적, 성과목표, 산출목표의 관계

사회복지사는 프로그램의 운영과정과 예상하는 결과를 미리 설정해야 한다. 그리고 이것은 프로그램 이름, 목적, 성과목표, 산출목표를 통해 표현된다. 프로그램 이름, 목적, 성과목표, 산출목표는 매우 밀접한 관계를 맺고 있으며 [그림4-1]에서 보듯이 위계적인 구조로 연결되어 있다. 프로그램 이름을 좀 자세하게 설명하는 것이 목적이며, 목적을 구체적으로 기술한 것이 바로 성과목표와 산출목표다.

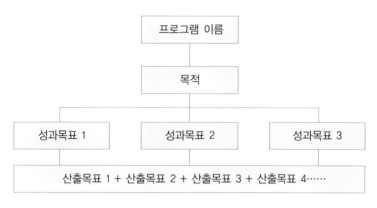

⊕ 그림 4-1　　프로그램 이름, 목적, 성과목표, 산출목표의 위계구조

2. 프로그램 이름과 목적

1) 프로그램 이름

프로그램 이름은 프로그램의 고유함을 확립하고 다른 프로그램과 구별 짓기 위해 작성된다. 프로그램 이름을 짓는 표준화된 방법이 정해진 것은 아니지만 일반적으로 사회복지 현장에서는 다음과 같이 프로그램 내용 요약과 프로그램 이름을 함께 제시하는 형식을 선호한다.

🔷 표 4-1   **프로그램 이름 사례**

알코올 중독가정 청소년 자녀의 사회적 지지를 위한 공동체모임
'꿈꾸는 친구들'

만약 프로그램 이름을 단순히 '꿈꾸는 친구들'이라고만 지으면 어떤 내용의 프로그램인지 즉시 파악하기 어렵다. 그렇다고 '알코올 중독가정 청소년 자녀의 사회적 지지를 위한 공동체모임'이라고만 지으면 유사 프로그램과 구별되지 않는다. 그러므로 이 두 가지 내용을 함께 제시하면 비로소 프로그램 내용을 쉽게 파악하고 다른 유사 프로그램과 구별되는 고유함을 얻을 수 있다.

2) 목적

사회복지 프로그램은 클라이언트를 긍정적으로 변화시키는 것을 기본적인 방향으로 삼는다. 목적(goal)이란 중장기적으로 프로그램을 통해 이루고자 하는 클라이언트 혹은 생태체계의 변화를 의미하며 그 내용에는 주요 문제, 클라이언트, 활동이나 서비스, 성과나 가치 등이 포함된다. 사회복지 프로그램의 목적을 체계적으로 작성하기 위해서는 다음의 네 가지 내용을 포함해야 한다(Grinnell, Gabor, & Unrau, 2010).

- 목적에는 현재의 문제가 제시되어야 한다.
- 목적에는 문제와 관련된 표적 집단이 제시되어야 한다.
- 목적에는 표적 집단을 위한 바람직한 미래가 제시되어야 한다.
- 목적에는 바람직한 미래를 성취하기 위한 계획이 제시되어야 한다.

목적을 작성하는 구체적인 방법이 정해진 것은 아니다. 사회복지사는 프로그램을 통해 이루고자 하는 변화를 단기적인(1년 이내) 목적으로 작성할 수 있고 그 이상의 중장기적인 목적으로 작성할 수도 있다. 또한 목적문의 분량을 간단히 한 줄로 작성하거나 여러 문장으로 작성할 수도 있다. 다음 예시를 읽어 보자.

예시 1   **짧은 목적문**

프로그램의 목적은 알코올 중독 부모가 있는 가정의 청소년들에게 사회적 지지모임을 제공해서 심리정서적 안정과 사회적응을 극대화하는 것이다.

예시 2   **긴 목적문**

음주에 허용적인 태도와 문화로 인해 알코올 중독자 수가 증가하고 있으며 이로 인해 개인의 사회적 기능 손상뿐만 아니라 알코올 중독자의 배우자와 자녀들이 고통을 겪고 있다. 특히 알코올 중독자의 10대 청소년 자녀들은 부모의 알코올 중독으로 인해 죄책감, 수치심, 대인관계의 어려움을 겪고 있는 상황이다. 이에 이들 청소년들의 레질리언스를 강화하는 사회적 지지모임을 만들어 활성화할 필요가 있다. 이를 통해 중독자 자녀들의 심리적 안정을 높이고 사회환경에 적응하는 역량을 증진시켜 건강한 사회인으로 성장하도록 변화시키는 것이 이 프로그램의 목적이다.

목적을 작성할 때 참고할 사항은 다음과 같다.

첫째, 목적은 프로그램의 방향을 선언하는 용도를 지닌다. 목적은 사회복지 프로그램에 관심을 지닌 여러 이해관계자들(클라이언트, 지역 주민, 후원자, 자원봉사자, 정부)에게 프로그램을 통해 궁극적으로 이루고자 하는 변화의 모습을 호소력 있게 제시하는 기능이 있다. 그러므로 종종 목적은 사람들에게 프로그램에 대한 관심, 참여, 지원을 불러일으킬 정도로 도전적이거나 매력적으로 작성될 수도 있다. 예를 들어, 어느 학교폭력예방 프로그램의 목적문을 '지역사회의 학교폭력 발생건수를 감소하겠다.'로 표현하는 것보다는 '지역사회에서 학교폭력을 근절하겠다.' 등의 표현이 필요에 따라 더 적합할 수도 있다.

둘째, 목적은 실제 평가의 대상이 아니다. 프로그램을 평가할 때 목적 달성 여부를 평가하지 않으며 성과목표와 산출목표의 달성 여부를 평가한다. 성과목표와 산출목표가 달성되면 암묵적으로 목적도 달성된 것으로 간주된다. 따라서 목적의 내용에 측정 가능한 용어나 지나치게 세부적인 활동을 모두 포함할 필요는 없다. 예를 들어, '자아존중감 점수를 50점 이상 향상한다.' '아동에게 박물관 견학, 생일축하파티, 영화관람, 체육교실, 개인상담 등을 제공한다.'와 같은 상세한 내용을 목적문에 담는 것은 권장되지 않는다.

셋째, 목적의 내용은 사회복지기관의 사명, 비전, 핵심가치와 어느 정도 일치해야 한다. 예를 들어, 장애인이 스스로 자신의 문제를 해결해야 한다는 '장애인의 자립생활'의 가치를 추구하는 장애인복지기관에서 '사회복지사가 전문적인 서비스 제공을 통해 장애인의 문제를 해결하겠다.'와 같은 전문가 중심 서비스 철학이 담긴 목적문을 작성하는 것은 어울리지 않는다. 이 경우 '장애인이 삶의 어려움을 스스로 해결하는 역량을 증진한다.'는 목적문이 기관의 비전에 더 잘 어울린다.

다음은 실제 사회복지 프로그램의 이름과 목적들이다.

표 4-2   사회복지 프로그램과 목적 작성 사례

기관명	프로그램 이름	목적
금정구노인복지관	치매 친화적인 지역 만들기 기억 채움 동행 프로젝트 '다원네트워크'	CCI(Community Collective Impact)에 대한 이해를 바탕으로 남산동 지역 주민의 치매 민감성이 강화되고, 치매 관심자원이 확대되어 최종적으로 남산동이 치매 친화적인 지역으로 변화된다.
안심제1종합사회복지관	더불어 안심하는 지역복지 네트워크	민간기관, 학교, 공공기관 등 지역의 다양한 교육복지 주체들이 연계하여 교육소외 아동, 청소년을 위한 통합적인 교육안전망 구축과 지역 특성화 교육복지 모델을 개발한다.
광주시장애인단기보호시설	ACC를 통한 이용자의 자기결정권 향상 및 꿈과 재능 개발을 통한 자립 지원 프로젝트 '내 마음 쏙쏙'	• 중증 뇌병변 발달장애인의 자기결정력을 높이기 위해 시설에 최적화된 보완대체의사소통체계(ACC)를 확립하고, 인지 및 언어능력 향상을 통해 주도적으로 선택·결정할 수 있는 주체적인 삶을 지원한다. • 이용자의 욕구를 정확히 반영한 평생교육 프로그램을 통해 자기효능감을 향상시키고, 사람중심계획(PCP) 활성화로 개인의 재능 및 강점을 강화하여 사회참여의 기회확대 및 자립기반을 구축한다.

늘사랑청소년센터	비행 여성·청소년의 자기성장 및 사회적응력 강화를 위한 회복탄력성 프로그램 '참 소중한 나, 참 좋은 너, 참 행복한 공동체'	회복탄력성 프로그램을 통한 비행 여성·청소년의 자기성장 및 사회적응력을 강화한다.
구미종합사회복지관	청소년 동사형 꿈 찾기 프로젝트 'We-with'	청소년 빈곤대물림 차단을 위해 청소년들에게 '동사형 꿈'을 찾아 주고자 한다.
부산진구종합사회복지관	청년 니트 자립역량 강화 지원사업 '청년희망챌린지'	청년들이 지역사회 관계망 속에서 소통·교류하며 건강하게 지역의 주체로 성장하도록 돕고 청년이 살기 좋은 마을조성을 통한 청년복지사업 활성화
당진북부사회복지관	지역사회 내 둘레자원 형성을 위한 이웃 관계망 확장 프로젝트	모임을 통해 정서적 고립감을 해소하고 둘레자원을 형성하여 사회적 이웃 관계망을 확장한다.
북구노인종합복지관	조부모 황혼육아 스트레스 완화를 통한 가족관계 증진 프로그램 '멋진 할맘의 똑똑 케어 (CARE)'	손자녀를 양육 중인 조부모들이 육아코칭을 통해 양육스트레스를 완화시키고 가족 구성원들의 갈등을 줄이고 가족관계를 증진한다.
고창행복원	우리마을 이야기 '동네 BOOK 마실'	아동이 '글마루산책'의 지역주민과 함께 '책 읽기'를 통해 사고의 깊이를 넓히고 학습을 향상하고 학교생활의 긍정적 에너지로 작용하게 한다. 지역의 유적지 또는 문화를 찾아 함께 탐방하고 체험하면서 지역사회를 알아 가고 애향심을 고취하여 아동과 지역 주민이 멘토-멘티 활동을 통해 정서적 유대감을 형성한다.
꿈의 동산	청년 장애인 웹툰 아카데미 조성 및 운영사업 '로그-인(Log-in)-웹툰을 통해 사회로 접속하다'	• 교육문화 소외계층 청년 장애인을 대상으로 웹툰 전문교육의 기회 제공을 통한 우수 창작인력 (웹툰작가) 양성 • 웹툰 작가 데뷔를 통한 직업 활동(경제적 자립)

출처: 보건복지부, 중앙사회서비스원(2022).

3. 성과목표 작성법

1) 성과목표의 개념 및 작성원칙

사회복지사는 목적을 작성한 다음, 목표(objectives)를 설정해야 한다. 목표는 상세한 변화, 사건, 활동을 담고 있어 목적보다 좀 더 구체적이다(Smith, 2010). 목표는 크게 성과목표와 산출목표로 구분된다. '성과(outcome)'와 '산출(output)'이란 용어는 모두 논리모델에서 나온 것이다. 논리모델의 순서상으로는 산출이 먼저 등장하고 성과가 나중에 나오지만, 실제 프로그램 목표를 작성할 때는 목적을 이루기 위한 성과목표를 먼저 작성하고 그다음으로 성과목표를 이루기 위한 산출목표를 작성한다.[1)]

성과목표(outcome objectives)는 단기적으로 프로그램을 통해 이루고자 하는 클라이언트 및 지역사회의 변화를 의미한다. 모든 성과목표가 클라이언트 변화와 지역사회 변화 모두를 포함해야 하는 것은 아니다. 프로그램의 내용이 개인이나 집단을 변화시킬 때는 성과목표의 내용이 사람의 변화에만 초점을 두면 된다. 그리고 프로그램의 내용이 지역사회의 변화에 초점을 둔다면 지역 변화만 설명하면 된다. 한편, 목적과 달리 성과목표는 실제로 달성 여부를 반드시 평가해야 한다. 따라서 매우 명확하게 작성되어야 한다. 그래야만 달성 여부를 평가할 수 있기 때문이다. 성과목표를 명확하게 작성하기 위한 기준으로 흔히 스마트(SMART) 원칙이 권장된다(Smith, 2010). 이것은 다섯 가지 기준에 따라 목표를 설정해야 한다는 것으로서 상세한 내용은 〈표 4-3〉과 같다.

---

1) 물론 이 순서원칙은 다소 이론적이고 이상적인 순서이다. 실제로는 프로그램 이름, 목적, 성과목표, 산출목표가 동시에 떠오르기도 하고, 순서가 뒤바뀔 수도 있다.

⬠ 표 4-3   **성과목표 작성을 위한 스마트 원칙**

기준	의미
구체성 (Specific)	• 목표를 정확하고 구체적으로 작성해야 한다. 　- 나쁜 예: 건강을 증진한다. 　- 좋은 예: 운동능력을 증진한다.
측정가능성 (Measurable)	• 목표를 숫자나 증감의 단어로 표현해서 정량화시킨다. 　- 나쁜 예: 즐거운 학교생활을 한다. 　- 좋은 예: 학교생활 만족도 점수를 80점 이상 획득한다. 　- 좋은 예: 학교생활 만족도를 향상한다.
달성가능성 (Achievable)	• 목표를 실제 실현 가능한 목표로 설정해야 한다. 　- 나쁜 예: 아동학대를 완전히 뿌리 뽑는다. 　- 좋은 예: 아동학대 발생건수를 감소한다. • 목표는 목적과 어울리며 내용적으로 타당해야 한다. 　- 나쁜 예: (아동학업지원 프로그램에서) 가족관계를 증진한다. 　- 좋은 예: 아동의 학업자신감을 향상한다.
관련성 (Relevant)	• 목표는 프로그램 목적과 내용적으로 관련되어야 한다. 예를 들어, 어느 장애인복지 프로그램의 목적이 '장애인 자립증진'이라면 다음의 예시를 참고하라. 　- 나쁜 예: 장애인에게 전문가의 원조를 제공한다. 　- 좋은 예: 장애인의 독립적인 사회활동을 증진한다.
시간제한성 (Time-bounded)	• 목표는 언제든 달성하면 되는 것이 아니라, 구체적인 일정 내에서 달성해야 한다. 그러나 다음과 같이 목표문에 제시될 수 있고 생략될 수도 있다.[2] 　- 일정이 제시된 예: 발달장애인에게 취업알선을 실시해서 202X년 12월 31일까지 취업률을 향상한다. 　- 일정을 생략한 예: 발달장애인에게 취업을 실시해서 취업률을 향상한다.

2) 성과목표 작성을 위한 4형식

어떻게 하면 성과목표를 잘 작성할 수 있을까? 좋은 성과목표에는 프로그램의 과정과 성과 모두가 반영되는 것이 좋다. 프로그램 목표만 보더라도 프로그램이 누구를 위한 것이며 어떤 과정을 통해 무엇을 이루고자 하는지 파악될 수 있어야 한다.

2) 목표문에 구체적인 일정까지 제시하면 목표문이 지나치게 상세하게 된다. 어차피 프로그램 일정이 프로그램 계획서에 작성되므로 목표문을 쓸 때는 일정 표기를 생략해도 된다.

좋은 목표문에는 다음의 네 가지 내용이 담겨야 한다.

첫째, 클라이언트가 누구인지 작성되어야 한다. 이를 통해 이 프로그램이 누구를 위한 프로그램인지 확인할 수 있다.

둘째, 클라이언트에게 사회복지기관이 제공하는 서비스나 활동이 무엇인지 제시되어야 한다. 이를 통해 프로그램이 어떤 내용으로 운영되는지를 이해하게 된다.

셋째, 클라이언트에 어떤 변화를 만들 것인지 제시되어야 한다. 앞서 제시된 서비스나 활동을 통해 클라이언트의 인지, 정서, 태도, 행동, 기능, 상태, 지위, 환경 등 다양한 영역에서 어떤 변화를 이룰 것인지 간파할 수 있다.

넷째, 변화의 방향이 기술되어야 한다. 앞서 소개한 스마트 원칙을 손쉽게 지키는 방법은 변화의 방향을 증감(+, -)의 언어로 제시하는 것이다. 향상, 증진, 유지, 구축 등의 증(+)을 나타내는 표현이나 감소, 감량, 단축 등의 감(-)을 나타내는 표현을 통해 변화가 어떤 방향으로 진행될 것인지 확인할 수 있다.

이상의 내용을 근거로 성과목표를 작성하기 위한 4형식을 소개한다.

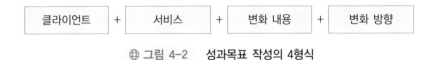

⊕ 그림 4-2   **성과목표 작성의 4형식**

만약 사회복지사가 지역사회 빈곤가정 아동에게 학습지원 프로그램을 제공해서 학업능력을 향상하는 성과를 목표로 제시하고자 한다면 다음과 같이 두 가지 표현으로 성과목표를 작성할 수 있다.

⊙ 표 4-4   **4형식에 따라 작성된 성과목표 예시**

클라이언트	서비스	변화 내용	변화 방향
① 지역아동에게	학습멘토링을 제공해서	학업능력을	향상한다.
② 지역아동이	학습멘토링에 참여해서	학업능력을	향상한다.

①번 성과목표는 전통적인 목표 작성법을 따른 것으로 전문가 중심 서비스 철학이 담겨 있다. 이 문장에서 실제로 주어는 생략되어 있는데, 주어까지 모두 작성하면 다음과 같다.

> (사회복지사가) 지역아동에게 학습멘토링을 제공해서 학업능력을 향상한다.

②번 성과목표는 비교적 최근에 작성되는 성과목표문으로서 클라이언트 중심 서비스 철학이 담겨 있다. 문장을 보면 클라이언트가 주어를 차지한다. 클라이언트가 스스로 자신의 문제를 해결하는 의미가 담겨 있다.

①번 목표문과 ②번 목표문 중에 어느 것이 정답이거나 우월할 수는 없다. 프로그램이 운영되는 사회복지기관의 사명, 비전, 핵심가치를 고려해서 선택하면 된다. 프로그램과 서비스의 전문성, 탁월성, 책임성 등의 가치를 강조하는 기관이라면 ①번 형식의 목표문이 적절하고, 클라이언트의 자기결정권, 고객주의, 자조, 자립 등의 가치를 선호하는 기관이라면 ②번 목표문이 더 적절하다.

3) 성과목표 작성 예시

다음은 4형식을 따라 작성된 성과목표문의 모범 예시이다. 4형식의 구조에 따라 작성된 다양한 성과목표문을 익히도록 하자.

◈ 표 4-5   성과목표 모범 작성 예시

번호	클라이언트	서비스	변화 내용	변화 방향
1	학부모에게	정서지원 서비스를 제공해서	양육 스트레스를	감소한다.
2	정신장애인이	사회기술훈련을 통해	자기주장기술을	향상한다.
3	노인에게	스마트폰 사용법을 교육해서	디지털도구 활용능력을	증진한다.
4	사례관리 대상자가	자조모임을 조직해서	자아존중감을	높인다.
5	청소년에게	자원봉사활동을 제공해서	지역참여도를	향상한다.

6	마을 주민이	마을공동체 활동을 통해	지역공동체 의식을	증진한다.
7	장애인에게	직업훈련 프로그램을 실시해서	직업역량을	강화한다.
8	아동이	학습멘토링에 참여해서	학업성취도를	향상한다.
9	독거노인에게	요리교실을 실시해서	자립생활기술을	증진한다.
10	장애인이	기업체 견학을 통해	취업동기를	높인다.
11	가정폭력 피해자에게	법률지원 서비스를 제공해서	권익을	증진한다.
12	청소년이	취미동아리 활동을 통해	삶의 행복감을	향상한다.
13	시각장애인을 위한	지역정보 지원체계를 구축해서	지역사회 적응력을	증진한다.
14	지역 주민이	지역 소모임 활동을 통해	지역네트워크를	구축한다.
15	노인이	생활체육을 통해	운동능력을	유지한다.
16	정신장애인에게	자조모임을 실시해서	불안감을	감소한다.
17	독거노인이	마을라디오를 운영하여	고독감을	줄인다.
18	자립준비청년에게	재정관리 교육을 통해	경제적 불안감을	낮춘다.
19	예비 후원자에게	기부교육을 통해	기부참여도를	향상한다.
20	자원봉사자가	봉사활동을 통해	이타심을	향상한다.

참고로 시스템, 제도, 인프라를 만드는 것을 목표로 할 경우 변화 방향은 '구축한
다' '개발한다' '형성한다' 등의 표현이 적절하다. 그리고 장애인복지 · 노인복지 프로
그램의 경우 '유지한다'는 향상과 유사한 개념으로 적용할 수 있다.

다음은 현장에서 흔히 잘못 작성하는 성과목표 예시이다.

⬡ 표 4-6   **잘못 작성된 목표문 예시**

① 아동에게 학습멘토링을 실시해서 자아존중감 향상을 도모한다.
② 아동에게 학습멘토링을 실시해서 자아존중감 향상의 기회를 제공한다.
③ 아동의 자아존중감 향상을 위해 학습멘토링을 제공한다.
④ 아동에게 학습멘토링을 실시해서 자아존중감 및 학업능력을 증진한다.
⑤ 아동 학습멘토링 활동 중 학부모 간담회를 실시한다.
⑥ 아동 학습멘토링을 마치고 만족도 조사를 실시한다.

①과 ②는 모두 무엇을 평가할지 모호하게 만드는 목표문이다. '도모한다' '기회를

제공한다' 등의 표현으로 인해 목표의 방향이 명확성을 잃었다. 이러한 단어들은 불필요하다. ③은 4형식의 내용을 담겨 있으나 순서가 뒤바뀌었다. 이 문장대로라면 자아존중감 향상을 평가하는 것이 아니라, 단지 학습멘토링을 제공했는지만 평가하면 된다. 성과를 평가할 수 없는 문장이므로 잘못 작성되었다. ④는 하나의 성과목표문에 2개의 변화 내용이 포함된 사례이다. 자아존중감과 학업능력 중 하나만 작성하거나, 성과목표문을 2개로 만들어야 한다. ⑤와 ⑥은 클라이언트의 변화를 평가하는 내용이 아니라, 사회복지사가 해야 할 업무가 잘 수행되었는지를 평가하는 내용이므로 부적절하다. 성과목표에는 클라이언트의 변화를 담은 내용만 작성되어야 한다.

4. 산출목표 작성법

성과목표가 설정되었으면 그다음으로 산출목표를 작성해야 한다. 산출목표(output objectives)란 성과목표를 이루기 위해 제공하는 서비스나 활동의 양을 의미한다. 산출목표는 반드시 숫자로 제시해야 한다. 사회복지 프로그램에서 활용되는 대표적인 산출 항목은 다음과 같다.

⊙ 표 4-7   **프로그램 산출 항목**

항목	설명
실인원수	실제 프로그램 참가한 인원수
횟수	프로그램을 실시한 횟수(건수)
연인원수	실인원수×횟수

많은 사회복지기관들이 사업계획서와 결과보고서에 연인원수를 보고한다. 서비스의 양을 계산하기 위해서 실인원수만 보고하면 횟수를 알 수가 없고, 횟수만 보고하면 참가 인원수를 알 수가 없다. 따라서 이 두 가지 정보를 모두 반영한 연인원수가 활용된다.

다음은 성과목표와 산출목표를 함께 작성한 예시이다. 〈표 4-8〉를 보면 알 수 있
듯이 2개의 성과목표를 이루기 위해 총 4개의 산출목표를 수립한 것이다. 각 산출목
표는 성과목표 1과 성과목표 2 중 하나에 기여하거나, 혹은 두 가지 성과목표 모두에
게 기여할 수 있다. 참고로 성과목표의 목표량은 수치화된 목표를 숫자로 기입해도
되고 증(+) 혹은 감(-)으로 표현해도 된다. 또한 산출목표의 목표량은 연인원수를 의
미한다.

⬡ 표 4-8   아동학업지원 프로그램의 성과목표와 산출목표 작성 예시

구분	내용	목표량
성과목표 1	아동에게 방과 후 교육 프로그램을 제공해서 학업스트레스를 감소한다.	-
성과목표 2	아동에게 개별 학습지도를 제공해서 학업능력을 향상한다.	+
산출목표 1	참가아동 30명을 대상으로 지역문화탐방활동 6회 실시한다.	180명
산출목표 2	참가아동 30명을 대상으로 수영훈련을 2회 실시한다.	60명
산출목표 3	참가아동 30명을 대상으로 대학생 학습멘토링을 10회 실시한다.	300명
산출목표 4	학업부진 아동 5명을 선정해서 심층상담을 5회 실시한다.	25명

필요에 따라 성과목표와 산출목표를 〈표 4-9〉와 같이 간략하게 작성할 수도 있
다. 이렇게 간략하게 작성을 하면 성과목표와 산출목표에서 무엇을 평가할지 훨씬
명확해진다.

⬡ 표 4-9   성과목표와 산출목표의 간략형

구분	내용	목표량
성과목표 1	학업스트레스 감소	-
성과목표 2	학업능력 향상	+
산출목표 1	지역문화탐방 30명×6회	180명
산출목표 2	수영훈련 30명×2회	60명
산출목표 3	학습멘토링 30명×10회	300명
산출목표 4	심층상담 5명×5회	25명

5. 기타 목표 작성법들

사회복지 프로그램의 목표를 작성할 때 반드시 '성과목표'와 '산출목표'로 작성해야만 하는가? 그렇지는 않다. 실제 사회복지 현장에서 다른 형식으로 작성되는 사례도 종종 있다. 예를 들어, 상위목표와 하위목표, 일반목표와 세부목표, 단기목표와 중장기목표, 활동목표, 운영목표, 과정목표 등의 방식으로 작성되기도 한다. 이러한 목표 작성법들을 예시를 통해 설명하겠다.

우선, 〈표 4-10〉에서 상위목표와 하위목표는 변화의 내용(개념)을 상위 개념과 하위 개념으로 구분한 것이다. 예를 들어, 발달장애인의 '태도'를 변화시키는 것이 상위 차원의 목표라면 태도의 하위 차원을 찾아 그것을 하위목표로 설정하는 것이다. 사회심리학의 태도이론에 따르면 태도(attitude)는 감정(affectivity), 행동(behavior), 인지(cognition)의 세 가지 차원으로 구분된다. 따라서 하위목표에는 이들 하위 차원의 변화도 반영해야 한다. 만약 태도이론을 모른다면 하위 차원을 정의하기 어렵다. 이렇듯 상위목표와 하위목표를 작성하는 방법은 해당 개념에 대한 전문적인 이론적 이해가 있어야 가능하므로 활용되기 어려운 접근이다.

🔖 표 4-10 **상위목표와 하위목표 예시**

구분	내용
목표	청소년들이 봉사활동을 통해 발달장애인에 대한 **태도**를 개선한다.
하위목표 1	발달장애인에 대한 친밀한 **감정**을 느낀다.
하위목표 2	발달장애인에 대해 호의적인 **행동**을 한다.
하위목표 3	발달장애인에 대한 올바른 **이해**를 갖는다.

다음으로 일반목표와 세부목표를 〈표 4-11〉를 통해 살펴보면 앞서 학습한 성과목표와 산출목표의 작성법과 매우 유사하다는 점을 알 수 있다. 그러나 하위목표가 수치화되지 않아 구체성이 부족하다. 이런 목표들은 어떤 활동을 실시하기만 하면

달성되기 때문에 성취하기 너무 쉽다.

◈ 표 4-11   일반목표와 세부목표 예시

구분	내용
일반목표	청소년들이 봉사활동을 통해 발달장애인에 대한 태도를 개선한다.
세부목표 1	자원봉사자 대상 오리엔테이션을 개최한다.
세부목표 2	발달장애인을 지원하는 봉사활동을 한다.
세부목표 3	봉사활동에 대한 평가회를 실시한다.

다음은 단기목표와 중장기목표의 작성법에 대해 살펴보자. 〈표 4-12〉를 보면 알 수 있듯이 이것은 시간의 흐름에 따라 목표를 작성한 것이다. 단기목표뿐만 아니라 중장기목표를 전망한 점은 우수하나 목표의 내용이 프로그램 운영과정인지 결과(성과)인지를 명확하게 구분하기 어렵다는 한계가 있다.

◈ 표 4-12   단기목표와 중장기목표 예시

구분	내용	기간
단기목표	청소년이 발달장애인을 위한 봉사동아리 활동에 참여한다.	2024. 12. 31.
중장기목표	학교에서 청소년들이 발달장애인의 지지체계를 구축한다.	2026. 12. 31.

끝으로 활동목표, 운영목표, 과정목표의 작성법을 설명한다. 이들 명칭이 서로 다르나 실제 작성법은 동일하다. 〈표 4-13〉을 보면 알 수 있듯이 모두 프로그램 과정에서 사회복지사가 수행할 업무를 의미한다. 시간의 순서에 따라 구체적인 활동계획을 확인할 수 있는 점은 우수하다. 그러나 목표에 성과, 즉 클라이언트의 변화가 담겨 있지 않아 엄밀한 의미에서 성과로 간주하는 것이 어렵다.

표 4-13 활동목표, 운영목표, 과정목표의 예시

시기	내용
04~05월	1. 프로그램 홍보 및 참가자 모집
06월	2. 청소년 자원봉사자 오리엔테이션
07월	3. 발달장애청소년-비장애청소년 통합캠프
08월	4. 청소년 자원봉사자 중 발달장애인 서포터즈 조직
09~12월	5. 학교 내 서포터즈 활동 및 발달장애인 지원체계 구축
12월	6. 프로그램 만족도 조사 및 평가 실시

여러 가지 목표 작성법을 설명하였다. 각각의 장단점이 있으나 논리모델에 기반한 성과목표, 산출목표 작성법이 프로그램 과정과 결과를 모두 설명할 수 있고 내용이 구체적이므로 앞서 학습한 스마트 원칙을 지키는 데 가장 유리하다. 그러므로 성과목표, 산출목표 작성법이 여러 가지 목표 작성법 중에 가장 우수하다고 볼 수 있다.

실무 연습 문제

1. 다음 성과목표문의 문제점을 찾고 적절히 수정해 보자.

수정 전	수정 후			
	클라이언트	서비스, 활동	변화 내용	변화 방향
(예시) 아동의 사회성을 향상한다.	아동이	스포츠 활동에 참여해서	사회성을	향상한다.
1. 아동의 공부방교실을 통해 학업능력 향상을 도모한다.				
2. 청소년에게 나눔캠페인을 실시해서 기부관심 증진의 기회를 제공한다.				
3. 학대받은 아동에게 심리상담을 제공해서 불안감과 스트레스를 감소한다.				
4. 노인의 스마트기기 활용능력 향상을 위해 스마트폰 사용법을 교육한다.				
5. 노인이 즐겁게 참여할 수 있는 실버체조를 실시해서 어디든 자유롭게 다닐 수 있게 운동능력을 향상한다.				

2. 인터넷이나 기타 자료를 참고해서 사회복지기관의 프로그램 1개를 찾아보자. 그다음 아래 예시를 참고해서 프로그램의 목적, 성과목표, 산출목표를 새롭게 작성해 보자.

기관명	당진북부사회복지관
프로그램 이름	지역사회 내 둘레자원 형성을 위한 '이웃망 관계망 확장 프로젝트'
목적	주민모임을 통해 정서적 고립감을 해소하고 둘레자원을 형성하여 사회적 관계망을 확장한다.
성과목표	1. 주민들이 요리배움에 참여해서 고립감을 감소한다. 2. 주민들이 걷기모임을 통해 사회적 관계망을 증진한다. 3. 홀몸 어르신의 동화책 만들기를 통해 긍정적 둘레관계를 향상한다.
산출목표	1. 요리활동 10명 × 6회 = 60명 2. 요리나눔 10명 × 5회 = 50명 3. 걷기모임 10명 × 10회 = 100명 4. 미술공부 6명 × 3회 = 18명 5. 동화책 제작 6명 × 1권 = 6명

제5장

프로그램 내용을 구체적으로 설계하기

1. 프로그램 내용 설계하기

2. 창의적 프로그램 활동을 개발하기 위한 도전:
   브레인스토밍과 브레인라이팅

3. 프로그램 구성요소와 원칙 알기

브레인스토밍을 하다

　수많은 시행착오 끝에 프로그램 목적과 목표문은 잘 작성되었다. 이제부터는 프로그램 내용을 짜야 한다. 나는 늘 안해용 선생님께서 강조하신 '남의 것을 베끼지 않기'를 지켰다. 그래서 다른 복지관의 홈페이지를 찾아보지 않았고 늘 청소년들과 나눈 이야기와 청소년 관련 책과 논문 읽기에 집중했다. 그 결과, 프로그램의 목적과 목표를 작성하고 전반적인 방향을 설정할 수 있었다. 그런데 아이디어가 부족해서 그런지 아무리 생각해도 구체적인 서비스 내용이 떠오르지 않았다. 그래서 우리 팀의 또 다른 선배 사회복지사 김잡스 선생님께 도움을 청했다. 김잡스는 이름이 아니라 별명이다. 잡스 선생님은 늘 청바지에 검은 티만 입고 다니시고 아이디어가 넘쳐서 다들 이름보다는 별명을 부른다. "잡스 선생님, 프로그램 아이디어가 떠오르지 않습니다." "최고야 선생님, 아이디어는 혼자 책상에서 골똘히 생각한다고 나오는 것이 아닙니다. 아이디어는 함께 만들어야 합니다." 이렇게 말씀하시더니 팀장님께 긴급 팀회의를 제안하셨다. 잡스 선생님은 딱 15분만 브레인스토밍을 하자고 하셨고 모두들 동의했다. 모든 팀원이 이러한 작업이 익숙한지 누가 시키지도 않았는데 각자 역할을 맡으셨다. 화이트보드가 세팅되고, 상상력을 자극하는 배경음악이 흐르기 시작했다. 그리고 모두 둥그렇게 둘러앉았다. 처음에는 워밍업으로 '볼펜으로 할 수 있는 일 30가지를 2분 이내에 찾기'라는 간단한 과제가 주어졌다. 김잡스 선생님부터 시작해서 시계방향으로 돌아가면서 볼펜으로 할 수 있는 아이디어를 말씀하셨다. 내가 보기에는 현실성이 없어 보이는 것도 많은데 아무도 비판하지 않고 즐겁게 웃으며 수용해 주었다. 정말 놀라운 점은 2분 만에 30개의 아이디어를 찾아낸 것이다. 잡스 선생님이 말씀하셨다. "자, 이제 최고야 선생님이 준비하시는 청소년 프로그램의 아이디어를 찾아볼까요? 먼저, 프로그램 목표에 대한 설명을 듣고 10분 동안 10개를 찾아내도록 하겠습니다. 자, 시작!" 나는 이 광경이 너무나 신기했다. 마치 대학생 MT에 온 분위기로 갑자기 바뀌었다. '여기서 007빵을 하면 딱인데.' 브레인스토밍을 통해 무수히 많은 아이디어가 도출되었고 나 역시 크게 웃었다.

우리는 서점에서 다양한 대상자별·주제별 프로그램집을 보면 '왜 다들 프로그램이 거기서 거기지?' 하고 실망한다. 물론 프로그램은 무조건 창의력이나 통통 튀는 아이디어만으로 승부할 수 있는 것이 아니다. 이론적 근거 없이 기발한 아이디어로만 가득한 프로그램은 성경을 인용하면 '모래 위에 세운 집'과 같다. 반면에 문제를 분석하고 욕구를 파악하여 프로그램 이론에 기반을 둔 프로그램은 '반석 위에 세운 집'처럼 흔들림이 없다. 그런데 반석 위에 지은 안정된 집에 들어갔더니 온갖 새롭고 흥미로운 것들이 가득하다면 그것만큼 완벽한 곳이 어디 있겠는가? 철저한 분석과 확실한 프로그램 이론이 있다면, 이제는 그에 기초해서 창의적인 아이디어로 프로그램에 새롭게 옷을 입히는 작업이 필요하다. 권위의식, 고정관념, 매너리즘에 빠져 있는 사회복지실천에 새로운 활력을 불어넣고 새로운 아이템을 고안해 내는 것은 쉽지 않다. 그러나 그렇다고 안 되는 것은 아니다. 지금부터 내 안에 숨어 있는 창의력 1%를 끌어내기 위한 도전에 참여해 보자.

1. 프로그램 내용 설계하기

1) 프로그램 내용 설계를 위한 대안 선택

사회문제를 확인하고 욕구를 분석하여 문제해결과 욕구충족을 위한 목적과 성과, 산출 목표를 설정했다면 다음 과정은 세부 프로그램과 활동내용을 기획해야 한다. 이러한 프로그램의 세부적인 서비스 내용과 활동들은 매우 다양할 뿐만 아니라 수도 없이 많다. 프로그램 구성은 이들 중에 가장 적합한 대안을 선택하는 것이다. 프로그램 내용을 설계하는 작업은 유일한 정답을 선택하는 것이 아니라 많은 대안들 가운데 가장 적절한 대안을 찾는 의사결정 과정이라고 할 수 있다. 그렇기 때문에 사회복지 현장에는 동일한 문제를 해결하기 위한 수많은 종류의 프로그램들이 존재하는 것이다.

프로그램의 목표를 달성하기에 적합한 대안을 선택하는 데 기본적인 방향과 기준 을 제시하는 대표적인 접근으로는 점증주의 모형(incrementalism model), 포괄적 합리주의 모형(comprehensive rationality model), 제한적 합리주의 모형(bounded rationality model)이 있다.

● 점증주의 모형

점증주의 모형은 마치 신중하고 조심스러운 정원사와 같다. 그는 큰 변화를 일으키기보다는 작은 조정과 개선을 통해 정원을 가꾼다. 이 모형을 적용하면 사회복지사는 현실의 복잡성과 불확실성을 인식하고, 점진적인 변화를 통해 프로그램을 개선해 나간다. 이 접근법은 큰 변화에 대한 저항을 줄이고, 실현 가능한 해결책을 찾는 데 초점을 맞춘다. 따라서 점증주의 모형은 기존에 시행하고 있는 프로그램을 대부분 그대로 고수하며 사회환경적 요구를 매우 소극적으로 반영하여 대안을 구상하고 선택하는 것으로 개혁적이고 파격적인 대안보다는 부분적이고 소극적인 변화를 지향한다.

● 포괄적 합리주의 모형

포괄적 합리주의 모형은 완벽주의자 건축가와 비슷하다. 그는 건물을 설계하기 전에 모든 가능성을 고려하고, 최적의 설계안을 찾기 위해 노력한다. 그러므로 이 모형은 이론적으로는 이상적이지만 모든 정보를 수집하고 처리하는 것이 현실에서는 매우 어렵다. 사회복지사가 포괄적 합리주의 모형을 선택한다면 프로그램 목표를 달성할 수 있을 것으로 판단되는 '모든' 대안들을 열거하고 체계적인 분석방법을 통해 대안을 선택하려 할 것이다. 그러나 제한된 자원과 시간 때문에 이상적인 해결책을 찾기 어려울 수도 있다.

● 제한적 합리주의 모형

마지막으로 제한적 합리주의 모형은 현실적인 여행가와 같다. 그는 완벽한 여행계획을 세우기보다는, 제한된 시간과 예산 내에서 최선의 여행을 구상한다. 사회복자가사 이 모형을 선택한다면 최적의 해결책보다는 '충분히 좋은' 해결책을 찾는 데 집중할 것이다. 정보, 시간, 인지능력의 한계를 인정하고, 현실적인 조건하에서 최선의 선택을 한다. 제한적 합리주의 모형은 포괄적 합리주의 모형에서 목표 달성에 대한 인과적 타당성으로 선택된 대안 가운데 현실적 실현 가능성을 고려하여 대안을 선택하므로 실제 프로그램 기획에서 가장 많이 사용되고 있는 모형이라고 할 수 있다.

2) 프로그램 내용 설계를 위한 대안을 선택하는 기준들: 프로그램 선정 시 고려사항 확인하기

설정한 목적과 목표를 달성할 것으로 예측되는 다양하고 수많은 대안들을 비교하고 검토함으로써 알려진 최종 채택 기준은 타당성(validity)와 실행 가능성(feasibility)이다.

(1) 타당성
타당성은 선택한 대안이 목표 달성과 내적인 인과관계가 있는지를 검토하는 것으로, 선택한 대안을 실행하면 반드시 설정된 목표가 달성되어야 함을 말한다.

타당성의 하위 기준들로는 효과성, 효율성, 적합성, 형평성 등이 있다.

● 효과성
효과성(effectiveness)은 투입된 자원(비용)에 관계없이 제안된 대안이 설정한 목표를 어느 정도 달성할 수 있는지를 판단하는 기준으로 프로그램 산출량과 성과로 측정된다.

아무리 창의적이고 바람직한 활동이라 할지라도, 목표 달성과 무관하다면 과감히 포기할 수 있어야 한다. 모든 프로그램 활동은 첫째도 목표 달성, 둘째도 목표 달성, 셋째도 목표 달성과의 연관성이 명확해야 한다.

● 효율성
효율성(efficiency)은 대안 선택 시 목표 달성을 위해 투입되는 인적·물적 자원(비용)을 목표 달성 산출량(output)과 비교하여 판단하는 기준으로 투입 자원(비용)을 산출량으로 나누어 측정된다. 동일한 비용이 소요된 프로그램에서 산출량의 차이가 있다면 산출량이 많은 프로그램이 효율성이 높은 것으로 평가된다.

● 적합성

적합성(adequacy)은 제안된 대안이 프로그램을 통해 해결하고자 하는 문제와 충족하고자 하는 욕구를 가진 이용자들의 특징과 상태, 지역적 특성과 환경을 고려하여 더 높은 효과를 기대할 수 있는가를 평가하는 기준으로 효과의 질적인 측면이다.

프로그램 활동을 실시하기 전에 클라이언트의 연령, 성별, 신체적·정신적 능력, 기타 상황 등을 고려하여야 한다. 또한 클라이언트의 필요와 흥미 등을 고려하여 선정하여야 한다. 노인이나 아동의 경우 집중 가능한 시간이 30분 이내이므로 시간을 고려하여 프로그램 내용을 선정한다. 또한 노인이나 장애인들의 경우 지나치게 복잡하거나 높은 수준의 신체활동이 요구되는 것은 매우 제한될 수 있음을 고려해야 한다. 이러한 것들이 충분히 고려되었을 때 클라이언트의 자발성을 끌어낼 수 있게 된다.

● 형평성

형평성(equity)은 대안 선택 시 이용자들 모두에게 공정하게 서비스 기회를 제공하는지를 평가하는 기준으로 프로그램 이용희망자들이 서비스를 이용하는 데 제한조건이 있는지 접근성이 용이한지로 측정된다. 즉, 프로그램을 통해 서비스를 받고자 하는 이용자들에게 골고루 서비스를 제공하는 것이다.

(2) 실행 가능성

실행 가능성은 제안된 대안이 현실적으로 실현 가능한지 기술, 경제, 이용자 확보, 현실적용, 사회윤리, 정치 등의 다양한 차원에서 검토되어야 한다.

● 기술적 실행 가능성

기술적 실행 가능성은 제안된 대안의 실행이 기술적으로 가능한가를 검토하는 것으로 조직규모와 시스템, 전문인력 및 기술적 능력 등이 해당된다. 즉, 해당 프로그램을 수행할 수 있는 기관의 여건이 갖추어졌는지를 반드시 검토 해야 한다. 기관의 여건에는 전문인력의 수와 전문성, 재정 상황, 프로그램 공간 등이 모두 포함된다.

● 경제적 실행 가능성

경제적 실행 가능성은 제안된 대안의 실행을 위해 소요되는 비용규모와 재원, 물적 자원 동원 가능성을 검토하는 것으로 예산의 확보와 기관의 외적 자원개발능력 등이 해당된다. 아무리 좋은 프로그램도 프로그램 실행에 너무 많은 비용이 필요할 경우 혹은 프로그램 수행을 위한 예산의 확보가 어려울 경우 접어야 할 수도 있다.

● 이용자 확보 가능성

이용자 확보 가능성은 프로그램에 참여할 이용자를 얼마나 확보할 수 있는가를 검토하는 것으로 이용자 모집과 이용자 접근성 등이 해당된다. 낙인감을 주거나 금기시되는 주제를 다루는 프로그램은 주제와 취지가 아무리 좋아도 클라이언트를 모집하기 어렵다. 예를 들어, 성적 지향(동성애)이 다른 청소년들을 대상으로 하거나 이혼부모/학대부모 등을 대상으로 하는 것은 그 프로그램의 취지가 아무리 좋다 할지라도 대상자들이 낙인감을 느낄 수 있어 모집에서 어려움을 겪을 것이다.

● 현실적용 가능성

현실적용 가능성은 제안된 대안을 통해 달성된 목표와 성과가 현실에서의 적용과 실질적인 변화를 가져올 수 있느냐에 대한 것으로 프로그램의 내용이 대상자의 생활영역에서 충분히 현실성을 가져야 하며, 적용성이 높아야 한다. 예를 들어, 기러기 아버지들의 자기관리능력을 향상시키기 위한 것이라면 기러기 아버지들을 대상으로 생활에 필요한 기술, 즉 요리, 세탁, 다림질 등의 기술을 습득하고, 건강관리를 할 수 있는 식단 및 생활계획을 배우고, 조기운동 자조모임에 참여하는 것 등의 내용들로 구성될 수 있다.

● 사회 · 윤리적 실행 가능성

사회 · 윤리적 실행 가능성은 제안된 대안의 내용과 방식이 사회 · 윤리적으로 건전하고 수용 가능한가를 검토하는 것으로 개인의 사생활을 침해하거나 고지된 동의 또는 알 권리가 고려되지 않은 프로그램 등은 실행되어서는 안 된다.

● 정치적 실행 가능성

정치적 실행 가능성은 제안된 대안이 이해관계자들로부터 지지를 받을 수 있는가를 검토하는 것으로 이해관계자들의 지지를 확보할 수 있는 내용과 방식으로 대안을 선택해야 한다.

2. 창의적 프로그램 활동을 개발하기 위한 도전: 브레인스토밍과 브레인라이팅

1) 브레인스토밍

새롭고 좋은 아이디어를 개발하기 위해서는 조직의 분위기가 매우 중요하다. 어떤 대안을 이야기해도 비난받지 않고 지지받는 분위기, 아이디어가 권장되는 분위기는 조직 구성원들의 아이디어 개발을 촉진할 것이다. 브레인스토밍에서는 참여자들이 안전하고 자유로운 분위기 속에서 새롭고 기발한 아이디어를 활발하게 제공할 수 있도록 돕기 위해서 네 가지의 규칙을 설정하고 있다.

브레인스토밍의 네 가지 규칙은 다음과 같다(Jason, 2003).

● 규칙 1: 비판 엄금―다른 사람의 의견에 대해 반대하거나 비판하지 않는다. 다른 사람의 의견에 트집을 잡거나 비판을 가하면 자유로운 분위기가 훼손된다.

따라서 '좋다, 나쁘다'의 판단은 자유로운 분위기를 해치므로 유보해야 한다. 예를 들어, "작년에 해 봤잖아!" "정신 나갔군!" "그런 바보 같은 소리는 처음 들어 보는군!"과 같이 참여자들을 무시하고 비난하는 표현은 아이디어를 묵살할 뿐만 아니라 이들이 아이디어 내기를 주저하게 하는 결과를 초래한다.

- 규칙 2: 자유분방—자유롭게 사고하고 자유분방한 아이디어를 내도록 한다. 기상천외하고 황당무계하며 엉뚱한 의견일수록 명안(名案)이 될 가능성이 있다고 본다. 자유로운 사고는 새로운 비결 또는 참신한 접근방법을 제시하는 지름길이라고 본다.
- 규칙 3: 대량 발상—브레인스토밍에서는 아이디어의 양을 중요시한다. 따라서 아이디어를 다량으로 수립한다. 아이디어의 양이 아이디어의 질을 낳는다고 본다. 양이 많으면 선택의 폭이 넓어지고, 그런 의미에서 질도 높아진다고 본다. 심지어는 동일한 아이디어가 반복되어도 기록하도록 한다.
- 규칙 4: 결합 발전—히치하이킹! 다른 사람의 아이디어와 자신의 아이디어 그리고 집단 속에서 나온 아이디어의 연결, 개선, 분해, 삭제 등을 통해 정리한다.

(1) 브레인스토밍의 진행 방법

브레인스토밍을 진행하기 위해서는 사전 준비가 필요하다. 좋은 아이디어는 저절로 나오는 것이 아니라 수많은 정보와 자료, 경험을 통해서 개발되기 때문이다. 따라서 브레인스토밍을 하기 전에 참여자들을 결정하고, 아이디어를 개발하고자 하는 주제를 미리 공지해서 정보를 수집해 오게 한다. 참여자들은 개발하고자 하는 아이디어와 제시된 주제에 관해 문헌, 인터넷, 경험 등과 관련된 다양한 정보를 수집하고 브레인스토밍 회의에 참석한다. 브레인스토밍의 진행 방법을 정리하면 〈표 5-1〉과 같다.

⊕ 표 5-1   브레인스토밍 진행 방법

단계	진행 내용	진행 요령
준비하기	원칙 부착	• 브레인스토밍의 네 가지 규칙 부착 • 화이트보드나 칠판이 있을 경우 기록해도 무방
	기록을 위한 전지 부착	• 기록을 위한 전지 부착 • 아이디어가 많아지거나 아이디어 검토를 위해 다수의 전지 필요 • 화이트보드나 칠판이 있을 경우 전지 부착은 생략 가능
	서기 선출	• 진행자 1인 이외에 아이디어를 기록할 서기 선출
	문제/목표 제시	• 해결하고자 하는 문제 또는 성취하고자 하는 목표 제시 • 문제나 목표 제시는 말로 하는 것보다는 필기 또는 부탁을 하도록 하는 것이 좋음
아이디어 모으기	원칙 설명	• 부착된 브레인스토밍의 규칙 소개 • 참여자들이 규칙을 낭독하도록 하는 것이 효과적임 • 규칙을 어길 경우를 대비해서 벨 준비
	진행 요령 설명	• 회의 진행의 절차와 방법 설명 • 아이디어를 15분 정도 진행하다가 10분 휴식하고 다시 15분 진행하다가 휴식하는 것이 효율적임 • 전체 소요시간은 1시간을 넘기지 않는 것이 좋음
	아이디어 모으기	• 참여자들로부터 아이디어를 제시하도록 하고 제시된 아이디어를 서기가 기록하도록 함 • 두 집단 이상으로 나누어서 아이디어를 모을 경우 순서를 정해서 순차적으로 아이디어를 제공하도록 함
아이디어 검토	아이디어 수정, 삭제, 결합, 집단화를 통한 1차 대안 탐색	• 드 보노(de Bono)의 6개 모자기법을 활용하여 대안 1차 검토
아이디어 평가 및 대안 결정		• 아이디어를 분류하고 좋은 아이디어를 선발·심사함 • 이때 좋은 아이디어에 대해서는 보완 작업을 통해 실제 사용할 수 있도록 개선함

(2) 브레인스토밍의 장단점

역동적이고 활발한 분위기에서 아이디어를 개발하는 브레인스토밍은 다음과 같은 장점이 있다.

- 비판활동을 제한하므로 구성원들 간의 갈등을 줄인다.
- 짧은 시간 내에 방대한 아이디어를 얻기에 효과적이다.
- 기존 아이디어를 창의적으로 조합할 수 있는 기회를 가진다.
- 경쟁의 효과가 있어 다른 사람보다 하나라도 더 아이디어를 내려고 한다.
- 한 사람이 한 아이디어를 낼 때 거의 자동적으로 다른 아이디어를 상상하게 되는 연쇄 반응이 나타난다.

반면, 자유롭고 활발한 분위기에서 진행되는 브레인스토밍은 자칫하면 너무 가볍거나 장난스럽게 진행될 수 있으며, 다음과 같은 단점이 있다.

- 정교한 아이디어를 개발하는 데 한계가 있다.
- 언어적인 표현이 어려운 사람들이 참여하기 곤란하다.
- 타인에게 의지하여 진지하게 생각하지 않는 학습자가 나온다.
- 내성적이거나 부끄러움이 많은 사람이 참여하기 곤란하다.

2) 브레인라이팅

브레인라이팅은 독일의 호리겔(Horigel)이 개발한 아이디어 발상법으로서 두뇌에서 떠오르는 아이디어를 브레인라이팅 시트에 돌아가면서 기록하도록 하여 아이디어를 개발하는 발상법이다. 브레인라이팅은 브레인스토밍과는 달리, 집단이 조용히 발상회의를 하는 침묵의 발상회의법이다.

창의적인 아이디어 발상법으로서 널리 사용되고 있는 브레인스토밍은 발언하는 사람 중심으로 운영되기 때문에 내성적인 사람이나 수줍음이 많은 사람 그리고 표현하는 데 어려움이 있는 사람들은 참여할 수가 없었다. 또한 브레인스토밍은 차분하게 생각을 정리하고 아이디어를 정리할 시간을 갖기 힘들다는 단점을 가지고 있다. 이와 같은 브레인스토밍의 단점을 극복하기 위한 대안으로서 브레인라이팅이 등장하였다.

(1) 브레인라이팅의 6-3-5법

브레인라이팅은 참가자를 원칙적으로 6명으로 제한하고, 원형 테이블에서 실시한다. 한 라운드당 3개의 아이디어를 기록하고, 한 라운드당 5분씩 진행한다. 6명이 브레인라이팅 회의를 실시할 때 6라운드를 진행할 경우 총 소요시간은 30분이 걸리며, 총 108개(6라운드×18개의 아이디어)의 아이디어가 개발된다. 그러나 브레인라이팅은 6명만 실시하는 것이 아니라 혼자 또는 수많은 사람이 참여할 수 있으며, 이메일이나 온라인을 통해서도 실시할 수 있다. 브레인라이팅에서 활용하는 시트를 소개하면 〈표 5-2〉와 같다.

⊕ 표 5-2   브레인라이팅 시트

아이디어 라운드	아이디어 1	아이디어 2	아이디어 3
1			
2			
3			
4			
5			
6			

(2) 브레인라이팅의 진행 방법

브레인라이팅의 진행 방법은 다양하다. 오프라인 회의를 통해서도 가능하고, 이메일을 통해서도 가능하다. 혼자서도 가능하고, 다수의 사람이 함께 참여할 수도 있다. 브레인라이팅의 가장 원칙적인 방법인 6명이 참여하는 브레인라이팅의 진행 방법을 정리하면 〈표 5-3〉과 같다.

⊕ 표 5-3　브레인라이팅 진행 방법

단계	진행 내용	진행 요령
준비하기	회의실 환경 구성	• 조용한 회의실을 준비하고 책상을 원형이나 사각형으로 배치. 원형이 더욱 바람직함
아이디어 모으기	주제 제시	• 리더는 멤버에게 주제를 제시하고 질문이 있으면 질문을 받음 • 진행 요령을 설명함
	브레인라이팅 시트 배분	• 각 멤버에게 브레인라이팅 시트를 배분함
	아이디어 모으기	• 각 멤버는 5분간 첫 번째 줄의 아이디어 1, 아이디어 2, 아이디어 3 각각의 아래 칸에 나름대로 아이디어를 적음 • 5분이 지나면 그 시트를 왼쪽의 멤버에게 전달하도록 리더가 지시함 • 각 멤버는 옆의 멤버에게서 온 시트의 아이디어보다 발전된 아이디어를 두 번째 줄의 아이디어 1, 아이디어 2, 아이디어 3 각각의 아래 칸에 적음. 발전된 아이디어가 생각나지 않을 경우 독자적인 아이디어를 적어도 됨 • 이와 같은 5분간의 발상을 6라운드까지 반복함. 6라운드를 진행하는 데 30분이 소요되며, 6라운드가 끝나면 18개의 아이디어가 나오게 됨
아이디어 평가 및 대안 결정		• 모든 라운드가 끝나면 각자가 가지고 있는 시트의 내용을 각 멤버에게 평가하게 하고, 좋은 평가의 아이디어를 각각 5개 정도 선정하여 그것을 전원이 평가하게 함

(3) 브레인라이팅의 장단점

브레인라이팅은 브레인스토밍의 아이디어를 한 장의 종이에 조합하는 방법이라고 볼 수 있다. 브레인라이팅의 장점은 다음과 같다.

• 문제해결의 참신한 아이디어를 발굴할 수 있다.
• 참가자들의 상상력과 창의력을 충분히 활용할 수 있다.
• 사람들 앞에서 소극적으로 발언하는 사람의 사고력을 최대한 끌어낼 수 있다.
• 참가자의 다양한 견해를 가감 없이 신속하게 모두 게시판에 집합·전시할 수 있다.
• 작성 내용은 익명성이 보장되므로 회의에서 말로 표현하기 어려운 사항 및 조직 내의 감추어진 의견 등이 활발하게 논의될 수 있다.

그러나 브레인라이팅은 브레인스토밍에 비해 역동성이 떨어진다는 단점을 가지고 있다.

> **TIP**
>
> - 브레인라이팅은 동일한 공간에 모여서만 가능한 것이 아니다. 순번을 정해서 브레인라이팅 시트를 전달만 할 수 있다면 한 조직에 근무하는 모든 직원이 참여할 수도 있으며, 이메일이나 온라인을 통해서 시간과 장소에 구애받지 않고 활용할 수 있다.
> - 특정 주제에 대한 아이디어 개발이 완료되었다고 하더라도 활동한 브레인라이팅 시트를 보관해 둠으로써 관련된 주제가 있을 경우 재활용하도록 한다.
> - 개발된 아이디어를 브레인라이팅에서 활용하는 6개 모자기법을 써서 검토할 수도 있다.

3. 프로그램 구성요소와 원칙 알기

사회문제를 파악하고, 욕구를 분석해서 목적, 성과목표, 산출목표를 세운 다음에는 프로그램 내용을 기획해야 한다. 프로그램 내용은 제시한 목표를 달성하기 위해 구체적인 수단에 해당하는 프로그램 내용과 수행방법을 모두 포함한다. 즉, 세부 프로그램이 어떤 성과목표를 달성하기 위한 것인지를 밝혀야 하며, 프로그램을 구성하는 세부활동과 자원들이 무엇인지를 제시해야 한다.

⊙ 표 5-4 **세부 프로그램을 작성할 때 확인해야 하는 점들**

내용	성과목표 달성을 위한 실천적 접근 확인	⇨	프로그램의 수정과 보완, 새로운 프로그램 도전		최종 세부 프로그램 확정
수행 방법	• 자료 검색 • 프로그램 개발 연구 논문 • 프로그램 매뉴얼 • 기존의 사회복지 프로그램	⇨	• 브레인스토밍 • 브레인라이팅	⇨	

| 반드시 확인해야 할 점들 | • 프로그램 내용과 수행방법이 성과목표 달성과의 논리적 연계성을 갖고 있는가?
• 다양한 프로그램 내용 및 수행방법 중에서 왜 이것을 선택했는지에 대한 설명이 포함되어 있는가? | ⇒ | 기존 논문과 매뉴얼 등에서 프로그램 내용과 수행방법을 선택하였다면

① 그대로 적용
② 부분 적용
③ 새로운 활동을 고안

②, ③을 위해 브레인스토밍, 브레인라이팅을 시도해 본다. | ⇒ | 수행인력, 활동시간, 장소 등이 가능한가? |

1) 프로그램 구성요소

프로그램이 목적과 목표를 달성하는 성공적인 수행을 위해서는 포함해야 할 구성요소들이 있다. 프로그램을 구성하는 요소로는 참여자, 수행주체, 활동내용, 수행방법, 장비(도구), 수행기간, 장소(환경), 수행인력, 예산, 평가계획 등이 있다.

● 참여자

참여자는 프로그램을 통해 사회복지 서비스를 제공받는 대상자를 말한다. 즉, 프로그램에 참여하기로 동의한 클라이언트(이용인)이며, 일반적으로 프로그램에 표적 집단을 규정하고 그 분포와 규모를 대략적으로 추정하면서 범위를 좁혀 가는 '표적 집단 사전계산법(표집 깔때기 이론)'을 통해 인원이 산출된다. 또한 참여자들은 성별과 발달단계, 경험과 활동 수준에 따라 선정되며 프로그램을 통해 욕구충족 및 문제해결 등 긍정적인 변화의 당사자로 프로그램 내용을 구성하는 중요한 핵심요소이다.

● 수행주체

수행주체는 실제 주도적으로 프로그램을 실행하는 자로, 수행주체가 가지고 있는 철학과 가치, 지향하는 목적과 의도가 프로그램의 구체적인 내용과 접근방식, 참여자 선정 등 프로그램 실행 전반에 분명히 표현되고 반영되어야 한다. 예를 들어, 아동은 지식과 경험이 부족하고 도움이 필요한 피동적인 존재가 아니며 아동 자신에 대한 중요한 결정을 스스로 선택하도록 기회를 주는 것이 보장되어야 할 기본권리로 인식하는 기관이라면 프로그램 내용과 접근방식에서 지식과 경험, 전문성이 풍부한 성인 전문가가 계획한 대로 진행하기보다는 참여자인 아동 스스로 자신의 욕구와 문제를 정의하고 그것을 충족하고, 해결방법도 아동들이 직접 참여하여 선택하고 합의하여 결정하는 방식으로 프로그램을 구성하게 된다.

● 활동내용

활동내용은 프로그램의 목적과 목표를 달성하기 위한 구체적인 변화 노력으로 전문가에 의해 수행되는 활동이다. 프로그램의 세부 활동내용은 반드시 프로그램의 목적과 목표에서 도출되어야 한다. 즉, 성과목표에서 분화된 2~4개의 세부목표가 작성되었다면 각 세부목표를 달성하기 위해 프로그램은 참여자의 욕구나 문제가 해결되는 긍정적인 변화가 직간접적으로 일어나도록 활동내용을 구성하고 제시해야 한다.

[그림 5-1]을 살펴보자. 성과목표 1에서 산출목표 1, 2, 3이 파생되었다. 산출목표 1에서 프로그램 1, 2가 파생되었고, 프로그램 3도 연관성을 가진다. 산출목표 1에서 파생된 프로그램 1은 활동 1, 2, 4를 도출하였고, 활동 3, 5, 6도 프로그램 1과 직간접적인 관련성을 가진다. 프로그램을 구성하는 활동들은 설정한 여러 가지 성과목표 중 한 가지 성과목표를 달성하는 데에 명확한 활동이 있기도 하지만, 나머지 다른 성과목표를 달성하는 데에 직간접적인 영향을 주는 것으로 구성하여 모든 활동내용이 궁극적으로 프로그램의 목적을 달성하는 데 초점을 맞추도록 한다.

● 수행방법

프로그램을 수행하는 방법은 프로그램의 목적과 목표 달성 정도와 프로그램의 내용 이해도, 프로그램 이용자들의 참여도에 영향을 주는 것이며 수행방법에 따라 프로그램의 효과성을 극대화할 수 있다. 성과목표를 달성하는 데 어떤 수행방법이 가

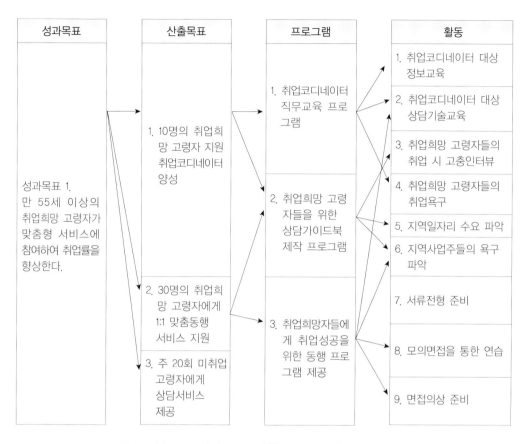

⊕ 그림 5-1　**성과목표와 산출목표에서 도출되는 프로그램**

장 적절한가? 예를 들어, 언어적 의사표현이 원활하지 못한 경우 잠재된 욕구와 문제 파악이나 상호 소통을 위해 미술을 매체로 활용하게 된다. 이처럼 수행방법은 참여 자의 연령과 특성 등을 고려하고, 실행 가능성과 효과성, 효율성 등을 모두 고려하여 결정하는 것이 바람직하다. 이때 반드시 다른 대안들이 아닌 이 수행방법을 왜 선택 하였는지, 왜 이 방법이 가장 적절한지에 대해서 기획서에 제시할 수 있어야 한다.

● 수행기간

　수행기간은 시간적 요소로서 프로그램을 수행하는 기간, 시기, 시간대, 총 시간량 등을 말한다. 프로그램이 진행되는 시기는 프로그램의 내용과 방법, 참여자의 특성

에 따라 결정되기에 프로그램의 효과성, 이용자의 접근성 및 참여의욕 등에 영향을
미치기 때문에 세심한 주의가 필요하다.

● 장소(환경)

프로그램이 진행되는 장소와 환경 또한 프로그램의 내용과 방법, 참여자의 비언어
적 행동 변화, 대중교통 접근성 등에 대한 적합성이 가장 먼저 검토되어야 한다.

● 수행인력

수행인력은 프로그램을 통해 서비스를 제공하는 전문인력으로 프로그램 운영의
성공과 효과성을 위한 필수적인 요소이다. 프로그램 수행인력에는 프로그램을 직접
수행하는 담당 직원과 프로그램 진행을 지원하고 모니터링하며 평가하는 슈퍼바이
저, 기타 내용에 따라 전문강사나 자원봉사자로 구성된다. 프로그램 수행인력의 역
할은 담당, 총괄, 조정, 협조 등이며 관련된 학력과 경력, 훈련과 자격요건을 명시하
는 등 구체적이고 실제적인 역할분담과 시간 할당이 필요하다.

● 예산

예산은 프로그램 수행기간 동안 투입되는 비용이다. 프로그램 예산은 일반적으로
달성하고자 하는 목표를 세부 프로그램과 활동으로 나누어 각 활동의 단위원가와 업
무량을 고려하여 예산을 정하는 성과주의 예산편성 방식을 사용한다. 즉, 인건비, 사
업비, 관련운영비 등의 항목으로 나누고 각 항목을 수행인력, 프로그램명과 활동명
으로 세분화하여 항목별 비용과 활동량을 산출근거로 제시해야 한다. 또한 필요경비
를 어떻게 조달할 것인가와 관련된 재원출처도 제시되어야 한다.

● 평가계획

평가계획은 욕구사정과 문제분석을 기초로 설정된 프로그램의 목적과 목표가 얼
마나 달성되었는지 그 효과성과 프로그램 운영의 효율성을 프로그램 종료 시점에서
평가하기 위해 프로그램 설계 단계에서 미리 계획을 수립하는 것을 말한다. 프로그

램 평가계획에는 프로그램 결과에 대해서 언제, 어떻게, 어디서, 누가 평가할 것인가에 대한 상세한 내용을 포함해야 한다. 즉, 평가의 정확성과 효율성을 기하기 위해 평가의 대상과 주체, 시기와 방법 등을 프로그램 설계 시 미리 계획하여야 한다.

2) 프로그램 구성 원칙

프로그램은 성과를 내기 위해 이론에 기반을 둔 활동들을 논리적으로 전개하되 일정한 시기에 연속적으로 이루어진다. 그러나 이러한 활동에서도 어떤 활동을 먼저 하고 나중에 할 것인지, 주요 주제를 다루는 활동을 어느 정도 반복할 것인지 등 프로그램 구성에 대한 고민을 하게 된다. 따라서 세부 프로그램 간에 어떤 선행관계를 가지고 있는지, 상호 간에 어떤 영향을 미치는지, 각각의 프로그램을 어떻게 연결하는 것이 바람직한지 세부 프로그램 간의 연속성과 인과관계를 고려하여 논리적으로 배치해야 한다.

프로그램 활동의 구성원리를 소개하면 다음과 같다.

● 단순한 활동에서 복잡한 활동으로, 구체적인 것에서 추상적인 것 순으로 배치한다

처음부터 어려운 내용들을 다루게 된다면 많은 클라이언트가 중도 탈락하는 결과를 초래한다. 처음에는 모든 클라이언트가 부담 없이 참여할 수 있는 단순한 활동들로 구성하고, 이에 익숙해지면 점차 복잡한 활동에 참여하게 한다. 선행 활동들의 경험이 충분히 수용된 경우는 복잡한 활동들이 무리 없이 수행될 수 있다. 이때 클라이언트의 흥미와 동기부여가 프로그램의 처음부터 끝까지 고려되어야 할 것이다. 자칫 활동이 복잡해지면 클라이언트들이 흥미를 상실할 수도 있으므로, 이를 살릴 수 있는 적절한 활동 방법을 고민해야 한다.

● 핵심적인 주제를 다루는 프로그램 활동은 1회기로 끝내지 않고 여러 번 반복한다

장애아동에 대한 인식개선 교육이 중요한 주제라면 장애의 종류와 장애의 이해에 대해 강의식 교육, 체험식 교육, 동영상 교육 등 동일한 주제를 다양한 활동 방법으

로 구성하여 효과성을 극대화하기 위한 노력을 한다.

● 참여자의 다양성, 활동의 다양성 등이 모두 고려되어야 한다

다양성의 원리란 프로그램 참여자 개인들이 갖고 있는 욕구, 특성, 관심과 흥미, 능력 등이 충분히 발휘될 수 있도록 다양하고 융통성 있는 방법으로 프로그램이 조직되어야 함을 의미한다. 집단 프로그램의 경우에도 집단활동의 목표 달성을 위해서 공동의 노력과 활동도 필요하지만 집단 구성원 개개인의 특성과 요구를 반영하는 다양한 프로그램 내용 구성이 중요하다.

● 프로그램 내용들에 균형이 유지되어야 한다

목표를 달성하기 위한 활동, 서비스 등은 내용적인 면뿐만 아니라 양적 · 질적 측면에서 균형을 갖추어야 한다. 지나치게 하나의 목표에 치중되지 않게 조화를 이루어야 한다. 예를 들어, 따돌림 피해 학생들의 학교생활 적응을 위해 자존감 향상, 또래관계 향상, 교사관계 회복 등이 중요한 목표인데, 자존감 향상과 또래관계 향상의 비중이 80~90%를 차지하고 교사관계 관련 프로그램은 적게 배당한다면 목표를 달성하기에는 적절하지 않다.

● 참여자의 자발성을 자극하는 활동을 먼저 배치해야 한다

프로그램 참여자의 자발성은 프로그램의 성공적인 결과를 위한 필수조건이다. 자발적인 프로그램 참여는 참여자의 동기부여와 의욕에 의한 것이므로 프로그램 초기에 이용자들의 의견을 수렴하고 반영하는 등 적극적인 참여를 유도하고 자극하는 활동을 배치하여 이용자들이 적극적이고 지속적으로 참여하도록 한다.

실무 연습 문제

　　다음은 어떤 사회복지사가 기획한 한부모 여성 가장 지원 프로그램의 초안이다. 이 사회복지사는 프로그램의 필요성, 목적, 성과목표 등은 설정했으나 구체적인 활동내용을 정하지 못했다. 이제 표의 빈칸을 채워서 프로그램 내용을 구체적으로 설계해 보자.

한부모 여성 가장의 행복증진을 위한 프로그램
'함께 행복해지기'

　　지역사회에서 한부모 여성 가장들이 겪는 어려움은 종종 간과되곤 한다. 이들은 경제적 압박뿐 아니라 정서적 지지가 부족한 상태에서 자녀를 양육해야 하는 이중의 부담을 안고 살아간다. 이에 지역에 거주하는 한부모 여성을 위한 '함께 행복해지기'라는 프로그램을 통해 이들의 삶에 힘과 용기를 주고자 한다. 이 프로그램은 한부모 여성 자신과 자녀들의 삶에 문화적 풍요로움을 더하는 것을 목적으로 한다. 성과목표는 첫째, 한부모 여성 가장의 사회적 지지망을 향상하고, 둘째, 삶의 만족감을 증진하는 것이다. 이 프로그램은 특히 경제적으로 어려움을 겪는 가정을 대상으로 하며, 자녀가 만 18세 이하인 가정에 초점을 맞추고 있다. 프로그램 기간은 3월부터 12월까지로 총 10회로 계획되어 있으며, 각 활동은 참가자들에게 충분한 시간을 제공하기 위해 금요일 저녁 시간대에 진행된다.

　　이 프로그램은 크게 '자조모임'과 '문화체험'으로 구성된다. 구체적인 프로그램 내용은 다음과 같다.

	제목	주요 내용
1		
2		
3		
4		
5		
6		
7		
8		
9		
10		

제6장

문제해결을 위해 어떤 자원을 투입할지 정하기

1. 어떤 자원들을 활용하며 확보 전략은 무엇인가

2. 프로그램에 대해 어떻게 홍보하고 소통할 것인가

3. 합리적인 프로그램 예산 수립하기

제6화

예산 짜기는 어려워

처음 복지관에 입사했을 때는 너무 피곤해서 퇴근하자마자 집에 가서 씻지도 못하고 잠들고 아침에 눈을 뜨는 생활을 반복했는데 어느덧 퇴근 후에 동료 사회복지사 선생님들과 함께 맛집을 찾아서 식사를 하고 커피도 마시며 여유로운 저녁시간을 보내게 되었다. 그리고 다른 선생님의 프로그램에 보조 진행자로 참여하면서 다양한 클라이언트를 만나게 되고 특별히 친구처럼 지내게 된 이웃주민들도 생겼다. 김춘수 시인의 〈꽃〉이란 시를 보면 "내가 그의 이름을 불러 주기 전에는 그는 다만 하나의 몸짓에 지나지 않았다."는 문구가 나온다. 저 멀리서 "최고야 샘!"이라며 내 이름을 부르면서 반갑게 달려와 주는 청소년들을 만나면서 나는 비로소 하나의 몸짓이 아닌 진짜 사회복지사로 거듭난 느낌이다.

내가 개발 중인 프로그램은 목적과 목표가 작성되고, 아이디어를 통해 구체적인 서비스 내용이 설계되기 시작했다. 짧은 시간이지만 나는 프로그램을 만드는 일에 흥미를 갖게 되었고 이 일이 즐거워졌다. 그런데 두 가지 문제에 부딪혔다. 첫째는 예산을 짜는 일이었다. 나는 기본적으로 돈 계산에 재주가 없어 내 용돈도 제대로 관리 못하고 산다. 그런데 수백만 원의 예산을 짜고 동시에 재정 확보 방안도 마련하는 일이 여간 어려운 일이 아니다. 둘째는 참가자 모집을 위한 홍보 방법을 찾아야 한다. '어떻게 대인관계의 어려움을 겪는 청소년을 찾고 그들에게 프로그램 참여를 홍보할 수 있을까?' '이번에도 선배 사회복지사 선생님들에게 도움을 청해야 할까? 아니면 혼자서 해결해 볼까?' 등 뒤에서 날 지켜보시는 홍날래 팀장님의 차가운 시선이 느껴졌다.

1. 어떤 자원들을 활용하며 확보 전략은 무엇인가

1) 프로그램 자원 결정

사회복지 프로그램은 자원을 어떻게 동원·관리하느냐에 따라 존속될 수도, 폐지될 수도 있다. 많은 사회복지 프로그램이 금전적인 어려움을 겪기도 하지만 프로그램을 위한 자원이란 물적인 것에만 한정된 것이 아니다. 지역 주민의 참여와 프로그램의 질을 제고할 수 있는 다각적인 차원의 자원 활용 전략을 구축하여야 한다.

(1) 자원의 종류 파악

먼저, 지역사회 차원에서 어떤 자원의 종류들이 있으며, 프로그램에 활용하기 위한 자원 사정 방법은 무엇인지 살펴보도록 하자.

사회복지 프로그램의 주요 자원으로는 재정과 인력, 시설, 설비, 물품 등이 있다. 앞서 살펴보았던 논리모델의 투입요소가 바로 투여해야 할 자원이라고 볼 수 있는데, 이는 프로그램 활동과 관련하여 직접적으로 활용되는 것들을 의미한다. 대표적으로 인적 자원, 물적 자원, 네트워크 자원, 연구조사기반 및 정보자원, 자연자원 등을 들 수 있다. 사회복지사가 프로그램을 위해 동원해야 할 자원의 종류를 정리해 보면 〈표 6-1〉과 같다.

표 6-1   프로그램 주요 자원의 종류

자원	예
인적 자원	• 직원, 슈퍼바이저 • 자문가, 지역사회 관련 활동가 • 자원봉사자, 실습생, 인턴생 • 프로그램 참여자

물적 자원	• 재원(예산액, 모금액-후원자 및 후원기업 등) • 시설 • 장비, 비품 • 온라인 공간, 플랫폼 등 • 서비스 이용료, 회비
네트워크 자원	• 공공기관 및 비공식 조직 • 실행 네트워크(연계 및 관련 기관 등) • 실행 가능성이 있는 현존 네트워크
연구조사기반 및 정보자원	• 프로그램 및 참여자와 밀접한 법률의 제정 및 개정, 관련 정책과 사업 동향 • 기존 연구조사 결과, 욕구조사 결과보고서 • 서비스 기술 • 프로그램 활용 지침
자연자원	• 프로그램에 활용될 수 있는 공원, 놀이터, 쉼터 등

(2) 자원 목록집의 구축 및 활용

프로그램을 기획하면서 신규 자원만을 발굴하여 프로그램을 진행해 나가는 것은 사회복지사들에게 많은 부담으로 작용하게 된다. 이러한 부담을 줄이고 프로그램에 적절한 자원을 연결하기 위해서 사회복지사는 먼저 기존 활용 자원들을 분석하고 목록화하여 정리할 필요가 있다. 사회복지사나 부서별로 다양한 자원들을 활용하고 있음에도 상호 공유되지 않는 경우가 많기 때문에, 동료나 타 부서의 자원 활용 현황을 검토할 필요가 있다.

일반적인 자원 목록집에는 자원명, 주소 및 연락처, 주요 활용 용도, 활용 빈도와 활용 결과에 대한 만족도, 주요 활용자 등을 기록하게 된다. 조사해야 할 자원들에는 공공기관, 사회복지시설, 교육기관, 의료기관, 민간단체, 동 자치조직, 민간 자치조직, 금융기관, 공원과 쉼터 등 연계 조직 및 지역사회 내 전문가 및 자원봉사자들이 포함된다.

(3) 자원동원 계획 수립 시 고려사항

기본적으로 프로그램을 위한 자원동원 계획을 수립할 시에는 다음의 것들이 고려되어야 한다.

- 예산: 프로그램에 소요되는 필요한 예산의 총량과 조달계획을 세운다.
- 인력: 프로그램의 수행에 필요한 필요 인력과 자격 요건 등의 인적 자원 모집 및 배치계획을 세운다.
- 물품: 전체 프로그램에 기본적으로 필요한 물품들을 기록하고, 단위 프로그램별 혹은 프로그램 내용별로 분리해서 필요한 물품들을 할당한다.
- 후원개발: 지역사회 내에서 개발 가능한 자원들을 고려한다
- 할당된 예산 내에서 물품을 구입하며 집행과정 중에 물품의 소요를 점검하여 프로그램의 진행을 원활하게 한다.

2) 프로그램 재정 확보

일반적으로 프로그램을 실행하기 위한 재정 원천은 크게 정부나 민간재단으로부터의 보조금, 클라이언트의 서비스 이용료, 다양한 자선기금과 특별모금의 세 가지로 나눌 수 있다. 프로그램을 실행하기에 앞서 어떤 원천을 통해 재정을 확보할 것인지를 결정해야 한다.

(1) 프로그램 재정 원천 결정하기
① 보조금 및 지원금 검토
사회복지조직의 중요한 예산 확보 수단으로 정부보조금과 법인지원금, 민간 재단으로부터의 보조금이 있으며, 민간 재단이나 기금으로부터의 보조금은 기관의 특정 사업이나 프로그램에 대한 자금 신청 및 평가를 통해 결정된다.

그러나 기업복지재단 등 민간 보조금의 경우 프로그램을 확대하고 계속적으로 유지하며 사업에 대한 인식 확대 면에서는 의미가 있지만, 일시적인 외부 지원은 지원 종결 이후의 사업 유지에 문제가 될 수 있으므로 지속적이고 장기적인 지역사회 후원금의 확보로 이어지는 것이 더욱 필요하다.

또한 기금 확보에 있어 법인전입금, 즉 사회복지기관을 운영하는 중앙법인으로부터의 지원금은 매우 중요하다. 재원 확보 및 지원 능력만으로 법인의 전문성이나 운

영능력을 평가하는 것은 심사숙고하고 검토해야 할 과제이나, 법인의 안정적인 지원은 프로그램의 질과 안정화에도 기여하는 것이 사실이다.

② 서비스 이용료 및 회비 유무 결정

민간 부문의 재원 충원에서 생겨난 기금조성 방법으로 클라이언트에게 비용을 부과하는 방법이다. 이러한 방법은 비용을 공정하게 할당하면서 간단하게 사용할 수 있고, 클라이언트의 피드백이 용이하고, 서비스 이용료의 지불로 클라이언트가 더욱 동기부여되고 목적 지향적으로 협력할 가능성이 높다는 장점이 있다. 반면에 단점으로는 사회복지기관에서 비용을 징수하는 것은 저항이 클 수 있다는 점과 클라이언트의 위기 상황에서 비용을 징수하는 것은 비현실적이라는 점 등이 있다.

따라서 프로그램의 성격에 따라 이용료 지불 여부와 규모를 결정해야 한다. 특히, 지역 주민의 유사 욕구에서 출발한 동아리 모임이나 지역주민조직화사업과 같이 장기적으로 지속되는 사업들의 경우 가장 빈번하면서도 안정적인 재원 충당 방법은 구성원들의 자체 회비 납부이다. 그리고 결속력과 조직력이 강화된 주민조직의 경우는 자체 모금행사 진행과 후원개발 등을 통해 비용을 충당하기도 한다.

③ 자선기금과 특별모금 확보 여부 및 방법 결정

프로그램 예산의 부족한 부분을 충당할 수 있는 중요한 재원으로 개인기부금과 특별모금이 대표적이다.

연간 특별모금은 조직의 세입을 증가시키는 측면 외에 지역사회 관심을 창출하는 데 도움이 된다. 지역사회 내에서 기업 등과의 연계로 개발된 프로그램의 경우, 기업 구성원의 참여를 촉진하고 공동의 관심을 유지하며 사업을 발전시킬 수 있다는 이점이 있다.

개인기부금은 단위당 금액은 적을 수 있으나 지역사회 주민의 참여와 인식 도모, 지속적인 자원 확보 차원에서 가장 효과가 높은 재원 중 하나인 것으로 평가되고 있다. 많은 사회복지기관이 소액기부금이라 하더라도 아동, 청소년 세대부터 어르신 세대까지 복지사업에 동참하도록 하는 방법을 사용하고 있다. 또한 최근 베이비붐

세대가 점차 노년과 그 이후를 생각하는 나이가 되어 감에 따라 개인유산의 사회기부에 대한 관심도도 높아지고 있어, 이에 대한 재원 확보 전략의 필요성이 논의되고 있다.

어떻게 하면 프로그램을 위한 자원 확보를 잘할 수 있을까? 일반적인 자원 확보 방법에는 우편 발송, 이벤트 개최, 대중매체 광고, 인터넷, 명분 지향 마케팅(Cause-Related Marketing: CRM), 제안서 공모 참여 및 기업 프로젝트 제안 등이 있다. 몇 가지 자원 확보 방법을 좀 더 살펴보자.

첫째, DM(direct mail)은 후원 요청 편지를 잠재적 후원자들에게 발송함으로써 후원자를 개발하는 방식으로 가장 전통적인 마케팅 방법 중의 하나이다. 기존 프로그램에 참여했던 지역 주민이나 프로그램에 호의적이었던 참여자들에게 메일링하는 방법을 활용할 수도 있다.

둘째, 이벤트는 후원의 특정 동기를 부여하기 위하여 특정 기간과 장소에서 사전 계획하에 특별한 활동을 벌이는 커뮤니케이션 과정이다. 예를 들어, 공연, 강연, 요리, 전시회, 마라톤 등 각종 체육대회, 축제, 바자회, 노래대회, 영화 시사회, 경매, 만찬, 견학, 특별 여행, 파티, 게임, 책 발간과 사인회, 동전모금 등 다양한 형태의 이벤트를 기획하여 자원을 확보할 수 있다.

셋째, 명분 지향 마케팅(CRM)은 1980년 이후 사회복지기관을 포함한 비영리기관들이 모금을 위해 많이 활용하는 마케팅 기법이다. 이는 미국의 아메리칸 익스프레스 카드(American Express Card)에서 처음 사용한 방법으로, 회사는 카드 속에 그려져 있는 자유의 여신상을 활용하여 판촉을 하기 위해 자유의 여신상 복원사업을 펼치는 시민단체와 연계하여 개인이 사용한 카드 금액의 일정 비율을 시민단체에 기부하였다. 이러한 방식은 기업의 이미지를 높여 주어 기업의 상품 판매에 긍정적인 영향을 미치는 동시에 사회복지기관의 후원자 개발에도 기여하게 된다(정무성, 2005).

넷째, 프로그램 재원 확보와 관련하여 가장 많이 활용하고 있는 것이 바로 제안서 공모 참여 및 기업 프로젝트 제안이라고 할 수 있다. 프로그램의 확대와 질적인 발전을 위해 사회복지사는 논리적이고 타당성 높은 제안서를 작성하여 모금재단이나 기업을 직접 접촉하거나 공모사업에 참여하여 재원을 확보할 수 있다.

지금까지 주로 재정의 원천과 자원 확보 방법에 대해 살펴보았다. 어떠한 방법을 선택하든지 사회복지사는 재원 확보를 위해 기관의 사명을 철저히 내재화하고, 재원 확보를 통한 클라이언트의 변화 결과, 즉 성과목표를 명확하게 제시하여야 한다. 아울러 지속적으로 후원자들에게 감동을 주는 접근을 통해 기관과 프로그램을 이해할 수 있는 기회를 제공하여야 한다. 무엇보다도 뛰어난 프로그램 기획과 관리 능력으로 프로그램을 책임성 있게 운영하고 효과성을 평가하며 그 결과를 공유하는 것이 잠재적인 재원 확보의 기초를 쌓는 측면에서 중요하다.

생각해 볼 문제

프로그램 개발을 위해 동원해야 할 자원의 결정과 확보 전략

사회복지사로서 담당하게 될 프로그램에서 필요로 하는 자원들은 무엇인가?

그렇다면 어떠한 자원을 어떤 방법으로 동원하겠는가? 필요한 자원들을 나열해 보고 각각 어떤 확보 전략을 사용할지 정리해 보자.

자원 분류	자원명	활용 용도	동원 전략
인적 자원			
물적 자원			
네트워크 자원			
연구조사기반 및 정보자원			
자연자원			

2. 프로그램에 대해 어떻게 홍보하고 소통할 것인가

1) 사회복지 홍보의 목적과 지향

김종원 등(2011)은 현장의 홍보사례를 정리, 분석하여 사회복지 홍보의 다섯 가지 방향을 제시했는데, 프로그램을 통해 지역사회 및 이해관계자들과의 소통을 준비하는 기획가들에게 지침이 되리라 본다.

- 기관 집중에서 지역 확산으로
- 기관 중심에서 사람 중심으로
- 프로그램 중심에서 삶 중심으로
- 자랑 중심에서 감사와 세우기 중심으로
- 개별적인 업무 홍보 중심에서 지역사회 이상과 비전 중심으로

사회복지 홍보의 목적과 지향점은 프로그램이나 기관 자랑보다는 사람과 삶, 감사와 세우기 중심으로, 지역사회의 이상과 비전을 담아내는 것이어야 한다. 김종원(2017)은 『사회복지홍보 포켓백과』를 통해 다양한 홍보사례를 공유하고 있는데, 특히 지역에서의 사회복지 홍보는 사회복지의 가치를 반영해야 하며 지역 주민의 반응이 어떠한지 면밀히 살펴보아야 한다는 것을 강조하였다. 또한 김태욱(2021)은 사회복지조직은 홍보를 통해 기관의 소명과 프로그램을 알리고, 지역 주민과 소통하고 그들의 참여를 이끌어 낼 수 있도록 관계를 형성하고 공감을 이끌어 내야 한다고 하였다. 사회복지 홍보에서 무엇보다 중요한 것이 긴밀한 관계성이며 또한 진실성을 강조하였다. 그는 사회복지 영역의 홍보 전략 수립의 중요성을 강조하면서 짧은 시간 안에 완성할 수 있는 홍보 전략 수립 7단계를 제시하였다.

- 홍보 소재와 포인트를 개발하라!
- 목표와 타깃을 구체화하라!
- 타깃별 메시지를 잡아라!
- 타깃별 미디어를 선정하라!
- 효율적인 홍보 실행 프로그램을 짜라!
- 홍보 예산과 일정을 설계하라!
- 평가 시스템을 만들어라!

이러한 방향과 과정을 염두에 두고 프로그램을 위한 홍보 전략을 구상하도록 하자.

2) 자원 확보와 클라이언트 참여 촉진을 위한 홍보

실행 단계에서 가장 중요한 과업 중의 하나는 클라이언트 참여자 모집을 포함한 인적·물적 자원의 확보이다. 특히, 지역사회에 있는 잠재적 클라이언트를 프로그램에 참여하도록 유도하고 필요한 자원 확보를 위해서 홍보, 모집, 광고 등과 관련된 활동을 전개해야 한다. 프로그램 홍보는 프로그램의 목적과 방향에 부합하는 프로그램 참여자를 연결하고 정보 부족으로 인해 프로그램 이용에 있어 소외된 잠재적 클라이언트를 발굴할 수 있는 경로이기 때문에 효과적인 방법을 결정하여 진행할 필요가 있다.

클라이언트 확보와 프로그램 홍보는 기본적으로 마케팅의 개념에 근간을 두고 있다. 일반적으로 마케팅은 생산품을 소비자에게 판매하는 행위와 광고하는 행위를 지칭하는 용어로 사용되어 왔다. 사회복지기관은 기업조직과는 달리 표준화가 어렵고 소멸성이 강한 독특한 서비스를 제공하는 조직이므로 기업 마케팅의 개념이 그대로 적용되기 어렵다. 이러한 관점에서 사회복지기관의 마케팅은 흔히 비영리조직에 적용되는 사회 마케팅의 개념으로 설명되고 있다.

사회 마케팅이란 기관의 서비스 소비자인 클라이언트, 자원 공급자, 권위와 자격

부여기관, 일반 대중이 그 기관의 서비스에 더 큰 관심과 요구를 가지도록 하기 위한 활동으로 정의된다(Barker, 1995). 사회 마케팅은 일종의 가치 교환을 중심으로 한 체계적 관리과정으로, 조직의 목표 달성을 위해서 표적시장과 자발적 가치 교환이 이루어지도록 만들어진 프로그램의 분석, 기획, 시행, 통제 등의 활동이다.

이와 같은 사회 마케팅은 프로그램에 참여하는 집단과 프로그램을 지원하는 집단 모두에게 동시에 이루어져야 하고, 두 집단을 대상으로 프로그램에 참여하고 프로그램을 지원하기 위한 적극적인 소통 전략을 전개해야 한다. 먼저, 프로그램에 참여하는 집단인 클라이언트를 확보하기 위한 홍보 방법에 대해 살펴본다.

(1) 클라이언트 확보를 위한 홍보 방법

홍보 방법은 방송매체, 신문, 안내지, 기관 소식지, 동 소식지, 벽보, 게시물 전시, 전화, 메일 발송, 홈페이지 게시 등 다양하다. 온라인과 오프라인의 각종 홍보매체를 이용하고 지역 방송매체를 활용하는 것도 바람직할 것이다. 당장은 참여하지 못하더라도, 지역 주민은 잠재적 참여자 혹은 사업의 지원자가 될 수 있기 때문이다. 클라이언트 확보를 위한 일반적인 홍보 방법은 다음과 같다.

- **인쇄 및 홍보물 제작 및 게시**: 기관에서 가장 흔히 사용하는 방법이다. 기관 및 프로그램 특성에 알맞게 팸플릿, 전단지, 소식지 등을 제작하여 배부하거나 기관 게시판에 홍보물과 현수막을 게시함으로써 관심을 유발한다.
- **직접 접촉 및 입소문 전략**: 이용자들의 정보를 바탕으로 직접 접촉하여 프로그램을 홍보하는 방법이 사회복지 현장에서 효과적인 것으로 알려져 있다. 그중 가장 효과적인 홍보 방법은 영향력이 있거나 프로그램에 호의적인 이용자 간의 소통을 통해 프로그램이 연결망으로 이어지는 입소문 전략이라고 할 수 있다. 사회복지사는 기존의 프로그램 이용자 중에 기관의 사업에 대한 이해가 높고 욕구가 높은 지역 주민에게 프로그램을 홍보할 필요가 있다. 홍보계획이 수립되면, 누구와 만날 것인지에 관한 접촉 목록을 작성하는 것이 좋다.

　성공적인 홍보를 위해서는 평소에 기존 지역사회 조직들 및 조직 대표들과 자주 접촉하여 만남을 갖고 지속적인 대화를 나누는 것이 중요한 전략이 된다. 기관 내부, 동네 상가, 길가나 아파트 엘리베이터 등에서 주민을 만나면 밝게 인사하는 일, 즉 기관 내 · 외부에서 인사하고 정감 어린 모습과 직원으로서 좋은 모습을 보여 주는 일이 프로그램 홍보를 위한 시초가 된다는 것을 기억해야 한다.

- 우편물 및 통신문 발송: 우편물 발송은 전통적으로 홍보의 수단이다. 하지만 기존 프로그램 이용자나 후원자에 국한되는 점에서 한계가 있다. 우편물 발송법이 효과적이기 위해서는 기존 이용자들의 인적 사항에 관한 정보 수집을 면밀히 하며, 이를 세부적으로 분석하여 이용자들의 욕구에 맞는 프로그램에 관한 정보를 제공할 필요가 있다. 또한 가정통신문을 이용한 홍보 방법도 효과적이다. 일반적으로 사회복지기관에는 다양한 평생교육 프로그램과 아동 관련 프로그램이 존재한다. 이러한 프로그램의 회원들을 대상으로 가정통신문을 발송하여 홍보하는 방법도 효과적이다.

- 전화 연락: 이용자들의 정보들을 바탕으로 전화를 하여 프로그램을 홍보하는 방법이 있다. 전화의 경우, 실제로 통화 거부율이 높기 때문에 시간에 비해서 홍보의 실적이 저조하고 담당자의 소진을 불러일으킬 가능성이 높다. 따라서 사전에 선별해서 전화 연결 작업을 하는 것이 유리하다.

- 홈페이지 및 인터넷 홍보: 기관의 홈페이지와 각종 웹페이지, 어플리케이션, 플랫폼 등을 통해 프로그램을 홍보하는 방법이다. 홈페이지는 지역 주민의 정보를 찾고 활용하기에 손쉽게 구성되어 있어야 하고, 최근의 프로그램에 관한 정보들이 수시로 갱신되어야 하며, 각종 질의응답 내용들에 신속한 답변으로 응대해야 한다.

- 신문 및 방송매체 홍보: 대중의 인지도를 높이는 방법으로 광범위한 표적집단을 대상으로 홍보하는 데 매우 유리한 수단이 되고 있다. 이해관계자들이 인식하도록 하기에 가장 효과적인 방법이기 때문에, 사회복지사는 보도자료를 작성하고 언론매체를 활용하는 방법들을 쓸 수 있어야 한다. 또한 다양한 지역 매체를 적극적으로 활용할 필요가 있다.

- 길거리 홍보, 모집 창구 활용: 지역 주민의 왕래가 많은 거리 또는 지역 행사가 열리는 장소에 나가서 홍보 부스를 열고 홍보하는 방법이다. 지역 주민의 전반적 인식을 높이는 데 기여할 수 있다는 장점이 있다.
- 공문을 통한 지역사회 관련 단체 홍보: 청소년들을 대상으로 하는 프로그램의 경우 기관 자체 홍보에는 한계가 있을 수 있으므로 인근 학교들에 공문을 통해 모집을 요청할 수 있다. 과거에도 지속적으로 교류가 있었고 프로그램의 내용이 학교에서 긍정적으로 평가될 경우 모집은 비교적 용이하게 이루어질 수 있다. 학교의 대표성을 가지고 학생들이 참여하는 초기에 모임의 응집 또한 높게 이루어진다.

기타 지역사회에서의 홍보 방법으로는 기관의 건물을 활용한 핵심 메시지 중심의 대형 홍보물 제작, 지역사회로 직접 나가서 동네 시장이나 상가를 방문하면서 지속적인 관계성을 가지고 홍보하는 방법, 글을 모르시는 분들을 위해 직접 경로당에 찾아가는 홍보, 지역의 라디오 연계 홍보, 지역 카페의 컵 홀더나 약국 의약 봉투를 활용한 홍보, 중국 음식점 배달 시 전단지 홍보, 버스 게시판 홍보, 택시 및 차량 연계 홍보 등이 있다(김종원, 2017). 이러한 대부분의 연계 홍보들은 사회복지사가 지속적으로 지역업체들과 접촉하고 복지사업들을 안내하며 소통한 경우에 가능한 방법들이다. 단순히 홍보지를 제작하거나 홈페이지에 안내문을 만들어 게시하는 수준의 홍보에서 벗어나 지속적인 소통과 관계성에 기반을 둔 홍보 전략을 모색하는 것이 필요하다.

3) 프로그램 관련 이해관계자들과의 소통 및 인식화 전략

(1) 프로그램 관련 이해관계자들을 정의하기

무형성과 소멸성 등 독특한 사회복지조직 서비스의 특성으로 인해 프로그램 관리자는 프로그램을 둘러싼 다양한 이해관계자와 지속적으로 소통해야 할 과업을 갖게 된다. 이해관계자(stakeholders)란 조직의 생존 및 목적 달성에 영향을 받거나 영향을 주는 집단이나 개인을 의미한다. 프로그램의 지속 및 성과와 관련이 있는 이해관계자들이 누구인지를 분석하여 프로그램의 목적, 대상과 내용, 필요한 재원, 실행과정 등에 대해 알리고 때로는 설득하는 과정이 이루어져야 한다.

자칫 사회복지사들이 클라이언트를 모집하는 홍보에만 초점을 두는 경우가 있다. 이는 프로그램의 지속성과 지원세력의 확보, 프로그램 성과 보급을 고려하지 않은 기획의 오류라고 볼 수 있다.

(2) 이해관계자들과의 의사소통에 사용할 활동과 방법을 모색하기

이해관계자들과의 소통 촉진을 위한 방법의 예로는 개회식이나 종결식, 관련 축제나 행사 등을 마련하여 초대하는 방법, 정기적으로 사업의 결과를 서신이나 개요 책자 등으로 알리는 방법, 사업의 운영과 성과에 관한 설명회와 보고회를 진행하는 방법 등이 있다. 또한 특정 문제에 대한 간단한 보고서를 개발하거나 기사화할 수 있는 보도자료를 작성하고 언론사에 배포하는 방법이 있다. 최근에는 홈페이지 등 웹사이트뿐만 아니라 SNS(social network service)를 활용하여 소통하거나 홍보하고 그 반응을 관찰하는 것도 방법이 될 수 있다.

◀ SNS를 활용한 물품 후원 발굴 사례 ▶

SNS를 활용하여 클라이언트에게 필요한 물품이나 후원금 등을 신속하게 모금한 사례가 있다. 예를 들어, 아동들을 위한 작은 도서관을 꾸민다고 했을 때 이러한 사업에 동참하고자 하는 후원자들이 필요한 책장이며 책들을 우편으로 직접 보내 주는 선물잔치의 사례가 있다. 매일 우편으로 보내오는 선물들의 사진과 선물들로 채워져 가는 도서관의 모습을 SNS를 통해 공유해서 공감을 얻어 나가며 아동들을 위한 작은 도서관이 완성되었다.

---

(3) 설득과 공감을 얻을 수 있는 사회적 글쓰기 능력을 갖추기

언론 홍보나 SNS에 공감 가는 글을 올리는 방법은 가장 효과적인 이해관계자들과의 소통 통로가 될 수 있다. 사회복지기관에서는 신설된 프로그램명과 그 내용을 간단하게 요약하여 지역매체에 보낸 후 광고해 주기를 기다리는 소극적 방법을 사용하곤 하는데, 기사 자료의 보도율을 높일 수 있는 언론 홍보 전략이 필요하다.

어떻게 언론 홍보를 성공적으로 할 수 있을까? 성공적인 기사 작성 방법을 간단히 살펴보면 다음과 같다. 다음의 작성 요령은 SNS나 기관 내부 소식지 등의 기사를 작성하는 데에도 공통적으로 활용될 수 있다.

- 기사화할 수 있는 내용 및 사례 선정: 사회복지기관의 다양한 프로그램 가운데 언론사의 관심을 끌 수 있는 프로그램과 서비스를 발굴하는 것이 중요 하다. 사회복지사로서 기사 감각을 갖추기란 매우 어려운 일이겠지만, 시행착오를 반복하면서 기삿거리가 될 만한 프로그램의 서비스 또는 사례를 찾아내야 한다.
- 관심을 끌 제목(헤드라인) 만들기: 제목은 보도자료의 운명을 결정한다. 보도자료는 헤드라인, 리드 그리고 본문의 세 부분으로 구성되어 있다. 헤드라인은 제목으로서 자료의 모든 내용을 압축하여 관심을 유발하도록 해야 효과적이다. 리드는 본문의 주요 내용을 한두 줄로 압축하여 보여 주는 것이어야 한다.
- 주요 콘셉트에 따른 본문 쓰기: 본문은 육하원칙에 맞춰 내용을 구성한다. 누가, 언제, 어디서, 무엇을, 어떻게, 왜 했는지를 일목요연하게 써 내려간다. 내용 구성에서 미사여구를 과다하게 사용하거나, 현학적으로 표현하거나, 추상적이고 모호한 용어를 사용하는 것 등은 부적절하다.
- 주요 내용에 부합하는 사진 선정: 관심을 끌 헤드라인과 주요 내용이 잘 정리되었다고 하더라도 시각적으로 눈에 들어올 수 있는 사진을 선정하는 것이 중요하다. 장문의 글은 읽히지 않는 경우가 많기 때문에 의미를 담아낼 수 있는 사진이나 이미지 등을 선정하여 첨부하여야 한다.
- 보도자료 보내기와 확인하기: 사회복지 프로그램과 관련해서 담당 기자의 연락처와 이메일 주소를 알아 두고, 반드시 전화 통화 후 적절한 발송 방법으로 보도자료를 발송한다. 보도자료를 발송하고 확인하지 않는 경우가 있는데, 반드시 수

신자를 확인한 다음 확인 전화를 하는 것이 중요하다. 또한 보도자료가 기사화
되었을 경우, 감사 답례 전화를 하며 평소에도 각종 지역신문 및 주요 웹사이트
의 담당자와 교류하는 것 또한 좋은 방법이다.

● 기사화된 보도자료 적극 활용하기: 기사화된 보도자료가 있다면 지속적으로 프로
그램을 알리고 인식하게 하는 자료로 활용하는 것이 필요하다. 또한 보도자료
의 기사화 성공률이나 SNS에 공감도가 높은 내용을 확인하고 반응을 관찰할 필
요가 있다.

이러한 기사 글쓰기 방법은 매체에 기사를 보내는 요령을 넘어서 기관 내부의 소
식지, 게시판의 게시글, 가정통신문, 프로그램 전단지 및 홍보물 등 다양한 프로그램
홍보도구를 활용하는 데 필요하다. 사회복지사는 효과적인 글쓰기로 프로그램에 참
여할 지역 주민과 프로그램을 지원할 이해관계자들의 공감을 얻어 내고 프로그램의
성과를 알릴 능력 또한 갖추어야 한다.

지금까지 클라이언트 확보와 이해관계자들의 소통을 위한 다각적인 차원의 홍보
방법에 대해 살펴보았다. 우리는 프로그램 관리자로서 이러한 소통 전략의 성공에
대해 어떻게 평가하겠는가? 프로그램 실행 단계에는 이러한 홍보와 소통 과정 그리
고 결과에 대한 모니터링이 포함되어야 한다.

생각해 볼 문제

공감 가는 글쓰기 연습 요령

- 인터넷이나 매체, SNS, 내·외부 기관 홍보물 등에서 공감했던 글이나 문구를 수집해 보자. 주요 주제는 무엇이었는가?
- 특히 주목할 수밖에 없었던 호감 가는 헤드라인이나 상징 문구 등은 무엇이었는지, 글쓰기의 전개를 어떻게 했는지 등을 분석해 보자.
- 활용했던 사진 자료나 구성 등으로는 어떤 것이 우수했는가를 점검하자.
- 공감 가는 글쓰기에 도전하고 동료와 지역 주민의 피드백을 받아 보자(예: SNS에 글 올리고 댓글이나 공감 30개 이상 받기 등/ 수업시간에도 가산점이나 과제로 활용 가능).

프로그램 개발을 위해 활용해야 할 홍보와 소통 전략

- 클라이언트 확보와 프로그램 안내를 위해 어떤 홍보 방법을 사용할 것인가?
- 다양한 이해관계자들과의 소통 및 인식화 방법은 무엇을 사용할 것인가?

방법	대상	횟수 및 시기	평가방법

3. 합리적인 프로그램 예산 수립하기

프로그램 예산은 프로그램이 실제적으로 시행되기 위해서 필요한 수입과 지출을 구체화한 재정계획이다. 특히 예산계획 항목은 예산이 적정하게 수립되어 있는지를 평가하는 근거로, 프로포절 심사에 있어서도 주요한 평가항목이 된다. 프로그램의 방향이나 내용과 부합하지 않는 부적절한 항목이 포함되어 있는지, 산출 근거가 명확한지, 예산 산출의 근거가 타당한지 등이 중요한 평가내용이다. 먼저, 구체적인 예산 수립의 토대가 되는 예산 유형에 대해 간단히 검토해 보자.

1) 예산의 유형

예산의 유형은 학자들마다 다소의 차이는 있으나 일반적으로 품목별 예산, 성과주의 예산, 기획 예산, 영기준 예산으로 분류된다.

- 품목별 예산: 품목별 예산은 가장 보편적인 예산체계로, 구입하거나 지출하고자 하는 품목별로 수입과 지출을 기재하는 방법이다.
- 성과주의 예산: 성과주의 예산은 조직이 달성하고자 하는 목표를 세부 프로그램과 활동으로 나누고 각 프로그램이나 활동의 단위원가와 업무량을 고려하여 예산을 정하는 방법으로 '프로그램 예산'이라고도 한다.
- 기획 예산: 기획 예산은 조직의 장기적 발전계획 또는 사업계획하에 연도별 목표 달성을 위해서 예산을 조직목표에 통합시켜 작성하는 예산의 유형이다.
- 영기준 예산: 영기준 예산은 조직이 지금까지 추진한 사업을 처음부터 영(zero)의 상태에서 다시 시작한다는 전제하에 전년도 예산에서 항목별로 배정된 예산에 전혀 구애받지 않고 새로운 조직목표와 우선순위에 따라 예산을 수립하는 개혁적 예산제도이다.

몇 가지 예산 수립 방법 중에서 일반적으로 프로그램 계획 수립 시 사용되는 방법은 품목별 예산모형이며, 성과주의 예산과 병행하여 프로그램이나 활동의 단위원가를 계산하여 예산을 수립하고 있다. 논리모델의 요소에 예산모형을 대입해 보면, 투입 중심 예산이 품목별 예산이고 효과성 관점에서 투입 대비 성과를 중심으로 평가하는 모형은 성과주의 예산이다. 성과주의 예산은 논리모델이 더욱 강조되게 된 맥락인 미국「정부수행과 결과법(Government Performance Result Act: GPRA)」등에 의해서 채택된 예산모형이다.

사회복지기관들은 무조건 많이 따고 보자는 예산 요구방식이나 답습적 편성, 연내 의무 사용 등의 관행적 문제에서 벗어나, 성과를 고려한 예산 편성과 심의, 예산을 낭비하지 않고자 하는 의지 등을 가지고 성과주의 예산모형을 활용하고 이를 평가하기 위한 노력을 해야 할 것이다.

2) 프로그램 예산 편성

(1) 예산 편성의 과정

예산 편성은 기관 사명 및 프로그램 목적과 목표의 검토, 우선순위 선정, 비용 및 수입 추정, 최종 예산안 확정의 단계에 따라 진행된다. 단계별로 정리해 보면 1차적으로 기관의 목적 및 목표를 검토하며 프로그램의 목적과 목표를 검토한다. 프로그램이란 기관 전반의 사명과 목표 속에서 수행되어야 하기 때문이다. 또한 프로그램의 목표와 우선순위에 따라 예산을 할당해야 하는데, 각 프로그램 요소들을 분석하고 우선순위를 정해야 한다. 이를 통해 예산을 효과적으로 할당하고, 중요한 요소를 높은 우선순위로 배정하여 예산을 더욱 효율적으로 활용할 수 있다. 2차적으로는 목표 달성을 위한 비용 및 기관의 기대수입을 추정하며 기존에 확보된 자원을 확인한다. 예산을 결정할 때는 각 요소의 실제 비용을 구체적으로 파악해야 하며, 가능하다면 다양한 예산 대안을 비교하여 최선의 결정을 내리는 것이 좋다. 그리고 3차적으로는 비용과 수입을 비교하여 적절성을 평가한 후 최종 예산안을 완성한다.

(2) 예산 편성의 세부 요소

사회복지 프로그램의 예산 편성은 프로그램의 총예산을 인건비, 사업비, 관리비, 수용비, 기타 항목으로 나누어 각 항목의 산출 근거를 구체적으로 제시하는 것을 말한다. 단, 외부 재정지원단체(공동모금회, 기업복지재단 등)에 사업계획서를 제출할 때는 직접비용과 간접비용을 구분해서 예산을 제시한다.

외부 지원사업 계획서 작성의 경우, 각 지원사업이 안내하는 예산규정을 참고로 하여 총예산의 대략적인 규모, 예산 수립의 기준, 인건비 및 강사비 지출 단가 등을 검토하여야 한다. 그리고 사업제안서에서 예산을 합리적으로 수립하기 위해서는 지출하고자 하는 예산의 항목을 구체화하고, 타당성 있는 산출 근거를 설정하며, 현실성 있는 자금조달 계획을 제시해야 한다. 일반적으로 직접비용은 한 프로그램에만 속해 있는 직원의 임금, 한 프로그램에만 사용되는 도구나 소모품, 여비, 비품, 인쇄 및 복사비, 간식비 등이다. 간접비용은 공통비용 내지 조직유지비용으로 간주되는 것으로, 건물임대료, 관리비, 통신비, 급여 등이다(Kettner, Moroney, & Martin, 2008).

(3) 예산서 작성 방법

① 예산 항목 구체화하기

예산 항목은 통상적으로 관(사업비)-항(신청 사업비)-목(인건비, 사업비, 관리운영비 등)-세목(프로그램별 단위 사업비)으로 구분하여 제시하게 된다. 앞에서 신청 기관은 예산 항목 가운데 관과 항을 제외하고 목과 세목 부분을 작성하게 되는 데, 각 기관이나 자금처에서 정한 기준을 숙지한 후 구체화한다.

② 타당성 있는 산출 근거 제시하기

산출 근거를 표현하는 데 일반적으로 나타나는 오류는 사업예산을 통으로 편성하거나 사업비 단가가 비합리적인 경우이다. 앞서 세목 작성 예시에서 보듯이 사업비의 산출 근거는 서비스 단가, 인원, 횟수 등이 포함되어서 명확하게 제시되어야 한다.

③ 현실성 있는 자금조달 계획 수립하기

대부분의 기금배분 사업에서는 대응투자 방식으로 재원을 배분하고 있다. 일반적으로 사업제안서 양식에서는 신청금액과 자부담으로 표현된다. 자금조달 계획은 프로그램을 제안하는 기관의 수행 의지와 능력을 판단하는 근거가 된다. 일반적으로 신청금액은 직접경비 중심으로 배당되고, 자부담은 간접경비 중심으로 이루어지는데, 간접경비가 행정적인 요건으로 인식되는 경향이 있으므로 직접경비 가운데 일부를 자부담함으로써 기관의 수행능력과 의지를 강하게 나타낼 필요가 있다. 일반적으로 자부담 비율은 정해진 것은 없지만, 차후 프로그램의 자립 가능성 등을 고려했을 때 직접경비와 간접경비를 포함해서 20% 내외 수준 정도를 고려할 필요가 있다. 자금의 출처는 기관에서 부담하는 것뿐만 아니라 프로그램 이용자의 납부금, 후원금, 다른 재원을 통한 확보 등 다양한 방법이 가능하다.

TIP　예산 작성 요령

- 예산은 수입과 지출을 구체적으로 예상하여 구성한다.
- 불필요한 예산을 과다하게 책정하지 않도록 명확한 근거를 산출해야 한다.
- 물품의 비용 책정은 한곳의 가격만을 참고하지 말고 여러 곳의 가격을 비교하여 선정한다.
- 산출 근거는 실제 수량, 횟수, 인원수, 단가 등을 구체적으로 기록한다.
- 편성 예산과 집행의 차이를 줄이도록 구체적으로 작성해 예산계획의 신뢰도를 높인다.
- 기관 내부의 예산 작성 지침과 외부 지원금 사용에 관한 지침 내지 예산 편성 기준 등에 위배되지 않는지를 검토한다. 아무리 효율적으로 예산을 계획했다 하더라도 예산 사용 지침을 위배한 예산서로는 신뢰성을 확보할 수 없다.

---

(4) 최종 예산안 완성을 위한 검토 기준

세부적으로 프로그램 예산안을 작성하기 위해서 기획가는 다음과 같은 하위 내용들을 구체적으로 정리해야 한다. 일반적인 품목별 예산모형과 더불어 성과주의 모형을 결합하여 사용하는 요소들이다. 특히 서비스 단위당 비용, 서비스 종결까지의 클라이언트당 비용, 성공한 클라이언트당 결과비용은 사업의 비용 효율성과 비용 효과성을 평가하는 주요한 기준이 된다.

- 프로그램 항목별 예산(경비)
- 직접비용 총액
- 간접비용 총액
- 전체 프로그램 비용
- 서비스 단위당 비용
- 서비스 종결까지의 클라이언트당 비용
- 성공한 클라이언트 결과당 비용
- 프로그램 목표 달성을 위한 비용
- 외부 지원사업인 경우에는 자부담경비와 지원금 비용

케트너 등(Kettner et al., 2008)은 성과주의 예산서에 포함되어야 할 내용들을 제시하고 있는데, 세부 요소는 여섯 가지로 투입(금전적 자원, 인간적 자원), 산출(중간 산출물, 최종 산출물), 품질(클라이언트 만족 백분율, 품질 차원의 산출물), 효과(중간 및 최종 성과-명확한 삶의 질 변화를 이룩한 클라이언트의 수 내지 백분율), 비용 효율성 비율(중간 및 최종 산출물당 비용), 비용 효과성 비율(중간 및 최종 성과당 비용)이다.

지속적으로 실행되는 프로그램인 경우에는 연도별로 결산평가를 비교해 보면서 효율성을 제고할 수 있는 방법을 모색해 보는 과정도 필요한데, 결국 성과주의 모형은 성과가 높은 프로그램을 선택하거나 보다 성과를 높이기 위한 전략을 구축하는 것이기 때문이다.

〈표 6-2〉는 일반적인 항목별 예산모형에 성과주의 예산에서 고려해야 하는 요소들을 적용하여 제시한 예산 수립 형식이다. 정부보조금, 전입금, 기부금, 회비, 프로그램 참가비 등의 수입 요소와 급여 및 고용 관련 기타 비용, 시설 사용, 비품, 소모품, 회의비, 인쇄 및 복사비 등 다양한 지출 항목들에 고려한 후 프로그램별로 비교해 보도록 정리된 양식이다. 또한 〈표 6-3〉은 항목별 예산 산출 기초에 따른 간단한 예산 수립 예시이다. 프로포절 제출 시에는 주로 인건비, 사업비, 관리 운영비, 재산

조성비 등의 기본 항목을 기준으로 세부 프로그램 활동내용에 따라 산출 단가를 최대한 구체화하여 예산을 수립한다.

- 인건비: 임 · 직원에 대한 급여, 제수당, 퇴직금, 사회보험부담금, 기타 후생경비
- 관리운영비: 인건비를 제외한 업무추진비, 운영비 등의 사무비
- 사업비: 프로그램 참여자에게 지원되는 운영비, 교육비 등
- 재산조성비: 시설비, 자산취득비, 시설장비유지비 등
- 기타 지출: 기타 앞에서 언급되지 않은 잡지출 등

⟐ 표 6-2 예산 수립 형식 예시

OOO 기관 예산			
	A 프로그램	B 프로그램	C 프로그램
수입	세부 내역 및 산출 근거		
기부금			
정부보조금			
전입금			
회비			
프로그램 수입			
기타			
지출	세부 내역 및 산출 근거		
급여			
고용 관련 기타 비용			
임대료			
시설비			
소모품비			
통신비			
장비비			
우편비			
인쇄 및 복사비			
여비			
회의비			
기타			
총 프로그램 비용			
서비스 단위당 비용			
종결까지의 클라이언트당 비용			
성공한 클라이언트 결과당 비용			
직접비와 간접비당 비용			
자부담과 지원금당 비용			

⊙ 표 6-3   일반적인 예산서 형식 예시

사업명: 이웃이 이웃을 돕는 나눔문화공동체 문화 확산을 위한 의·식·주 UP! 프로젝트

목	세목	세세목		계	산출근거	신청금액	비율(%)	자부담	비율(%)	자부담
		총 계		40,922,000	–	26,270,000	100	14,652,000	100	
인건비	전담인력	급여		21,600,000	1,800,000원 × 12개월 × 1명	10,800,000		10,800,000		
		사회보험		2,052,000	171,000월 × 12개월 × 1명			2,052,000		자체예산
		퇴직적립금		1,800,000	150,000× 12개월 × 1명			1,800,000		자체예산
		소계		25,452,000		10,800,000	41.1	14,652,000	100	
사업비	모임/배움	의복공동체	새활용교육	3,290,000	• 강사료(3급, 2시간) 200,000×14회=2,800,000 • 재료비 70,000×7회=490,000	3,290,000				
		식사공동체	집밥교육	3,900,000	• 강사료(3급, 2시간) 200,000×13회=2,600,000 • 식재료비 100,000×13회=1,300,000	3,900,000				
		주거공동체	정리·수납교육	2,910,000	• 강사료(3급, 2시간) 200,000×14회=2,800,000 • 교재구입비 11,000×10개=110,000	2,910,000				
	활동/관계	의복공동체	정기모임	210,000	• 다과비 5,000×6명×7회=210,000	210,000				
			마을수선소	890,000	• 재봉틀, 다리미 300,000×2개=600,000 • 다리미 구입비 70,000×2개=140,000 • 재료비(실, 천 등) 50,000×3회=150,000	890,000				
		식사공동체	집밥모임	715,000	• 식재료비 50,000×7회×2모임=700,000 • 여행자보험(캠핑) 15,000×1회=15,000	715,000				
			텃밭가꿈	150,000	• 모종 구입비 50,000×2회=100,000 • 물품 구입비(비료 등) 50,000×1회=50,000	150,000				
		주거공동체	정기회의	350,000	• 다과비 5,000×10명×7회=350,000	350,000				
			마을청소	1,550,000	• 팸플릿 제작비 1,500,000×1회=1,500,000 • 물품 구입비 50,000×1회=50,000	1,550,000				
	나눔/공유	의복공동체	새활용나눔교육	320,000	• 재료비 50,000×4회=200,000 • 다과비 5,000×6명×4회=120,000	320,000				
			새활용프리마켓	120,000	• 식사비 15,000×6명×2회=120,000	120,000				
		식사공동체	집밥나눔	400,000	• 도시락 구입비 25,000×4개=100,000 • 식재료비 50,000×3회×2모임=300,000	400,000				
		주거공동체	정리·수납컨설팅	125,000	• 다과비 5,000×5명×3회=75,000 • 물품구입비 50,000×1회=50,000	125,000				
			주민교육	180,000	• 다과비 3,000×50명=150,000 • 엑스베너 제작비 30,000×1회=30,000	180,000				
		소 계		15,110,000	–	15,110,000	57.5			
관리운영비	관리운영비	교통비		360,000	30,000 × 12개월 × 1명	360,000				
		소계		360,000		360,000	1.4			

출처: 사회복지공동모금회(2023). pp. 21-22.

◈ 표 6-4 일반적인 결산서 형식 예시

사업명: 지역사회기관과 대학교의 연계를 통한 아동·청소년 멘토링 프로그램

☐ 예산집행 구체 내역   (단위: 원)

관	사업비								
항	휴먼네트워크 '스마일멘토링' 사업비								
목	세목	지원금				자부담			
		본예산	변경예산	집행액	집행률(%)	본예산	변경예산	집행액	집행률(%)
	총계	**6,000,000**	**6,002,890**	**6,002,890**	100	**1,100,000**	**-**	**-1,100,000**	100
교육비	멘토교육	280,000	280,000	280,000					
	컨퍼런스	50,000	48,470	48,470					
	소계	**330,000**	**328,470**	**328,470**					
활동비	개별멘토링	1,600,000	1,740,000	1,740,000					
	팀멘토링 활동지원금	1,600,000	2,400,000	2,400,000					
	슈퍼멘토링 활동비	600,000	585,200	585,200					
	코멘토링	750,000	75,000	75,000					
	소계	**4,550,000**	**4,800,200**	**4,800,200**					
평가 및 종결	종결식	220,000	64,020	64,020		500,000		500,000	100
	회의비	500,000	377,000	377,000					
	소계	**720,000**	**441,020**	**441,020**		500,000		500,000	
연구 및 지원	연구진 지원금	-	-	-		600,000	600,000	600,000	
	코디네이터 인센티브	300,000	300,000	**300,000**					
	복사 및 자료구입/제본	100,000	130,310	**130,310**					
	소계	**400,000**	**433,200**	**430,310**		600,000			
	이자수입	2,889	2,890						

☐ 예산변경 내역

지출항목	예산액(단위: 원)		변경사유	승인사항
	당초	변경		
총계			-	
컨퍼런스	50,000	48,470		○
개별멘토링	1,600,000	1,740,000		○
팀멘토링 활동지원금	1,600,000	2,400,000	개별 및 팀멘토링 활동지원 강화	○
슈퍼멘토링 활동비	600,000	585,200		○
종결식	220,000	64,020		○

▽ 실무 연습 문제

1. 다음의 예산 수립 작성 예시를 분석하여 변화가 필요한 내용을 확인해 보자.

국민기초생활수급권자 가정의 청소년들의 맞춤형 직업능력 강화 및 문화생활 향상을 위한 ⓔ로운 프로젝트

관	사업비								
항	공동모금회 'ⓔ로운 프로젝트' 사업비								

목	세목	계	산출 근거	예산조달 계획					
				신청금액	비율(%)	자부담	비율(%)	자부담 재원	
	총계	21,379,000		13,000,000		10,379,000			
인건비	사회복지사	4,400,000	급여 1,100,000×4명			4,400,000			
	소계	4,400,000				4,400,000			
사업비	네 꿈을 펼쳐라 프로그램	약 1,028,000	[자격증 시험 응시료] 제과-42,000원, 제빵-42,000원×지원자 수(약 7명) 청소년지도사-50,000원×지원자 수(약 6명) 전산세무회계-20,000원×지원자 수(약 7명)			약 1,028,000		클라이언트	
		약 351,000	[자격증 대비 교재비] (제과·제빵) 18,000원×지원자 수 (전산세무회계) 15,000원×지원자 수 (청소년지도사) 20,000원×지원자 수	200,000		151,000		지역사회서점	
		1,000,000	[수업비] 연 50,000원×20명	1,000,000					
	1:1 학습지도	800,000	[교통비] 월 20,000원×40명			800,000		클라이언트	
		2,000,000	[간식비 지원] 월 100,000원×20명(2인 1조)	1,000,000		1,000,000		자체부담	
	꿈으로의 한 발자국	1,000,000	[직업체험관 이용비] 50,000원×20명×1회	3,000,000					
	취미생활 프로그램	6,000,000	[수업재료비 지원] 500,000원×12개월	5,000,000		1,000,000		모금	
	신나는 오늘!	600,000	[문화생활비] 30,000원×20명	600,000					
		600,000	[행사 및 축제] 30,000원×20명	600,000					
	소계	13,379,000		11,400,000		3,979,000			
관리운영비	난방비	1,800,000	월 15만×12개월	800,000		1,000,000		자체부담	
	전기료	1,800,000	월 15만×12개월	800,000		1,000,000		자체부담	
	소계	3,600,000		1,600,000		2,000,000			

제7장

프로그램을 실행하고 관리하기

제7화

사업계획서를 작성하고 결재를 받다

뜨거운 여름의 기세가 남아 있던 9월에 입사했는데 어느덧 차가운 바람이 부는 연말이 되었다. 3개월 동안 나는 많은 청소년들을 만났고 관련 자료도 읽어 보았다. 그리고 우리 지역 청소년들이 대인관계의 어려움으로 힘들어하고 있다는 점을 알게 되어 이 문제를 해결하기 위한 프로그램을 짰다. 이 과정에서 선배 사회복지사 선생님들이 많이 가르쳐 주고 지지해 주셨다. 아이디어 회의를 통해 10여 개의 서비스 아이디어가 나왔고 예산 및 실행 가능성을 평가해서 최종적으로 5개 서비스로 프로그램을 설계했다. 그것은 개별 심층상담, 또래상담반 운영, 대인관계증진 캠프, 문화탐방동아리, 테마별 미니 올림픽으로 구성되었다. 그리고 마지막으로 프로그램의 이름을 '모두 함께 FRIENDS'로 결정했다. 팀장님도 멋진 이름이라고 칭찬해 주셨다. 최종 사업계획서를 작성하고 나니 참으로 행복하고 기뻤다. '내가 직접 프로그램을 만들다니!' 벅찬 감동이 밀려왔다. 다행히 팀장님, 부장님, 관장님까지 결재를 받았다. 물론 여러 번 수정 사항이 발견되어서 혼나기도 하며 다시 결재를 받는 일도 있었다. 그런데 이제는 그런 일들로 인해 받는 상처는 없다. 모든 지적과 수정 요구는 나의 성장을 위해 꼭 필요한 일이라는 점을 이제 나도 잘 안다. 이제 1월이 되면 드디어 이 프로그램을 가지고 청소년들을 만난다. 청소년들은 과연 내 프로그램을 통해 얼마나 변화하고 성장할까? 그동안 한 살씩 나이를 먹는 게 싫어서 새해가 반갑지 않았는데 이상하게 이번에는 빨리 새해가 기다려진다.

1. 프로그램 실행 단계의 주요 과업은 무엇인가

잘 짜인 계획서, 선정된 프로포절만으로 프로그램이 잘 실행되고 원하는 성과가 나타날 것인가? 기획가가 당초에 계획하였던 문제해결의 성과로 나아가기 위해서는 조직 차원에서 프로그램 실행과 관리 전략을 구축하고 수행해 나가야 한다.

프로그램 실행의 주요 과업에 대해 패티(Patti, 1983)는 자원 확보, 조직구조 개발, 직원능력 개발을 과업으로 제시하였다. 황성철(2005)은 자원 확보와 관리, 기록 및 정보 관리, 프로그램 모니터링, 서비스 질 관리로 제시하였다. 이 장에서는 프로그램 실행 단계에서 사회복지사가 직접 프로그램을 실행하고 참여하거나 간접적으로 관리하는 역할을 모두 담당하고 있는 것을 고려하여 효과적인 프로그램 실행과 관리 전략을 정리한다.

사회복지 프로그램 관리의 기존 관점이 주로 프로그램의 유지 관리, 즉 조직이 효율적으로 유지되고 있는가에 있었다면, 최근에는 프로그램의 목표 관리, 바로 조직이 전체적으로 양질의 서비스를 제공하는가에 관심의 초점이 있다. 이에 따라 실행 단계에서 프로그램의 질 관리와 모니터링은 주요한 주제이다. 또한 프로그램이 관리된다는 것은 프로그램 관리자의 개별적인 역할만이 아닌 조직 전체의 맥락에서 프로그램이 운영되어야 한다는 것을 전제로 한다. 특히 사회복지조직은 서비스 제공을 통해 클라이언트의 복지를 증진하고 유지하는 최일선 기구인 사회복지사들의 전문적 역량과 기술이 서비스의 효과성을 좌우하는 특성을 가지고 있다. 이러한 특성을 감안하여 볼 때, 세부 프로그램을 담당하는 사회복지사의 인력강화 계획과 실행, 슈퍼비전과 피드백 등은 실행 단계의 주요 과업이 된다. 프로그램의 성과와 서비스의 질은 사회복지사의 역량 확보 없이는 이루어지기 어렵다. 또한 프로그램을 실행할 시에는 가장 기본적으로 프로그램 참여자와 진행과정에 대한 정보들이 관리되고 기록물도 정리되어야 한다.

무엇보다 프로그램을 준비하며 실행과 관련된 윤리적 이슈들을 검토할 필요가 있다. 사회복지사는 클라이언트의 자발성과 비밀보장, 편견의 배제 등 윤리적 고려사

항들을 숙지하고 프로그램을 실행할 수 있어야 한다. 이 장에서는 이러한 실행 단계
의 주요 과업들에 대해서 살펴보고자 한다.

2. 프로그램 실행과 관련한 윤리적 이슈를 검토하기

　루빈과 배비(Rubin & Babbie, 1997)는 사회복지조사뿐 아니라 연관된 분야의 조사
에서 널리 활용되고 있는 윤리적 고려사항들을 제시하였는데, 그 내용은 다음의 다
섯 가지이다.

- 자발적 참여와 정보 제공에 근거한 동의
- 참여자들에게 피해 주지 않기
- 익명성과 비밀보장
- 연구 대상자들에게 솔직하기
- 객관적이며 솔직한 분석과 보고

　이를 프로그램 개발에 적용하여 볼 때, 클라이언트들은 참여를 강요받아서는 안
되고 자발적으로 동의를 하고 참여하도록 한다. 사회복지사는 클라이언트들에게 피
해를 줘서는 안 되고 클라이언트의 정보에 대해 비밀을 보장해야 한다. 또한 사회복
지사는 자신에 대해서나 프로그램의 목적 등에 대해서 솔직한 정보를 주며 전문직
동료들에 대해서는 윤리적 의무를 가지고 프로그램의 효과적인 성과뿐만 아니라 실
패에 대해서도 보고할 책임이 있다.

　아울러 프로그램을 실행하면서 스스로 가지고 있는 편견을 최대한 배제하고 프
로그램을 실행해야 할 윤리적 의무를 가지고 있다. 프로그램 실행은 생활 상황 속에
서 개입을 전달하는 실천가들에 의해 진정한 어려움을 가지고 있는 대상자들에 대해
이루어지기 때문에 편견이 작용하는 등 결과가 왜곡될 수 있다. 또한 프로그램 실행
에 있어서 왜곡될 수 있는 요소들이 존재하고 있는데, 사회복지사 스스로 그리고 기

관 차원에서 이러한 왜곡 요소들을 최대한 통제할 수 있는 체계를 갖추는 것이 필요하다.

토머스와 로스먼(Thomas & Rothman, 1994)의 프로그램 실행에 있어서 결과를 왜곡할 수 있는 잠재적인 요소들을 살펴보면 다음과 같다.

- 사회복지사의 전문성과 숙련성에서의 차이
- 평가절차와 평가도구, 평가자에서의 차이
- 실험적인 조건의 구축과 비교 불가능
- 프로그램 세부 활동과 서비스의 양에서의 차이
- 정해진 절차와 지침으로부터의 이탈, 활동내용의 중도 수정
- 세부 절차와 지침의 통합성 부족

기획서는 완벽한데, 이를 실행하는 핵심인력이 역량을 발휘하지 못하거나 기본 지침으로부터 이탈하여 실행한다면 우리가 원하는 긍정적 성과는 있을 수 없을 것이다. 사회복지사는 전문성의 부족, 평가계획의 미비, 지침 개발의 부족 및 기존 지침의 미준수 등으로 프로그램의 결과가 왜곡되지 않도록 철저한 사전 기획 및 기획가로서의 책무성을 이행하여야 한다.

3. 정보체계 및 기록·문서 관리하기

1) 프로그램과 관련한 다양한 정보를 선정, 수집, 처리하기

정보화 시대를 맞이하여 사회복지기관의 프로그램 관리자도 프로그램의 효율성과 효과성을 위해서 유용한 정보를 선정, 수집, 처리, 분석, 활용해야 한다. 사회복지기관은 프로그램을 위한 정보관리체계를 구축하고 필요한 정보를 효과적으로 활용할 수 있어야 한다. 일반적으로 사회복지기관에서 수집하여야 할 대표적인 정보는 지역

사회 정보, 클라이언트 정보, 서비스 정보, 직원 정보, 자원할당 정보인데, 프로그램의 관리에 있어서 어떠한 정보들을 수집하고 정리하고 활용할 것인지를 선택하여야 한다. 사회복지기관에서 관리해야 할 일반적인 정보들과 프로그램 관리에 따른 세부 정보 내용을 정리해 보면 다음과 같다.

- 지역사회 정보: 인구통계학적 및 사회경제적 특성에 관한 자료, 서비스를 받고 있는 대상자의 범위 확인, 유사 서비스 제공기관과 재원의 목록(예: 다양한 욕구조사 자료, 인근 기관의 중점 서비스 지역 주민에 관한 조사 및 통계 결과 자료, 인근 기관들 내지 경쟁기관들의 유사 프로그램 관련 현황 및 보고 자료) 등이 있다.
- 클라이언트 정보: 클라이언트 문제, 개인력, 서비스 수혜 유형, 서비스 기간, 사회경제적·가족적 특성, 고용 상태, 만족도와 서비스 성과 측정[예: 프로그램 참여자들의 일반적 특성에 관한 자료, 각종 심리검사 및 척도 측정 자료, 기관 프로그램 이용에 관한 현황 자료, 프로그램 성과평가를 위한 다양한 자료(사전 검사지, 목표기술서, 만족도 설문)] 등이 있다.
- 서비스 정보: 서비스 단위, 클라이언트 수, 일정한 기간 내에 서비스를 제공받은 클라이언트 수와 서비스가 종결된 클라이언트 수, 서비스와 관련된 활동에 관한 설명(예: 프로그램 하위 세부 활동들과 활동별 참여 현황, 실적, 중도 탈락 및 수료율, 프로그램 홍보 및 모니터링 자료) 등이 있다.
- 직원 정보: 프로그램 수행에 참여한 시간, 프로그램 담당기간, 직원의 임면에 관한 사항, 직원의 전직과 보직 변경(예: 각 주 담당자의 실질적인 투여시간, 관련 업무 비중, 해당 슈퍼바이저의 투여시간, 자원봉사자 내지 인턴생 등 보조인력의 참여자 수와 투여시간) 등이 있다.
- 자원할당 정보: 전체 비용, 특수한 유형의 서비스 비용, 예산 및 결산 보고서를 위해 필요한 자료(예: 수입 출처와 각 내역, 지출 세부내역, 예산과 결산 보고, 특정 수입 출처에 관한 별도 예·결산 내역, 전체 투입 비용과 전체 사업 대비 프로그램 투여 비용 정보) 등이 있다.

가장 기본적으로 프로그램과 관련해서는 이러한 다섯 가지 영역의 정보를 모두 수집하여야 하겠으나, 적절한 수집 정보 내용의 선택, 정보 수집 방법, 정보 보관 및 정리 방법, 정보 활용 방법 등이 기획 시에 논의되는 것이 필요하다. 사회복지기관에서 다양한 정보를 수집하지 못하고 있거나 정보를 수집하고도 프로그램의 발전과 개선을 위해서 정보를 활용하지 못하고 있는 경우도 종종 발견된다. 무엇보다 프로그램 효과성 및 성과 정보들을 어떻게 수집하고 분석·활용할 것인지에 대한 논의가 이루어져야 한다. 또한 수집된 정보들을 관리할 정보 관리 시스템을 구축하고 운용하는 것도 효과적인 정보 관리의 중요한 영역이다.

🔍 → 생각해 볼 문제

프로그램 관련 정보 수집 및 처리 방법

- 프로그램과 관련하여 수집해야 할 정보들은 무엇인가?
- 어떠한 방법으로 정보들을 정리하고 활용하겠는가? 필요한 정보들을 나열해 보고 각각 어떤 방법으로 수집·활용할지 정리해 보자.
- 가장 핵심적인 정보는 클라이언트 정보이지만, 기관 운영과 프로그램 평가에 있어서도 필수적으로 수집·정리해야 할 정보들이 있다. 프로그램 시작 전과 초기에 수집해야 할 정보들도 상당수가 되기 때문에 정보 수집 계획을 수립하는 것도 중요하다.

영역별 수집 정보	활용 목적	수집 방법 및 시기	평가 방법

정보 관리에 관련하여 정보체계의 구축이란 전적으로 전산화에 의존하는 것으로 오인되는 현상이 발생하고 있다. 사회복지 영역에서의 정보 관리는 모든 것을 전산화해야 한다는 것을 의미하지는 않는다. 사회복지사가 초점을 두고 관리해야 하는

것은 모든 정보를 전산화하는 것이 아니라, 클라이언트 중심의 성과와 프로그램 개선 방안을 위한 정보를 파악하기 위해 어떠한 정보들을 사전 기획 단계부터 수집·분석·정리할 것인가를 결정하고, 유용하게 활용할 것인가를 모색하는 것이다.

2) 기록과 문서 관리

(1) 프로그램 수행과정에 대한 기록 남기기

① 기록의 종류

먼저, 기록과 관련하여 사회복지실천 및 교육 현장에서 활용되고 있는 방법으로는 과정기록, 교수/학습 기록, 핵심 기록, 이야기체 기록, 문제중심 기록, 단일사례 기록 등이 있다(Kagle & Kopels, 2008/2010). 사회복지 프로그램을 실행하는 과정에서도 이러한 기록 방법들이 적절히 활용될 수 있을 것이다. 기록은 항상 클라이언트와 프로그램의 내용에 관해 유용한 정보를 얻기 위해서 이루어진다는 점에 유념하여, 항상 문제의식을 갖고 기록지의 형태와 내용을 개선하는 노력이 필요하다.

최근 과정평가와 질적평가의 중요성이 강조되고 있다는 측면에서 프로그램의 실행과정과 클라이언트의 참여 및 반응, 직접적인 클라이언트의 이야기 및 소감 등의 표현, 프로그램 담당자의 평가기록 등이 매우 중요한 평가 자료로 인식되고 있다. 이렇듯 프로그램의 평가와 원활한 진행 및 모니터링을 위해 어떠한 양식을 활용하여 기록을 남기고 문서로 정리할 것인가를 결정하고 기록체계를 수립하는 것도 프로그램 관리자가 담당해야 할 주요한 과업이다.

또한 사회복지사는 프로그램 기획에서부터 프로그램의 시작과 진행, 성공과 관련이 있는 실질적인 이해당사자들이 누구인지를 규명하고, 다양한 요구에 부합하는 정보들을 수집하고, 기록물을 남기고, 문서화해 낼 수 있는 역량이 필요하다. 이러한 이해관계자들의 요구와 그에 기반을 둔 정보의 수집, 기록과 문서 정리는 결국 해당 프로그램이 다양한 이해관계자의 욕구를 충족시키고 요구하는 결과를 이루어 냈는가를 평가하는 평가 설계와 과정으로 이어지게 된다.

프로그램을 실행하면서 사회복지사는 기본적으로 두 가지 차원의 기록물들을 정리해야 하는데, 첫째는 전체 프로그램 차원의 기록물들과 프로그램에 참여하는 참여자 개인 차원의 기록물들이다. 둘째는 프로그램 계획서 작성 이후에 과정이나 사례 기록 그리고 프로그램 진행과 모니터링을 위해 사용되는 서식들이다. 진행 과업의 달성 여부를 평가하는 것으로, 그 항목의 경우 프로그램 일정표에서 설정된 진행 과업(예: 클라이언트 참여 확보, 홍보 등)의 시기별 공정표를 작성하여야 한다. 수행 시기는 진행 과업마다 분기별, 월별 등 어느 구분이나 가능하며, 또한 진행 과업의 달성 여부를 평가할 수 있는 평가 방법을 제시하여야 한다. 여기서 제시한 진행 과업의 수행시기별 목표 달성도를 평가하여 중간보고서에 기재하여야 하며, 목표가 미달성되었을 경우에는 그 사유와 대처방안을 상술하여 중간 시기 이후에 목표를 달성할 수 있는 방안을 실행하여야 한다.

이렇듯 프로그램과 관련하여 다양한 정보를 수집하고 분석하고 기록물을 남기는 것은 기관 차원에서 적절한 서식들이 마련되고 보고하는 체계가 갖추어져야만 가능한 것이다.

② 프로그램 실행과 관련된 기록 서식
일반적으로 프로그램 실행과 관련하여 준비되어야 할 서식의 예는 다음과 같다.

● 프로그램 준비 단계
　- 프로그램 계획서
　- 프로그램 욕구조사서(개별/집단)
　- 개별 구성원 목표서, 계약서(동의서)
　- 프로그램 평가를 위한 다양한 양식(평가설계에 따라 사전·사후 검사지, 개별 평가를 위한 도구들, 관찰일지, 소감 기록지, 만족도 평가지, 출석표 및 과제 수행지 등)
● 프로그램 실행 단계
　- 개별 기록: 사례관리 차원의 통합적 기록(개별 구성원별 파일), 개별 구성원별 정보 수집 및 분석 기록(표준화된 척도 검사치, 일반적 특성, 프로그램 참여 목표,

기대사항 등), 상담기록, 관찰기록

- 집단 기록: 집단과정기록, 프로그램 실행 내지 진행 일지 등
- 중간평가서(모니터링 보고서)
- 프로그램 평가 및 종결 단계
  - 전체 프로그램 평가서, 종결기록
  - 개별 구성원 목표성취 기록
  - 의뢰서
  - 사후지도 계획서

기획가는 프로그램을 기획하고 진행해 나가면서 활용할 기록의 종류 및 서식을 결정해야 한다. 기관의 서식들과 작성법에 대해서는 준비 시기부터 교육이 이루어져 지속적으로 슈퍼비전을 통해 다루어져야 한다.

프로그램 평가와 관련된 양식들은 이 책의 '제3부 프로그램 성과를 평가하기'에서 다룰 것이므로, 여기에서는 개별 상담진행기록과 집단과정기록에 포함되어야 할 내용을 제시한다. 일부 현장에서 과정기록은 없고 간단한 일지 형식만으로 대체하는 경우가 있는데, 전반적인 개입과정, 프로그램 진행평가, 모니터링을 위해서는 과정기록이 있어야 한다.

- 개별 상담진행기록 포함 내용
  - 일시, 장소, 회기 수 등
  - 상담 목표 및 내용
  - 상담자의 의도적 개입 및 역할
  - 목표 달성 평가
  - 차기 계획
- 집단과정기록(매 활동 시 진행 담당자가 기록) 포함 내용
  - 일시, 장소, 참여자, 결석자 등 일반적 사항
  - 활동 목표 및 내용, 진행계획과 실행

- 진행과정에 대한 서술적 보고(활동 전 단계, 활동 단계, 활동 후 단계)
- 지도자의 의도적인 개입 및 역할 기록
- 문제점 및 해결방안(개별 구성원, 진행과정 등)
- 진행활동 목표 성과, 세부활동 내용, 지도자 자신에 대한 평가
- 차기 계획

🏢 상담진행기록지 예시

상담진행기록

상담자: 상담일시(회기 수):
내담자: 장소:

1. 상담목표

2. 상담준비과정

3. 상담진행과정(대화체 기록)

4. 상담자의 의도적 개입 및 결과

5. 상담자의 역할 및 목표 달성 평가

6. 다음 상담의 목표 및 계획

◻ 집단과정기록지 예시

집단과정기록

집단지도자(실습생)명		집단명	
집단 진행 날짜		집단활동 장소	
참석자(　명) 명단		결석자(　명) 명단	

1. 목표 및 세부목표

2. 다음 상담의 목표 및 계획

시간	프로그램 내용	사회복지사의 역할

3. 진행과정기록
   1) 모임 전 단계(자리 위치 표시)
   2) 모임 단계
   3) 모임 후 단계

4. 평가
   1) 목표 달성 및 프로그램 평가
   2) 집단의 역동성(성원-성원, 성원-지도자)
   3) 성원의 개별 평가(개인의 변화, 참여도, 지도자·타 구성원과의 관계)
   4) 지도자 자신에 대한 평가(역할 및 의도적 개입)

5. 문제점 및 해결방안

6. 다음 집단모임 계획

(2) 프로그램 실행 기록 시, 다음의 것들을 유의하여 작성하기

프로그램 기록과 관련하여 사회복지사는 다음과 같은 사항에 유의하여 기록을 남기도록 한다.

- 요점 잡기: 프로그램 활동에서 일어난 모든 내용을 세밀하게 기록할 수 없으므로 요점을 잡아서 기록한다.
- 판단과 근거: 프로그램 진행자의 판단내용만을 제시하는 것이 아니라 판단에 대한 정확한 관찰의 근거를 기술한다. 또한 관찰한 상황과 상호작용에 대하여 기록자의 평가와 시각을 제시한다.
- 전문적·객관적 관점: 기록 문서에 사용하는 표현은 전문가로서의 객관적 시각이 나타나도록 사회복지사의 가치, 편견, 판단 등을 통제하여 기록한다.
- 쉽게 이해되는 문장과 용어 사용: 이해되기 어려운 영어체, 은어 사용은 지양한다. 기록은 사회복지사의 전문성을 뽐내기 위한 도구가 아니라는 점을 기억한다.
- 전체 집단 역동 및 개별 참여자 분석: 집단활동을 실행하면서 기록을 남겨야 하는 사회복지사는 자칫 프로그램 전체 진행에만 집중할 가능성이 있는데, 항상 집단 전체의 역동과 함께 개별 구성원의 반응을 관찰해야 한다.
- 3인칭 사용: 기록 시에 '사회복지사는~' '지도자는~'과 같이 3인칭을 사용하여 기록하는 것이 일반적이다. 간혹 실습생이나 훈련생의 경우 '나는 ~을 했다.'라고 1인칭으로 표현하는 경우가 있는데, 이는 적절하지 않은 표현이다.

(3) 프로그램 관련 문서 보관 및 관리하기

실천 현장에서 정리된 기록물은 공식적인 문서 보관 규정에 따라 정리되고 관리되어야 한다. 문서의 종류에 따라 보관 연한을 정하고 정해진 기간이 지나면 폐기 처리를 하여야 한다. 특히 클라이언트에 관한 다양한 정보가 담긴 문서들의 경우에는 비밀보장을 철저히 할 수 있도록 관리체계를 갖추어야 하며, 폐기 시에도 문서의 내용이 노출되지 않도록 주의해야 한다.

프로그램 계획 및 보고서의 경우 일반적으로 2주 이내에는 문서로 제출하여 슈퍼

바이저의 결재를 받도록 하고, 전체 조직의 구성원에게 공유·협조가 필요한 프로그램, 대형 프로젝트로 진행해야 하는 프로그램의 경우에는 결재 일정을 앞당기는 등 문서 결재체계를 갖추는 것도 필요하다.

　프로그램의 성공적 실행을 위해서는 조직 내부의 자원을 수집하고 연계할 필요가 있는데, 사회복지사는 철저한 문서 작성과 필요시 공유를 통해 슈퍼바이저와의 협력, 타 부서 및 타 직무자와의 협조체계를 구축하여야 할 것이다.

4. 프로그램 모니터링을 위해 관리기법 활용하기

1) 프로그램 모니터링의 개념과 내용

　프로그램 모니터링(program monitoring)이란 일반적으로 프로그램 수행과정에서 그 프로그램이 원래 의도했던 표적집단에 적절한 서비스가 제공되고 있으며, 인력은 계획에 따라 배치되어 적절한 역할을 수행하고, 예산은 충분히 지원되어 소기의 결과가 산출되고 있는지를 종합적으로 점검·검토·확인하는 과정이다. 따라서 사실상 모니터링은 조직이 목표 달성을 위해서 수행해야 하는 필수 활동으로, 프로그램을 수행하는 도중에 문제점을 분석하는 것이 가능하고 모니터링의 결과가 다시 피드백되어 프로그램의 개선으로 이어진다는 장점이 있다.

　그런데 프로그램 모니터링은 과정평가와 매우 유사한 평가로서 많은 실무자에게 혼란을 주기도 하는데, 간단히 개념적 차원에서 프로그램 모니터링과 과정평가의 공통점과 차이점을 살펴보자.

　모니터링과 과정평가의 공통점은 프로그램으로 인한 참가자의 변화(성과)를 입증하는 것보다는 일차적으로 운영상의 문제점을 찾아내고 해결책을 마련하기 위해서 실시한다는 데에 있다. 따라서 프로그램이 운영되는 과정 중에 평가가 이루어진다.

🎔 표 7-1　모니터링과 과정평가

구분	모니터링	과정평가
공통점	• 프로그램 운영 중에 실시한다. • 프로그램 성과(outcome)보다는 과정(process)에 집중한다. • 클라이언트의 변화보다는 프로그램 품질 개선에 관심이 많다.	
차이점	• 운영 전반에 대한 거시적 관점을 활용한다. • 필요시 산출과 성과도 평가한다. • 양적평가 방법을 선호한다. • 독자는 기관 관리자들과 기금 제공자이다. • 책무성을 입증할 수 있다.	• 작은 문제점을 찾는 미시적 관점을 활용한다. • 주로 투입과 과정을 평가한다. • 질적평가 방법을 선호한다. • 독자는 일선 실무자이다. • 품질을 강화할 수 있다.

　반면에 몇 가지 차이점이 존재한다. 우선, 과정평가는 투입과 과정 체계에 초점을 두지만, 모니터링은 보통 산출까지 평가하고 필요시 성과도 평가한다. 모니터링에서는 현재까지 참가한 클라이언트의 수, 참여율, 실시 횟수 등을 매번 꾸준하게 확인한다. 이를 통해서 프로그램이 제대로 가동되고 있는지 판단한다. 또한 합리적이고 객관적인 판단을 해야 하므로 주관성이 반영된 질적평가보다는 객관성을 높일 수 있는 양적평가를 선호한다. 이러한 차이점이 나타나는 이유는 모니터링이 주로 관리자가 관심을 갖는 영역이기 때문이다. 일선 실무자들은 프로그램을 더욱 충실하게 운영하고자 어떤 점이 문제인지 매우 구체적인 문제점(예: 프로그램 기자재 작동, 담당자와 클라이언트 간의 대화방식 등)에 초점을 두지만, 기관의 관리자들은 미시적 관점보다는 거시적 관점을 적용해서 모든 프로그램이 제대로 운영되는지를 종합적으로 확인하고 싶어 한다.

　게다가 외부 기금 제공자들에게 기금을 지원받아 운영하는 프로그램의 경우 기금 제공자들이 중간보고를 요구할 가능성이 있다. 이때는 기존의 너무 세부적이고 질적 자료 중심의 과정평가보다는 전반적인 운영상태를 쉽게 확인할 수 있는 양적평가 중심의 모니터링 결과가 적합하다. 그러므로 모니터링은 중간 시점에 프로그램이 잘 운영되고 있음을 보여 줄 수 있어 책무성을 입증하는 데 도움이 되고, 과정평가는 구체적인 운영상의 문제점을 개선해 가며 품질을 강화하게 만든다. 과정평가의 구체적인 방법과 내용에 대해서는 12장의 내용을 참고하도록 한다.

프로그램 모니터링을 하기 위해서는 다음의 구체적인 질문이 필요하다.

- 프로그램의 목적은 달성되어 가고 있는가?
- 프로그램이 표적집단에 속하는 사람 가운데 어느 정도로 많은 사람에게 서비스를 전달하고 있는가?
- 프로그램을 통해 적합한 내용과 적절한 양의 서비스가 전달되고 있는가?
- 원래의 계획대로 각 사업들이 진행·운영되고 있는가?
- 프로그램 수행자는 적합한 능력을 갖추고 있고, 그 수와 업무 비중은 적절한가?
- 프로그램 수행에 필요한 시설, 기자재, 물품 등은 적절히 지원되는가?
- 프로그램의 자원은 예산의 범위 내에서 적절히 집행되고 있는가? 계획된 예산이 잘 집행되고 있는가? 조정되거나 재편성되어야 할 예산이 있는가?
- 세부 서비스들은 적절한 전달체계를 통해서 표적집단에 전달되고 있는가?
- 프로그램이 정부 또는 자원 제공자가 부과한 기준과 요구에 따르고 있는가?
- 사업운영에 변화가 필요한 것은 무엇인가? 특별히 어려운 점과 지원이 요구되는 부분은 무엇인가?

사회복지사는 프로그램 모니터링을 위해 앞선 질문을 스스로에게 해 보는 것은 물론, 다양한 모니터링 방법을 통해 세부 요소들을 점검해 나가야 한다.

2) 논리모델에 따른 프로그램 모니터링

프로그램 모니터링 유형은 크게 성과측정을 통한 모니터링, 과정평가를 통한 모니터링, 관리정보 시스템을 통한 모니터링 등으로 나눌 수 있다. 이 책에서는 프로그램의 성과와 과정에 대해 논리모델을 토대로 모니터링하는 방법을 제시한다.

(1) 논리모델 요소에 근거한 지표의 선정

프로그램을 시행하는 과정에서 사회복지사는 현재 수행되는 프로그램이 과연 원래 의도한 방향으로 나아가고 있는지를 반드시 확인해야 한다. 사업계획 시 수립한 투입, 과정, 산출, 성과의 논리모델에 따라 사업이 전개되고 있는지를 영역별로 점검해야 한다. 논리모델에 의거하여 명확하게 프로그램이 수행되고 있는지, 각 실행 전략들은 성과를 달성하는 데에 효과적이라고 판단되는지 등에 관한 평가가 이루어져야 한다. 특히 사업의 산출과 성과 달성률이 계획 대비 결과로 잘 이루어지고 있는지, 프로그램 기획 시 설정한 가설이 잘 검증되고 있는지를 검토하며 문제가 발견되거나 달성도가 낮은 경우에는 대안을 모색하여야 한다.

논리모델의 관점에서 보면 모니터링의 관심 영역은 산출과 성과까지 확대된다.

일반적으로 모니터링에서는 다음과 같은 지표에 대한 분석을 한다([그림 7-1] 참조; Smith, 2010에서 수정).

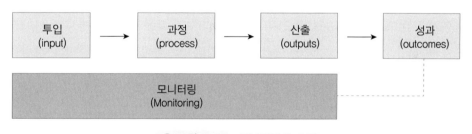

⊕ 그림 7-1   **모니터링의 초점**

지표 1. 프로그램 참가자 수
지표 2. 프로그램을 참가한 경로
지표 3. 참가자의 인구사회학적 특성
지표 4. 참가자 중 표적집단이 차지하는 비율
지표 5. 프로그램 홍보 방법의 성공률
지표 6. 프로그램에 대한 참가자의 인식 수준
지표 7. 서비스의 구성요소
지표 8. 서비스의 운영상태
지표 9. 프로그램을 위해 확보한 외부 기금의 사용 내역
지표 10. 서비스와 직원에 대한 참가자 만족도 점수

실천 현장에서 모니터링과 과정평가를 엄격히 구분해서 사용할 수는 없다. 다만, 전반적으로 프로그램이 제대로 운영되고 있다는 사실을 중간보고를 통해 보여 줄 필요가 있다. 중간보고 시에는 양적평가를 통해 기본 사항들을 정리하고 앞의 10가지 지표 외에도 다음의 11~15항목 지표도 고려한다면 프로그램 운영 책무성을 인정받는 데 더욱 유리하다.

지표 11. 클라이언트가 경험하고 있는 문제의 유형과 심각성
지표 12. 프로그램을 진행하고 있는 직원의 수와 역량
지표 13. 문제를 해결한 클라이언트 비율
지표 14. 종결사유
지표 15. 효율성

(2) 논리모델 요소 기반의 모니터링 서식 개발(중간평가/보고)

이와 같은 기본적인 모니터링 평가지표 외에 다음과 같은 논리모델에 따른 평가지표에 의해 달성률 등을 평가하는 중간평가의 방법으로 양식을 개발하여 모니터링을 시행할 수 있다.

- 논리모델에 따른 주요 평가지표 달성도 양적평가(〈표 7-2〉 참조)
- 사업 주요 추진 개요: 주요 내용과 실적, 미추진된 경우의 사유와 차후 추진 계획
- 중간결산 및 차후 집행계획
- 사업 주요 중간성과 평가
- 사업 진행 시의 어려운 점과 장애물과 대안
- 기관에의 건의사항
- 기획자의 논리모델 평가, 수정 논의: 기획 시 수립한 논리모델의 수정·보완에 대한 의견

⬡ 표 7-2　논리모델에 따른 주요 평가지표 달성도 중간평가 양식 예시

투입			활동 내용	산출지표				성과 내용	성과지표			
계획	결과	집행률		기준값	목표값	결과값	달성률		기준값	목표값	결과값	달성률
1) 예산:	(중간) 결산:			1) ○○지표명					1) ○○지표명			
2) 인력:												
3) 기간(일시): 4) 장소:				2) ○○지표명					2) ○○지표명			

TIP

- 기준값이란 선행 문헌이나 연구들에서 제시한 타당성 있는 값이나 작년도 사업 결과값을 의미한다. 신규 사업인 경우에는 기준값이 없을 수 있는데, 대부분 사전·사후 설계를 통해 효과를 검증하기 때문에 사전값을 기준값으로 제시하기도 한다.
- 목표값이란 올해에 목표로 한 값이다.
- 결과값이란 실질적으로 사업을 통해 달성한 값을 의미한다.
- 달성률은 목표 대비 결과에 대해 백분율로 제시하여 달성도를 평가하는 것이다.
- 산출지표는 참여자 수, 프로그램 횟수, 건수, 활동 수, 연구 개발 결과물 수, 프로그램 수료율, 만족도 등을 의미한다. 주로 명수, 건수와 횟수로 정리하나 비율로 제시하는 경우도 있다.
- 성과지표는 주로 참여자들의 성장 및 변화 정도를 의미하는 지표로 인식 향상도, 능력 향상도, 취업률 등이 해당된다. 이때에 사전·사후 향상도인지, 전체 참여자 중의 향상자 비율인지, 5점 만족도 점수의 백분율 점수인지 등 지표 선정 여부에 따라 중간 달성도를 평가해 주어야 한다.

(3) 개입의 효과성을 확인하는 중간평가 실시

프로그램 진행과정은 단순히 활동과 서비스를 제공하는 과정이 아니라 개입의 효

과성을 검증하는 과정이다. 사회복지사는 프로그램 실행을 통해 개입 방법과 전략의 강점과 한계점을 확인하고, 이를 좀 더 접근 가능하고 효과적이며 만족스러운 형태로 수정·발전시켜 나가야 한다. 만약 프로그램 실행의 과정이 불만족스럽게 이루어지고 있거나 예측 불가능한 방향으로 나아가고 있다면, 개입 방법과 전략을 재설계해야 할 필요가 있다. 실행의 과정에서 문제점과 장애요인이 나타났다면 그것을 해결하고 재설계할 수 있는 중간평가가 이루어져야 한다.

사회복지사가 프로그램 실행을 적절히 하면서 기획 시의 방향대로 프로그램이 진행되고 있다면 다음과 같은 정보들을 얻을 수 있어야 한다.

- 프로그램 실행 시 나타날 수 있는 문제들에 대한 대처방안
- 재설계가 필요한 수정 전략
- 개입 방법과 전략의 현실적 적용 가능성
- 클라이언트와 상황에 맞는 개입의 적절성
- 개입 절차의 적절성
- 클라이언트에게 나타나고 있는 성과

이러한 개입의 효과성을 위한 중간평가를 위해 프로그램 실행 시에 모니터링해야 할 내용들을 구체적으로 정리해 보면 다음과 같다(Thomas, 1984: 홍순혜, 이시연, 2007 재구성).

- 어떤 개입이 클라이언트에게 적용하기에 적절한가?
- 어떤 개입이 실행 가능하고, 어떤 개입이 실행 가능하지 않은가?
- 사회복지사가 따르기 용이한 절차는 무엇인가? 또한 어려운 절차는 무엇인가?
- 어떤 개입이 만족스러운 클라이언트 성과로 나아가고 있는가? 성과가 낮거나 불만족스러운 개입은 무엇인가?
- 재설계를 필요로 하는 개입이나 절차는 무엇인가?
- 개입이 충분히 반복적으로 적용되고 있는가?

사회복지사는 프로그램 실행, 즉 개입의 효과성을 위한 전략들에 대해 명확한 논리를 가지고 있어야 한다. 그런데 때로 예상하지 못한 방향으로 진행되거나 문제점이 발견되는 경우가 있다. 사회복지사는 사업수행에 있어 예상되는 장애물이나 한계에 관한 논의를 기획 단계에서부터 예측해 보며 프로그램 성과를 제약하는 위험요인은 무엇인지에 대해 폭넓은 시각을 가지고 분석하고 대처방안을 모색할 수 있어야 한다.

3) 프로그램 관리기법을 활용하기

(1) 활동별 시간 계획표 · 공정표

활동별 시간 계획표 · 공정표(갠트 차트, Gantt chart)는 하나의 프로그램을 완성하기 위해 일정 기간 동안 행해질 의도적인 활동들을 일목요연하게 정리한 것으로, 추진 과업과 프로그램이 어떤 일정으로 진행되는지를 한눈에 파악할 수 있도록 돕는다. 갠트 차트는 1919년에 헨리 갠트(Henry Gantt)가 고안한 것으로서 프로젝트 일정 관리를 위한 바(bar) 형태의 도구로 각 업무별로 일정의 시작과 끝을 그래픽으로 표시하여 전체 일정을 한눈에 볼 수 있도록 돕는 차트이다(〈표 7-3〉 참조; 위키백과사전, 2023). 다만, 일정 계획에 있어서 정밀성을 기대하기는 어렵고 작업 상호 간의 유기적인 관계가 명확치 못하다는 단점이 있다. 갠트 차트에는 다음과 같은 내용들이 포함된다.

- 한 프로그램 혹은 프로젝트를 구성하는 개별 활동들의 규정
- 각 활동을 끝내는 데 필요한 시간의 결정
- 도표 위에 그 활동들의 진행일정표 제시

갠트 차트 작성 요령은 다음과 같다.

- 세로축에는 과업을 작성할 칸을, 가로축에는 월별 일정란을 만든다.

- 세로축의 왼쪽 칸에 프로그램의 운영을 위해 필요한 과업이나 세부 프로그램 내용을 나열한다. 과업은 최대한 구체적으로 작성하고 해당 과업의 수행 기한을 예측하여 선정한다.
- 기록된 과업이나 세부 프로그램의 진행시기는 음영이나 화살표로 표현한다.
- 해당 과업의 담당자(책임자들)를 선정한다.
- 갠트 차트는 통상적으로 월 단위로 1년 기간을 표현하지만 주 단위로 세분화할 수도 있다.
- 갠트 차트에는 프로그램 직접 활동만이 아니라 프로그램 기획, 홍보, 보고서 제작 등과 같은 과업도 포함된다.

◈ 표 7-3   갠트 차트 예시

내용 \ 기간	주 책임자	1월	2월	3월	4월	5월	6월	7월	8월	9월	10월	11월	12월
프로그램 기획, 준비 및 세부 사업 계획	안정선												
기존 사례관리체계 재구성 및 정비	조성우												
사업홍보	최승희												
클라이언트 선정기준 마련	조성우												
자원봉사자 모집, 훈련	안정선												
고위험군 발굴, 선별	김정선												
고위험군 사례관리	조성우												
○○ 세부 서비스 진행	안정선												
정기 중간평가(분기 1회)	최승희												
정기자문(분기 1회)	김정선												
지역 주민 캠페인용 홍보물 제작 및 배부	안정선												
통합사례회의(월 1회)	최승희												
프로그램 평가회	안정선												
평가서 작성 및 보고서 제작, 보급	김정선												

(2) 프로그램 평가검토 기법

프로그램 평가검토 기법(Program Evaluation and Review Technique: PERT)은 프로그램의 실행과정을 모니터링하는 데 사용되는 기법이다. 이 기법은 프로그램의 목적과 목표가 설정되고 이를 달성하기 위한 활동들이 조직화되어 실행계획에 따라 재원과 인력이 투입되고 프로그램 진행 상황을 추적함으로써 모니터링에 매우 유익한 기법이다(황성철, 2005). 목표 달성을 위한 기한을 정해 놓고 세부 목표 또는 주요 활동들의 상호관계와 소요시간을 연결하여 하나의 도표로 나타내는 프로그램 평가검토 기법이다.

프로그램 평가검토 기법(PERT)은 1958년에 미 해군 군수국 특수 프로젝트부에서 잠수함용 미사일의 개발 진척 상황을 측정·관리하기 위하여 개발한 것으로, 목표와 수단을 합리적이고 체계적인 양식으로 연결시키고자 하는 노력이다. 즉, 활동 간의 상호관계를 일련의 네트워크 형태로 파악하기 위해 활동을 묘사하는 원과 화살표를 이용하여 나타내는 기법으로 프로그램 활동 간의 관계를 보여 준다. 주로 대형 프로젝트 관리에 사용되고 있다. PERT는 개별 과업 정보, 시간 정보, 선행 과업 정리 및 과업의 순서 정리와 어떤 경로가 가장 빠르고 가장 느린가를 보여 주는 도식이다.

PERT는 활동 및 시간에 의해서 [그림 7-2]와 같은 네트워크 모양으로 표시된다. 전 작업이 A에서 시작되어 G에서 완료된다고 하면, 이 전체의 소요시간은 최장 경로(A → B → E → D → G)에 의해 규정된다. 이와 같은 최장 시간 경로를 단축하는 것이

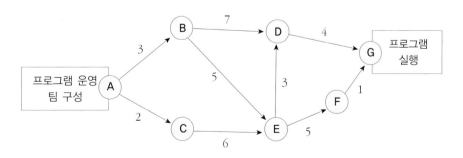

⊕ 그림 7-2   PERT 예시

대형 프로젝트일수록 중요해진다. 프로그램 개발의 과정도 장기간 소요되며 조직 전반 및 외부 네트워크와 함께 이루어짐을 볼 때, PERT의 방법으로 개별 활동들(과업) 및 시간 정도, 활동들 간의 연계성을 검토하는 것이 필요하다.

> **TIP**
>
> • 먼저, 계획 내용인 프로젝트의 달성에 필요한 전 작업을 작업 관련 내용과 순서를 기초로 하여 네트워크상으로 파악한다.
> • 프로젝트를 구성하는 작업 내용은 원으로 표시한다. [그림 7-2]에서 A-B-E-D-G 등에 해당한다.
> • 각 작업의 실시는 활동(activity)이라 하여 소요시간과 함께 화살표로 표시한다. [그림 7-2]에서 각 숫자는 각 활동이 소요되는 시간이다.
> • 이 프로젝트에 소요되는 시간은 총 15일이다.

(3) 총괄진행표

총괄진행표(flow chart)는 흐름을 나타내는 그림 차트로서 사전적으로 프로그램 논리 순서, 작업, 제조 공정, 조직도, 비슷한 형식을 갖춘 구조 등을 그래픽으로 표현하기 위한 형식으로 정의된다.

프로그램 기획서에서는 단순히 활동의 흐름을 보여 주기보다 전체적인 조직도와 활동 및 서비스 구성도를 함께 보여 주는 것이 좋은 방법이다. [그림 7-3]은 총괄진행표의 예시이다.

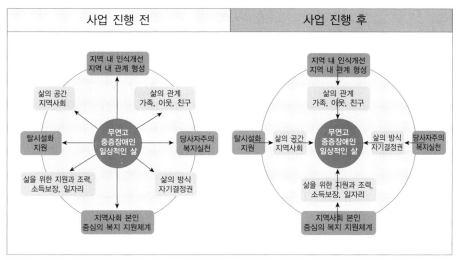

* 무연고 중증장애인을 둘러싼 환경을 선으로, 지원을 화살표로 종합하여 환경과 지원 방향의 변화를 표현함

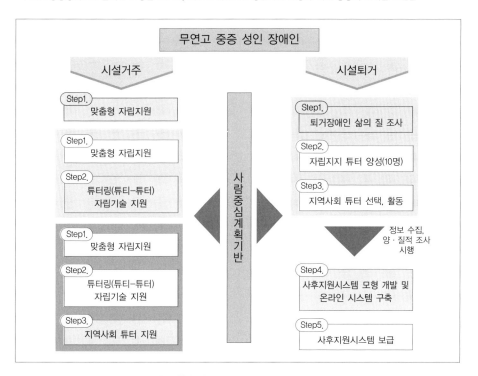

⊕ 그림 7-3   총괄진행표 예시

출처: 보건복지부, 중앙사회서비스원(2022), p. 62.

5. 프로그램 질을 어떻게 관리할 것인가

1) 서비스 질의 중요성과 등장 배경

급변하는 사회환경에 따른 복지 욕구의 증가로, 사회복지조직은 질 높은 서비스 수행과 책임성 확보를 요구 받고 있다. 따라서 사회복지조직이 지역 주민의 복지 욕구에 적절한 서비스를 제공하고 책무성을 다하기 위해서는 서비스의 질적 제고와 이를 강화할 수 있는 전략을 지속적으로 모색해야 한다.

서비스 질이 더욱 중요하게 된 배경에는 휴먼서비스의 전반적인 환경 변화도 있다. 휴먼서비스 환경은 다음과 같은 변화의 흐름으로 이동하고 있다(김통원, 윤재영, 2005).

- 양적 문화 → 질적 문화
- 시장 중심 → 고객 중심
- 성과 모니터링 → 과정 모니터링
- 결과 지향적 운영 → 지속적 품질 개선
- 개인별 수행 → 팀워크 수행
- 개인 변화 → 과정 변화
- 프로그램 평가 → 조직평가
- 연구자 중심 → 실천가 중심
- 총괄평가 → 과정평가

사회복지사는 이상의 두 가지 측면을 모두 고려하되, 변화의 방향을 강화하면서 서비스 질을 모니터링할 수 있어야 할 것이다.

2) 서비스 질 개념

서비스 질이란 사용의 적합성, 요구의 순응성, 욕구 만족의 가능성을 포함한 개념으로 서비스나 결과물을 산출할 수 있는 능력을 의미한다. 20여 년 전 제조업 분야에서 품질 표준화, 기준에 대한 관심, 품질관리 통제의 측정을 강조하기 시작했다. 품질보증의 역사는 군수사업에서 도입되었다고 볼 수 있으며, 이후 품질보증제도의 기준(ISO 9000)을 발전시키게 되었다. 일반적으로 서비스 질은 고객에 의해 지각된 서비스의 우월함과 관련된 전반적인 판단 혹은 태도로 정의되며(Parasuraman, Zeithaml, & Berry, 1988), 고객 만족에 영향을 미치는 선행변수로 여겨진다. 즉, 고객에게 제공되는 서비스 질이 높아질수록 고객 만족도는 높아지게 된다. 따라서 고객을 만족시키고자 하는 기업은 서비스 접점의 직원을 통해 제공되는 서비스 질을 우선적으로 고려해야 한다.

특히 제조업 분야의 품질은 만질 수 있고, 측정할 수 있고, 정의할 수 있는 상품을 기반으로 하나 이에 반해 서비스 사업의 품질은 정의하기가 어렵다. 그 특성상 서비스에 대한 태도, 즉 소비자 보호에 초점을 두어야 한다. 사회복지서비스는 서비스를 생산하고 소비하는 과정이 동시에 일어나고 그러한 과정에서 클라이언트의 참여와 평가가 필요하다는 것이 인정되기 때문에, 질 관리의 문제에서 핵심적 요소는 클라이언트의 만족도이다.

따라서 사회복지서비스의 질 관리는 서비스를 제공하는 과정에서 나타나는 사회복지사의 태도와 활동, 서비스 내용, 전달방법 등 다양한 차원에서 내리게 되는 클라이언트 평가와 밀접한 관련성을 갖는다. 클라이언트 만족도 평가에 대한 내용은 제3부에서 보다 구체적으로 다룬다.

3) 서비스 질의 요소와 모니터링

서비스 질의 일반적인 측정에 있어서는 파라슈라만과 그의 동료들(Parasuraman et al., 1988)의 'SERVQUAL'이 많이 사용되고 있다. SERVQUAL은 신뢰성, 대응성, 보증

표 7-4 SERVQUAL의 하위 차원

차원	만족도 요소
신뢰성	고객과 약속된 서비스를 제공할 수 있는 서비스 기관의 능력
대응성	신속한 서비스 제공 및 고객을 도우려는 자세
보증성	서비스 제공자가 보유한 지식, 예의, 신뢰와 확신
공감성	고객을 배려하고 개별적인 관심을 보이는 태도
유형성	시설, 장비, 직원복장 등 서비스의 외형적 품질

성, 공감성, 유형성의 5개 차원으로 구성되어 있다. 연구의 목적에 따라 지각된 서비스 질에 대한 예측력이나 설명력을 알고자 하는 경우에는 서비스 수행 결과에 대해서 측정하고, 제공 서비스의 정확한 부족분을 측정하고자 하는 경우에는 고객의 질 기대 수준과 실제 서비스 성과의 차이를 비교하는 방식이 바람직하다고 보고되고 있다 (Parasuraman et al., 1994).

신뢰성은 믿을 만하고 일관된 서비스 수행 정도, 대응성은 적절하고 신속하게 대응하는 능력, 보증성은 확신을 주는 서비스 수행 정도를 의미한다. 그리고 공감성은 배려, 관심, 고충, 민감한 감정 이해 정도, 유형성은 기관의 물리적 장비, 시설, 도구, 직원 외형 준비 정도를 의미한다.

사회복지사는 서비스 질의 대표적인 요소인 신뢰성, 대응성, 보증성, 공감성, 유형성의 다섯 가지 내용(〈표 7-4〉 참조)을 기본으로 중간평가에 활용할 수 있고 다음과 같이 전반적인 서비스 질 관리를 위한 다각적인 질문을 던지고 답할 수 있어야 한다.

이 외에 다음의 항목도 활용할 수 있다.

- 접근성: 클라이언트가 서비스에 접근할 수 있는 통로는 열려 있는가?
- 확보성: 서비스 제공에 적합한 담당 직원이 있는가?
- 의사소통: 클라이언트와 잠재적 클라이언트가 프로그램에 관해서 정보를 얻을 수 있는가?
- 능력성: 직원은 필요한 지식과 기술을 갖추고 발휘하는가?

- 준칙성: 최선의 서비스를 위해서 일반적으로 인정된 기준에 적합한가?
- 무결함성: 질적 향상을 위해서 필요한 요소에 결함은 없는가?
- 지속성: 프로그램에 의해서 이루어진 변화의 영향이 오래 지속되는가?
- 감정이입: 직원과 사회복지사들은 클라이언트를 잘 이해하고 있는가?
- 인간성: 클라이언트는 존엄한 인간으로 취급되고 있는가?
- 수행성: 프로그램에 의한 개입은 의도한 바대로 이루어지고 있는가?
- 안정성: 서비스에 접근하고 제공받는 과정에서 위험요소는 없는가?
- 용이성: 시설의 물리적 환경은 쉽게 이용될 수 있는가?

사회복지사는 서비스 질을 측정하는 도구들을 활용하여 직접 프로그램 참여자에게 설문이나 토론 내지 인터뷰를 통해 서비스 질에 대해 평가받을 수 있다. 프로그램 담당자들 간의 중간평가 시에도 서비스 질에 관한 세부 내용과 기관의 질 관리체계에 대해 논의하는 것이 필요하다.

6. 프로그램 성공의 매개체인 인력을 어떻게 관리할 것인가

1) 프로그램 참여인력 선정 및 협조체계 구축

(1) 인력별 주요 과업 선정과 실행 점검

효과적인 프로그램 수행을 위해서는 슈퍼바이저, 준전문인력, 자원봉사자 등의 팀 체계나 협력체계가 필요하다. 프로그램 수행은 사회복지사만의 역할 수행 결과는 아니며, 프로그램의 전체 인적 자원들이 협조적인 상황에서 효과적으로 이루어질 수 있는 것이다. 그러므로 프로그램의 기획 단계에서 프로그램 주담당자, 슈퍼바이저, 자원봉사자, 프로그램 강사, 자문가, 참여자 등의 역할과 과업이 충분히 논의되고 명시되어야 한다.

각 프로그램에 투입된 자원인 인력들이 어떤 역할을 하고 있고 각각의 과업을 잘 수행하고 있는지 검토할 필요가 있다. 인력은 프로그램을 기획하는 조직이 프로그램을 추진할 수 있는 전문적인 역량을 가지고 있는지, 사업을 실행할 수 있는 준비가되어 있는지를 판단하는 중요한 근거가 된다. 인력 부분에는 이름, 역할, 경력 및 주요 업무, 투입시간, 자격증 등의 항목이 제시된다. 이름과 역할 항목에는 프로그램의 담당자 그리고 구체적인 역할을 기술한다. 프로그램 담당자는 조직 내부의 인력은 물론, 강사, 자원봉사자, 자문가 등과 같은 외부 인력을 포함하는데, 가능하면 실명으로 기록하도록 한다. 투입시간은 프로그램 담당자가 주당 프로그램에 투입하는시간 수를 기록한다. 이는 간접경비의 인건비를 계산하는 근거가 된다. 경력과 자격증 항목에는 경험하거나 보유하고 있는 경력 및 자격증을 기록하되, 개발하고자 하는 프로그램과 관련된 경력과 자격증을 강조하면 좋다.

◈ 표 7-5   수행인력 구성표 예시

S구 노인자살예방센터 운영을 통한 노인자살예방 맞춤형 S(security)-3 step 살자 프로젝트

프로그램 수행역할	이름	담당 부서/직위	관련 경력 및 훈련(자격사항)	할당시간
프로그램 감독 및 자살예방 사업 총괄	하○○	S종합사회복지관/ 관장	사회복지 경력 22년 ○○대학교 교육학 전공 교육상담박사	분기별 3시간
프로그램 자문 및 슈퍼비전	박○○	○○대학교/교수	○○대학교 사회복지학과 노인자살예방 전문가	분기별 3시간
	나○○	L자살예방센터 소장	○○여자대학교 사회복지학과 졸업 사회복지 경력 18년 사회복지사 1급 자격	분기별 3시간
프로그램 관리 및 조정 (지역사회 연계활동)	김○○	S종합사회복지관/ 부관장	○○대학교 사회복지학과 졸업 ○○대학교 대학원 재학 중 사회복지관 경력 16년 사회복지사 1급 자격 평생교육사 1급 자격 ○○구 지역사회복지협의체 통합분과 위원장	주 1시간

사업 실무 책임자 사업 총괄	김○○	지역사회보호 팀장	○○대학교 사회복지학과 졸업 ○○여자대학교 사회복지대학원 졸업 (노인자살 관련 석사논문) 지역사회복지관 경력 8년 사회복지사 1급 자격/평생교육사 2급 청소년지도사 3급 학습클리닉 상담가과정 수료 청소년 · 노인자살예방전문가 과정 수료	주 8시간
노인자살예방 사업 전담진행	오○○	정신보건사회복지사	○○대학교 사회복지학과 졸업 ○○대학교 대학원 임상 및 상담 전공 중 정신보건 사회복지사 2급	주 40시간
프로그램 공동진행	서○○	지역사회보호팀/ 사회복지사	○○대학교 사회복지학과 졸업 LPJ 상담센터 1년 2개월 지역사회복지관 경력 2년 10개월 사회복지사 1급 자격	주 4시간
	길○○	지역사회조직팀/ 팀장	○○대학교 사회복지학과 졸업 사회복지사 1급 자격	주 1시간
	우○○	전문상담팀/팀장	○○대학교 사회복지학과 졸업 사회복지사 1급 자격 지역사회복지관 경력 9년	주 1시간
	권○○	사회복지사	○○종합사회복지관	주 2시간
	강○○	사회복지사	○○장애인복지관	주 2시간
	김○○	사회복지사	○○시각장애인복지관	주 2시간
	서○○	정신보건사회복지사	○○구 정신보건센터	주 2시간
	김○○	○○구청	○○구청 복지정책과 공무원	월 2시간

출처: 생명의전화종합사회복지관(2010).

(2) 보조인력 관리체계 마련

사회복지사가 프로그램을 기획하고 직접 실행하고 참여하는 경우라면 전체 참여
인력과의 소통에 있어 큰 어려움이 없을 것이다. 그러나 현장에서는 기획자가 직접
참여하지 않고 주로 강사 및 전문자원봉사자 등 진행인력을 별도로 확보하여 프로그
램을 진행하는 형태가 종종 발견된다. 이러한 간접적인 프로그램 실행의 경우에는

다양한 보조인력에 대한 구조적인 관리체계를 구축해야 한다. 참여강사 등 보조인력에 대한 오리엔테이션, 지속적인 소통과 보고체계, 주기적인 관찰과 모니터링, 정기적인 평가회 개최, 프로그램 기본 운영 지침의 마련 등 프로그램 관리자의 역할에 더욱 초점을 두어야 한다. 그래야만 당초 기획한 프로그램의 의도대로 프로그램이 진행되고 있는지를 확인할 수 있다.

2) 사업수행인력의 역량 개발 및 슈퍼비전 강화

(1) 프로그램 역량 강화를 위한 교육과 훈련 계획 명시

해당 프로그램을 잘 담당하기 위해서는 어떤 역량이 있는 인력이 필요한지를 파악한 후 담당자를 선정하는 것이 좋다. 그러나 현재의 이슈나 욕구에 부응하여 지속적으로 프로그램을 개발해야 하는 사회복지 영역의 특성상 다소 부족한 역량을 가지고 프로그램을 실행해야 하는 경우가 빈번히 발생한다. 담당 인력에 대한 전문성 강화와 능력 개발을 위한 교육 및 훈련, 전문 자문, 슈퍼비전 계획 등이 프로그램 기획 시 함께 논의되어야 한다.

(2) 슈퍼비전 및 자문체계의 마련

슈퍼비전은 클라이언트를 위해 최선의 서비스를 전달하기 위한 간접적 실천의 기제이다. 사회복지사의 성장을 통해 서비스의 질을 확보하기 위한 중요한 도구인 슈퍼비전을 활용하여 사회복지사는 증거기반의 명확한 프로그램 기획자, 프로그램 개발자와 보급자로서의 기능을 담당할 수 있을 것이다. 실질적으로 슈퍼바이저가 담당해야 하는 슈퍼비전 기능과 관련하여 카두신과 하크니스(Kadushin & Harkness, 2002)는 행정적 기능의 하위 과업으로 업무 수행에 관한 모니터링을 주요하게 제시하고 있다. 슈퍼바이저는 사회복지사가 기관의 행정절차에 부합하는 방법과 시간에 맞추어 제대로 업무 수행하는지를 모니터링해야 한다고 했다. 모니터링은 구두보고, 청취, 기록물 읽기, 통계적 보고 등을 통해 이루어지고 슈퍼바이저가 합의한 기간 동안에 업무를 처리할 수 있는지와 업무 수행 관련 능력과 기술이 있는지에 대해 판단해야 한다고 제시하고 있다. 사회복지사는 조직 내부 슈퍼비전 체계 및 외부 자문체계를 통해 프로그램 실행에 대한 정기적인 모니터링과 평가를 받아야 한다.

(3) 실질적인 지원체계 실행 및 방법

슈퍼비전의 유형은 주로 개별 슈퍼비전, 집단 슈퍼비전, 동료 슈퍼비전으로 분류되는데, 기관의 슈퍼비전 규정에 따라 슈퍼비전을 실행하고 필요시 관련 분야 전문가로부터의 외부 자문을 활용하게 된다. 프로그램 실행은 조직적 맥락과 효과성 검증 및 프로그램 개발이라는 학문적 맥락 속에서 동시에 이루어지기 때문에, 내ㆍ외부 슈퍼비전 체계를 적극 활용하여 프로그램을 진행할 필요가 있다.

일반적으로 개별 슈퍼비전은 월 1~2회, 집단 내지 팀 슈퍼비전은 주 1회 정도 진행되는 것으로 보고되고 있다. 프로그램의 실질적인 관리와 모니터링을 위한 기제로 개별 혹은 집단 슈퍼비전이 이루어져야 한다. 프로그램을 함께 담당하는 인력들 간의 주기적인 평가회의도 동료 슈퍼비전의 형태로 병행되어야 한다. 프로그램을 담당하는 사회복지사의 슈퍼비전에 있어서 가장 일반적으로는 기록이 활용된다. 관찰 또는 참관, 역할극 또는 시연 등 프로그램 활동을 보다 잘 진행하도록 사전훈련을 시키거나 진행과정을 참관하고 피드백을 주는 방법도 빈번하게 사용되고 있다. 이해관계자들의 요구에 따라 새롭게 시도하는 프로그램 개발인 경우에는 사회복지사와 슈퍼바이저에게 익숙하지 않은 분야가 있기도 하다. 이러한 경우에는 함께 책을 읽거나 토론하는 방법을 사용하는 것도 좋겠다.

사회복지시설의 프로그램 평가에 있어서 프로그램별로 내부 슈퍼비전이나 외부 자문이 포함되어 있는지 지표로 선정하고 있다. 이만큼 슈퍼비전과 자문은 사회복지 전문직의 직무 수행에 있어 기본적인 도구로 기능하고 있는 것이다. 각 기관은 기관 내부의 지침을 마련하여 프로그램에 관한 전문적인 슈퍼비전과 자문체계를 갖출 필요가 있다. 부서의 핵심사업이거나 특화사업, 신규사업인 경우 전문가 자문을 받는 것이 필요하다. 가능하다면 지역사회 내의 전문인력 중에서 자문가의 역할을 할 수 있는 인적 자원을 모색하는 것이 적절하고, 기관은 이를 적극적으로 지원해야 한다.

실무 연습 문제

1. 다음의 프로그램 과정기록 작성 예시를 분석하여 변화가 필요한 내용을 분석하고 적절한 기록 내용으로 재작성해 보자.

> ① ○○○은 오른손을 들어 올려 머리를 쓸어 만지기 시작했다. 5회를 쓸어 올렸다. 지도자를 바라보며 눈을 7회 깜박거렸다. 입술이 파르르 떨렸다. 볼의 가운데가 빨갛게 달아오르고, " 어…… 어……."라고 말을 시작했으나 더 이상 말을 잇지 못했다.
>
> ② ○○○이 매우 좋아졌다. 이제 한숨 놓을 수 있다. ○○○은 분위기를 잘 녹였다.
>
> ③ 집에 가도 아무도 없이 혼자 있어야 할 ○○○을 생각하니 너무도 불쌍한 마음이 들었다.
>
> ④ ○○○이 □□□과 맞짱을 떠서 분위기가 썰렁해졌다.

제3부

프로그램 성과를 평가하기

제8화

팀장님의 질문에 할 말을 잃다

입사한 지 벌써 1년이 훌쩍 지나 어느덧 지금은 10월이 되었다. 흥미로운 사실은 나에게도 후배 사회복지사가 생겼다는 점이다. 이름은 '나귀엽' 선생님이다. 나이는 나보다 어리고 참 귀엽다. 그녀는 어려운 일이 있을 때마다 나에게 조언을 구한다. 그러면 나는 모르는 것도 아는 듯이 가르쳐 준다. 원래 선배란 이런 걸까? 나귀엽 선생님은 나를 존경한다고 늘 말했다. 왜냐하면 내가 개발하고 운영하는 '모두 함께 FRIENDS' 프로그램 때문이다. 이 프로그램은 지난 1월부터 시작했는데 예상과 달리 많은 청소년들이 신청했고 다들 즐겁게 참여하고 있다.

처음에는 친구도 없고 공부에 찌들어 우울한 표정을 보이던 아이들이 이제 서로 친구가 되어서 함께 어울리고 웃고 지내는 모습을 보면 나는 뿌듯했다. 이 모습을 지켜본 나귀엽 선생님은 늘 나를 부러워했다. '눈을 뜨기 힘든 가을, 보다 높은 저 하늘이 기분 좋은' 10월의 어느 멋진 날에 홍날래 팀장님은 나를 부르셨다. "최고야 선생님. 이제 4/4분기입니다. '모두 함께 FRIENDS' 프로그램의 평가를 슬슬 준비해야 합니다. 어떤 평가계획을 갖고 있습니까?" "네? 평가라구요? 그런 것도 해야 하나요?" 나는 소리치듯 말했다. 팀장님은 "프로그램을 실행하기 전에 제출하는 보고서가 뭔가요, 최고야 선생님?" "네. 사업계획서입니다." "그렇죠. 사업계획서가 맞습니다. 그렇다면 프로그램이 끝나면 어떤 보고서를 제출해야 하나요?" 팀장님은 다시 내게 질문을 했다. "아! 그게 사업결과보고서이군요." 팀장님은 나에게 12월이 되면 사업결과보고서를 제출해야 하니, 보고서 작성을 위해서 평가 준비를 해야 한다고 설명해 주셨다. '아. 사회복지사가 되는 일은 쉬운 일이 아니구나. 평가는 또 뭐람? 어떻게 해야 하는 거야?'

1. 프로그램 평가

평가는 어떤 대상이 가치(value, 값어치)가 있는지 판단하는 일이다. 그러므로 프로그램을 평가하는 것은 프로그램이 가치가 있는지를 판단하는 것을 의미한다. 프로그램을 평가하고 보고서를 작성하는 업무는 오늘날 사회복지사에게 일상적인 일이 되었다. 그러나 평가에 대한 이해도가 낮아서 평가업무를 자신감 있게 수행하고 좋아하는 사람은 별로 없다. 이 장에서는 프로그램 평가가 무엇인지 이해하고, 어떤 평가방법이 있는지 살펴보도록 한다.

1) 평가란 무엇인가

프로그램 평가(program evaluation)는 ① 프로그램에 관한 정책적인 계획 수립을 위해, ② 사회복지조사방법론을 활용해서 프로그램의 과정과 결과에 관해 자료를 수집하고 분석한 후, ③ 성과를 판단하는 활동이다.

각 내용 요소에 대해 설명하면 다음과 같다.

(1) 정책적인 계획 수립

평가를 통해 프로그램에 대한 정책적인 계획을 만들어야 한다. 이것은 향후 이 프로그램을 지속적으로 운영할 것인지, 내용을 보완하거나 수정해서 운영할 것인지, 아니면 중단할 것인지 등에 대해 기관 차원에서 계획을 수립하는 것을 의미한다.

(2) 조사방법론을 활용한 자료수집

프로그램을 평가할 때는 조사방법 기술을 활용한다. 설문조사, 통계분석, 심층면접, 관찰 등의 다양한 기법을 활용해서 프로그램을 어떻게 운영했는가와 클라이언트가 어떻게 변화했는가에 대한 자료를 수집하고 분석한다.

174

(3) 성과 판단

좋은 평가를 하기 위해서는 평가를 수행한 이후에 성과가 있는지 여부를 판단할 수 있어야 한다. 성과가 있다면 프로그램의 존재 가치를 인정할 수 있고, 성과가 부족하다면 프로그램을 지속할 근거를 찾기 어렵게 된다.

2) 평가의 목적

최근 사회복지 현장에서 프로그램 평가의 중요성이 점차 강조되고 있다. 사회복지사를 대상으로 하는 직무교육과 워크숍에서 평가를 주제로 선정하는 경우가 증가하고, 많은 기관에서 프로그램 평가 회의를 갖고 있으며, 평가와 관련된 상사 슈퍼비전과 전문가 자문회의도 점차 증가하고 있다. 평가가 중요한 이유를 평가의 목적을 통해 살펴보자.

프로그램 평가의 목적은 다음과 같다.

(1) 프로그램의 정당성 승인

사회복지기관은 공공 재원을 활용해서 프로그램을 운영하므로 프로그램의 효과성, 효율성, 투명성 등을 언제나 확보해야 한다. 프로그램 평가를 통해 클라이언트에게 최선의 서비스가 제공되고 있고 그 서비스를 통해 클라이언트와 지역사회가 변화하고 있는지를 입증할 수 있어 다양한 이해관계자로부터 서비스 정당성을 승인받을 수 있다.

(2) 프로그램에 대한 정책적 의사결정

평가 결과를 근거로 향후 어떻게 프로그램을 운영할 것인지에 대한 기관의 정책적인 의사결정을 수행할 수 있다. 객관적인 평가 결과를 가지고 기관의 관리자와 실무자는 프로그램의 지속 여부, 투입할 예산과 인력, 참여자 자격기준, 이용기간, 서비스 내용, 운영시기 등에 대한 개선책을 찾게 된다.

(3) 사회복지 전문성 강화

사회복지기관과 직원은 프로그램 평가 결과를 통해 자신의 실천지식과 기술이 클라이언트의 삶을 변화시키는 데 얼마나 효과가 있는지 확인할 수 있다. 평가를 통해 사회복지 전문성에 대한 지속적인 피드백을 받는 것이다. 예를 들어, 아동학대 피해자를 위한 새로운 프로그램을 실행한 후 성공적이라는 평가 결과가 도출되면 그 분야에 대한 자신감과 전문성을 강화할 수 있게 되고, 성공하지 못했다는 평가 결과를 얻게 되면 자신의 서비스에서 부족한 부분을 찾아 개선할 수 있어 전문성을 더욱 보완할 수 있게 된다.

2. 논리모델로 이해하는 두 가지 평가 방식

만약 '당신의 일에서 성공이란 무엇입니까?'라고 질문한다면 각 분야의 전문가들이 어떻게 답변할지 들어 보자.

- 환자를 치료해서 건강하게 만드는 것입니다. (의사)
- 제품을 판매해서 이익을 남기는 것입니다. (회사 경영가)
- TV 방송 프로그램을 제작해서 시청률을 높이는 것입니다. (방송국 PD)
- 좋은 책을 집필해서 독자들이 제 책을 많이 읽는 것입니다. (작가)
- 화재를 신속히 진화해서 인명을 살리는 것입니다. (소방관)

이렇듯 성공의 개념에는 ① 어떤 일을 하는 과정과 ② 그로 얻게 되는 결과의 두 가지 측면이 포함된다. ① 의사가 환자를 진단하고 수술하는 행동을 잘해야 ② 환자는 건강해질 수 있는 것이다. 또는 ① 소방관이 화재를 신속히 진화하는 행동을 잘해야 ② 인명을 살릴 수 있는 것이다. 과정에서 성공을 해야 결과도 성공할 수 있으므로 프로그램을 평가할 때는 과정도 평가해야 하고 결과도 평가해야 한다.

예를 들어, 어떤 장애인복지관에서 발달장애아동을 대상으로 일상생활 적응 프로그램을 실시한다면 당신은 프로그램 담당자로서 프로그램 운영과정을 평가해야 하는가, 아니면 프로그램 종료 후 발달장애아동의 변화를 평가해야 하는 가? 두 가지 모두 평가해야 한다. 또 다른 예로 노인보호전문기관이 지역사회에서 노인학대 예방 캠페인을 실시했다면 캠페인 운영과정을 평가해야 할까, 아니면 캠페인으로 인해 지역에서 노인학대 사건 발생 비율이 얼마나 감소했는지를 평가해야 할까? 이 역시도 두 가지 모두 평가해야 한다.

실제 평가에서는 과정과 결과에 대한 평가방법도 서로 다르게 적용된다. 논리 모델 그림([그림 8-1] 참조)을 보면 투입과 과정을 평가하는 것을 과정평가(process evaluation)라고 한다.[1] 과정평가는 얼마나 적절한 자원이 투입되었는지, 그리고 과정은 계획대로 충실하게 수행되었는지를 평가한다. 만약 이 두 가지 질문에 대해 긍정적인 답을 할 수 있으면 과정평가 결과는 성공적이다. 이러한 평가를 하는 이유는 프로그램의 품질(quality)을 개선하기 위함이다. 과정평가에서는 프로그램이나 서비스의 운영상의 문제점을 찾는 데 관심을 가진다. 따라서 많은 문제점과 한계를 찾아내고 개선사항을 도출할수록 과정평가는 성공적이다. 내부 운영상의 문제점을 언급해야 하기 때문에 보통은 내부 직원들이 과정평가에 참여하고, 때로는 외부의 운영위원들이 참여한다. 과정평가의 독자는 내부 직원들이다. 평가는 프로그램 운영 중에 수시로 실시하고, 흔히 회의를 통해 평가가 진행되므로 주로 질적 자료를 취급한다.

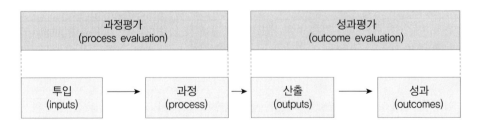

과정평가 (process evaluation)		성과평가 (outcome evaluation)	
투입 (inputs)	과정 (process)	산출 (outputs)	성과 (outcomes)

⊕ 그림 8-1　　논리모델로 바라본 평가 종류

---

1) 교육학에서는 이를 형성평가(formative evaluation)라 한다. 형성평가와 과정평가는 프로그램을 운영하는 과정 중에 실시한다는 점에서 공통점이 있으나, 엄밀히 보면 서로 다른 평가 방식이다. 형성평가는 프로그램을 통해 학생(클라이언트)이 변화(성장)하는 과정에 초점을 두는 반면, 과정평가는 클라이언트보다는 프로그램이나 서비스 자체를 분석해서 품질을 개선하는 데 더 큰 관심이 있다.

한편, 산출과 성과에 대해 평가하는 것을 성과평가(outcome evaluation)라 한다.[2] 이 것은 한마디로 프로그램의 효과성을 입증하기 위해 실시하는 평가로서, 목표를 달성 하기 위한 실적이 충분히 산출되었는지, 클라이언트 혹은 지역사회의 변화가 나타 났는지를 평가한다. 이 두 가지 질문에 대해 긍정적으로 답을 할 수 있으면 프로그램 에 대해 '성과가 있다'고 평가할 수 있다. 성과평가는 프로그램을 통해 클라이언트와 지역사회가 변화(change)했는지에 관심을 갖는다. 평가는 주로 프로그램 담당 직원이 실시하고, 이러한 결과는 직원들만 보는 것이 아니라 외부의 이해관계자들(클라이언 트, 가족, 지역 주민, 정부, 후원자, 자원봉사자, 기금제공단체 등)에게도 공개되므로 무엇 보다 객관성이 높은 조사방법을 통해 성과를 입증하는 것이 중요하다. 따라서 심리 검사, 설문조사와 같은 양적 자료를 주로 취급하고 종종 심층면접을 통해 질적평가 를 하기도 한다.

과정평가와 성과평가를 비교하면 〈표 8-1〉과 같다.

⚑ 표 8-1　과정평가와 성과평가 비교

구분	과정평가	성과평가
용도	'프로그램 품질 향상을 위해'	'프로그램 효과 입증을 위해'
논리모델 초점	투입과 과정	산출과 성과
평가지표	품질 관련 지표	변화 관련 지표
평가자	기관 직원들 / 외부 전문가	프로그램 담당자
독자	내부 직원	외부 이해관계자
평가시기	프로그램 운영 중	프로그램 종결 후
평가의 성공요인	풍부한 정보	객관성
활용자료	주로 질적 자료	주로 양적 자료
자료수집방법	주로 회의	심리검사, 설문조사, 면접 등

---

2) 교육학에서는 이를 총괄평가(summative evaluation)라 한다. 총괄평가와 성과평가는 프로그램 종결 이후에 실시하고 프로그램의 목표(인간의 변화) 달성 여부를 최종적으로 확인한다는 점에서 동일한 평가로 볼 수 있다.

한편, 현장에서 많이 등장하는 효과성, 효율성, 품질, 영향력, 고객 만족 등과 같은 평가기준들은 과정평가 및 성과평가와 어떤 관계를 가지는가? 논리모델을 계속 적용해 본다면 〈표 8-2〉와 같은 분류가 가능하다.

☉ 표 8-2 평가종류에 따른 평가기준

평가 종류	논리모델 체계	평가기준	설명
과정 평가	투입 및 과정	서비스 품질 (service quality)	프로그램을 실행하기 위해 요구되는 인적 자원, 물적 자원, 예산자원, 정보자원, 시간자원의 우수성 혹은 서비스에 대한 기대와 실제 간의 차이를 줄이는 서비스 운영과정상의 충실도(fidelity)
		효율성 (efficiency)	투입 대비 산출량을 비용(cost)으로 추정한 값. 예를 들어, 1회당 비용, 클라이언트 1명당 비용 등
성과 평가	산출	산출 (output, 실적)	프로그램 종결 후 확인할 수 있는 각종 산출물로서 서비스 제공 횟수, 제공시간, 참가 인원수 등
	성과	성과 (outcome)	클라이언트 혹은 지역사회의 바람직한 변화로서 일반적으로 프로그램 목표에 의해 정의됨
		효과성 (effectiveness)	프로그램 참가 전후 발생하는 클라이언트의 심리사회적 측면에 초점을 둔 변화로서 일반적으로 실험설계를 통해 분석 가능함
		영향력 (impact)	프로그램으로 인해 중장기적으로 나타나는 클라이언트 생태체계의 변화로서 보통 조직 변화, 지역사회 지지체계 구축, 네트워크 형성, 지역문화 변화 등과 같이 중간체계나 거시체계상의 변화를 의미함
		고객 만족 (client satisfaction)	프로그램 이용 중 혹은 이용 후에 프로그램의 과정이나 결과에 대해 클라이언트나 이해당사자들이 갖게 되는 주관적인 평가반응

3. 프로그램 목표와 성과의 관계

목표와 성과는 똑같은 개념이다. 다음 대화를 읽어 보자.

이 대화 후에 1년의 시간이 지났다. 그리고 두 사람은 다시 대화를 나누었다. 다음 대화도 읽어 보자.

　기관장이 프로그램의 목표가 무엇인지 질문하든 성과가 무엇인지 질문하든 사회 복지사의 대답 내용은 똑같다. 이 대화에서 우리가 알 수 있는 것은 실제 현장에서 말하는 성과는 결국 목표문과 동일한 의미를 지닌다는 것이다. 단지 차이가 있다면

프로그램 목표문은 프로그램 계획서에 작성되고 성과는 프로그램 결과보고서에 작성된다는 점이다. 이 둘의 공통점과 차이점은 〈표 8-3〉과 같다.

⊕ 표 8-3 **목표와 성과의 공통점과 차이점**

구분	목표	성과
공통점	• 내용 혹은 의미가 똑같다.	
차이점	• 기획 단계에서 선정된다. • 프로그램 계획서에 등장한다. • 사전에 예상하는 효과이다. • 달성되지 않을 수 있다.	• 결과보고 단계에서 작성된다. • 주로 프로그램 결과보고서에 등장한다. • 사후에 확인하는 효과이다. • 달성된 것만 제시된다.
예시	• 자아존중감을 향상한다. • 장애인에 대한 편견을 감소한다. • 지역사회 지지체계를 구축한다.	• 자아존중감이 향상되었다. • 장애인에 대한 편견이 감소되었다. • 지역사회 지지체계가 구축되었다.

따라서 성과를 달성한 것은 목표를 성취한 것이다. 결국 프로그램의 성과를 제대로 도출하기 위해서는 반드시 목표문을 명확하게 잘 작성해야 한다.

4. 성과의 확장

성과목표는 참여자의 변화에 초점을 둔다. 참여자의 변화는 매우 다양한 영역에서 발생한다. 이러한 변화는 어느 정도 순서가 있다. 예를 들어, 사람은 감정과 인지 차원에서 변화가 발생하면 그다음 행동 차원의 변화가 나타난다. 그리고 행동이 달라지면 그 사람의 지위와 상태가 변화한다. 그런 의미에서 성과를 1차, 2차, 3차 순서로 구분해 볼 수 있다.

이러한 구분은 원인-결과의 인과적 관계로 만들어진다. 1차 성과는 2차 성과의 원인이 되고, 2차 성과는 3차 성과의 원인이 된다. 1차, 2차, 3차가 반드시 초기, 중기, 장기 차원의 변화를 의미하는 것은 아니다. 그럴 수도 있고 아닐 수도 있다. 예를 들어, 일반아동 대상 프로그램의 경우 감정, 인지, 행동, 지위상의 변화를 1년 만에 이

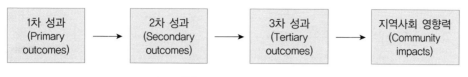

⊕ 그림 8-2　　성과체계의 확장

루어 낼 수 있지만, 발달장애인의 경우 인지적 변화를 이끌어 내는 데만 수년의 시간이 걸릴 수도 있다. 따라서 1~3차의 구분은 단지 변화의 인과적 관계를 이해하기 위한 임의적 구분일 뿐이다.

　사회복지 프로그램으로 인한 참여자와 지역사회의 변화는 매우 다양하며, 이를 〈표 8-4〉와 같이 인과적 흐름에 따라 제시한다. 프로그램 계획서에서 여러 개의 성과목표를 제시할 때는 가급적 이러한 순서에 맞게 제시하는 것이 적절하다. 예를 들어, 성과목표 1이 '학업성적 향상'이고 성과목표 2는 '공부시간 증가'라면 적절하지 않다. 공부한 행동이 증가해야 학업성적이 증가할 수 있기 때문이다. 또 다른 예로 노인 여가 프로그램을 운영할 경우, 성과목표 1이 '문화체험을 통한 소외감 감소'이고 성과목표 2가 '독립적인 문화생활 활동 증가'라면 적절하다. 정서적 변화가 원인이고, 그 결과로 행동적 변화가 나타났기 때문이다.

⑪ 표 8-4　　변화의 인과적 단계

변화의 종류	설명 혹은 예시	논리모델 영역
감정 변화	불안감 감소, 스트레스 감소, 만족감 증가, 행복감 증가	주로 1차 성과
인지 변화	자아존중감 증가, 삶에 대해 희망적 성찰	주로 1차 성과
행동 변화	바람직한 행동 증가, 이웃을 도움, 학업태도 변화	주로 2차 성과
기능 변화	신체기능 강화 혹은 유지	주로 2차 성과
능력 변화	어려움이나 문제를 해결하는 힘이 생김	주로 2차 성과
상태 변화	심리, 건강 등의 상태(condition) 개선	주로 3차 성과
관계 변화	친밀한 가족관계 구축, 지지적 또래관계 형성	주로 3차 성과
지위 변화	사회적으로 좋은 평가를 받게 됨, 우수한 학생/직장인	주로 3차 성과
환경 변화	생태체계가 지지적으로 변화함. 지역사회 네트워크 강화	지역사회 영향력

5. 지역사회 영향력

최근 사회복지 현장에서 프로그램의 지역사회 영향력(community impacts)[3]에 대한 관심이 증가하고 있어 개념 중심으로 설명한다.

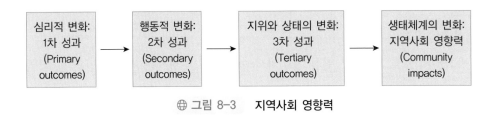

⊕ 그림 8-3   **지역사회 영향력**

대부분의 사회복지 프로그램은 1년을 단위로 기획된다. 1년 동안의 운영을 통해 기대하는 성과란 대체로 프로그램 참가자의 심리사회적 속성(감정, 인지, 행동, 기능, 관계 등)의 변화를 일으키는 것이다. 그러나 프로그램이 성공적으로 정착되고 수년간 운영하다 보면 어느덧 참가자 체계(client system)를 넘어서 생태체계(ecological system)에 영향력 있는 프로그램으로 자리매김을 하게 된다. 성과가 있는 프로그램은 1차적으로는 인간의 감정과 인지 차원의 변화를 만들어 내고, 2차적으로는 행동과 기능을 변화시키고, 3차적으로는 지위와 상태를 변화시키는 중장기적인 성과를 도출해 낸다. 이러한 프로그램은 사회복지기관의 안정적인 투자와 지원을 통해 개인에게 영향을 미치다가 점차 가족과 지역사회 구성원에게 영향을 미치고, 더 나아가 사회체계(혹은 생태체계)에 영향을 미치면서 새로운 종류의 변화를 만들어 내게 된다.

프로그램의 지역사회 영향력이란 프로그램이 사회체계 자체를 변화시켜 인간의 삶에 새로운 변화를 일으키는 힘을 의미한다. 지역사회 영향력이 강할수록 프로그램을 이용한 사람뿐만 아니라 단지 동일한 지역사회에 거주하고 있다는 이유만으로 지역 주민들까

---

3) 사회적 파급력(social impacts)이라고 함

지 긍정적인 영향을 받게 된다.

예를 들어, 지역사회복지 프로그램을 중점적으로 시행하고 있는 방아골종합사회복지관(http://bangahgol.or.kr)에서 운영하는 프로그램의 일부를 살펴보자.

표 8-5   **방아골종합사회복지관의 지역사회 영향력 프로그램 사례(일부)**

구분	프로그램명	주요 내용
지역 1	서로나눔터	방학1동 주민자치회 공동사업으로 자원순환과 나눔 실천을 위해 이웃 간 물품 나눔
	다다름공작소	공간이용, 주민모임, 여가활동, 복지상담, 방학서클 회원활동
	방학1동 동복지대학	방학1동 복지의제 발굴 워크숍
	서클 인 도봉	방학1동 서로나눔터(공유박스) 운영
	서로보듬이 상점	지역상점 자원개발을 위한 관계 형성 및 활동
지역 2	품터	다과와 음악이 있는 주민 운영 공간
	청소년 환대의 공간 '딴짓놀이터'	일상적인 놀거리와 먹거리, 이벤트 활동, 다양한 성인 활동가와의 만남
	영유아 부모교육 및 모임	아빠육아 모임, 그림책 모임, 육아정보나눔, 요리모임 등 주양육자 동아리 운영
	아동의 놀권리 보장을 위한 '놀이누리'	마을 내 공유공간에서의 신체놀이, 또래상담, 아동 관련 이슈파이팅, 다양한 놀이활동
	중년남성모임 '청춘중년'	나 세우기 활동, 요리활동, 여가활동, 지역사회 활동 참여 등
지역 3	도봉구 생태전환 실천연구소 '도전'	인식의 전환을 돕는 마을학교
	주민 커뮤니티 공간 모두의 커먼즈 '담소재'	일상적 환대의 문화공간 상시 운영
	담소재 공유생활	공유냉장고, 너쓸나쓸, 공유텃밭, 공간공유
	넉넉주방	공유냉장고 나눔 식재료, 공유 텃밭의 작물, 우리집 냉장고 식재료 활용 요리활동
	똑똑마실	취미 등 일상을 공유하고 일상의 틈을 만들기 위한 딴짓활동 진행

이러한 기관과 동일한 지역사회에 거주하고 있는 주민이라면 기관의 서비스를 직접 이용하지 않아도 지역사회에서 거주하고 활동하면서 직간접적으로 프로그램의 영향력 아래 노출되어 긍정적인 변화를 경험할 것이다.

그렇다면 어떻게 평가를 해야 프로그램의 지역사회 영향력을 입증할 수 있는가? 일반적으로 지역사회 영향력을 평가하는 성과지표는 지금까지 소개한 성과지표들보다 좀 더 거시적 차원의 변화를 담고 있다. 지역사회 영향력을 평가하기 위해 사용할 수 있는 성과지표의 예는 〈표 8-6〉과 같다.

표 8-6 지역사회 영향력을 평가하기 위한 성과지표 예시

영역	정량지표	정성지표
지역참여	자원봉사자 비율, 지역단체의 네트워크 실적 등	공동체의식, 소속감
지역인구	출산율, 아동비율, 청소년비율, 노인비율, 장애인비율, 다문화가정비율 등	장애인에 대한 태도
지역경제	자산, 저축액, 부채, 생계비, 절대적·상대적 빈곤율, 미취업자율 등	경제적 자립의지
지역문제	범죄율, 사건사고 수, 학대, 흡연/음주/중독, 자살률, 환경오염 등	안전한 주거환경, 인권
지역교육	취학률, 진학률, 보육기관 수, 유초등학교 수, 중고등학교수 등	학업능력, 학업성취
지역건강	건강수준, 질병률, 영아사망률, 저체중미숙아 비율 등	주관적 건강, 보건서비스에 대한 접근성

지역사회 영향력을 평가하는 기본적인 방법은 정량지표로 활용하고, 특히 실험설계의 원리를 적용해서 비교(comparison)를 통해 평가를 하는 것이다. 예를 들어, 프로그램을 실시한 지역과 실시하지 않은 지역의 지표값을 비교하는 것이다. 혹은 프로그램을 도입하기 전과 그 이후를 측정해서 사전·사후 비교를 하는 접근도 있다. 또한 정기적인 조사를 통해 시간의 흐름에 따라 지표가 어떻게 변화하는지를 분석할 수 있다. 정성지표를 활용한 경우라면 주로 대규모 설문조사를 실시하는 것이 좋다. 지역사회 인구를 대표하는 수백 명의 표본을 선정해서 정성지표 항목을 조사하는 것이다. 긍정적인 의견이 많이 나올수록 프로그램의 지역사회 영향력이 인정된다.

실무 연습 문제

이 연습은 자신의 프로그램 성과를 주요 이해관계자 앞에서 자신 있게 설명하는 훈련이다. 다음의 성과목표를 읽고, 이것을 성과를 설명하는 진술문으로 변경해 보자.

번호	성과목표	진술문
1	[과정] 학부모에게 정서지원 서비스를 제공해서 [성과] 양육 스트레스를 감소한다.	(예시) [과정] "학부모에게 정서지원 서비스를 제공해서 [성과] 양육 스트레스를 감소했습니다."
2	[과정] 정신장애인이 사회기술훈련을 통해 [성과] 자기주장기술을 향상한다.	(예시) [과정] "정신장애인이 사회기술훈련을 통해 [성과] 자기주장기술을 향상했습니다."
3	[과정] 노인에게 스마트폰 사용법을 교육해서 [성과] 디지털도구 활용능력을 증진한다.	
4	[과정] 사례관리대상자가 자조모임을 조직해서 [성과] 자아존중감을 높인다.	
5	[과정] 청소년에게 자원봉사활동을 제공해서 [성과] 지역참여도를 향상한다.	
6	[과정] 마을주민이 마을공동체 활동을 통해 [성과] 지역 공동체의식을 증진한다.	
7	[과정] 장애인에게 직업훈련 프로그램을 실시해서 [성과] 직업역량을 강화한다.	
8	[과정] 아동이 학습멘토링에 참여해서 [성과] 학업성취도를 향상한다.	
9	[과정] 독거노인에게 요리교실을 실시해서 [성과] 자립생활기술을 증진한다.	
10	[과정] 장애인이 기업체 견학을 통해 [성과] 취업동기를 높인다.	
11	[과정] 가정폭력피해자에게 법률지원 서비스를 제공해서 [성과] 권익을 증진한다.	
12	[과정] 청소년이 취미동아리 활동을 통해 [성과] 삶의 행복감을 향상한다.	

13	[과정] 시각장애인을 위한 지역정보지원체계를 구축해서 [성과] 지역사회 적응력을 증진한다.	
14	[과정] 지역 주민이 지역 소모임 활동을 통해 [성과] 지역 네트워크를 구축한다.	
15	[과정] 노인이 생활체육을 통해 [성과] 운동능력을 유지한다.	
16	[과정] 정신장애인에게 자조모임을 실시해서 [성과] 불안감을 감소한다.	
17	[성과] 독거노인이 마을라디오를 운영하여 [성과] 고독감을 줄인다.	
18	[과정] 자립준비 청년에게 재정관리 교육을 통해 [성과] 경제적 불안감을 낮춘다.	
19	[과정] 예비 후원자에게 기부교육을 통해 [성과] 기부참여도를 향상한다.	
20	[과정] 자원봉사자가 봉사활동을 통해 [성과] 이타심을 향상한다.	

제9장

평가의 절차와 윤리기준을 따르기

1. 평가의 절차
2. 평가윤리

엄청난 잘못을 저지르다

공포영화를 보면 첫 장면에서 사람들은 평화롭고 행복하게 일상을 보낸다. 그러다가 서서히 공포의 그림자가 다가온다. 나도 조금씩 불안했다. 뭔가 잘되고 있을 때 오히려 알 수 없는 불안감이 엄습해 온다. 드디어 일이 터졌다. 사실, 지난 1년 동안 나는 나름 일을 잘한다고 자부했다. 안해용 선생님, 이순신 선생님, 잡스 선생님은 언제나 내 편이었다. 나귀염 선생님은 늘 나만 쫄랑쫄랑 따라다녔다. 나는 '모두 함께 FRIENDS' 프로그램에 대한 청소년들의 반응이 좋아서 늘 자신만만했다. 그러나 성공의 기쁨도 잠시였고, 나는 어느덧 용서받지 못할(?) 나쁜 사회복지사가 되어 버렸다. 사건은 이렇다.

프로그램 평가방법을 찾기 위해 나는 전년도 서비스제공팀의 내부결재 공문철을 찾아보았다. 선배 사회복지사들이 작성한 사업결과보고서를 읽으며 평가방법을 참조하기 위해서였다. 심리검사, 만족도 조사, 심층면접 등이 주로 사용되었다. 너무 어렵게 느껴졌다. 그러다가 김잡스 선생님이 작성하신 소감문 분석 결과가 있었다. '아! 이런 방법도 있구나. 좋아, 이 정도는 나도 할 수 있지.' 나는 청소년 참여자들에게 종이를 나누어 줬다. 그리고 거기에 이번 프로그램에 참여하면서 느낀 소감을 작성해 달라고 요청했다. 나팥쥐 학생이 손을 번쩍 들었다. "선생님! 이거 비밀보장 되는 건가요? 솔직히 쓰고 싶어서요." "그럼. 물론이지. 여러분은 솔직하게 자신의 생각을 쓰면 됩니다." 참여자들은 모두 열심히 작성했다. 지나가는 척하면서 힐끗 보니 다들 좋았다고 쓰는 것처럼 보였다. 조사가 끝나고 나는 소감문을 들고 사무실로 돌아와서 바로 읽었다. 모든 청소년이 이번 프로그램을 통해 배운 것과 즐거웠던 일에 대해 작성했다. 예상했던 결과이다. 그런데 딱 1명의 소감문에서 이 프로그램을 통해 별로 배운 게 없고 시간낭비였다는 장문의 글이 나왔다. '헉! 팥쥐구나.' 사실, 누가 이렇게 썼는지는 모른다. 그리고 그게 중요한 것은 아니다. 이제부터 어떻게 해야 하지? 다들 이 프로그램이 잘 운영되고 있는 줄로 아는데. 나를 흐뭇하게 바라보시는 선배 사회복지사 선생님들의 얼굴이 떠올랐다. '아…… 어떻게 해야 할까?' 그리고 결심했다. 부정적인 소감문의 내용은 보고하지 않기로. 왜냐하면 어차피 소수의 의견이고, 중요한 것은 다수의 의견이기 때문이다. 괜히 이런 것을 보고서에 썼다가는 홍날래 팀장님한테 혼나기 십상이다. 지난 1년 동안 쌓아 온 프로그램에 대한 긍정적인 평판을 1명의 소감문으로 날려 버릴 수는 없다고 생각했다. 그리고 소감문 분석 결과의 초안을 작성해서 팀장님께 보고했다. 팀장님은 "어떻게 모두가 다 만족할 수 있나요? 부정적인 의견이 하나도 없었나요?"라고 내 눈을 응시하시며 말씀하셨다. 나는 밝은 표정으로 말했다. "네. 그렇습니다. 다들 좋아했더라구요. 제 프로그램을……." 나는 거짓보고를 한 것이다. "최고야 선생님! 왜 거짓말을 하시나요? 이건 뭔가요?" 홍날래 팀장님은 소감문 용지 한 장을 흔들었다. 바로 그 소감문이었다. 내 책상에서 떨어진 소감문을 줍다가 읽으신 것이다. "앗! 그것은…… 사실, 딱 1명만 부정적인 의견이었고 참여자 대부분은 만족했기 때문에……." 나는 더 이상 말할 수 없었다. 홍날래 팀장님의 굳은 표정에서 그분이 매우 크게 화가 났음을 읽었기 때문이다. 아, 이제 어떻게 해야 하지?

　　그동안 자원봉사활동이나 현장실습을 통해 경험했던 사회복지기관의 어느 프로그램을 떠올려 보자. 만약 당신에게 그 프로그램을 평가하는 업무가 주어졌다면 평가를 수행할 자신이 있는가? 선뜻 그렇다고 답변하기 어려울 것이다. 대부분의 사회복지사들 역시 평가 업무를 어려워한다. 평가 업무를 해야 한다면 어디서부터 시작하는 것이 좋을까? 설문조사부터 바로 해야 할까? 그렇다면 설문지를 먼저 준비해야 하는데 어떤 문항을 만들어야 할까? 아니면 면접을 해야 하나? 누구를 대상으로 면접을 할까? 혼란스럽기만 하다. 어디서부터 손을 대야 할지 막막하다. 따라서 우리는 평가의 절차를 공부할 필요가 있다. 평가의 절차를 알면 단계별로 일을 처리할 수 있다.

1. 평가의 절차

　　평가의 전반적인 절차는 다음과 같다. 1단계로 이번 평가를 왜 하는지 평가목적을 결정해야 한다. 평가를 하는 이유는 다음 두 가지 중에서 하나이다. 첫째, 프로그램의 품질을 개선하기 위해서이다. 이 경우라면 과정평가를 해야 한다. 둘째, 프로그램을 통해 클라이언트 혹은 지역사회가 변화했는지를 평가하기 위해서이다. 이 경우라면 성과평가를 해야 한다. 2단계는 평가목적에 적합한 평가지표를 선정하는 것이다. 우리는 평가를 통해 성과가 우수한지 혹은 미흡한지 판단을 해야 하는데, 판단을 하기 위해서는 어떤 기준이 필요하다. 그 기준이 바로 평가지표이다. 3단계는 평가설계를 하는 것이다. 평가설계에서는 누구를 대상으로 조사를 할 것인지, 실험설계, 설문조사, 질적연구 중 어떤 방법을 사용할 것인지, 어떤 평가도구(설문지, 체크리스트, 심리검사도구, 관찰기록, 인터뷰기록지 등)를 활용할 것인지 등을 정한다. 4단계는 자료분석을 하는 것이다. 만약 양적 자료를 수집했다면 양적평가를 적용하면 되고, 질적 자료를 수집했다면 질적평가를 적용한다. 끝으로 5단계는 평가보고서를 작성하는 것이다. 보고서에서 가장 중요한 내용은 성과가 얼마나 있는지를 명확하게 제시하는 것이다. 이제 평가 절차의 각 단계에 대해 상세하게 살펴보자.

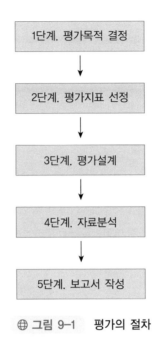

⊕ 그림 9-1   평가의 절차

1) 1단계: 평가목적을 결정하기[1]

프로그램 평가의 첫 단추는 과정평가(process evaluation)와 성과평가(outcome evaluation) 중 어떤 평가를 해야 할지 정하는 것이다. 결론부터 말하면 프로그램 운영상의 문제를 찾아서 개선점을 마련하기 위해서라면 과정평가를 선택하고, 프로그램으로 인한 클라이언트의 변화를 확인하고 싶으면 성과평가를 해야 한다. 예를 들면, 빈곤아동 방과 후 교실 '쑥쑥 공부방' 프로그램이 종결한 이후 아동들에게 어떤 변화가 나타났는지 확인해서 보고서를 작성하는 것이 성과평가를 하는 것이다. 이에 비해 과정평가는 보통 프로그램 운영 중에 이루어진다. 예를 들어, 방과 후 교실 프로그램의 매 회기가 끝나면 직원들이 모여서 그날의 서비스에 대한 평가회의를 실시하는 것이다. 이 평가회의의 목적은 이번 회기의 문제점을 찾아서 차후 서비스 운영

---

1) 이후의 2~5단계에 대한 설명은 명확한 이해를 돕기 위해 성과평가를 중심으로 설명할 것이며, 과정평가에 대한 설명은 별도로 소개할 것이다.

과정을 개선하기 위함이다.

2) 2단계: 평가지표를 선정하기

평가를 통해 성과가 얼마나 있는지를 판단하기 위해서는 어떤 기준이 필요하고, 그 기준으로 우리는 지표(indicator)를 사용한다. 지표는 성과가 있음을 확인하는 항목이다. 보통 사회복지 프로그램에서 제시하는 성과는 개념적 차원의 용어가 많다. 예를 들어, 자아존중감, 자기효능감, 사회성, 이타성, 스트레스, 우울, 불안, 대인관계, 학습능력, 탄력성 등은 모두 눈으로 볼 수 없는 개념(concept)이다. 예를 들어, 빈곤아동 방과 후 교실 '쑥쑥 공부방' 프로그램이 있다고 하자. 그리고 이 프로그램의 성과목표는 다음과 같다.

> '쑥쑥 공부방' 프로그램 성과목표:
> 빈곤아동이 학습멘토링 서비스에 참여해서 학업능력을 향상한다.

실제 이 프로그램을 평가하려면 학업능력이 향상되었는지를 판단하면 된다. 이 목표문에서 가장 중요한 단어는 무엇일까? 바로 '학업능력'이다. 이것이 바로 성과를 지칭하는 핵심용어이다. 그러나 그 누구도 학업능력을 눈으로 관찰한 사람은 없다. 왜냐하면 그것은 사람의 머릿속에서 인지적으로 발휘되는 능력이므로 보이지 않기 때문이다. 그런데 우리는 프로그램 평가를 하기 위해서 반드시 학업능력을 목격하고 경험해서 평가해야 한다. 어떻게 가능할까? 바로 지표를 만들면 된다. 성과는 개념이고, 지표는 항목이나 문항을 뜻한다. 눈에 보이지 않는 세계에 있는 개념을 현실세계에서 경험하게 만드는 것이 바로 지표의 역할이다.

눈에 보이지 않는 학업능력을 어떻게 현실세계에서 지표로 만들 수 있을까? 성과를 대표하는 항목이나 문항을 정하면 된다. 예를 들어, 학업능력을 경험하기 위해서 성적점수, 학업시간, 학업태도 등의 항목을 측정하면 된다. 또 다른 예시로 청소년의

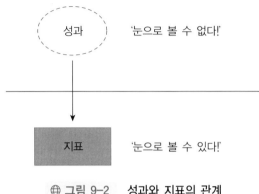

⊕ 그림 9-2 **성과와 지표의 관계**

사회성을 높이는 것이 프로그램 성과(목표)라면 어떤 지표를 사용하는 것이 좋을까? 사회성 검사점수, 친구 수, 사회활동 종류나 시간 등이 바로 지표가 될 수 있다. 또 다른 예시로, 만약 정신장애인에게 사회기술훈련 프로그램을 제공했고 성과는 사회기술능력 증진이라 한다면, 이때 어떤 지표를 사용해서 평가를 할 수 있을까? 일주일 동안 외출 횟수나 물건을 구입하면서 수령한 영수증 개수도 지표로 가능하다. 하나의 성과를 평가하기 위해 여러 개의 지표를 사용할 수 있는데, 그중에서 가장 중요하게 선정된 지표를 핵심성과지표(Key Performance Indicator: KPI)라 한다.

(1) 지표의 종류: 정량지표와 정성지표

지표는 크게 두 가지로 구분된다. 첫째, 정량지표(quantitative indicator)이다. 정량지표는 누가 측정을 하든지 똑같은 숫자로 측정되는 양적 지표를 말한다. 예를 들어, 인원수, 실시 횟수, 제공기간 등이다. 정량지표는 신뢰도가 매우 높아서 누가 측정을 하든지 오차가 없다.[2] 마치 무게, 질량, 길이를 측정하는 것처럼 정확한 측정이 가능하다. 반면에 인원수, 횟수 등과 같이 단순한 내용만 측정할 수 있어서 인간 변화의 깊이 있는 속성을 충분히 알아내기 힘들다. 둘째, 정성지표(qualitative indicator)이다. 정성지표는 사람이 마음으로 판단해서 응답하는 질적 지표를 의미한다. 예를 들어, 심

─────────────

2) 따라서 정량지표로 측정한 자료에 대해서 신뢰도(예: 알파계수)를 계산할 필요가 전혀 없다. 조사방법론에서 배운 신뢰도 값은 모두 정성지표를 사용할 때 적용할 수 있는 것이다.

리검사 점수, 설문 점수, 체크리스트 등이다. 정성지표는 인간 변화에 대해 궁금한 모든 사항을 문항으로 만들어서 조사할 수 있는 장점이 있다. 반면에 누가 응답하는 가에 따라, 혹은 언제 응답하는가에 따라 결과가 달라질 수 있어서 신뢰도가 낮을 수 있다. 정량지표와 정성지표를 비교하면 다음과 같다.

⬡ 표 9-1　**정량지표와 정성지표 비교[3)]**

구분	정량지표	정성지표
장점	신뢰도가 높음	인간 변화를 깊이 있게 조사 가능
단점	단순한 객관적 사실만 조사	신뢰도가 낮을 수 있음
예	프로그램 참가인원수 서비스 제공 횟수 도시락 배달 건수 후원금액 등	자아존중감 수준 프로그램 만족도(정도) 사회기술 점수 등

〈표 9-2〉를 보면 빈곤아동 방과 후 교실 '쑥쑥 공부방' 프로그램의 성과목표와 산출목표가 제시되어 있다. 성과목표 1은 '아동이 방과 후 교육을 이용해서 학업스트레스를 감소한다.'이고, 성과목표 2는 '아동이 개별학습지도에 참여해서 학업능력을 향상한다.'이다. 각 성과목표마다 산출목표들이 제시되어 있다. 일반적으로 성과목표는 인간의 변화를 조사하는 항목이므로 정성지표를 사용해서 평가하는 경우가 많다. 학업스트레스가 감소되었는지를 평가해야 하므로 '스트레스 정도' 혹은 '삶의 만족도 점수'와 같은 정성지표를 사용하는 것이다. 물론 항상 정성지표만 사용하는 것은 아니며, 때로는 성과목표 2의 경우처럼 '1일 공부시간' 등의 정량지표를 사용해도 된다. 그리고 산출목표를 평가할 때는 대부분 인원수, 서비스 제공 횟수와 같은 정량지표를 사용한다. 이렇게 평가지표에 대한 선정이 끝났으면 그다음으로 구체적인 평가를 설계하는 단계로 넘어간다.

---

3) 사회복지 현장에서 사용 가능한 정량지표(350개)와 정성지표(150개)를 〈부록 5〉에 예시로 제시해 놓았다. 참고로 정성지표의 명칭은 '○○○ 수준' '○○○ 정도' '○○○ 점수' 등으로 작성하면 무난하다.

⊙ 표 9-2   빈곤아동 방과 후 교실 '쑥쑥 공부방' 프로그램의 목표별 평가지표

구분	내용	평가지표
성과목표 1	아동이 방과 후 교육을 이용해서 학업스트레스를 감소한다.	- 스트레스 정도 (정성) - 삶의 만족도 점수 (정성)
성과목표 2	아동이 개별학습지도에 참여해서 학업능력을 향상한다.	- 학업자신감 수준 (정성) - 1일 공부시간 (정량)
산출목표 1	참가아동 30명을 대상으로 지역문화탐방활동 6회 실시한다.	- 참가인원수 (정량) - 실시 횟수 (정량)
산출목표 2	참가아동 30명을 대상으로 수영훈련을 20회 실시한다.	- 참가인원수 (정량) - 실시 횟수 (정량)
산출목표 3	참가아동 30명을 대상으로 대학생 학습멘토링을 10회 실시한다.	- 참가인원수 (정량) - 실시 횟수 (정량)
산출목표 4	학업부진 아동 5명을 선정해서 심층상담을 5회 실시한다.	- 참가인원수 (정량) - 실시 횟수 (정량)

3) 3단계: 평가에 대해 설계하기

3단계는 어떻게 평가를 할지 구체적인 방법을 설계하는 단계이다. 평가설계[4]는 크게 양적평가와 질적평가로 구분되고, 양적평가는 실험설계와 비실험설계로 다시 나뉜다.

어떤 평가설계를 선택하는가에 따라 사용하는 평가도구 역시 달라진다. 보통 양적평가에서는 수치 세기, 일반설문지, 만족도설문지, 심리검사, 기능수준척도 등의 다양한 측정도구를 활용한다. 이를 통해 숫자로 된 자료를 확보할 수 있다. 그리고 질적평가의 경우 심층면접을 할 때는 면접기록지, 문서를 분석할 때는 각종 문서 양식을 사용하고, 현장관찰을 할 때는 현장노트를 사용한다. 그리고 대다수의 프로그램 평가에서는 중요한 프로그램 장면을 사진이나 영상으로 찍어 두기도 한다.

이러한 양적 혹은 질적 자료가 확보되면 사회복지사는 이들 자료를 다음의 세 가지 방법으로 분석한다.

---

4) 사회복지조사론에서는 이것을 연구설계라 한다.

🔷 **표 9-3　프로그램 평가설계**

구분		평가도구	평가방법
양적 평가	실험설계	수치 세기, 일반설문지, 만족도설문지, 심리검사, 기능수준척도 등	단일집단 전후설계
			단일사례설계 등
	비실험설계		목표 대비 결과 평가
			통계분석 등
질적 평가		면접기록지	• 개인심층면접 • 초점집단면접(FGI)
		각종 문서(소감문, 일기, 상담기록)	문서에 대한 질적분석
		카메라, 스마트폰	사진, 영상에 대한 질적분석
		현장노트	관찰에 대한 질적분석

　첫째, 양적평가 중 '실험설계'는 프로그램 참여자가 프로그램을 통해 변화했는지를 실험적인 조건 속에서 평가하는 정교한 방법이다. 가장 대표적인 설계가 단일집단 전후설계(one group pretest-posttest design)로서 참가집단을 대상으로 프로그램 참가 전에 인지, 정서, 행동, 기능 등을 측정하고 참가 후에 다시 측정해서 사전점수와 사후점수 간에 변화가 있는지를 비교하는 방법이다.[5] 그리고 또다른 방법으로 1명의 변화를 평가하는 설계로 단일사례설계(single case design) 방법도 있다. 이 방법은 개입 전에 여러 차례 참가자의 행동이나 기능을 측정하고 개입 후에 다시 측정하면서 행동이나 기능의 변화를 비교하는 방법이다(구체적인 분석방법은 제10장에서 소개한다).

　둘째, 양적평가 중 실험설계가 아닌 나머지 모든 방법을 '비실험설계'라고 한다. 이에 대해서는 간단한 통계분석을 통해 자료를 분석하면 된다. 예를 들어, 수치 세기를 활용한 각종 실적분석(참가자 수, 실시 횟수), 일반적인 설문조사, 만족도 조사, 행동이나 기능에 대한 측정 등이 대부분이며 이렇게 수집한 자료에 대해 주로 빈도분석, 평균계산을 한다. 실험설계는 대부분 2회 혹은 여러 차례 측정을 하는 데 비해 비실험설계는 주로 1회 측정으로 끝내는 경우가 많아 현장에서 자주 활용된다(구체적인 분

---

5) 이 교재에서는 다양한 실험설계 방법 중에서 실천 현장에서 비교적 간편하게 활용할 수 있는 방법으로 단일집단 전후설계와 단일사례설계를 제시한다.

석방법은 제10장에서 소개한다).

셋째, 질적평가는 숫자로 된 자료가 아닌 나머지 모든 자료를 분석하는 방법이다. 예를 들어, 면접 기록, 소감문, 일지, 사진, 영상 등이며 이를 질적 자료라고 한다. 양적평가가 숫자를 통해 참가자의 변화를 객관적으로 입증하는 데 관심이 있다면 질적평가는 이러한 변화의 구체적인 내용을 설명해 주는 기능을 발휘한다(구체적인 분석방법은 제11장에서 소개한다).

4) 4단계: 자료를 분석하기

양적평가를 할 경우에는 통계분석을 해야 하고, 질적평가를 할 경우에는 질적 연구방법을 활용해서 질적분석을 한다. 대부분의 양적평가에서는 복잡한 통계를 사용하지 않고 빈도, 퍼센트, 평균계산과 같이 비교적 단순한 분석을 주로 사용한다.

질적평가에서는 질적 자료에 대해 심층적으로 해석한 결과를 내놓는다. 예를 들어, 프로그램 사진 자료를 제시한 후 어떤 상황인지를 설명하는 해설 글을 제시하거나 프로그램 참여자를 심층면접한 후 대화내용에서 발견할 수 있는 클라이언트의 변화를 해석하고 설명하는 방식이다.

5) 5단계: 보고서를 작성하기

끝으로 결과보고서를 작성한다. 결과보고서란 프로그램을 종결한 이후 작성하는 문서로서 프로그램의 성과를 명확하게 기술하는 것이 가장 중요하다. 과거에는 사회복지 현장에서 결과보고서를 작성할 때 사업 과정(process)을 상세하게 기술하고 성과(outcome)에 대해서는 모호하게 작성하는 경우가 많았다. 최근 성과평가의 중요성이 강조되면서 사업계획서에서 제시한 목표가 달성되었는지를 중심으로 작성하는 경향이 점점 주목받고 있다. 따라서 결과보고서에는 각 목표별로 성과를 제시해야한다. 현장에서 관행적으로 저지르는 실수는 목표와 상관없이 실적, 만족도 조사 결과, 소감문 분석 등을 그대로 나열한다는 점이다. 좋은 결과보고서는 목표별로 성과를 제시해서 독자가 보고서를 읽고 프로그램이 성공했는지 실패했는지를 한눈에 쉽게 이해할 수 있게 작성된 보고서이다.

2. 평가윤리

평가는 어떤 대상에 대해 가치를 부여하는 활동이다. 그리고 그 가치를 부여하는 주체는 인간이다. 인간은 로봇과 달라서 객관적 사실 이면에 존재하는 상황을 고려해서 평가를 한다. 예를 들어, 당신이 길을 가는데 어떤 사람이 부주의하게 당신에게 부딪혔다. 그런데 사과도 없이 그냥 가 버렸다면 당신은 그 사람을 부정적으로 평가할 것이다. 그런데 자세히 보니 그 사람이 최근에 큰 슬픔을 겪은 가까운 친구라면 어떨까? 혹은 평소에 좋아하는 연예인이라면 어떨까? 그 사람에 대한 평가가 달라질 수도 있다. 모든 사람은 어느 정도는 정치적(politic)이다. 동일한 사건에 대해서 사람마다 대응하는 방식이 다른 이유는 여러 가지 이해관계를 고려해서 행동하는 정치적 속성 때문이다. 사회복지사도 현장에서 프로그램에 대한 평가를 할 때 그 결과에 대해 정치적으로 판단할 가능성이 매우 크다. 다음 질문에 답을 해 보자.

질문 1. 당신은 복지관에서 일 잘하는 직원으로 인정받고 있다. 그런데 이번에 당신이 책임을 맡고 있는 프로그램을 평가한 결과, 만족도 점수가 높지 않다. 있는 그대로 보고할 것인가, 아니면 다른 방법을 찾아서 다시 평가를 시도할 것인가?

질문 2. 클라이언트 3명을 대상으로 프로그램 효과에 대한 심층면접을 실시했다. 그런데 2명이 부정적인 의견을 말했고 1명만 긍정적인 의견을 말했다. 결과를 있는 그대로 보고할 것인가, 아니면 인원을 좀 더 추가해서 긍정적인 의견을 말하는 사람을 찾을 것인가?

질문 3. 대기업에서 후원을 받아 프로그램을 운영하고 있는데 솔직히 참여자들의 반응이 그다지 좋지 않고 그들에게 큰 도움이 되지도 않는다. 그러나 기관장은 대기업과 네트워크를 홍보하기 위해 계속 지원받기를 요구하고 있다. 게다가 대기업 사회공헌 담당자도 좋은 결과가 보고되기를 내심 기대하고 있다. 만약 평가 결과를 과장한다면 성과를 입증하는 것이 가능한 일이다. 계속 지원받기 위해 평가보고서를 과장해서 쓸 것인가, 아니면 사실대로 작성할 것인가?

1) 윤리적 문제

현장에서는 이러한 정치적 판단 때문에 프로그램 평가를 윤리적으로 잘못 활용하는 경우가 있다. 대표적으로 다음과 같은 상황이다.

(1) 결론을 미리 정하고 평가를 하는 문제

가장 흔한 경우는 미리 프로그램이 효과가 있다고 결론을 내려놓고 그것을 정당화하기 위해 평가를 하는 경우이다(Grinnell et al., 2010). 응답 결과가 잘 나오도록 만족도 문항의 일부를 삭제하거나, 만족도 조사를 하기 전에 참여자들에게 친밀감을 표시하거나, 다양한 의견의 소감문을 수집한 후 호의적인 응답내용만 추출해서 보고서에 작성하는 것 등을 통해 평가 결과를 조작하거나 평가를 불공정하게 하는 것이다.

(2) 외부의 지원과 기금을 받기 위해 평가 결과를 부풀리는 문제

현장에서 종종 발생하는 또 다른 평가의 윤리적 문제는 사회복지공동모금회나 기업복지재단 등으로부터 지속적인 기금지원을 얻어 내기 위해 평가계획이나 평가 결과를 지나치게 부풀려서 작성하는 것이다. 주로 평가 역량이 우수한 직원들이 저지르는 잘못 중 하나이다. 예를 들어, 프로포절을 작성할 때 실제로 평가하기 힘든 거창한 목표들을 제시하거나, 결과보고서를 작성할 때 성과를 부풀려서 기술하는 경우이다.

(3) 평가 역량이 부족한 상태에서 평가를 수행하는 문제

이 문제는 직원이 평가 역량이 없이 평가 업무를 수행해서 발생한다. 예를 들어, 사회복지조사방법론에 대한 지식이 부족한 상태에서 설문조사를 실시하고, 통계분석을 잘 모르는데 자료를 분석해서 엉터리로 해석하는 것이다. 또한 충분히 숙련된 기술이 없이 심층면접을 실시하다가 면접에 실패했음에도 불구하고 평가보고서에 참여자의 변화를 그럴듯하게 작성하는 것이다.

이러한 윤리적 문제 상황이 발생하면 많은 이해당사자가 영향을 받는다. 그중에서 가장 큰 영향을 받는 사람은 바로 클라이언트이다. 효과가 낮은 프로그램을 효과가 높다고 평가 결과를 보고하게 되면 그 프로그램은 계속 운영되고 그로 인해 클라이언트는 약효가 없는 감기약을 계속 먹는 환자들처럼 문제를 해결하지 못한 채 프로그램에 참여만 하게 될지 모른다. 사회복지 프로그램의 핵심적 역할은 클라이언트의 삶을 변화시키는 것이며, 그러한 영향력의 수준을 확인하게 만드는 활동이 바로 평가이다. 따라서 평가는 공정하게 수행되고, 그 결과는 정직하게 보고되어야 한다.

2) 평가를 위한 윤리기준

전문가단체에서 제작한 윤리기준이나 평가기준을 살펴보는 것은 공정한 평가를 수행하는 데 큰 도움이 된다. 여기서는 한국사회복지사협회의의 윤리강령과 미국평가협회의 평가원칙을 소개하고자 한다.

(1) 사회복지사 윤리강령

먼저, 사회복지사 윤리강령에서 평가와 관련된 윤리기준을 살펴보면 〈표 9-4〉와 같다.

⊗ 표 9-4   **평가와 관련 있는 사회복지사 윤리강령 조항**

영역	조항	의미
Ⅰ. 기본적 윤리기준	**2-2) 지식기반의 실천 증진** 나. 사회복지사는 평가나 연구 조사를 할 때, 연구 참여자의 권리를 보장하기 위해, 연구 관련 사항을 충분히 안내하고 자발적인 동의를 얻어야 한다.	평가 자료 수집에서 클라이언트의 동의가 필요함
	2-2) 지식기반의 실천 증진 다. 사회복지사는 연구 과정에서 얻은 정보를 비밀보장의 원칙에서 다루며, 비밀보장의 한계, 비밀보장을 위한 조치, 조사 자료 폐기 등을 연구 참여자에게 알려야 한다.	평가 정보는 비밀보장의 원칙에 따라 보호받아야 함
	3-3) 이해 충돌에 대한 대처 다. 사회복지사는 전문적 가치와 판단에 따라 업무를 수행하는 과정에서, 기관 내외로부터 부당한 간섭이나 압력을 받아서는 안 된다.	평가의 공정성을 추구해야 하며 평가에 대해 부당한 압력이 있을 경우 저항해야 함
Ⅱ. 클라이언트에 대한 윤리기준	**2. 클라이언트의 자기결정권 존중** 1) 사회복지사는 사회복지실천 과정에서 클라이언트의 자기결정을 존중하고, 클라이언트를 사회복지실천의 주체로 인식하여 클라이언트가 자기결정권을 최대한 행사할 수 있도록 돕는다.	평가활동에서 클라이언트의 자기결정권을 존중하고 클라이언트의 이익을 먼저 추구해야 함
	5. 기록·정보 관리 1) 클라이언트에 대한 사회복지실천 기록은 사회복지사의 윤리적 실천의 근거이자 평가·점검의 도구이기 때문에 중립적이고 객관적으로 작성해야 한다. 2) 사회복지사는 클라이언트가 자신과 관련된 기록의 공개를 요구하면 정당한 비공개 사유가 없는 한 정보에 접근할 수 있도록 해야 한다. 3) 사회복지사는 클라이언트에 대한 문서 정보, 전자 정보, 기타 민감한 개인 정보를 보호해야 한다. 4) 사회복지사가 획득한 클라이언트 관련 정보나 기록을 법적 사유 또는 기타 사유로 제3자에게 공개할 때는 클라이언트에게 안내하고 동의를 얻어야 한다.	프로그램 운영과정에 대한 기록을 정확하고 충실하게 함. 그리고 평가와 관련해서 수집한 모든 자료를 보호하고 정보를 제3자에게 공개할 경우 클라이언트에게 동의를 받아야 함

사회복지사 윤리강령의 조항을 평가에 적용해 보면 사회복지사는 공정하게 평가를 수행해야 하며, 이 과정에서 부당한 압박이 있을 경우 저항해야 한다. 평가활동에서 가장 중요한 가치는 클라이언트의 이익을 우선하는 것이며, 이 과정에서 비밀보장의 원칙을 반드시 지켜야 한다. 더불어 사회복지사는 프로그램의 효과성을 높이기 위해 최선의 노력을 해야 한다.

(2) 평가자를 위한 원칙

미국평가협회(American Evaluation Association: AEA)[6]에서는 평가자를 위한 평가의 원칙을 안내하고 있다. 이것은 프로그램 평가를 비롯한 모든 종류의 평가에 공통적으로 적용되는 사항이며, 다음과 같이 다섯 가지 원칙으로 구성되어 있다(AEA, 2023).

- 원칙 1: 체계적인 조사
- 원칙 2: 역량
- 원칙 3: 진실성
- 원칙 4: 인간에 대한 존중
- 원칙 5: 공공선과 평등

첫째, 체계적인 조사(systematic inquiry)란 자료에 근거해서 체계적으로 평가를 수행하는 것을 의미한다. 평가자는 정교한 평가지표, 도구, 분석방법을 활용하고 각 평가방법의 장점과 한계를 인식해야 한다. 둘째, 역량(competence)이란 이해관계자들에게 자신이 유능한 평가자임을 보여 주는 것을 말한다. 평가자는 평가와 관련된 전문 지식, 기술, 풍부한 경험을 갖추어야 한다. 그리고 이러한 평가능력의 범위 안에서 무리하지 말고 평가를 수행해야 한다. 셋째, 진실성(integrity)이란 모든 과정 중에 평가자가 진실하고 정직한 행동을 보이는 것을 의미한다. 평가자는 이해관계자들에

---

6) 미국의 평가 전문가들이 참여해서 평가의 전문성 향상을 위해 활동하는 단체

게 어떻게 평가를 수행하는지, 평가의 한계는 무엇인지, 예상하는 결과 등에 관해 명확하게 의견을 밝히고, 만약 여러 가치가 충돌할 경우 용기를 내서 솔직하게 자신이 추구하는 가치를 말해야 한다. 또한 평가 결과를 있는 그대로 보고하고 평가 결과가 잘못 활용되지 않도록 예방해야 한다. 넷째, 인간에 대한 존중(respect for people)이란 평가자가 프로그램 참여자의 안전을 추구하고 인간 존엄성과 개인 가치를 존중하는 것을 말한다. 또한 프로그램 참여자의 비밀보장을 준수하고 평가와 관련해서 발생할 수 있는 부정적인 영향으로부터 프로그램 참여자를 보호해야 한다. 끝으로, 공공선과 평등(Common Good and Equity)이란 평가자가 다양한 공공 이익과 가치를 고려하는 것을 의미한다. 평가과정에서 불평등 이슈가 발생하지 않도록 관리하고 혹시라도 이해관계자들의 이익 간에 충돌이 발생할 때 공공의 이익을 우선적으로 추구해야 한다.

실무 연습 문제

프로그램 평가계획을 설계하기

다음은 어느 '발달장애인의 탄력성 증진 프로그램'의 평가계획을 수립한 표이다. 이 예시를 참고해서 아래 프로그램의 평가계획을 설계해 보자. 평가지표는 〈부록 5〉를 참조하시오.

구분	내용	평가지표	평가도구	평가방법
성과목표 1	발달장애인이 지역시설 이용을 통해 지역사회 적응력을 증진한다.	지역사회적응력 정도	지역사회활동 횟수	목표 대비 실적 평가
성과목표 2	발달장애인과 가족이 가족캠프에 참여해서 가족탄력성을 증진한다.	가족탄력성 수준	면접지	초점집단면접
성과목표 3	지역 주민-발달장애인 파트너십을 통해 지역 지지체계를 구축한다.	지역 지지체계 점수	만족도 설문지	통계분석
산출목표 1	발달장애인 10명을 대상으로 지역탐방활동을 10회 실시한다.	참가자 수 (연인원수[7])	수치 세기	목표 대비 결과 평가
산출목표 2	발달장애인 가족 10가구를 대상으로 가족캠프를 1회 실시한다.	참가자 수 (연인원수)	수치 세기	목표 대비 결과 평가
산출목표 3	지역 주민-장애인 10커플을 대상으로 짝꿍활동을 10회 제공한다.[8]	참가자 수 (연인원수)	수치 세기	목표 대비 결과 평가

〈노인 디지털 역량 향상 프로그램〉

구분	내용	평가지표	평가도구	평가방법
성과목표 1	노인이 컴퓨터 교실을 통해 컴퓨터 활용능력을 증진한다.			
성과목표 2	노인이 AI 교육에 참여해서 AI 활용능력을 향상한다.			
성과목표 3	노인이 SNS 활동을 통해 사회적 소외감을 감소한다.			
산출목표 1	노인 15명을 대상으로 컴퓨터 교실을 20회 실시한다.			
산출목표 2	노인 15명을 대상으로 AI 활용교육을 15회 실시한다.			
산출목표 3	노인 5명을 선발해서 유튜브 영상을 5건 제작한다.			

---

7) 연인원이란 '실인원수 × 횟수'를 계산한 값이다.
8) 이 경우 실인원은 10명이고 실시 횟수는 10회이므로 연인원은 100명이다.

명예를 회복하는 길

소감문 거짓보고 사건은 순식간에 복지관 직원들에게 퍼져 나갔다. 나는 부끄러워 얼굴을 들고 다닐 수 없었다. 그동안 나를 위해 애써 주신 안해용, 김잡스, 이순신 선생님께 너무나 미안했다. 다행히 팀장님께서는 금방 화를 푸셨다. "어차피 선생님은 초보니까. 그런 실수는 할 수 있습니다. 다음부터는 조심하세요." 내가 초보라는 말씀에 더욱 속상했다. 나는 다시 초보 사회복지사가 된 것이다. 눈에 띄는 변화는 나귀염 선생님이 더 이상 나를 좋아하지 않게 된 것이다. 날 피하는 것 같다. 멋진 모습을 보인 후 데이트 신청을 하고 싶었는데…… 나는 부장님께 상담을 요청했다. 똑똑! "부장님, 저 최고야입니다." "네, 들어오세요." 이몽룡 부장님은 여전히 남루한 차림이었고 신분이 높아 보였다. "부장님, 저는 이제 어떻게 해야 할까요?" "최고야 선생님 얘기는 이미 보고를 받아서 알고 있습니다. 명예를 회복하고 싶으시죠? 두 사람을 찾아가서 그들로부터 전문성을 전수 받으시길 바랍니다. 먼저 만날 사람은 지역복지팀의 장영실 팀장입니다. 연락해 두었으니 지금 바로 찾아가세요."

"평가는 사이언스, 즉 과학입니다." 장영실 팀장님은 나를 보자마자 대뜸 이렇게 말씀하셨다. 그리고 속사포처럼 말을 이어 갔다. "평가는 적당히 감으로 하는 것이 아니라 에비던스(evidence), 즉 증거를 가지고 하는 것입니다. 모든 성과는 숫자로 측정되어야 하고, 객관적이고 과학적인 분석방법, 예를 들면 통계 프로그램을 활용해서 클라이언트의 변화를 보고해야 합니다. 어설픈 소감문 작성으로 프로그램 성과를 입증할 수 있다구요? 하하. 양적평가에 능숙해져야 합니다. 심리검사, 설문조사 등의 측정도구를 많이 알고 있어야 하고, 동시에 엑셀이나 SPSS와 같은 분석도구도 실제 사용할 수 있어야 합니다. 만약 최고야 선생님이 만족도 조사를 실시했다면 1명이 매우 불만족이라 응답해도 나머지 청소년들이 만족했다고 응답했으므로 전체적으로 높은 만족도 점수로 그 성과가 입증되었을 것입니다." 이 말에 나는 귀가 번쩍 뜨였다. "네? 만족도 조사를 했다면 제 프로그램의 성과가 입증되었을 것이라구요? 장영실 팀장님, 저 좀 도와주세요. 어떻게 하면 양적평가의 고수가 될 수 있나요?"

양적평가는 프로그램 평가를 위해 숫자로 된 자료를 통계적으로 분석하는 방법이다. 양적평가의 가장 큰 장점은 자료의 객관성이 높고 그로 인해 평가 결과에 대한 신뢰를 얻기가 수월하다는 점이다. 그런 의미에서 지금 사회복지 현장에서는 프로그램 성과를 입증하기 위해 양적평가 기법에 대한 관심이 높다. 이 장에서는 현장에서 활용할 수 있는 여러 가지 양적평가 기법을 소개하고자 한다.

1. 측정도구 활용

측정도구란 양적평가를 위한 도구를 의미한다. 측정도구를 활용해서 프로그램 참여자의 특성을 측정하는 능력은 프로그램 평가의 기초 능력이다. 양적평가의 첫 단추는 측정에서 시작되므로 측정도구를 활용할 수 있는 방법을 아는 것은 대단히 중요하다.

1) 세 가지 측정도구

만약 어떤 사람이 자신의 체중을 알고 싶으면 체중계라는 측정도구를 사용해서 체중을 구하듯이, 사회복지사는 인간의 심리사회적 속성을 측정할 때 측정도구를 사용해야 한다. 사회복지 현장에서 사용하는 측정도구는 크게 세 가지로 구분된다.

(1) 수치 세기(수량 집계)

수치 세기(numeric counts)란 실적을 세는 것을 뜻한다. 예를 들어, 프로그램 참여자 수, 서비스 제공 횟수, 서비스 참여 시간 등과 같이 프로그램의 산출물(output)을 숫자로 측정하는 것을 의미한다. 만약 어떤 아동의 사회성을 평가할 때 수치 세기를 활용해서 측정한다면, 친구의 수, 친구를 만난 횟수 등을 측정하면 된다. 수치 세기는 가장 손쉽게 측정할 수 있는 방법이다.

(2) 표준화 척도

표준화 척도(standardized scale, 혹은 표준화 검사)란 신뢰도와 타당도가 이미 증명되어 있어 인간의 행동, 성격, 인지, 태도, 만족, 감정 등을 손쉽게 측정할 수 있는 도구를 의미한다(엄명용, 조성우, 2005). 표준화 척도는 학자들이 이론적 근거를 가지고 문항을 개발한 다음, 많은 표본을 대상으로 검사를 한 후 논문으로 발표하거나 유료로 출판한다. 여기서 표준화란 문항, 측정절차, 해석방식을 사전에 정했다는 뜻이다. 일반적으로 표준화 척도에는 도구의 목적, 신뢰도와 타당도 결과, 측정 방법, 해석기준 등이 안내문으로 함께 제시되어 있다.

여기서는 표준화 검사의 예시로 양옥경과 이민영(2003)이 개발한 가족관계척도(Family Relationship Scale: FRS)를 제시한다. 이 척도는 총 24개 문항으로 구성되어 있고, 5점 리커트 척도를 사용해서 가족관계를 측정한다. 총점이 높을수록 가족관계가 좋다. 따라서 만약에 어떤 프로그램의 목표가 가족관계를 증진시키는 것이라면, 이 측정도구를 사용해서 프로그램 참여자들의 가족관계를 측정하면 된다.

(3) 비표준화 척도(평정척도)

비표준화 척도란 표준화되지 않은 모든 척도를 의미하는 것이다. 현장에는 평정척도(rating scale), 자기고정 평정척도(self-anchored rating scale), 목표 달성척도(Goal Attainment Scale: GAS), 체크리스트(checklist) 등과 같이 다양한 종류가 있고, 합의된 명칭도 없다. 이 책에서는 이해하기 쉽게 '평정척도'로 부르겠다. 표준화되지 않았다는 의미는 간단히 설명해서 측정도구의 신뢰도와 타당도가 객관적으로 엄격하게 분석되지 않은 것을 말한다.

그렇다면 왜 신뢰도와 타당도가 입증되지 않은 도구를 사용할까? 보통은 자신의 프로그램에 적합한 표준화 검사를 찾지 못한 경우나, 기존의 표준화 척도 문항을 수정하거나, 여러 척도의 문항 일부를 활용해서 새로운 척도를 만들 때 이 방법을 사용한다. 자신이 직접 제작하는 방법에 대해 현장에서 적절성에 대한 논쟁이 있지만, 모든 프로그램마다 표준화 척도를 사용하는 것은 불가능하므로 필요에 따라 간단한 체크리스트 형식의 측정도구를 직접 만들어 활용하는 것도 적절한 선택이 될 수 있다.

가족관계척도

다음 문항을 읽고 동의하는 정도에 따라 채점을 하시오.

전혀 그렇지 않다 = 1점
별로 그렇지 않다 = 2점
보통이다　　　 = 3점
약간 그렇다　　 = 4점
매우 그렇다　　 = 5점

____ 1. 우리 가족끼리는 대화가 잘 된다.

____ 2. 우리 가족은 각자의 친한 친구들을 잘 알고 있다.

____ 3. 우리 가족은 문제를 함께 잘 해결하려고 노력한다.

____ 4. 우리 가족은 서로에 대해 잘 알고 있다.

____ 5. 우리 가족은 각자의 감정에 대해 가족들에게 마음을 열고 허심탄회하게 이야기한다.

____ 6. 우리 가족은 도움이 필요할 때 언제든지 서로 도움을 청할 수 있다.

____ 7. 우리 가족은 여가시간을 함께 보내기를 좋아한다.

____ 8. 우리 가족은 서로 친밀하게 느낀다.

____ 9. 우리 가족은 서로 솔직하고 정직하다.

____ 10. 우리 가족은 서로 지지해 주고 격려해 준다.

____ 11. 우리 가족은 서로에게 생각과 느낌을 표현해 준다.

____ 12. 우리 가족에는 소외된 사람이 있다.

____ 13. 우리 가족은 서로 무시한다.

____ 14. 어떤 일이 잘되지 않을 때 우리는 가족 중 한 사람을 탓한다.

____ 15. 우리 가족은 문제해결을 위해 폭력을 사용한다.

____ 16. 어떤 일이 잘못될 때 우리는 서로 탓한다.

____ 17. 우리 가족은 개인을 인정하지 않는다.

____ 18. 우리 가족은 보다 다른 사람과 있는 것을 더 좋아한다.

____ 19. 가족의 일을 계획할 때 우리 가족 모두에게 발언권이 있다.

____ 20. 우리 가족은 서로를 있는 그대로 인정한다.

____ 21. 우리 가족은 서로의 감정을 존중한다.

____ 22. 우리 가족은 각각 자신의 행동에 책임을 진다.

____ 23. 우리 가족은 가족 간의 서로 다른 의견을 존중한다.

____ 24. 우리 가족은 규칙이나 기준을 고집하지 않는다.

* 12~18번 문항은 역채점해야 함

⊕ 그림 10-1　　**표준화 척도의 예**

출처: 양옥경, 이민영(2003).

몇 가지 평정척도의 예시를 살펴보도록 하자.

① 다문항 평정척도(체크리스트)

문항	매우 미흡	약간 미흡	보통	약간 우수	매우 우수
1. 자기 의견 말하기	①	②	③	④	⑤
2. I-메시지 사용하기	①	②	③	④	⑤
3. Stop Action 사용하기	①	②	③	④	⑤
4. 피드백 요청하기	①	②	③	④	⑤
5. 피드백 주기	①	②	③	④	⑤
6. 경청	①	②	③	④	⑤
7. 요약	①	②	③	④	⑤
8. 확인해 주기	①	②	③	④	⑤
9. 개방형 질문 요청하기	①	②	③	④	⑤
10. 공동의 주제 만들기	①	②	③	④	⑤

출처: Jordan & Kranklin (1995)에서 수정.

이 척도는 의사소통 기술을 평가하기 위해 개발된 척도로서 총 10개의 문항으로 구성되어 있다. 그리고 5점 리커트 척도로 점수 배점이 구성되어 있다. 복수형 문항의 장점은 동일한 개념을 반복적으로 측정하기 때문에 안정적으로 점수가 산출되어 척도의 신뢰도가 높다는 점이다. 문항의 내용이나 개수를 조절할 수 있고, 5점 척도를 7점, 4점, 3점 등으로 변경하는 것도 가능하다.

② 단일문항 평정척도

현재 자신의 삶에 대해 얼마나 만족하십니까?

매우 불만		보통		매우 만족
1	2	3	4	5

이 척도는 단일문항으로 구성된 척도이다. 따라서 이 척도의 장점은 간편한 사용이 가능하고 응답자도 편하게 응답할 수 있다는 점이다. 단점은 문항 수가 적어서 신뢰도가 낮을 수 있다는 점이다. 이를 보완하기 위해서는 1회만 측정하지 말고 여러 번 측정해서 시간에 따른 점수 변화 추세를 보고하거나 평균을 보고해야 한다. 척도의 세부 내용은 얼마든지 수정 가능하다.

③ 기능수준척도(Level of Function: LOF)

평가항목 A: 작업완성도

- 1수준: 제품을 처음부터 다시 포장할 정도로 문제가 많음
- 3수준: 제품 포장에 바로 보완 가능한 수준의 문제가 발생함
- 5수준: 제품을 완벽하게 포장함

평가항목 B: 작업시간

- 1수준: 5분 이내에 작업을 완수하지 못함
- 3수준: 3분 이내에 작업을 완수함
- 5수준: 1분 이내에 작업을 완수함

총점: _____ 점

기능수준척도는 심리사회적 속성을 측정하는 것이 아니라 눈으로 관찰 가능한 기능적 측면을 측정하는 척도이다. 예를 들어, 장애인 직업재활 프로그램, 노인신체기능 유지 프로그램, 아동의 자기위생관리 프로그램 등에서는 심리적 측면보다는 신체적 혹은 기능적 능력을 평가해야 한다. 이때 기능수준척도를 활용할 수 있다.

2) 평정척도를 직접 개발하기

만약 프로그램 평가에 필요한 표준화 척도를 구할 수 없으면 직접 개발해야 한다. 우선, 척도의 틀을 구성한다. 가장 전형적인 평정척도 양식은 〈표 10-1〉과 같다.

⬡ 표 10-1　발달장애인에 대한 태도를 측정하는 평정척도 양식(예)

문항	전혀 아니다	아니다	보통 이다	그렇다	매우 그렇다
1. 나는 발달장애인과 단둘이 있어도 어색하지 않다.	①	②	③	④	⑤
2. 나는 발달장애인에게 거리감을 느낀다.	①	②	③	④	⑤
3. 발달장애인과 함께 있으면 마음이 불편하다.	①	②	③	④	⑤
4. 발달장애인은 할 수 있는 일이 없다.	①	②	③	④	⑤
5. 발달장애인의 가정환경은 불우하다.	①	②	③	④	⑤
6. 발달장애인은 나와 뭔가 다르다.	①	②	③	④	⑤
7. 나는 길에서 발달장애인과 대화를 나눌 수 있다.	①	②	③	④	⑤
8. 만약 길에서 발달장애인이 길을 물어본다면 설명해 줄 수 있다.	①	②	③	④	⑤
9. 만약 필요하다면 나는 발달장애인에게 도움을 청할 수 있다.	①	②	③	④	⑤
10. 나는 발달장애인과 함께 일할 수 있다.	①	②	③	④	⑤

그다음 문항을 작성한다. 문항을 작성하는 방법에는 다음과 같이 몇 가지가 있다. 첫째, 이론적 근거를 가지고 작성하는 것이다. 예를 들어, 발달장애청소년과 비장애청소년의 통합캠프 프로그램을 평가하기 위한 평정척도를 만들고자 한다면, 장애인에 대한 인식이나 편견에 대한 논문과 전문서적을 읽고 거기에서 정의하는 개념을 활용해서 문항을 만든다. 둘째, 프로그램 이용자를 대상으로 면접과 관찰을 통해 어떤 행동과 생각을 하는지 조사하고 그 내용을 문항으로 만든다. 예를 들어, 비장애청소년들과 면접을 하면서 발달장애인에 대해 어떤 생각, 느낌, 행동을 보이는지 조사하는 것이다. 셋째, 가장 간편한 방법은 기존 표준화 척도의 문항을 참고해 적절히

수정해서 사용하는 것이다. 세 번째 방법이 가장 간편하고 현실적으로 활용 가능한 방법이다. 예를 들어, 기존의 장애인에 대한 태도 척도의 문항을 참고로 내 프로그램에 참가하는 비장애청소년을 측정하는 문항을 만드는 것이다.

문항이 완성되면 간단하게 타당도와 신뢰도를 검토해야 한다. 먼저, 타당도를 확인하는 방법에는 크게 사람이 판단하는 방법과 통계로 분석하는 방법이 있다. 일상적인 업무 용도라면 정교한 통계분석을 사용할 필요 없이 사람의 판단을 받는 방법을 사용한다. 동료나 자원봉사자가 문항검토를 의뢰하는 방법을 안면타당도(face validity, 액면타당도)라 한다. 그리고 전문가에게 의뢰해서 정교하게 문항내용을 검토받는 방법을 내용타당도(content validity)라 한다. 만약 직접 개발한 척도가 간단히 사용할 수준이라면 안면타당도 검토를 받아 문제없는 문항들만 사용하면 된다. 그리고 중요한 프로그램의 평가에서 사용하는 척도라면 가급적 관련 분야 박사학위를 소지한 전문가에게 의뢰해서 내용타당도 검토를 받아 사용하면 된다. 내용타당도 의뢰 양식은 다음과 같다(214쪽 참조). 이 양식을 활용해서 타당한 것으로 판명된 문항을 사용한다.

다음으로 신뢰도를 분석한다. 신뢰도는 프로그램 참여자 혹은 참가예정자를 대상으로 응답을 받는다. 인원수는 정해진 것은 없으나 가급적 30명 이상이 권장된다. 응답 자료는 통계 프로그램을 활용해서 신뢰도 계수를 산출한다. 일반적으로 크론바흐의 알파계수가 적절하다. 적합한 신뢰도 점수의 기준은 특별히 없다. 일반적으로 0.80 이상이 권장되나, 다소 낮은 수준(0.60~0.70)이라도 현장에서 사용하는 데 큰 문제는 없다(Jordan & Kranklin, 1995). 이렇게 타당도와 신뢰도 분석을 마쳤으면 이제 자신이 개발한 척도를 프로그램 평가를 위해 사용해도 좋다.[1]

---

1) 이러한 과정은 학술연구용이 아니라 통계에 대한 체계적인 지식이 부족한 현장실무자를 대상으로 소개한 내용임을 밝힌다.

발달장애인에 대한 태도 척도의 내용타당도 검토 의뢰서

다음 척도는 발달장애인에 대한 태도를 측정하기 위해 개발한 문항입니다. 프로그램 성과목표 및 측정개념에 대한 정의를 검토하신 후 각 문항의 내용타당도를 평가해 주십시오.

프로그램명	장애청소년과 비장애청소년 통합캠프 '오늘도 같이'
성과목표	비장애청소년들이 통합캠프 활동을 통해 발달장애청소년에 대한 긍정적 태도를 증진한다.
측정개념	발달장애인에 대한 태도
정의	발달장애인에 대한 긍정적 혹은 부정적 반응으로서 감정적 · 행동적 · 인지적 측면으로 구성된다.

문항	타당함	타당하지 않음
1. 나는 발달장애인과 단둘이 있어도 어색하지 않다.		
2. 나는 발달장애인에게 거리감을 느낀다.		
3. 발달장애인과 함께 있으면 마음이 불편하다.		
4. 발달장애인은 할 수 있는 일이 없다.		
5. 발달장애인의 가정환경은 불우하다.		
6. 발달장애인은 나와 뭔가 다르다.		
7. 나는 길에서 발달장애인과 대화를 나눌 수 있다.		
8. 만약 길에서 발달장애인이 길을 물어본다면 설명해 줄 수 있다.		
9. 만약 필요하다면 나는 발달장애인에게 도움을 청할 수 있다.		
10. 나는 발달장애인과 함께 일할 수 있다.		

[의견]

척도에 대한 전반적 의견을 작성해 주십시오.

이상과 같이 내용타당도를 검토함.

년   월   일

사회복지학 박사 ○○○   (인)

2. 목표 대비 결과 평가

목표 대비 결과를 계산하는 것은 사회복지 현장에서 가장 흔하게 사용하는 평가기법이다. 이것은 경영학의 목표관리제(Management By Objectives: MBO)에서 활용하는 방법으로, 성과목표를 정하고 실적으로 산출한 후 목표 대비 결과를 계산함으로써 성과를 측정하는 것이다.

$$성과 = \frac{결과}{목표}$$

예를 들어, 프로그램의 목표 참가 인원수가 30명이고 실제 참여자가 28명이라면, 다음과 같이 93.3%의 성과를 거둔 것이다.

$$성과 = \frac{결과}{목표} = \frac{28명}{30명} \times 100 = 93.3\%$$

다른 예시로 프로그램 서비스 제공 목표량이 70건이고 결과가 75건이라면 실제로는 107.1%의 성과를 거둔 것이다. 이때 107.1%로 보고서에 작성할지, 아니면 100.0%로 작성할지는 기관의 자체 판단으로 결정하는 것이 좋다.

$$성과 = \frac{결과}{목표} = \frac{75건}{70건} \times 100 = 107.1 ≒ 100\%$$

목표 대비 결과는 통상적으로 인원수나 횟수와 같은 정량지표를 활용할 때 사용하나, 경우에 따라서는 심리척도 점수와 같이 정성지표를 활용할 때도 사용할 수 있다. 예를 들어, 어느 프로그램에서 프로그램 만족도 척도를 사용할 때 목표 점수는 80점이고 실제 조사한 점수가 77점이라면 96.3%의 성과를 거두었다고 본다.

$$성과 = \frac{결과}{목표} = \frac{77점}{80점} \times 100 = 96.3\%$$

목표 대비 결과 평가에서 성과를 보고하는 방식은 다양하다. 예를 들어, 앞의 경우와 같이 96.3%의 결과가 도출되었다면, 다음과 같이 보고할 수 있다.

- "분석 결과, 96.3%의 성과가 나타났다."
- "분석 결과, 성과점수(performance score)는 96.3점이다."
- "분석 결과, 성과지수(performance index)는 0.963이다."

3. 실험설계: 단일집단 전후설계

최근 평가 분야에서 증거기반 실천(evidence-based practice)이 강조되고 있다. 증거기반 실천이란 증명 가능한 과학적인 조사방법을 활용해서 사회복지 개입의 성과를 객관적으로 입증하는 활동을 의미한다. 증거기반 실천 분야에서 가장 환영받는 평가기법이 바로 실험설계를 활용하는 것이다. 왜냐하면 실험설계를 사용하면 정말 개입으로 인해 변화가 발생하는지, 즉 인과성(causality)을 명확하게 설명할 수 있기 때문이다. 조사방법론에서는 인과성을 명확히 밝힐 수 있을때 내적타당도가 높다고 말한다. 설문조사, 관찰, 면접 등의 다른 평가기법에 비해 실험설계는 내적타당도가 높은 방법이다. 실험설계는 매우 다양한 종류가 있고, 사회복지 현장에서 쉽게 적용할 수 있는 대표적인 방법이 단일집단 전후설계(one group pretest-posttest design)이다.

이것은 집단 프로그램의 효과성을 분석하는 가장 대표적인 실험설계 방법이다. 이 방법은 프로그램 참가집단을 대상으로 프로그램 시작 전에 측정(O_1)하고, 프로그램 종결 후에 다시 측정(O_2)해서 O_1과 O_2의 차이를 통해 점수의 변화를 분석하는 방법이다.

	O_1	X	O_2

⊕ 그림 10-2   **단일집단 전후설계 모형(O: 측정, X: 프로그램)**

단일집단 전후설계를 활용하기 위해서는 먼저 프로그램을 시작하기 전에 참여자들을 대상으로 측정도구(척도, 수치 세기)를 활용해서 측정한다. 그리고 프로그램이 종결한 후에 다시 측정을 해서 자료를 수집한다.

만약 가족관계 증진 프로그램에 참여한 20명의 사람들을 대상으로 앞서 소개한 가족관계척도(FRS)로 측정한 결과, 다음과 같이 자료가 수집되었다고 하자(〈표 10-2〉 참조).

〈표 10-2〉와 같은 자료를 분석하기 위해서는 간단히 계산할 수 있는 기술통계 방법을 활용하거나 통계 프로그램을 이용하는 추리통계방법을 활용해야 한다. 각각에 대해 설명하면 다음과 같다.

⬡ 표 10-2   **가족관계척도 점수**

참여자	A	B	C	D	E	F	G	H	I	J	K	L	M	N	O	P	Q	R	S	T
사전 점수	30	40	42	42	40	45	52	45	48	45	50	52	60	55	50	45	60	62	65	68
사후 점수	35	40	35	45	46	48	50	50	52	54	55	54	55	58	60	60	65	65	70	72

1) 비율 분석

가장 초보적인 방법은 전체 참여자 중에서 점수가 바람직한 방향으로 변화한 사람이 차지하는 비율(%)을 제시하는 것이다. 예를 들면, 〈표 10-3〉과 같이 보고서를 작성하면 된다.

⬡ 표 10-3   보고서 예시 ①

프로그램 효과성 분석 결과

〈표〉 가족관계척도 점수와 변화방향

참여자	A	B	C	D	E	F	G	H	I	J	K	L	M	N	O	P	Q	R	S	T
사전 점수	30	40	42	42	40	45	52	45	48	45	50	52	60	55	50	45	60	62	65	68
사후 점수	35	40	35	45	46	48	50	50	52	54	55	54	55	58	60	60	65	65	70	72
점수 증감	+	△	-	+	+	+	-	+	+	+	+	+	-	+	+	+	+	+	+	+

프로그램 참여자를 대상으로 가족관계척도로 측정한 결과, 전체 참여자 20명 중에서 가족관계 점수가 증가한 참여자는 16명으로 나타났다. 따라서 $\frac{16명}{20명} \times 100 = 80$이므로 80%의 성과를 거두었다고 볼 수 있다.

이 분석방법의 장점은 누구나 손쉽게 계산할 수 있을 만큼 쉽다는 점이다. 그에 비해 1점 변화한 사람과 10점 변화한 사람의 차이를 결과에 전혀 반영하지 못하는 단점이 있다. 즉, 분석이 정교하지 못하다.

2) 평균 비교

손쉽게 활용할 수 있는 또 다른 방법은 사전점수의 평균과 사후점수의 평균을 그래프와 함께 제시하는 것이다. 〈표 10-4〉와 같이 보고서를 작성하면 된다.

이 방법은 매우 간편하게 사전점수와 사후점수의 차이를 분석할 수 있는 장점이 있어 현장에서 바로 사용할 만하다. 다만, 이 사례에서 사전점수와 사후점수의 평균 차이가 약 3.7점이 발생했는데, 이 정도 점수 차이가 우연에 의한 작은 오차인지, 아니면 진정으로 의미 있는 변화를 나타내는 차이인지 확신 있게 의사결정하기 어렵다는 한계가 있다.

⬡ 표 10-4   보고서 예시 ②

프로그램 효과성 분석 결과

〈표〉 가족관계척도 점수

참여자	A	B	C	D	E	F	G	H	I	J	K	L	M	N	O	P	Q	R	S	T	평균 점수
사전 점수	30	40	42	42	40	45	52	45	48	45	50	52	60	55	50	45	60	62	65	68	49.80점
사후 점수	35	40	35	45	46	48	50	50	52	54	55	54	55	58	60	60	65	65	70	72	53.45점

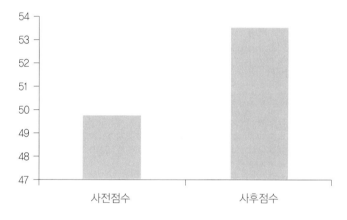

[그림] 점수 변화 그래프

프로그램 참여자를 대상으로 가족관계척도의 사전점수와 사후점수를 비교한 결과, 사전점수의 평균은 49.80점이고 사후점수의 평균은 53.45점으로 나타났다. 점수가 3.65점 증가했다. 따라서 프로그램을 통해 참여자들의 가족관계가 향상되었음을 알 수 있다.

3) 추리통계: 대응표본 t검증

좀 더 수준 높은 방법은 추리통계를 활용하는 것이다. 추리통계의 장점은 크게 두 가지이다. 첫째, 사전점수와 사후점수 간의 차이가 우연에 의한 오차인지, 아니면 의미 있는 변화인지 확실하게 의사결정할 수 있다. 둘째, 추리통계에서는 프로그램 참여자를 일종의 표본으로 간주하고 표본에 대한 분석 결과를 전체 프로그램 참가대상 (모집단)에게 확대 적용할 수 있는 강점이 있다. 따라서 추리통계에서 사전점수와 사후점수 간에 의미 있는 차이가 발생하면, 그것은 현재 프로그램 참여자에게만 적용되는 결론이 아니라 전체 모집단(지역 주민) 중 누구라도 이 프로그램에 참여하면 동일한 변화를 경험할 수 있다는 주장을 할 수 있게 된다.

단일집단 전후설계에서 사용하는 추리통계 기법 중 대표적인 방법은 대응표본 t검증이다.[2] 대응표본 t검증을 할 때는 먼저 연구가설과 영가설을 설정해야 한다.

- 연구가설: 사전점수와 사후점수에는 차이가 있다.
- 영가설: 사전점수와 사후점수에는 차이가 없다.

프로그램 담당자가 주장하는 가설을 연구가설이라 하고, 실제 통계분석을 사용해서 검증하는 가설을 영가설이라 한다. 대응표본 t검증을 컴퓨터로 수행하면 유의확률(probability)이 산출된다. 일반적으로 이 값이 0.05보다 작으면 영가설은 틀렸다고 판단할 수 있다.[3] 영가설이 틀리면 연구가설이 지지된다. 〈표 10-5〉는 대응표본 t검증을 활용해서 분석한 보고서 예시이다.

결과를 보면 우선 사전점수와 사후점수의 평균 차이가 3.65점으로 나타났는데, 추리통계 결과에서는 대응표본 t검증의 유의확률값이 0.05보다 적게 나타났다. 따라서 이 정도의 변화는 단순한 오차가 아니라 분명한 변화이며, 프로그램 참가집단에게만 나타나는 변화가 아니라 지역사회 주민 중 누구라도 프로그램에 참여하면 동일한 결과를 얻을 것으로 확대해석할 수 있다. 이렇듯 추리통계를 활용한 실험설계 분석방법은 매우 강력하다.

---

2) 만약 프로그램 참가 인원수가 10명 미만 정도의 소집단이라면 대응표본 t검증보다는 비모수 통계 중 월콕슨부호순위검증을 사용하기를 권장한다.

3) 대응표본 t검증에 대한 상세한 분석과정과 해석방법은 통계수업에서 학습하기를 권장한다.

⬡ **표 10-5**　보고서 예시 ③

<h2 style="text-align:center">프로그램 효과성 분석 결과</h2>

단일집단 전후 비교설계를 활용해서 프로그램 참여자 20명의 점수 변화를 분석한 결과는 다음과 같다.

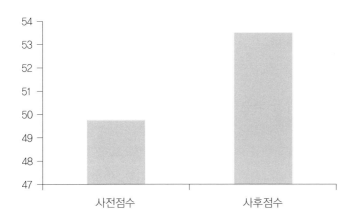

[그림] 점수 변화 그래프

〈표〉 분석 결과

평균		대응표본 t검증	
사전점수	사후점수	통계값	유의확률
49.80 (±9.61)	53.45 (±10.36)	t=-3.35	0.00

프로그램 참여자를 대상으로 가족관계척도의 사전점수와 사후점수를 비교한 결과, 사전점수의 평균은 49.8점이고 사후점수의 평균은 53.5점으로 나타났다. 프로그램 참가 이후 점수가 3.65점 증가했다. 이러한 점수 변화가 통계학적으로 분명한 변화인지 확인하기 위해 대응표본 t검증을 실시한 결과, 통계적으로 유의미한 변화가 확인되었다(t=-3.35, p=0.00). 따라서 프로그램 효과가 있다고 볼 수 있다.

4. 서비스 만족도 조사

만족도 조사는 프로그램 평가에서 빼놓을 수 없는 대표적인 평가기법이다. 실제 대부분의 프로그램 결과보고서는 만족도 분석 결과를 포함하고 있다. 그러나 체계적으로 만족도를 조사한 보고서를 찾기 힘들다. 그 이유는 피상적으로 만족도 조사를 이해하고 있기 때문이다.

1) 왜 만족도 조사를 하는가

클라이언트가 프로그램을 이용하면 어떤 방식으로든 긍정적 혹은 부정적 감정을 보이게 된다. 그런 의미에서 서비스 만족도는 '클라이언트가 서비스 과정과 결과에 갖게 되는 평가적 반응'으로 정의할 수 있다. 만족도 조사를 하는 이유는 다음과 같다.

첫째, 만족도 조사는 프로그램을 얼마나 잘 운영했는지와 그로 인해 실제 클라이언트에게 도움이 되었는지를 알려 주기 때문이다. 둘째, 외부의 이해관계자들에게 성과를 입증하는 데 간편하게 활용할 수 있는 손쉬운 방법이기 때문이다. 만족도 조사는 매우 단순한 조사이기 때문에 누구나 그 결과를 쉽게 이해할 수 있다. 셋째, 만족도 조사는 사회복지서비스 철학에 적합한 평가방법이다. 클라이언트 입장에서 프로그램을 통해 얼마나 만족했는지를 질문하는 것은 클라이언트에 대한 존중을 표현하는 매우 유용한 방법이다.

2) 만족도 측정도구 선택 방법

크게 세 가지 방법이 있고, 그중에서 세 번째 방법을 권장한다.

(1) 설문지 베끼기

이 방법은 현장에서 가장 많이 사용하는 방법으로서 남들이 사용하던 만족도 설문지를 수정해서 사용하는 것이다. 다른 프로그램에서 사용한 만족도 설문지를 내 프로그램에 맞게 적절하게 편집해서 사용한다. 가장 손쉬운 방법이지만, 뭔가 체계성이 없고 왜 이 설문문항을 사용했는가에 대해 자신 있게 답하기 어렵기에 권장하지 않는다.

(2) 표준화 척도 사용

공인된 표준화 만족도 척도를 사용하는 것이다. 예를 들어, '한국판 사회복지서비스 이용자 만족도 척도(CSI-K)'를 사용하는 것이다.[4] 이 경우 신뢰도와 타당도가 높아서 안심하고 사용할 수 있다. 그러나 이러한 표준화 척도는 모든 서비스에서 공통적으로 경험할 수 있는 만족사항을 질문하기 때문에 자신이 담당하는 프로그램에 최적화된 항목이 부족하다는 한계가 있다.

(3) 현장 개발

앞의 방법들은 각기 한계점이 있다. 이제 현실적인 대안을 제시한다. 이것은 손쉽게 문항을 만들 수 있으면서도 논리성과 체계성을 갖춘 방법이다. 바로 논리모델을 활용해서 직접 개발하는 것이다.

3) 논리모델을 활용한 문항 개발

논리모델은 과정평가와 성과평가의 관점을 제공한다. 과정평가에 중요한 것은 서비스 품질이고, 성과평가에서 중요한 것은 클라이언트 변화이다. 따라서 만족도 측정도구 문항을 만들 때 이러한 두 영역이 내용적으로 반영되도록 만들면 된다.

---

4) 부록 6에 제시했다.

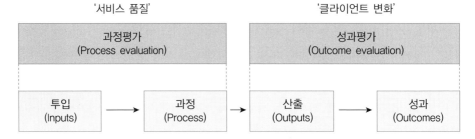

'서비스 품질'

'클라이언트 변화'

| 과정평가 (Process evaluation) | 성과평가 (Outcome evaluation) |

| 투입 (Inputs) | → | 과정 (Process) | → | 산출 (Outputs) | → | 성과 (Outcomes) |

⊕ 그림 10-3 　논리모델에서 제시하는 두 가지 평가영역

각 체계별로 조사할 수 있는 만족도 요소들은 〈표 10-6〉과 같다.

⊙ 표 10-6　논리모델 체계의 만족도 요소

체계	만족도 요소
투입	• 인적 자원: 전문성, 자격증, 인원수 • 물적 자원: 장소, 기자재, 도구, 장비, 시설, 환경, 위치 • 금전자원: 이용료 • 정보자원: 유인물, 홍보매체 • 시간자원: 프로그램 시간
과정	• 신청 절차 • 전문가의 대응, 공감, 지원, 이해 • 프로그램 진행 방식
산출	• 참여자 수 실적 • 서비스 이용 횟수 실적 • 활동량 • 과제량
성과	• 인지, 행동, 감정, 지위, 환경의 변화 • 전반적 만족 • 현재의 이익 • 기대되는 이익

　　다음은 논리모델을 활용해서 개발한 만족도 설문지 예시이다. 1~9번 문항은 과정평가용 문항이고, 10~15번 문항은 성과평가용 문항이다. 이렇게 영역을 분리해서 제시하면 응답자들은 질문의 의도를 좀 더 잘 이해해서 답변할 수 있다. 측정은 리커트 5점 척도를 사용하고 있지만 4점 척도를 사용해도 상관없다. 아동이나 노인을 대상으로 조사할 경우 2점 척도를 사용해도 좋으며, 설문지를 배포해서 직접 응답하게 하는 것보다는 조사자가 일대일로 문항을 안내하며 응답을 받는 것이 더 좋다.

청소년 리더십 향상 프로그램 만족도 조사

안녕하세요. 이 설문지는 이번에 여러분이 참여한 청소년 리더십 향상 프로그램 만족도를 조사하기 위한 질문지입니다. 여러분께서 응답한 내용은 조사 목적을 위해 통계 자료로만 사용될 뿐, 그 외의 목적으로 사용되는 일은 절대 없을 것을 약속드리며, 조사는 익명으로 진행되오니 솔직하게 응답하여 주시기 바랍니다. 이 설문에 응해 주셔서 진심으로 감사드립니다.

담당자: ○○○ 서비스제공팀 사회복지사

◆ 다음은 프로그램 운영 과정에 대한 질문입니다.

문항	전혀 아니다	아니다	보통 이다	그렇다	매우 그렇다
1. 프로그램실 환경이 활동하기에 적절하다.	①	②	③	④	⑤
2. 마이크, 빔 프로젝트, 책걸상 등 기자재가 잘 구비되어 있다.	①	②	③	④	⑤
3. 프로그램 자료(교재)의 질이 좋았다.	①	②	③	④	⑤
4. 강사 선생님이 전문성을 갖추었다.	①	②	③	④	⑤
5. 프로그램 신청 절차에 대해 만족한다.	①	②	③	④	⑤
6. 프로그램이 계획대로 잘 운영되었다.	①	②	③	④	⑤
7. 프로그램 내용이 리더십 개발을 잘 반영하고 있다.	①	②	③	④	⑤
8. 참여자들의 관계가 친밀했다.	①	②	③	④	⑤
9. 강사 선생님이 참여자들의 질문에 잘 대답했다.	①	②	③	④	⑤

◆ 다음은 프로그램 참가 후 경험에 대한 질문입니다.

문항	전혀 아니다	아니다	보통 이다	그렇다	매우 그렇다
10. 모든 프로그램에 결석 없이 참여했다.	①	②	③	④	⑤
11. 모든 과제를 성실하게 제출했다.	①	②	③	④	⑤
12. 프로그램을 통해 리더십이 무엇인지 알게 되었다.	①	②	③	④	⑤
13. 프로그램을 통해 리더십을 향상하게 되었다.	①	②	③	④	⑤
14. 프로그램을 통해 친구들을 돕게 되었다.	①	②	③	④	⑤
15. 프로그램을 통해 섬기는 리더십을 배웠다.	①	②	③	④	⑤

◆ 프로그램에 대한 건의사항이나 기타 의견을 작성해 주십시오.

4) 몇 명을 조사해야 하는가

만족도 조사를 할 때 고려해야 할 사항 중 하나는 얼마나 많은 사람을 대상으로 조사를 하는가이다. 이와 관련해서 규정된 기준은 없으나 〈표 10-7〉을 보면 모집단 인원수에 적합한 표본 수가 제시되어 있다. 이를 참고해서 정하면 된다. 예를 들어, 프로그램 참가 인원수가 30명이라면 적합한 표본 수는 28명인데, 이때는 차라리 전수조사를 하는 것이 적절하다. 그리고 참가 인원수가 500명이라면 이때 적절한 표본 수는 대략 200명 정도 되므로 시간과 비용을 절약하기 위해서는 전수조사보다는 표본조사를 하는 것이 적절하다.

여기까지 양적평가에 활용되는 주요 평가기법들을 설명하였다. 정리하면 프로그램을 평가할 때, 다양한 측정 방법(표준화 척도, 비표준화 척도, 수치 세기)을 활용해서

🔹 표 10-7　모집단에 적합한 표본 크기

모집단	표본	모집단	표본	모집단	표본
10	10	220	140	1200	291
15	14	230	144	1300	297
20	19	240	148	1400	302
25	24	250	152	1500	306
30	28	260	155	1600	310
35	32	270	159	1700	313
40	36	280	162	1800	317
45	40	290	165	1900	320
50	44	300	169	2000	322
55	48	320	175	2200	327
60	52	340	181	2400	331
65	56	360	186	2600	335
70	59	380	191	2800	338
75	63	400	196	3000	341
80	66	420	201	3500	346
85	70	440	205	4000	351
90	73	460	210	4500	354
95	76	480	214	5000	357
100	80	500	217	6000	361
110	86	550	226	7000	364
120	92	600	234	8000	367
130	97	650	242	9000	368
140	103	700	248	10000	370
150	108	750	254	15000	375
160	113	800	260	20000	377
170	118	850	265	30000	379
180	123	900	269	40000	380
190	127	950	274	50000	381
200	132	1000	278	75000	382
210	136	1100	285	100000	384

출처: Krejcie & Morgan (1970).

측정자료를 수집한 후, '목표 대비 실적' '실험설계' '만족도 조사' 등의 방법을 사용해서 프로그램의 성과를 평가하면 된다.

5. 개인을 평가하는 방법: 단일사례설계

앞서 소개한 평가기법은 모두 집단 프로그램에서 활용하는 방법들이다. 만약 개인을 대상으로 평가하고 싶을 때는 어떻게 해야 하는가? 단일사례설계(single case design)는 개별 교육과 상담 프로그램에서 한 사례만을 대상으로 프로그램의 효과성을 평가하는 대표적인 방법이다. 이 방법의 원리는 개입 전에 반복측정을 하고, 개입 이후부터 반복측정을 하면서 점수의 변화가 나타나는지를 분석하는 방법이다. 단일사례설계는 주로 1명에 대해서만 조사하므로 사전과 사후에 1회씩 측정하면 그 값을 신뢰하기 어렵게 된다. 따라서 여러 번 측정해서 좀더 안정적인 값을 얻는 원리를 따른다.

$$O_1 \quad O_2 \quad O_3 \quad O_4 \quad O_5 \quad X \quad O_6 \quad O_7 \quad O_8 \quad O_9 \quad O_{10}$$

⊕ 그림 10-4   단일사례설계(O: 측정, X: 프로그램)

단일사례설계는 세부적으로 여러 유형의 설계가 가능하다. 사전에 측정하는 구간을 기초선 구간(A 구간)이라 하며, 프로그램이 제공되는 기간에 측정하는 구간을 개입 구간(B 구간)이라 한다. [그림 10-5]와 같이 기초선에서 어떤 표적 문제가 심각하게 나타나다가 프로그램을 통해 개입 이후에 표적 문제가 감소하게 되면 프로그램의 효과가 입증된다. 참고로 A 구간과 B 구간을 조합하면 ABA설계, ABAB설계, BAB설계 등 다양한 설계를 만들 수 있으나, 이러한 설계는 일반적으로 연구논문을 위해 필요하고, 실제 사회복지 현장에서는 AB설계를 주로 활용한다.

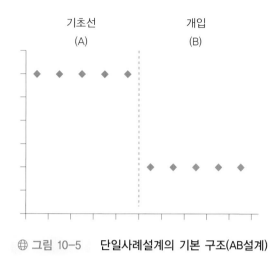

기초선　　　　　개입
(A)　　　　　(B)

⊕ 그림 10-5　　단일사례설계의 기본 구조(AB설계)

　어느 발달장애아동을 위한 일상생활훈련 프로그램에서 한 아동을 대상으로 스스로 옷 입기 훈련을 하고 있다고 하자. AB설계를 적용해서 우선 기초선 단계에서는 1일에 1회씩 총 5일 동안은 단순히 상의를 입는 데 걸리는 시간을 측정하였고, 그 후 7일 동안 상의 입기 훈련을 하며 측정하였다.[5] 그 결과는 〈표 10-8〉과 같다.

◇ 표 10-8　　상의를 입는 데 걸리는 시간

구간	기초선(A)					개입(B)								
측정시점	1	2	3	4	5	6	7	8	9	10	11	12	13	14
시간(초)	26	24	29	30	31	28	24	19	17	15	16	13	12	10

　이제 이와 같은 자료를 분석해서 프로그램의 효과성을 입증하는 방법을 설명하겠다.

① 그래프 분석
이 방법은 자료를 그래프로 그려서 개입 전과 후를 시각적으로 이해하는 방법이

───────────
5) 단일사례설계에서는 동일한 측정을 반복적으로 해야 하기 때문에 심리척도를 활용하지 않고 주로 눈으로 관찰 가능한 행동이나 기능 수준을 측정해서 분석한다.

다. 단일사례설계에서 가장 기본적으로 적용하는 분석방법이다. 이 방법의 장점은 누구나 변화를 쉽게 이해할 수 있다는 점이다. 그러나 만약 A 구간과 B 구간의 변화가 뚜렷하게 나타나지 않는다면 이 방법을 적용하기 어렵다. 무엇보다 이 방법은 기초선이 안정되어야 사용할 수 있다(〈표 10-9〉 참조).

☆ 표 10-9   보고서 예시 ①

프로그램 효과성 분석 결과

상의를 입는 데 걸리는 시간

구간	기초선(A)					개입(B)								
측정시점	1	2	3	4	5	6	7	8	9	10	11	12	13	14
시간(초)	26	24	29	30	31	28	24	19	17	15	16	13	12	10

[그림] 단일사례설계 변화 그래프

단일사례설계를 활용해서 클라이언트의 상의 입기 훈련을 실시한 결과, 기초선 구간에 비해 개입 이후의 그래프의 선이 낮아지는 것으로 나타났다. 따라서 훈련 서비스의 효과성이 확인되었다.

② 추세선 분석

추세선 분석은 과거의 자료를 근거로 미래의 값을 예측하는 원리를 따르고 있다.
이 방법은 우선 기초선의 추세를 파악한 후 추세선을 그리는 것이다. 추세선을 그리
는 가장 쉬운 방법은 기초선 구간을 절반으로 나눈 후, 영역 1과 영역 2의 평균을 각각
구해서 두 점을 지나는 선을 그리면 된다. 그리고 개입선이 이 추세선을 얼마나 넘어
서는지를 확인한다. 만약 개입선의 관찰 횟수 중 절반 이상이 추세선을 넘지 않으면
프로그램의 효과가 있다고 판단한다. 〈표 10-10〉의 보고서 예시를 참고하기 바란다.

◈ 표 10-10   보고서 예시 ②

프로그램 효과성 분석 결과

상의를 입는 데 걸리는 시간

구간	기초선(A)					개입(B)								
측정시점	1	2	3	4	5	6	7	8	9	10	11	12	13	14
시간(초)	26	15	24	18	25	28	24	19	17	25	16	24	12	10

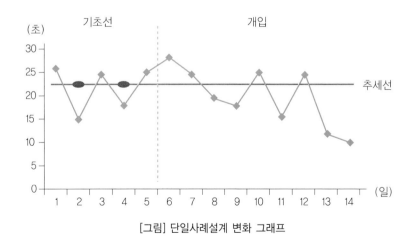

[그림] 단일사례설계 변화 그래프

단일사례설계를 활용해서 클라이언트의 상의 입기 훈련을 실시한 결과, 기초선이 불안정해서 추
세선을 그렸다. 개입 이후 9회의 측정 중에서 4회가 추세선보다 높았고 5회가 추세선보다 아래
에 있다. 따라서 훈련 서비스의 효과가 약간 있는 것으로 볼 수 있다.

실무 연습 문제

프로그램 만족도 분석하기

다음은 부모 대상 '행복한 자녀양육 프로그램'을 평가하기 위한 만족도 설문지와 참가자 부모 10명의 응답 자료이다. 이 프로그램의 성과목표 중 하나는 '양육에 대한 자신감 증진'이다. 만족도 분석을 통해 성과목표가 달성되었는지 확인해 보자. 엑셀이나 통계 프로그램을 사용해서 각 문항의 평균과 전체 문항의 평균을 분석하면 되며 5점 척도를 사용했으므로 평균 점수가 3점 이상이면 만족도가 높고 3점 미만이면 만족도가 낮다고 해석해 보자.

프로그램 만족도 설문지

자녀양육 프로그램 만족도 설문지					
문항	전혀 아니다	아니다	보통 이다	그렇다	매우 그렇다
1. 자녀와 대화할 때 사용할 수 있는 새로운 의사소통 기술을 배웠습니까?	1	2	3	4	5
2. 프로그램이 아이의 감정을 이해하는 데 도움이 되었나요?	1	2	3	4	5
3. 프로그램을 통해 자녀의 마음에 더 공감하게 되었나요?	1	2	3	4	5
4. 프로그램이 자녀와의 친밀감을 높이는 데 도움이 되었습니까?	1	2	3	4	5
5. 프로그램이 자녀의 행동을 관리하는 데 유용한 전략을 제공했습니까?	1	2	3	4	5
6. 프로그램이 자녀의 마음을 이해하는 데 도움이 되었습니까?	1	2	3	4	5
7. 프로그램이 자녀의 관점을 더 잘 이해하는 데 도움이 되었다고 느끼십니까?	1	2	3	4	5
8. 프로그램 참여 후 자녀와의 의사소통 능력에 자신감이 생겼습니까?	1	2	3	4	5
9. 프로그램에 참여한 후 자녀와 더 연결되어 있다고 느꼈습니까?	1	2	3	4	5
10. 프로그램을 통해 자녀와 가까워졌습니까?	1	2	3	4	5

응답 자료

응답자	문항 1	문항 2	문항 3	문항 4	문항 5	문항 6	문항 7	문항 8	문항 9	문항 10
가	4	5	4	4	4	5	4	4	4	4
나	5	4	5	5	5	5	5	5	5	5
다	3	3	4	3	4	4	3	3	3	3
라	4	4	3	3	3	4	4	4	4	4
마	5	5	5	5	5	5	5	5	5	5
바	4	4	4	4	4	4	4	3	4	4
사	3	3	4	4	4	4	4	4	4	4
아	5	5	5	5	5	5	5	5	5	5
자	4	4	3	3	3	4	3	3	3	3
차	5	5	5	5	5	5	5	5	5	5

제11화

오 마이 설리반

나는 지난 2주 동안 장영실 팀장님으로부터 혹독하게 평가기법 훈련을 받았다. 그리고 만족도 설문지를 직접 개발해서 만족도 조사를 실시했다. 역시 높은 만족도 점수가 도출되었다. 장영실 팀장님도 크게 기뻐해 주셨다. 그분은 나에게 진짜 양적평가의 고수가 되려면 실험설계와 통계검증을 공부해야 한다고 신신당부하셨고 같이 스터디를 하자고 제안해 주셨다. 그리고 난 이몽룡 부장님을 찾아갔다. "부장님. 이제 또 누구를 만나야 하죠?" "후후. 인사도 안 하고 만나자마자 질문은……. 자, 이제 얼마 전 시각장애인복지관에서 우리가 어렵게 초빙한 사례관리팀의 설리반 선생님을 찾아가서 질적평가를 배우고 오세요."

설리반 선생님은 참으로 온화한 분이다. "최고야 선생님. 저는 선생님이 참 좋습니다. 선생님께서 애써 주셔서 많은 청소년이 도움을 받고 우리 기관도 나날이 발전하고 있기 때문입니다." 이 말을 듣는 순간 나는 왠지 울컥했다. 그동안 마음 놓고 이야기하지 못했던 모든 어려움을 들어 주실 것만 같았기 때문이다. "최고야 선생님. 평가는 객관적이고 공정하게 수행해야 하므로 양적평가가 중요하지만, 양적평가는 인간의 변화를 숫자로만 보여 주기 때문에 언제나 차갑습니다. 프로그램에 참여한 사람들의 변화와 희망에 대한 이야기를 따뜻하게 전해 주는 질적평가도 우리 사회복지사에게 중요한 업무입니다. 질문 하나 해 보죠. 질적평가에서 가장 중요한 것이 무엇이라 생각하세요?" "음……. 경청입니다. 실천론 시간에 클라이언트의 입장에서 적극적으로 경청하는 것에 대해 배웠습니다." 설리반 선생님은 내 대답을 듣고 흐뭇하게 웃으며 말했다. "와. 놀라운데요. 맞습니다. 적극적인 경청은 질적평가에서 너무나 중요합니다. 역시 최고야 선생님은 프로그램 개발과 평가에서 A+를 받은 학생답습니다." "네? 그건 어디서 들으셨나요?" "우리 복지관에서 유명한 얘기입니다. 호호호. 그럼 이번에 좀 더 어려운 질문을 해 보겠습니다. 질적평가는 주로 면접을 통해 실시하잖아요. 상담과 질적평가는 많이 닮았습니다. 서로 대화하고, 경청하고, 때로는 공감도 표현해 줘야 합니다. 그렇다면 가장 큰 차이점이 무엇일까요?" 정말 그렇다. 질적평가와 상담은 너무나 비슷했다. 그런데 차이점은 잘 모르겠다. 대답을 못하자 설리반 선생님께서 가르쳐 주셨다. "상담은 클라이언트를 변화시키는 것을 목표로 하고, 질적평가는 클라이언트가 얼마나 변화했는지 알아내는 것을 목표로 합니다. 즉, 질적평가를 통해 클라이언트를 변화시키기 위한 시도를 해서는 안 됩니다. 이것만 지키면 사회복지사는 누구나 질적평가를 잘할 수 있습니다. 이미 기본 상담 능력을 갖추고 있기 때문입니다." '그렇다. 나는 상담을 좋아하고 어느 정도 훈련도 받았다. 이 방법을 활용해서 청소년들에게 무엇이 달라졌는지를 확인만 하면 된다. 오 마이 설리반! 질적평가도 해 볼 만하겠구나.' 나는 설리반 선생님께 감사인사를 드리고 바로 청소년들을 만나러 뛰어갔다.

1. 양적평가와 질적평가의 비교

그림을 보면 프로그램이 끝난 후에 사회복지사는 아동들에게 프로그램이 좋았는지 질문하고 있다. 그리고 모든 아동이 '네'라고 답을 하는 모습이 보인다. 즉, 100% 만족하고 있는 것으로 보인다. 여기까지가 양적평가에서 관심을 갖는 정보이다. 양적평가의 입장에서는 평가 결과의 객관성을 추구한다. 따라서 분석 결과를 얻기 위해서 누구나 신뢰할 수 있도록 숫자로 된 자료를 사용한다. 그러나 그림을 보면 아동의 생각은 각자 다르다. 이 생각을 상세하게 파악하는 일이 프로그램을 평가할 때 중요할까? 만약 그렇다면 우리는 질적평가를 수행해야 한다. 양적평가는 객관적인 사실에 관심을 갖는 반면, 질적평가에서는 사람들 각자의 인식 속에 들어 있는 주관적인 생각에 관심을 가진다. 따라서 질적평가에서는 아동들이 프로그램에 만족을 했다면 어떤 경험과 생각을 가지고 만족했는지에 대해 상세한 이야기를 듣고 싶어 한다.

양적평가에서는 객관적 사실을 제시하는 데 관심을 둔다. 객관적으로 제시할 수 없는 결과는 평가의 대상이 될 수 없다. 그러므로 객관성을 높이기 위해 양적평가에서는 많은 사람을 대상으로 조사한다. 불가피하게 한 명을 대상으로 조사할 경우에는 복수의 문항을 사용하거나 반복적인 측정을 해서라도 여러 개의 측정자료를 수집해서 분석한다. 이렇게 객관성을 확보해야 그 결과에 대해 많은 사람이 동의할 수 있기 때문이다. 그에 비해 질적평가에서는 객관적인 사실에 대해 관심이 많지 않다. 오히려 의미 있는 발견을 하는 것에 초점을 둔다. 질적 평가에서는 많은 사람을 대상으로 조사하든 단 한 명을 대상으로 조사를 하는 사람의 인식 안에 숨겨져 있는 풍부하고 깊이 있는 의미 찾기에 큰 가치를 부여한다. 이를 위해 질적평가는 측정을 활용하지 않고 주로 면접과 관찰 등으로 평가자 자신을 도구로 사용해서 질적 자료를 수집한다. 그리고 그 자료를 프로그램 참여자의 입장이 되어서 해석하고 의미를 찾는다. 그러므로 질적평가는 누가 분석하는가에 따라 분석 결과가 다르게 나온다. 반면, 양적평가는 누가 분석하든지 분석 결과가 거의 동일하게 나온다.

◈ 표 11-1   양적평가와 질적평가의 비교

구분	양적평가	질적평가
목적	성과를 객관적 사실로 간략히 제시	성과를 상세한 내용으로 풍부하게 제시
철학적 입장	• 세상에는 객관적인 사실이 존재한다. • 많은 사람들이 동일하게 인식하는 것이 바로 객관적인 사실이다.	• 객관적인 사실은 중요하지 않다. • 정작 중요한 것은 어떤 대상에 관해 사람(들)이 어떻게 이해하고 의미를 부여하는지를 알아내는 것이다.
방법	측정도구를 사용해서 복수의 사람, 복수의 문항, 복수 시점의 측정을 통해 자료를 수집해서 통계분석	면접기록, 사진, 글 등의 질적 자료를 수집해서 프로그램 참여자의 관점에서 해석하고 의미를 부여함
장점	숫자로 제시되어 객관성이 높음	풍부한 의미 전달
단점	분석 결과가 지나치게 단순함	평가자에 따라 해석 결과가 달라짐

2. 질적평가 정의와 용도

질적평가란 프로그램에서 수집한 면접기록, 관찰기록, 글, 영상, 사진 등의 질적 자료를 분석해서 자료에 내재된 의미를 발견하여 프로그램의 성과를 보고하는 방법이다.

프로그램 평가에서 질적평가의 용도는 보통 다음의 두 가지이다.

첫째, 성과평가를 수행할 때 프로그램 목표 달성을 입증하는 데 활용하기 위해서이다. 질적평가의 가장 큰 효과는 인간 변화에 대한 풍부한 해석을 제공해 준다는 점이다. 예를 들어, 다문화가정 아동들의 사회통합 프로그램을 진행했다면 양적평가는 '다문화가정 아동과 한국인 가정 아동 간에 친밀감이 80% 향상되었다.'는 형태의 결론만 수치로 제시할 수 있을 뿐이다. 그러나 여기에 질적평가를 활용해서 '서로의 음식을 만들어서 먹어 보니 맛나요.' '같이 먹고 놀다 보니 금방 친해졌어요.' '예전에는 말 걸기 두려웠는데 이제 보니 그냥 나랑 똑같아요.' 등 참여자의 생각을 추가할 수 있다면 어떨까? 이렇듯 질적평가는 양적평가를 통해 찾는 객관적인 성과를 살아 있는 이야기로 더욱 풍성하게 만들어 주는 효과가 있다.

둘째, 과정평가를 수행할 때 서비스 품질을 평가하고 개선점을 상세히 찾는 데 활용하기 위해서이다. 이때는 주로 직원회의를 통해 질적 자료가 생성된다. 직원들은 프로그램이 끝나고 함께 모여서 저마다 그날 프로그램 운영에서 나타난 긍정적인 측면과 부정적인 측면에 대해 대화를 나눈다. 이 회의에서 도출된 풍부한 대화(담화) 내용들이 바로 질적 자료가 된다. 이러한 질적 자료를 가지고 프로그램 과정에 대한 문제점과 대안점을 도출하면 된다.

3. 질적평가 설계

1) 연구대상(표본)

질적평가에서는 주로 프로그램 참여자를 연구대상으로 선정한다. 양적평가에서는 가급적 많은 대상을 조사할 것을 권장하지만, 질적평가에서는 상대적으로 적은 표본에 초점을 두고 어떤 대상이 좀 더 풍부한 의미를 제공할 수 있는지를 기준으로 연구대상을 선정한다. 적절한 표본의 크기에 대해서도 질적평가에서는 합의된 바가 없다. 질적평가의 관심은 평가 결과의 일반화에 있지 않고 프로그램으로 인한 참여자의 의미 있는 변화를 풍부하게 설명해 내는 것에 있다. 질적평가에서는 매우 다양한 표집 방법이 사용된다. 그중 실제 현장에서 유용하게 활용할 수 있는 몇 가지 표집 방법을 소개한다(Patton, 2002).

⊕ 표 11-2   **질적평가의 연구대상 표집 방법**

표집 방법	설명
강한 사례 표집 (intensive sampling)	어느 정도 강한 인상을 줄 수 있는 성공 혹은 실패 사례를 조사하는 방법
전형적 사례 표집 (typical case sampling)	가장 일반적이고 평균에 가까운 사례를 조사하는 방법
결정적 사례 표집 (critical case sampling)	매우 중요한 정보를 제공하는 극적인 사례를 조사하는 방법
눈덩이 혹은 체인 표집 (snowball or chain sampling)	눈덩이 표집을 활용해서 적합한 사례를 찾아가는 과정
기준 표집 (criterion sampling)	사전에 결정된 기준에 적합한 사례를 조사하는 방법. 예를 들어, '프로그램에 2년 이상 참석 중인 여중생'을 조사하는 방법임
기회포착 혹은 즉시적 표집 (opportunistic or emergent sampling)	현장에서 예상치 못한 좋은 사례가 발견될 때 즉시 조사하는 방법
의도적 무작위 표집 (purposeful random sampling)	의도적으로 어떤 집단을 선정한 후 그중에서 무작위로 조사하는 방법. 예를 들어, 방과 후 교실에 참여한 학생들 중에서 중학생 10명을 선정한 후 무작위로 1명을 조사함. 표본의 대표성을 높이기 위한 방법이 아니라 조사의 신뢰성을 높이기 위한 방법

2) 분석과정

질적평가의 분석과정은 표준화된 절차가 없고 매우 다양하고 복잡하다.[1] 그러나 대부분의 질적평가 방법에서 활용하는 공통적인 과정은 존재한다. 그것은 순환적 구

---

1) 상세한 절차를 충실히 이해하기 위해서는 질적연구 방법(qualitative research methodology)에 대해 깊이 있는 학습이 필요하다.

조로서 크게 세 가지 과정으로 구성된다.

1단계는 질적 자료를 선별하는 과정이다. 프로그램 참여자들로부터 수집한 담화, 글, 사진, 관찰기록 등의 자료 중에서 프로그램을 평가하는 데 유용한 자료를 선별한다. 필요하다면 선별된 자료를 유사한 내용끼리 범주화한다. 예를 들어, 프로그램 목표가 자아존중감 향상과 학업능력 증진이라면, 전체 질적 자료에서 이 두 가지 목표와 관련된 내용들을 선별하고 그것을 다시 두 개의 영역(자아존중감, 학업능력)으로 구분하는 것이다. 2단계는 의미를 해석하는 과정으로서 이렇게 선별된 질적 자료의 의미를 깊이 있게 해석한다. 자료를 검토하면서 프로그램을 통해 참여자에게 어떤 변화가 나타났는가를 찾아내야 한다. 양적평가는 단지 참여자에게 변화가 발생했는지의 여부에 대해서만 정보를 제공하지만, 질적평가에서는 해석과정을 통해 어떤 변화가 왜, 어떻게, 얼마나 발생했는지에 대해 풍부한 정보를 제공할 수 있다. 해석할 때 주의할 점은 전문가 자신의 관점을 반영하는 것이 아니라, 최대한 프로그램 참여자의 입장에서 의미를 찾아내는 것이다. 3단계는 발견한 의미를 요약하는 문구를 통해 주제를 제시하는 것이다. 이때 중요한 점은 가급적 프로그램 목표와 관련된 내용으로 제시해야 한다는 점이다.[2] 그리고 여기서 끝이 아니다. 그다음으로는 2단계로 돌아

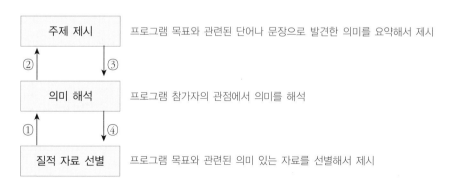

⊕ 그림 11-1   질적평가를 위한 순환적 분석과정

---

2) 이것이 질적연구와 질적평가의 결정적 차이점이다. 질적연구에서는 귀납적인 관점에서 새로운 의미 발견에 대한 모든 가능성을 열어 두지만 질적평가에서는 사전에 설정된 프로그램 목표나 클라이언트의 변화에 관련된 의미 찾기에만 초점을 둔다. 따라서 질적평가는 연역적인 특징을 갖고 있다.

와서 제시된 주제가 해석된 의미를 제대로 반영하는지 검토해야 하고, 이를 위해서는 1단계로 가서 처음에 선별된 질적 자료가 적절한지 다시 읽고 판단해야 한다. 따라서 필요에 따라 질적 자료는 추가되거나 삭제될 수 있으며, 의미 해석의 내용도 수정 가능하다. 이러한 순환적 과정을 거친 후, 더 이상 수정할 사항이 없다고 판단되면 비로소 분석과정을 종료할 수 있다.

참고로 질적평가는 양적평가에 비해 분석 결과에 대한 객관성이 낮다는 단점이 있다. 이를 보완하기 위해 질적평가에서는 전통적으로 삼각측량(triangulation) 기법을 활용하고 있다(Patton, 2002). 삼각측량 기법에는 크게 네 가지가 있다. 첫째는 자료의 삼각측량이다. 이것은 다양한 출처의 자료를 활용하는 방법이다. 예를 들어, 1인보다는 2인 이상의 참여자로부터 수집한 질적 자료를 분석하는 것이다. 둘째는 평가자의 삼각측량이다. 이것은 여러 명의 평가자를 참여시키는 방법으로 의미 해석을 할 때 2인 이상이 해석을 하면서 결과를 서로 비교하는 방법이다. 셋째는 이론의 삼각측량으로서 평가 결과를 해석할 때 다양한 이론을 참고해서 해석하는 방법이다. 넷째는 방법론적 삼각측량으로서 다양한 평가방법을 동시에 활용하는 방법이다. 예를 들어, 동일한 대상에 대해 면접과 관찰을 함께 사용하는 것이다.

다음은 이 구조를 활용해서 보고된 질적평가 결과의 사례이다(조성우, 2010). 하단에는 선별된 질적 자료가 제시되어 있다. 중간에는 이러한 질적 자료에 대한 의미 찾기 해석 내용이 기술되었다. 끝으로 제일 상단에서는 이러한 의미를 요약하는 주제를 제시하였다. 이러한 분석과정은 한번에 완성되는 것이 아니라 질적 자료에 대한 반복적인 선별과 해석 작업을 통해 가능하다.

새롭게 자신을 이해하게 되고 역경을 수용하다 ─ 주제 제시

클라이언트가 ○○○ 프로그램의 참여를 통해 느끼는 첫 효과는 변화한 자신에 대한 자기 인식과 자기 수용과정이었다. 클라이언트는 사고로 다친 신체에 대하여 지나치게 부정적인 인식을 하고 있어 '아무것도 할 수 없는 자포자기'의 심정을 느낀다. 이에 클라이언트는 자신의 변화한 신체, 과거의 신체와는 다른 현재의 신체에 대하여 수용하기보다는 부정하거나 거부하는 태도를 갖고 있었다. 이는 이전 기능의 국소적 상실을 자기 전체의 상실로 확대해석하는 것이기 때문에 심리적 위축과 우울감을 느낄 수 있다는 점에서 단순히 신체기능상의 문제는 아니었다. 그러나 클라이언트는 ○○○ 프로그램에서 자신의 신체를 활용하여 율동을 한다거나 동작을 만들면서 상실한 손의 기능이 신체 전체의 기능 상실로 연결되지 않는다는 것을 체험한 후 변화한 자기에 대한 인식, 자기 수용의 과정을 거치게 되었다.

─ 의미 해석

"율동도 하고 내 저기도 표현도 하고 그런 거에요. 그동안 살아온 거 그림을 보고 생각하는 거 머 그런 거였어요. 그러니깐 거기는 나하고 동등한 사람들이잖아요. 그런 사람들한테 서로 의견도 교환도 하고 또 우리가 회사를 그만두었을 시에는 공단에서 도와준다고 하니깐 꿈도 생기고 용기도 생기고 그래도 나도 멀 할 수 있다…… 그때 다쳤을 때는 끝이라고 생각을 했거든요. 근데 무언가를 할 수 있다는 희망이 생기더라구요."

─ 질적 자료 선별

⊕ 그림 11-2　　**질적평가 내용 예시**

출처: 조성우(2010).

4. 질적평가 기법

1) 심층면접

(1) 구조화된 면접 활용법

심층면접은 일반적인 대화와 달리 특정 주제에 초점을 두고 주의 깊게 나누는 대화이며, 질문을 하는 면접자와 답변을 하는 피면접자의 참여로 진행된다. 일반적으로 면접은 구조화된 면접과 비구조화된 면접으로 구분된다. 구조화된 면접이란 면접 상황, 과정, 질문, 시간 등을 사전에 정해 놓고 실시하는 면접을 의미한다. 평가를 위해서는 가급적 구조화된 면접을 실시하는 것이 유리하다.[3] 왜냐하면 프로그램 평가를 위해서 면접을 실시하는 이유는, 프로그램을 통해서 참여자가 어떤 변화를 경험했고 이를 어떻게 인식하고 있는가를 밝혀내는 것이기 때문이다. 구조화된 면접은 평가자가 면접상황을 통제하며 이러한 과제를 달성하는 데 초점을 두고 진행할 수 있어 면접의 성공 가능성이 매우 높다. 구조화된 면접에서는 프로그램 참여자에게 [그림 11-3]과 같이 면접 질문을 미리 배포해서 면접에 대한 자신의 견해를 정리한 후 면접에 참가하게 만든다.

이러한 양식을 활용하면 평가자는 면접상황을 자신이 의도한 대로 통제하며 진행할 수 있고, 프로그램 참여자도 불필요한 대화를 꺼내지 않고 면접에 대한 불안감을 낮추며 면접과정에 집중할 수 있다. 반면에 이렇게 구조화된 면접의 단점은 다른 새로운 발견물을 찾는 데 한계가 있다는 점이다. 예를 들어, 자아존중감을 높이는 것이 프로그램 목표인 경우 평가자가 자아존중감과 관련된 것만 물을 때, 프로그램 참여자는 정작 자아존중감보다는 스트레스가 해결되는 변화를 경험했을지라도 이것을 말할 수 없는 경우이다. 그럼에도 불구하고 분주한 업무 가운데 평가를 수행해야

---

3) 질적연구방법을 훈련받은 전문가라면 구조화된 면접과 비구조화된 면접을 상황에 맞게 자유롭게 선택하는 것이 얼마든지 가능하나, 주로 양적평가에 익숙한 평가자라면 구조화된 면접이 쉽게 활용할 수 있는 방법이다.

하는 실무자의 입장에서는 구조화된 면접이 시간과 비용을 절감하는 좀 더 효율적인 방식임이 분명하다.

○○○ 프로그램 평가를 위한 면접 질문(50분)

안녕하세요. 다음은 20○○년 ○월 ○일에 ○○○ 프로그램 참여자를 모시고 진행하는 면접 질문 내용입니다. 미리 읽어 보신 후 귀하의 생각을 정리해 오시기를 부탁드립니다.

I. 인사(5분)

- 면접의 목적 및 과정 소개
- 참석자 소개 및 인사

II. 프로그램 참가(10분)

- 우리 복지관을 언제부터 이용하셨나요?
- 이번 프로그램에 참석하셨던 계기는 무엇인가요?
- 처음에 어떤 기대감을 가지고 참석하셨나요?

III. 프로그램 과정(10분)

- 지난 10개월 동안 프로그램에 참여하면서 가장 기억에 남는 일은 무엇인가요?
- 참여하시면서 불편했던 점은 무엇인가요?
- 담당 직원들에 대해서 어떻게 생각하시나요?

IV. 프로그램 성과(10분)

- 프로그램 참여에 대해 얼마나 만족하십니까? 그 이유는 무엇입니까?
- 프로그램을 통해 얻은 유익은 무엇입니까?
- 프로그램 참가 이전과 이후에 어떤 변화가 있습니까?
- 이번 프로그램의 목표가 ~인데 어떻습니까? 성공했다고 생각하세요?

V. 건의사항(5분)

- 프로그램에 대한 건의사항이나 개선점을 말씀해 주십시오.
- 기타 자유의견

⊕ 그림 11-3 **질적평가를 위한 구조화된 면접 질문 안내문 양식**

(2) 초점집단면접

면접은 누가 참여하는가에 따라 개별면접과 집단면접으로 구분된다. 개별면접은 개인적 이야기나 민감한 주제에 대해 깊이 있는 대화를 나눌 때 적합하며, 집단을 구성하기 어려울 경우에도 유용하다. 그러나 개별적으로 여러 명을 만나야 한다면 집단면접에 비해 시간이 많이 소모되는 단점이 있다. 일반적으로 면접에 익숙하지 않은 경우에는 집단보다는 개인을 대하는 것이 더욱 수월하기 때문에 개별면접을 선호한다. 그리고 면접에 익숙해서 집단을 통제할 수 있는 평가자는 효율성을 추구하며 집단면접을 선호하기도 한다. 집단면접을 보통 초점집단면접(Focus Group Interview: FGI)이라 한다. 초점집단은 특정 주제에 관해서 집중적으로 담화를 나누는 4~5명으로 구성된 모임으로서 동질적인 집단으로 구성된다. 프로그램 평가에서는 프로그램 참여자들로 초점집단을 구성하면 된다. 초점집단면접은 여러 사람의 합의된 의견을 도출할 수 있고, 평가자가 집단 역동을 활용한다면 개별면접에 비해 훨씬 참여적인 분위기 속에서 다량의 의견을 수집할 수 있는 매우 유용한 방법이다.

(3) 탐침질문

면접과정에서 프로그램 참여자는 자신의 변화를 술술 이야기하지 않는다. 면접을 불편해하는 참여자가 있고, 어떻게 말할지 어려워하는 참여자도 있다. 따라서 질적평가의 면접은 탐침(probing)질문을 적극 활용해야 한다. 탐침질문이란 캐묻는 질문을 의미한다. 이것은 처음에는 일반적이고 폭넓은 수준의 질문으로 시작해서 점차 상세한 내용을 묻는 방법이다. 탐침질문의 한 가지 예가 바로 깔때기 질문을 하는 것이다(Wood & Payne, 1998). 예를 들어, 프로그램에 대해 어떤 변화를 경험했는지 질문하기 위해 ① 프로그램이 어떠했습니까, ② 어떤 점이 좋았습니까, ③ 그렇게 생각하신 이유를 말씀해 주시겠습니까, ④ 그때 기분은 어땠습니까, ⑤ 그러고 나서 행동이 어떻게 달라졌나요 등 참여자가 갖게 된 감정, 행동, 인지 등에 대해 끝까지 캐묻는 것이다.

프로그램이 어떠했습니까?

어떤 점이 좋았습니까?

그렇게 생각하신 이유는?

그때 기분은?

행동 변화는?

⊕ 그림 11-4   깔때기 질문

예시

다음은 심층면접 기법을 활용해서 어느 학교사회복지 프로그램의 효과성에 대해 질적평가를 한 사례이다. 프로그램의 목표는 진로에 대한 목표의식 강화와 자기효능감 증진이다.

목표 1 달성: 꿈이 생기다

프로그램에 참여했던 아동들에게서 나타나는 중요한 변화는 꿈을 찾기 위해 고민하고, 꿈을 발견하고, 꿈을 위해 다시 힘을 얻게 되었다는 것이다. 참여자 1은 선생님이 되는 꿈을 꾸다 은행원이 되는 꿈으로 바뀌었으며, 막연한 관심이 아니라 자신이 잘하는 것, 관심 있는 것을 바탕으로 새로운 꿈을 찾기 위한 고민을 시작하고 있다. 아이들은 새로운 경험과 체험을 하면서 자신의 관심과 재능을 발견하고 꿈을 탐색하고, 선택하고, 추구해 나가고 있다.

"선생님이 열심히 절 가르쳐 주시는 모습을 보고 나도 이제 커서 선생님 돼서 저같이 공부 못하는 아이들을 가르치면서 좀 공부를 잘하게 만들고 더 공부에 관심을 갖게 만들어야겠다. 이런 생각을 했었는데, 지금은 은행원이라고 그런 것도 하고 싶고 아직은 분명하게 제 꿈이 결정된 건 아닌데 중학교 올라가서 더 고민을 해 봐야 될 것 같아요. 좀 더 제가 무엇을 잘하는지 무엇에 관심이 있는지 좀 더 알아보고 좀 더 분명히 꿈을 가져야겠어요." (참여자 1)

목표 2 달성: 자신감이 생기다

프로그램에 참여한 학생들의 큰 변화 중에 하나는 자신감의 회복이다. 참여자 2는 멘토링을 통한 일대일 학습지도를 통해서 성적이 향상되고 자신감이 향상되었다고 진술하고 있다. 참여자 3의 경우에도 성적 유지와 자신감을 키우는 데 도움이 되었다고 인식하고 있으며, 자신감이 없어서 꿈을 포기하고 싶었으나 꿈을 이룰 수 있다는 자신감을 회복하고 있다. 연구 참여자들은 가정적인 형편으로 인해서 적절한 돌봄과 성장을 위한 지원을 받지 못하였으나 학교사회복지사업을 통해서 학습지원과 문화체험 등 다양한 서비스를 제공받게 됨으로써 성취감을 느끼고 자신감을 회복하고 있다.

> "멘토링은 이렇게 일대일로 학습지도를 하니까 이제 과외하는 형식으로 하는 거잖아요.
> 그러니까 좀 더 이해가 잘 가고 그 덕분에 성적도 많이 올랐고, 자신감도 많이 생겼어
> 요."(참여자 2)
> "성적 유지에도 도움이 되고, 자신감 키워 주는 데도 도움이 되었고, 그리고 문화체험도
> 많이 해서 더 다양한 것에 대해서 알게 되었어요." (참여자 3)

⊕ **그림 11-5   심층면접에 대한 질적평가 보고 예시**

출처: 김상곤(2012)에서 재구성.

2) 문서

프로그램 평가를 위해 현장에서 손쉽게 수집하는 자료는 바로 문서(글)이다. 예를 들어, 프로그램 소감문, 후기, 참가일지, 일기, 상담기록지 등이 대표적이다. 이 중에서 소감문은 현장에서 가장 흔하게 수집하는 질적 자료이다. 소감문은 평가자 입장에서 별다른 준비 없이 손쉽게 수집할 수 있어 많이 활용되나 그만큼 오용되고 있는 자료이기도 하다. 흔히 프로그램 참여자들에게 소감문 작성을 위해 빈 종이를 배포해서 작성하게 하고, 이를 수집하여 긍정적인 내용만 뽑아서 복사한 후 보고서에 그대로 붙여 넣는 경우가 대부분이다. 이러한 분석방법은 질적평가방법으로서 적합하지 않다. 질적평가의 의의는 프로그램 효과를 설명할 수 있는 풍부하고 깊이 있는 의미를 찾아내는 데 있다. 단순히 참여자의 글을 옮기는 것은 질적평가가 아니다. 중요한 점은 그러한 글 이면에 숨어 있는 참여자의 인식을 끄집어내어 설명하는 것이다.

글로 수집된 자료와 면접을 통해 수집된 자료는 문서로 정리된다는 점에서 모두 동일하다. 소감문, 후기, 참가일지, 일기 등의 자료들을 모두 모아서 반복적으로 읽고 프로그램 효과나 참여자의 변화와 관련된 의미 있는 진술을 선별하고 분류해서 해석을 해야 한다. 그리고 주제를 정해서 결과를 보고한다.

예시

　다음은 소감문을 가지고 장애청소년과 비장애청소년의 통합캠프 프로그램에 대해 질적평가를 한 사례이다. 프로그램 목표 중 하나는 비장애청소년의 자아성장이다.

자신의 성장을 인식하게 되다

○○○ 프로그램에 참가한 학생들의 공통적인 변화는 성장경험이었다. 장애인에 대한 편견을 가지고 캠프에 참가했지만 3일 동안의 공동체 활동을 경험하며 자신의 편견을 자각하게 되고 그로 인해 새로운 행동을 보이고 싶은 의지를 표현하였다. 특히 앞으로 '형님으로 모시겠다'와 '그 아이들과 말할 수 있어요'라는 고백은 이번 캠프를 통해 인지적 변화뿐만 아니라 행동적 차원의 변화까지 이끌어 낼 수 있음을 보여 주고 있다.

"이번에 캠프에 참가하길 잘했다고 생각합니다. 제가 많이 성장했습니다."(참여자 1)

"장애인이 나와 다르다고 생각했는데 김○○ 형이랑 지내면서 앞으로 형님으로 모시고 싶어요."(참여자 2)

"그동안 특수학급 친구들이 웃어도 외면하고 다녔는데 이제 그 아이들과 말할 수 있어요."(참여자 3)

"뭐가 뭔지도 모르고 살았는데 이번 캠프를 통해서 나도 의미 있게 살아야겠다고 생각했습니다."(참여자 4)

"그동안 부모님에 실망만 드렸는데 이제 의미 있게 살고 싶어요."(참여자 5)

"더 큰 사람이 되고 싶어졌어요. 장애 친구들과 함께 어울리며 살고 싶어요."(참여자 6)

"제가 더 좋은 사람이 된 것 같아 감사하고 행복해요. 이 마음을 계속 유지하고 싶어요."(참여자 7)

"학교로 가서 장애 친구들에게 다가가려구요. 그동안 그 아이들을 싫어했는데 이젠 아니죠."(참여자 8)

⊕ **그림 11-6　문서(소감문)에 대한 질적평가 보고 예시**

3) 사진

사진도 질적 자료이다. 사진은 면접이나 소감문 작성이 힘든 참여자를 대상으로 자료를 수집하거나, 프로그램 활동 장면을 생동감 있게 보여 줄 필요가 있을 때 적합한 방법이다. 최근 디지털기술의 급속한 발전으로 인해 현장 실무자의 사진 촬영 및 편집 수준도 매우 높아졌다. 그러나 프로그램 평가를 위해 사진 자료를 활용하는 방법은 증빙자료를 제출하는 수준에만 머물면서 수십 년 동안 전혀 달라지지 않았다. 사진 자료를 어떻게 활용하는가에 따라 단순한 증빙자료로 처리될 수 있고, 고품질의 질적평가 자료로도 활용 가능하다. 평가보고서에서 사진 자료를 활용하는 수준은 다음의 두 가지이다.

(1) 증빙자료 첨부 수준

오늘날 현장에서 가장 많이 활용하는 방법은 사진을 프로그램 운영의 증빙자료로만 활용하는 것이다. 예를 들어, 평가보고서에 프로그램 장면을 찍은 사진 두 장을 제시한다. 한 장은 전체 활동사진이고, 나머지 한 장은 참여자가 해맑게 웃고 있는 사진이다. 그리고 사진에 대한 별도의 설명은 없다. 이러한 활용은 사진의 가치를 충분히 활용하지 못하므로 권장하고 싶지 않은 평가방법이다.

(2) 질적평가 자료 수준

더욱 권장할 만한 방법은 단순히 사진만 제시하지 않고 그 사진에 해설을 담는 것이다. 프로그램의 성과를 입증하는 근거로서 사진뿐만 아니라 해석까지 함께 제시하는 것이다. 이때 주의할 점은 프로그램 목표 달성 여부에 초점을 두고 해석해야 한다는 것이다. 예를 들면, 다음과 같다.

> **예시**

다음은 지역사회 청소년의 리더십 향상 프로그램에 대한 질적평가 내용의 일부이다. 프로그램 목표 중 하나는 지역사회에 대한 관심 증가이다.

지역문제에 대한 관심을 갖게 되다

이 사진은 20○○년 ○월 ○일에 청소년들이 지역사회 문제해결을 위한 지역자원 연계 봉사프로그램을 함께 기획하는 장면이다. 참여자들은 자유롭게 아이디어를 나누며 스케치북에 메모하면서 해결책을 의논하고 있다. 이러한 활동을 통해서 프로그램 참여자들은 지역문제에 대한 관심을 가지고 되고 실현 가능한 대안을 만들게 되었다.

⊕ 그림 11-7　사진에 대한 질적평가 보고 예시

4) 현장관찰

관찰은 질적평가를 대표하는 방법 중 하나이다. 관찰은 양적평가에서도 활용되고 질적평가에서도 활용된다. 양적평가에서는 관찰을 통해서 목표행동의 빈도, 강도, 지속성을 측정하는 반면, 질적평가에서는 관찰을 통해 관찰 대상의 모든 자료(행동, 대화, 상호작용, 물리적 배경 등)를 종이나 스마트 기기 형태의 현장 노트(field notes)에 기록하고 나중에 의미 있는 자료를 선별한 후 해석한다. 현장관찰은 프로그램 담당자가 서비스 진행과 동시에 수행할 수 없고, 별도의 관찰자가 투입되어야 하고, 또 자료분석을 위한 별도의 시간을 마련해야 하는 등 평가 자체에 대한 인력 자원과 시간을 투입해야 한다. 그러나 체계적으로 수행한다면 어떤 질적평가보다 프로그램 효과에 대한 생생한 이야기를 제공해 줄 수 있기도 하다.

관찰은 참여관찰과 비참여관찰이 있다. 프로그램 평가에서 참여관찰(participant observation)이란 관찰자가 프로그램 진행 장면에 들어가서 참여자들과 상호작용을 하는 것이 허용되는 방식이다. 예를 들어, 관찰자도 집단 프로그램 참여자가 되어 모든 활동을 같이 경험하거나, 직접 참여하지 않을 경우에도 프로그램 제공기간 중에 물리적으로 함께 다니면서 참여자들과 대화도 나누고 관찰하는 것이다. 이 방법은 프로그램 참여자들의 입장에서 프로그램을 경험하는 데 의의가 있다. 프로그램을 통해 어떤 변화를 경험할 수 있는지를 직접 체험해 보는 것이다. 이에 비해 비참여관찰 (non-participant observation)은 프로그램 참여자들과 전혀 상호작용을 하지 않고 관찰하는 것이다. 이 방법은 관찰로 인해 발생하는 모든 영향력을 최소화하는 데 관심을 둔다. 프로그램의 순수 효과보다는 자신이 관찰되고 있다는 사실 때문에 참여자들의 행동이 변화할 수 있기 때문이다. 예를 들어, 관찰자는 가급적 참여자들의 시야에서 벗어나서 관찰하는 것이다. 그리고 참여자들과도 대화하지 않는다.

프로그램 평가를 위해 관찰을 하는 절차는 다음과 같다. 첫째, 관찰 대상을 정한다. 일반적으로 프로그램 참여자들이 관찰 대상이 된다. 필요한 경우 집단 프로그램이라 하더라도 관찰 대상은 특정한 참여자 한 명일 수도 있다. 둘째, 관찰하며 기록한다. 관찰을 할 때는 현장노트에 최대한 많이 기록해야 한다. 이것을 '빽빽한 묘사(thick description)'라고 하며, 물리적 공간, 행위자, 행위, 상호작용, 관계, 느낌이나 감정 등 기록할 수 있는 모든 것을 기록한다. 셋째, 모든 기록물을 모아서 프로그램 목표와 관련된 내용을 선별한다. 넷째, 의미를 해석한다. 끝으로 주제를 제시한다.

예시

다음은 아동보호전문기관 쉼터에서 학대피해아동 치료를 위한 집단 프로그램의 효과성을 평가한 내용의 일부이다. 프로그램 목표는 자신감 강화이다.

과제를 수행하며 자신감을 경험하다

아버지의 신체적 학대를 통해 성인에 대한 두려움을 갖고 있는 학대피해 아동 철수(지적장애)는 처음에 성인과 대화를 회피했다. 사회복지사는 옷 입기 훈련을 통해 지속적으로 철수와 상호작용을 실시했다. 처음에 옷 입기를 거부하던 철수가 1개월 정도가 지나가 점차 사회복지사와 대화를 나누며 지도에 따라 아동들과 어울리고 성인 사회복지사와도 가까워졌다. 철수는 다양한 과업을 성취하면서 자신감을 경험하게 된 것이다. 특히 또래 아동들의 박수는 철수의 자아존중감을 높이는 데 큰 도움이 되었다.

> 기록 1: 철수(5세)는 사회복지사가 옷을 입는 법을 배우자고 하자 "아이 싫어요. 싫어요."라며 옷을 집어던지며 프로그램실 구석으로 가서 웅크려서 앉았다. 그리고 장난감을 손에 쥐고 가지고 놀았다. 함께 있는 아동들 중에서 아름이는 철수 따라가서 "너는 왜 선생님 말을 안 듣는 거야?"라며 말했다. 이에 철수는 선생님의 눈치를 보았다. (2024년 1월 4일)

> 기록 2: 그룹 활동 중 철수는 처음에 다른 아이들과 함께 하는 것을 망설였다. 사회복지사가 "친구들과 놀아 보렴."이라며 부드럽게 격려하자 마지못해 참여했다. 활동이 진행되면서 철수는 또래 친구들 및 사회복지사와 조금씩 소통하기 시작했다. 심지어 사회복지사가 철수의 노력에 대해 칭찬할 때는 미소를 지으며 웃기도 했다. (2024년 1월 12일)

> 기록 3: 철수가 프로그램실에서 블록을 가지고 노는 모습이 관찰되었다. 사회복지사는 철수에게 다가가 함께 탑을 쌓고 싶냐고 물었다. 철수는 고개를 끄덕였고 함께 탑을 쌓기 시작했다. 철수는 사회복지사와 "빨간색 레고를 주세요."라며 대화를 나누고 블록이 닿지 않을 때는 도움을 요청하는 등 한층 편안해진 모습을 보였다. 사회복지사는 철수의 창의력을 칭찬했고, 철수는 뿌듯한 표정을 지었습니다. (2024년 1월 21일)

> 기록 4: 야외 활동 중 철수는 처음에 다른 아이들과 함께 놀이터를 둘러보는 것을 주저했다. 사회복지사가 "함께 놀자."며 제안했고 함께 정글짐에 올라갔다. 철수는 사회복지사의 도움으로 미끄럼틀과 그네를 타는 등 점차 모험심이 강해졌

다. 나중에는 다른 아이들에게 다가가 "이라와 같이 놀자."며 초대하기도 했다. (2024년 2월 3일)

기록 5: 철수는 그룹 미술활동에 열심히 참여하여 주도적으로 재료를 선택하고 자신의 생각을 표현했다. 철수는 미술 선생님에게 "제가 만든 것을 봐 주세요."라며 적극적으로 지도와 피드백을 구하였다. 철수가 완성한 작품을 자랑스럽게 보여 주며 "선생님, 저 이거 만들었어요! 선생님을 위해 만든 거예요!"라고 말하며 자랑스러워했다. (2024년 2월 7일)

기록 6: 사회복지사가 철수에게 점퍼를 주자 철수는 "선생님, 저도 이제 잘 입을 수 있어요."라며 말하고 얼른 빼앗듯이 옷을 받았다. 그리고 천천히 옷을 입었다. 양팔을 모두 옷에 넣은 후 지퍼를 올렸다. 그리고 자랑스럽다는 듯이 다른 아동들에게 말했다. "나 잘하지?" 그러자 아동들이 박수를 쳐 주었다. 사회복지사가 철수에게 기분이 어떤지를 묻자 부끄러운 듯이 "좋아요."라며 웃으며 답했다. (2024년 2월 10일)

⊕ **그림 11-8   관찰을 활용한 질적평가 보고 예시**

5. 질적평가의 활용: 통합연구방법 적용

일반적으로 프로그램 평가를 위해 질적평가를 실시할 경우 질적평가 결과만 제시하지 않고 양적평가 결과도 함께 제시한다. 학문연구에서는 질적연구를 독립적으로 수행하는 경우가 많지만 현장의 평가 업무에서는 우선 양적평가를 통해 프로그램의 효과성을 객관적으로 입증한 후, 좀 더 상세하고 풍부한 이야기를 제시하기 위해 질적평가 결과를 추가하기를 권장한다. 이렇게 양적연구와 질적연구를 혼용해서 사용하는 방법을 통합연구방법(mixed methodology)이라 한다. 학문연구의 세계에서는 많이 활용되지 않으나 오히려 현장의 평가 업무에서는 충분히 활용될 수 있는 방법이다. 양적평가와 질적평가 결과를 함께 제시하면 보고서를 읽는 독자들은 평가 결과를 더욱 신뢰할 수 있게 된다.

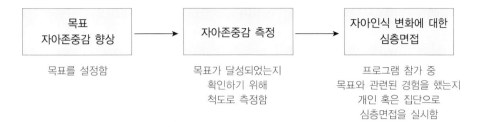

목표
자아존중감 향상 → 자아존중감 측정 → 자아인식 변화에 대한
심층면접

목표를 설정함　　　목표가 달성되었는지　　　프로그램 참가 중
확인하기 위해　　　목표와 관련된 경험을 했는지
척도로 측정함　　　개인 혹은 집단으로
심층면접을 실시함

⊕ 그림 11-9　　통합방법론을 활용한 프로그램 평가 절차 예시

　　예를 들어, 학교 부적응 아동을 대상으로 집단 프로그램을 실시했고 프로그램의 목표가 자아존중감 향상이라면, 다음과 같이 두 가지 평가방법을 통합해서 사용할 수 있다. 우선, 프로그램 참가 아동 전원을 대상으로 프로그램 실시 전후에 측정도구를 활용해서 자아존중감을 측정한다. 그리고 참가 아동 중 일부를 대상으로 심층면접을 실시해서 자신에 대한 인식이 프로그램을 통해 어떻게 달라졌는지 조사한다. 만약 양적평가에서 프로그램 사전점수와 사후점수 간에 자아존중감 척도 점수의 차이가 발생했다면 프로그램이 효과가 있다는 것이 입증된 것이다. 그러나 이와 같은 결과는 단순히 변화 유무에 대해서만 말해 줄 뿐이다. 이제 여기에 아동들이 구체적으로 어떻게 자신에 대해 긍정적인 인식을 갖게 되었는지를 첨부할 수 있다면, 이는 프로그램 효과를 입증하는 매우 설득력 있고 강력한 증거가 되는 것이다.

실무 연습 문제

다음은 미혼모 지원 프로그램을 실시한 이후 담당 사회복지사와 어느 미혼모 클라이언트가 나눈 심층면담 내용이다. 이 프로그램의 성과목표는 미혼모에 대한 '**사회적 지지체계 강화**'이다. 면담내용에 대한 질적평가 보고서를 작성해 보자.

클라이언트 면담기록지

사회복지사: 안녕하세요, 면담에 응해 주셔서 감사합니다. 프로그램 소감을 말씀해 주시겠습니까?

클라이언트: 물론입니다. 저는 지금 몇 달 동안 이 프로그램에 참여한 것이 정말 도움이 된다는 것을 알게 되었습니다. 이 프로그램의 가장 좋은 점은 저와 같은 어려움을 겪고 있는 다른 미혼모들과 연결될 수 있다는 것입니다.

사회복지사: 잘 들었습니다. 이러한 연결이 당신의 삶에 어떤 영향을 미쳤습니까?

클라이언트: 제 인생에 큰 변화를 가져왔습니다. 저는 더 이상 그렇게 외롭고 고립되어 있다고 느끼지 않습니다. 내가 겪고 있는 일을 이해하고 필요할 때 도움을 줄 수 있는 친구가 있다는 것은 좋은 일입니다. 우리는 육아에 대한 조언을 나누고, 어려움을 논의하고, 급한 일이 있을 때 서로의 자녀를 돌봅니다. 우리는 아주 친밀한 싱글맘 커뮤니티를 만들었습니다.

사회복지사: 정말 잘 들었습니다. 프로그램에 대해 유익하다고 생각하는 다른 것이 있습니까?

클라이언트: 네, 금전적인 지원도 해 주어서 큰 도움이 되었어요. 미혼모로서 생계를 유지하는 것은 정말 어려울 수 있으므로 추가 지원에 크게 감사드립니다. 다른 방법으로는 할 수 없었던 방식으로 아이들을 돌볼 수 있게 되었습니다.

사회복지사: 네, 정말 유익했나 보네요. 프로그램 경험에 대해 공유하고 싶은 다른 사항이 있습니까?

클라이언트: 사실, 프로그램이 제 삶에 끼친 영향을 정말 강조하는 에피소드가 하나 있었어요. 몇 주 전에 어머니가 교통사고로 이틀 동안 입원하는 예상치 못한 사태가 발생하여 며칠 동안 집을 떠나야 했습니다. 내가 없는 동안 누가 내 아이들을 돌볼지 정말 걱정이 되었어요. 하지만 프로그램에 참여한 엄마들에게 손을 내밀었고 그들은 기꺼이 도와주었습니다. 그들 중 한 명은 제가 없는 동안 제 아이들을 돌보았고, 다른 한 명은 요리와 청소도 도와주기까지 했습니다. 제가 가장 필요로 할 때 그들이 얼마나 기꺼이 저를 도와주었는지…… 정말 큰 힘이 되었습니다.

사회복지사: 정말 듣기 좋네요. 프로그램이 당신의 삶에 정말 긍정적인 영향을 끼친 것 같습니다.

클라이언트: 예, 확실히 그렇습니다. 저는 이전보다 더 많은 지원을 받고 덜 외롭다고 느낍니다. 프로그램을 통해 받은 도움과 지원에 정말 감사드립니다.

사회복지사: 생각을 공유해 주셔서 감사합니다. 선생님의 말씀은 저희에게 매우 소중해요. 프로그램을 지속적으로 개선하고 개발하는 데 도움이 될 것입니다.

나는 인어공주를 싫어합니다

"인어공주라는 만화영화를 본 적이 있나요?" 홍날래 팀장님께서 갑자기 내게 다가와 물으셨다. "그럼요. 제가 아주 좋아하는 만화입니다." "그래요? 근데 나는 인어공주를 아주 싫어합니다." 팀장님은 이렇게 말씀하시고는 사무실을 나가셨다. '엥? 이게 무슨 말이지? 도대체 뭐야?' 지난주에 나는 '모두 함께 FRIENDS' 프로그램에 대한 양적평가와 질적평가를 성공적으로 수행했다. 양적평가에서는 만족도 조사를 실시했고 질적평가에서는 참여자들을 대상으로 심층면접을 실시했다. 결과는 프로그램을 통해 청소년들의 의사소통 능력이 향상되고 사회적 지지도 증가한 것으로 나타났다. 이 결과를 보면서 나는 다행이라고 안도했다. 이제 남은 일은 결과보고서를 작성하는 일이었다. 그런데 나는 사업결과보고서를 작성해 본 적이 없다. 그래서 또다시 작년 내부결재 공문철을 찾아서 선배 사회복지사들이 작성한 결과보고서를 읽었다. '아하! 이렇게 하는구나. 별거 아니네.' 결과보고서의 마지막 부분에는 가장 중요한 내용인 평가 결과를 제시해야 한다. 나는 '1. 만족도 분석 결과' '2. 심층면접 분석 결과'라는 제목을 넣고 상세한 분석 결과를 제시했다. 그리고 팀장님께 제출했다. 팀장님은 한참을 읽으셨다. 그리고 무수히 많은 빨간펜 메모를 남기신 후 나에게 돌려주셨다. 그러면서 "나는 인어공주를 좋아하지 않습니다."라고 또다시 말씀하셨다. '아! 그 인어공주 말씀은 뭔가 내게 가르쳐 주시기 위해서 하신 말씀이구나.' 나는 즉시 깨달았다. 사실, 처음 입사했을 때 나는 홍날래 팀장님이 너무 무서웠다. 그러나 지금은 전혀 그렇지 않다. 그분에게 피드백을 받을 때마다 나는 더욱 정확하고 분명한 일처리를 할 수 있는 사람으로 성장하게 되었다. '이번에는 무엇을 배울 수 있을까? 왜 인어공주지? 인어공주의 특징은 예쁘고…… 예쁘고…… 예쁘다. 음, 이건 아닌데……' 아무리 생각해도 모르겠다. 그래서 팀장님한테 여쭈어 보았다. "팀장님. 왜 인어공주가 싫으세요?" "몰라서 물어보는 거예요? 인어공주는 머리와 꼬리가 다르잖아요. 사람이 일관성이 없잖아." 갑자기 섬광이 머리를 뚫고 지나가는 느낌을 받았다. '아! 그렇구나. 내가 쓴 보고서는 일관성이 없구나. 분명 성과목표를 "1. 의사소통 능력 향상"과 "2. 사회적 지지 증가"로 사업계획서에 제시했는데, 결과보고서에서는 "1. 만족도 분석 결과" "2. 심층면접 분석 결과"로 제시했구나. 결과보고서에서 "1. 성과목표 1에 대한 평가 결과" "2. 성과목표 2에 대한 평가 결과"로 제시하고 그 근거로 만족도와 심층면접 분석 결과를 제시해야 하는 거였어! 내가 일관적이지 못한 보고서를 작성했구나!' 갑자기 팀장님이 존경스러워졌다. 역시 행정문서의 달인, 공무원 출신다웠다. 다시 보고서를 수정한 후 팀장님께 제출했다. 나는 보고서를 읽는 팀장님의 얼굴에서 억지로 미소를 참으시는 모습을 오랜만에 볼 수 있었다.

지금까지 배운 내용을 종합해서 성과평가와 과정평가를 어떻게 수행해야 하는지 정리하고자 한다.

1. 성과평가

성과평가(outcome evaluation)는 프로그램이 종료된 이후에 실시하는 것으로서 프로그램이 성공했는지 아니면 실패했는지를 판단하는 활동이다. 이를 위해 다시 논리모델을 살펴보자.

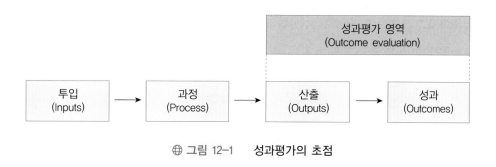

⊕ 그림 12-1   성과평가의 초점

성과평가에서 해야 할 일은 산출목표(output objectives)와 성과목표(outcome objectives)가 얼마나 달성되었는가를 평가하는 것이다. 산출목표와 성과목표가 일정 수준 이상 달성되었을 때 비로소 성과가 있다고 확신할 수 있다.

1) 산출목표에 대한 평가

산출목표에 대한 평가는 간단히 말해서 목표 실적량을 채웠는가를 측정하는 것이다. 만약 산출목표를 달성했다면, 그것은 클라이언트의 변화를 이끌어 낼만큼 프로그램 활동이 이루어졌음을 의미한다. 산출목표에 대한 평가에서는 양적평가만 실시된다. 일반적으로 산출목표의 유형은 다음과 같이 횟수나 인원수로 제시되는 경우가 대부분이다.

- 목표 횟수
- 목표 인원수

목표 횟수는 서비스 실시 횟수, 제공 횟수, 행동발생 빈도 등으로 측정된다. 그리고 목표 인원수는 실인원과 연인원으로 측정된다.[1]

산출목표에 대한 평가방법을 소개한다. 다음은 대표적인 산출지표(output indicator)의 예시이다.

- 프로그램 참여자 수(목표: 실인원 20명)
- 서비스 제공 횟수(목표: 10회)
- 훈련 횟수(목표 30회)

일반적으로 산출목표를 평가할 때는 수치 세기를 활용해서 자료를 수집하고 목표 대비 결과 평가로 분석한다. 〈표 12-1〉은 산출지표 평가계획을 예시로 제시한 것이다.

⊕ 표 12-1   **산출목표 평가계획 예시**

산출지표	평가도구	평가방법	평가시기
1. 프로그램 참여자 수 (목표: 실인원 20명)	수치 세기	목표 대비 실적 평가	프로그램 종결 후
2. 서비스 제공 횟수 (목표: 10회)	수치 세기	목표 대비 실적 평가	프로그램 종결 후

1) 실인원이란 프로그램에 참가한 실제 사람들의 이름의 개수(홍길동, 김철수, 이영희, ……)를 의미하고, 연인원이란 실인원×참가 횟수를 의미한다.

그렇다면 실제로 어떻게 평가보고서를 작성해야 할까? [그림 12-2]는 작성 예시이다.

산출목표 평가 결과

산출지표 1의 목표 대비 실적을 계산한 결과, 목표량은 20명이고 실적은 20명으로서 100%의 성과를 거두었다. 따라서 산출목표 1은 달성된 것으로 평가한다. 산출지표 2를 평가한 결과, 목표량은 10회이고 실적은 9회로서 90%의 성과가 나타났다. 산출목표 2도 어느 정도 달성한 것으로 나타났다.

〈표〉 산출지표 평가 근거

산출지표	목표	실적	성과
1. 프로그램 참여자 수	20명	20명	100%
2. 서비스 제공 횟수	10회	9회	90%

⊕ 그림 12-2   산출목표에 대한 평가내용 작성 예시

2) 성과목표에 대한 평가

그다음에 수행해야 하는 평가는 바로 성과목표에 대한 평가이다. 다음은 몇 가지 평가지표의 예시들이다.

● 자아존중감 점수
● 장애인 취업률
● 프로그램 만족도

자아존중감은 정성지표로 평가할 수 있다. 이를 평가하기 위해서는 표준화된 척도나 직접 개발한 평정척도를 활용할 수 있다. 장애인 취업률은 정량지표로 평가할 수 있다. 프로그램 참여자 중에서 취업한 사람의 비율을 계산하면 된다. 프로그램 만족도는 정성지표를 활용해서 평가한다.

　　성과목표에 대한 평가방법을 살펴보자. 산출목표에 대한 평가와 달리, 성과목표 평가에서는 다음과 같이 다양한 자료 수집 방법과 분석방법이 활용된다. 프로그램 계획서나 평가보고서를 작성할 때 〈표 12-2〉에서 참고해서 제시하면 된다.

⊕ 표 12-2　성과목표 평가방법

평가도구	평가방법	평가시기
• 수치 세기 • 표준화 척도 활용 • 평정척도 활용 • LOF 활용 • 설문조사 • 서비스 만족도 조사 • 심층면접 • 초점집단면접(FGI) • 문서 수집(소감문, 일지, 일기) • 사진촬영 • 현장관찰 등	• 목표 대비 결과 평가 • 실험설계 활용 통계분석 • 기술통계(빈도분석과 평균계산)[2] • 질적평가 등	• 프로그램 과정 중 • 프로그램 종결 후 • ○월 ○일 ~ ○월 ○일

　　만약 다음과 같이 독거노인 대상 사회적응 프로그램의 성과목표에 대한 평가계획을 수립했다고 가정한다면[3] 어떻게 평가내용을 작성해야 할까?

⊕ 표 12-3　성과목표 평가계획 예시

성과목표	평가지표	평가도구	평가방법	평가시기
1. 사회활동참여를 통한 일상생활기능 향상	1-1. 대중교통이용능력	LOF	기술통계	프로그램 과정 중
	1-2. 일상생활만족도	평정척도 활용	기술통계	프로그램 종결 후
2. 친구 만들기를 통한 대인관계능력 증진	2-1. 대인관계기술 점수	대인관계기술척도 활용	단일집단 전후설계	프로그램 종결 후
	2-2. 고독감 수준	심층면접	질적평가	프로그램 종결 후

---

2) 서비스 만족도 조사의 경우 간단한 빈도분석, 평균계산을 실시하는데 이를 기술통계(descriptive statistics)라 한다.

3) 1개의 성과목표당 1개의 지표만 활용하는 것보다는 실패 가능성을 고려해서 2~3개 정도의 성과지표를 활용하는 것이 적절하다.

다음은 간략히 작성한 예시이며, 실제로는 좀 더 상세하게 작성하는 것이 좋다.

성과목표 1에 대한 분석 결과, 달성된 것으로 평가한다. 근거는 다음과 같다.

근거 ① 대중교통이용능력

대중교통이용능력을 평가하기 위해 다음과 같이 2개의 LOF를 개발해서 참여자 20명을 대상으로 5회의 일상생활훈련 이후 측정하였다.

평가항목 A: 지하철 승차권 발급

- 1수준: 타인의 도움 없이는 승차권을 발급받는 것이 불가능함
- 3수준: 약간의 안내를 받으면 승차권을 발급받고 승강장을 찾아갈 수 있음
- 5수준: 혼자서 지하철 승차권을 발급받고 승강장을 찾아갈 수 있음

평가항목 B: 지하철 목적지 하차

- 1수준: 타인의 도움 없이는 어디서 하차해야 하는지 전혀 모름
- 3수준: 약간의 안내를 받으면 목적지에서 하차할 수 있음
- 5수준: 혼자서 원하는 목적지에서 하차할 수 있음

프로그램 참여자들의 회기별 평균점수를 계산한 결과는 다음과 같다.

회기별 LOF 평균점수

회	1	2	3	4	5	평균
집단 평균점수	4.5	5.3	5.8	6.5	7.5	5.92

매 회기마다 참여자들의 평균점수가 증가하고 있어 프로그램으로 인해 기능이 향상되고 있음을 알 수 있다. 또한 총 평균점수가 5.92점으로 10점 만점에서 중간 이상의 기능을 발휘할 수 있는 것으로 나타났다. 프로그램을 통해 독거노인의 대중교통이용능력이 향상된 성과를 거두었다.

근거 ② 일상생활만족도

프로그램 참여자를 대상으로 다음과 같이 일상생활에 대해 얼마나 만족하는지 체크리스트를 개발해서 프로그램 종결 후 조사하였다. 분석 결과는 다음과 같다(예: 1점, 아니요: 0점).

문항	평균점수
1. 나는 사람들을 만나는 일이 좋다.	0.60
2. 집 밖으로 나가는 일이 즐겁다.	0.80
3. 이웃들과 대화하는 것이 행복하다.	0.65
4. 나는 우리 동네가 좋다.	0.85
5. 요즘 생활하는 데 불편함이 없다.	0.75
계	0.73

모든 문항의 평균점수가 0.5점 이상으로 나타났다. 전체 평균점수도 0.73점으로 나타났다. 따라서 참여자들이 자신의 일상생활만족도 수준이 높다.

성과목표 2에 대한 분석 결과, 달성된 것으로 평가한다. 근거는 다음과 같다.

근거 ① 대인관계기술 점수

프로그램 참여자를 대상으로 단일집단 전후 비교설계 방법을 적용해서 대인관계기술척도의 점수를 구한 결과는 다음과 같다.

대인관계기술척도 점수

참여자	A	B	C	D	E	F	G	H	I	J	K	L	M	N	O	P	Q	R	S	T	평균점수
사전점수	14	12	15	17	20	14	13	24	9	18	14	15	17	13	11	12	10	21	11	19	14.95점
사후점수	18	14	17	17	18	24	22	26	15	25	17	22	23	21	20	22	18	24	25	22	20.50점

사전점수와 사후점수를 비교한 결과, 사전점수의 평균은 14.95점이고 사후점수의 평균은 20.50점으로 나타났다. 점수가 5.55점 증가했다. 따라서 프로그램을 통해 참여자들의 대인

관계기술 수준이 향상된 성과를 거두었다.[4]

근거 ② 고독감 수준

프로그램을 통해 독거노인의 고독감이 얼마나 감소했는지를 평가하기 위해 참여자 중 4명을 대상으로 초점집단면접을 실시하였다. 질적평가 결과, 프로그램을 통해 두 가지 의미 있는 변화 주제들이 발견되었다. 분석 결과, '사람에게 반가움과 희망을 경험함'과 '외롭지 않다는 생각을 갖게 됨'으로 성과의 명칭을 붙였다.

'사람에게 반가움과 희망을 경험함'

프로그램 참여자들은 청소년들의 가정방문 봉사 서비스에 대해 뜻밖의 반가움을 느꼈다. 늘 혼자서 외롭게 생활하는 반복적이고 지루한 삶의 균형이 무게 중심을 잃고 흔들리게 되면서 그동안의 무기력한 모습을 떨쳐 버리는 경험을 하게 되었다. 의도 없이 순수하게 만나게 된 청소년들과의 사귐 속에서 참여자들은 벅찬 감동을 체험했다. 특히 "열심히 운동도 하고 바깥바람도 쐬고 복지관에서 이것저것 하는 것도 잘 참여해야겠다."는 고백은 오랜 동안 집안에서 혼자 생활해 온 독거노인의 삶에서 발견하기 힘든 새로운 삶에 대한 의지를 엿볼 수 있는 놀라운 변화로 평가할 수 있다.

> "혼자만 있었는데 누가 나를 찾아와 준다는 게 큰 힘이 될 줄은 꿈에도 몰랐죠. 그것도 나보다 훨씬 어린 학생들이 말이에요. 손자, 손녀 생각도 나고…… 함께한다는 게 참 든든하고 힘이 되더라구요." (참여자 1)
> "매주 찾아오는 것도 모자라서 주중에 자주 전화도 와서 밥 먹었냐 물어보고, 옷은 따뜻하게 입고 다니는지, 오늘은 뭐하러 나가는지 별걸 다 신경 써 주더라구요. 뭔가 든든해졌어요." (참여자 2)
> "나 같은 노인네가 뭐라고 이렇게나 관심을 주고 사랑을 주는지 참…… 너무 고맙고 미안하고 그래요." (참여자 3)
> "또 젊은 학생들 보면서 나도 나이는 들었지만 열심히 운동도 하고 바깥바람도 쐬고 복지관에서 이것저것 하는 것도 잘 참여해야겠다는 생각도 들게 되었어요." (참여자 4)

⊕ 그림 12-3   **성과목표에 대한 평가내용 작성 예시**

---

4) 여기서는 독자들이 쉽게 이해할 수 있도록 평균점수 비교를 예시로 들었으나 가급적 추리통계 검증을 활용하여 정교한 분석을 하기를 권장한다.

2. 과정평가의 개념

과정평가(process evaluation)는 프로그램을 운영하는 중에 실시하는 것으로서 프로그램 운영의 충실성을 평가한다(Smith, 2010). 좀 더 명확하게 설명하면, ① 서비스가 클라이언트에게 어떻게 제공되고 있는지를 파악해서, ② 더욱 적절하게 제공될 수 있도록 어떤 행정적인 지원이 필요한지를 결정하는 것이다(Grinnell et al., 2010). 사회복지 현장에서 프로그램을 운영하면서 정기적(매일, 주별, 월별) 혹은 비정기적으로 프로그램 과정에 대한 평가회의를 실시하는데, 이것이 바로 과정평가이다.

논리모델을 통해 과정평가를 다시 살펴보자.

과정평가는 기본적으로 논리모델의 체계 중에서 투입과 과정에 초점을 두고 수행한다. 클라이언트를 변화시키기 위해서는 두 가지 조건이 충족되어야 한다. 첫째, 프로그램을 실행하는 데 필요한 인적 자원, 물적 자원, 예산, 시간, 정보 등이 모두 적절하게 투입되어야 프로그램은 성공을 거둘 수 있다. 따라서 투입자원이 얼마나 적절한지를 과정평가를 통해 확인해야 한다. 둘째, 서비스가 제공되는 과정이 충실하게 이루어져야 한다. 모든 서비스는 안내된 시간, 장소, 활동에 맞게 운영되어야 하고, 예상치 못한 시행착오가 발생하면 안 된다. 또 직원들은 클라이언트에게 깊은 존중과 진실한 관심을 표현해야 하고, 클라이언트가 어떤 요청을 하면 즉각 대응해 주어야 한다.

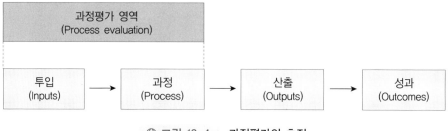

⊕ 그림 12-4 　 과정평가의 초점

3. 과정평가의 지표

성과평가와 마찬가지로, 과정평가에서도 지표를 사용한다. 과정평가에서 사용하는 지표는 품질지표(quality indicator)이다. 품질지표는 프로그램의 운영과정을 개선할 수 있는 것이라면 무엇이든 활용할 수 있고 그만큼 종류도 다양하다. 여기에서는 일선의 사회복지사들이 쉽게 이해하고 사용할 수 있는 지표들을 제시한다.

표 12-4　**과정평가를 위한 품질지표 예시**

영역	품질지표	내용
투입	인적 자원의 적절성	역량을 갖춘 복지사, 강사, 자원봉사자가 투입되었는가?
	물적 자원의 적절성	필요한 물적 자원이 모두 투입되었는가?
	시간자원의 충분성	프로그램 준비 및 운영 시간이 적절한가?
	예산의 적절성	예산이 부족하지 않은가?
	정보의 충분성	프로그램 운영에 필요한 정보가 수집되었는가?
과정	접근성	참여자가 이용하기 편리한 물리적 위치에서 실행되었나?
	보증성	이 서비스에 대한 참여자의 신뢰와 기대가 있는가?
	의사소통 수준	참여자와 구두의사소통에 어려움은 없었나?
	예의의 적절성	참여자를 존중하며 진행하였는가?
	충실성	모든 서비스 내용이 빠짐없이 제공되었는가?
	감정이입	참여자에게 공감을 표현하였는가?
	안전성	서비스 활동과 환경이 참여자에게 위험하지 않았는가?
	기록의 충실성	모든 과정을 기록으로 남겼는가?
	슈퍼비전	슈퍼비전 체계가 구축되었나? 실행되었나?
	효율성	비용을 절감하며 서비스가 제공되었는가?
	적시성	적합한 시기에 참여자들이 서비스를 받았는가?
	프로세스 개선도	새롭게 개선하고 보완해야 할 내용은 무엇인가?
	서비스 과정에 대한 만족	참여자는 서비스 운영과정에 관해 만족했는가?
	오류 혹은 실수	과정 중에서 실수, 실패, 오류는 없었나?

4. 평가방법

과정평가를 위해 손쉽게 활용할 수 있는 방법은 크게 세 가지이다.

1) 평가회의

프로그램 회기가 끝나면 서비스 제공에 대해 직원들과 자원봉사자들이 모여서 회의를 실시하는 것이다. 일반적으로는 당일 바로 실시하는 경우가 많고, 주간회의, 월간회의로 실시될 수도 있다. 과정평가에서 중요한 점은 객관성 있는 결과를 도출하는 것보다는 개선할 사항을 많이 찾아내는 것이다. 따라서 회의를 통해 도출된 운영상의 문제점과 해결책은 많으면 많을수록 유익하다. 회의를 진행하는 방식은 누구나 떠오르는 생각을 자유롭게 말하는 것보다는 앞서 제시한 품질지표를 참고해서 어떤 항목에 초점을 두고 평가할 것인지 평가양식을 제작한 후 이를 활용하는 것이 더욱 권장된다. 평가회의는 다양한 문제점과 해결책을 자유롭게 논의할 수 있는 장점이 있고, 회의시간을 통제하기 어렵다는 단점이 있다.

○○○ 프로그램 과정평가 기록지

실시일자:

평가일자:

다음 평가항목을 기준으로 이번 회기에 대해 평가해 주십시오.

품질지표	평가내용
인적 자원의 적절성	역량을 갖춘 복지사, 강사, 자원봉사자가 투입되었는가?
물적 자원의 적절성	필요한 물적 자원이 모두 투입되었는가?
의사소통 수준	참여자와 구두의사소통에 어려움은 없었나?
예의의 적절성	참여자를 존중하며 진행하였는가?
적시성	적합한 시기에 참여자들이 서비스를 받았는가?
접근성	참여자가 이용하기 편리한 물리적 위치에서 실행되었나?

(이하 생략)

⊕ 그림 12-5   **과정평가기록지 예시**

2) 체크리스트

평가회의를 할 수 없는 상황이거나 비교적 확인해야 할 항목이 분명하다면 체크리스트를 만들어서 과정평가를 실시할 수 있다. 체크리스트를 활용할 때 주의할 점은 가급적 많은 지표를 사용하고 모든 항목을 빠짐없이 체크해야 한다는 것이다. 체크리스트의 장점은 평가시간을 단축할 수 있다는 점이며, 단점은 제시된 항목 이외의 새로운 문제점을 발견하고 기록하기 어렵다는 점이다.

○○○ 프로그램 과정평가 체크리스트

실시일자:

평가일자:

다음 평가항목을 기준으로 이번 회기에 대해 평가해 주십시오.

품질지표	평가내용
인적자원의 적절성 역량을 갖춘 복지사, 강사, 자원봉사자가 투입되었는가?	☐ 매우 미흡 ☐ 약간 미흡 ☐약간 우수 ☐매우 우수
	이유 작성:
물적자원의 적절성 필요한 물적 자원이 모두 투입되었는가?	☐ 매우 미흡 ☐ 약간 미흡 ☐약간 우수 ☐매우 우수
	이유 작성:
의사소통 수준 참여자와 구두의사소통에 어려움은 없었나?	☐ 매우 미흡 ☐ 약간 미흡 ☐약간 우수 ☐매우 우수
	이유 작성:
예의의 적절성 참여자를 존중하며 진행하였는가?	☐ 매우 미흡 ☐ 약간 미흡 ☐약간 우수 ☐매우 우수
	이유 작성:
적시성 적합한 시기에 참여자들이 서비스를 받았는가?	☐ 매우 미흡 ☐ 약간 미흡 ☐약간 우수 ☐매우 우수
	이유 작성:
접근성 참여자가 이용하기 편리한 물리적 위치에서 실행되었나?	☐ 매우 미흡 ☐ 약간 미흡 ☐약간 우수 ☐매우 우수
	이유 작성:

(이하 생략)

⊕ 그림 12-6　과정평가 체크리스트 기록지 예시

3) 서비스 품질 조사

과정평가를 위한 세 번째 방법은 직접 참여자에게 서비스 품질에 대해 설문조사를 실시하는 것이다. 서비스 품질 조사의 장점은 비교적 시간이 많이 소모되지 않고 숫자를 통해 분석 결과를 제시할 수 있어 객관성이 높다는 점이다. 단점은 설문지에 제시된 항목 이외의 사항에 대해 정보를 수집할 수 없다는 점이다.

서비스 품질 조사를 하기 위해서는 두 가지 접근이 가능하다. 첫째는 논리모델을 활용하는 것으로서 논리모델의 체계에서 투입과 과정에 관한 항목만 질문하는 것이다. 예를 들어, 제10장 225~226쪽에 제시된 만족도 조사 문항 중 1~9번 문항만 조사하면 서비스 품질 조사를 실시하는 것이 된다. 둘째는 품질평가 모델을 활용하는 것이다. 서비스 품질(Service Quality)을 측정하기 위한 모델은 다양하지만 전통적으로 SERVQUAL 모델이 유명하다. 1985년에 파라슈라만(Parasuraman), 자이사믈(Zeithaml), 베리(Berry)가 함께 모여서 서비스 품질을 평가하기 위해 SERVQUAL 모델을 발표했다. 그들은 처음에 서비스 품질의 특성을 10개 차원(유형성, 신뢰성, 반응성, 고객이해, 접근성, 커뮤니케이션, 안전성, 신용도, 능력, 예의)으로 분류했으나, 1988년에 10개 차원을 다시 5개의 차원으로 축소해서 발표했고, 이 모델은 오늘날 서비스 품질을 평가하는 전통적인 모델로 평가받고 있다. 최근에 비영리 · 사회복지 분야에도 품질 조사를 위해 활용하고 있다.

이러한 다섯 가지 차원별로 문항을 개발해서 조사를 하면 과정평가를 수행할수 있다. 여기서는 SERVQUAL을 활용한 어느 청소년 상담 프로그램의 품질 조사 설문지 예시를 제시한다([그림 12-7] 참조).

㉛ 표 12-5 SERVQUAL 모델의 다섯 가지 하위 차원

차원	평가 요소
유형성	시설, 장비, 직원복장 등 서비스의 외형적 품질
신뢰성	고객과 약속된 서비스를 제공할 수 있는 서비스 기관의 능력
공감성	고객을 배려하고 개별적인 관심을 보이는 태도
대응성	신속한 서비스 제공 및 고객을 도우려는 자세
보증성	서비스 제공자가 보유한 지식, 예의, 신뢰와 확신

청소년 상담 프로그램의 서비스 품질 조사

실시일자:

평가일자:

안녕하세요. 이 설문지는 이번에 여러분이 참여한 청소년 상담 프로그램의 서비스 품질을 조사하기 위한 질문지입니다. 여러분께서 응답한 내용은 조사 목적을 위해 통계 자료로만 사용될 뿐, 그 외의 목적으로 사용되는 일은 절대 없을 것을 약속드리며, 조사는 익명으로 진행되오니 솔직하게 응답하여 주시기 바랍니다. 이 설문에 응해 주셔서 진심으로 감사드립니다.

담당자: ○○○ 서비스제공팀 팀장

다음은 프로그램 운영 과정에 대한 질문입니다.

문항	전혀 아니다	아니다	보통 이다	그렇다	매우 그렇다
1. 상담실이 편안하게 느껴졌다. (유형성)	①	②	③	④	⑤
2. 상담선생님의 복장이 적절했다. (유형성)	①	②	③	④	⑤
3. 상담시간은 잘 지켜졌다. (신뢰성)	①	②	③	④	⑤
4. 상담에서 나누기로 한 대화를 모두 잘 나누었다. (신뢰성)	①	②	③	④	⑤
5. 상담선생님은 진심으로 나를 이해해 주었다. (공감성)	①	②	③	④	⑤
6. 상담선생님은 내가 무엇을 원하는지 잘 알고 있다. (공감성)	①	②	③	④	⑤
7. 상담선생님은 언제나 나를 최우선으로 대해 주었다. (대응성)	①	②	③	④	⑤
8. 기관 이용 시 문의를 하면 빠르게 답변을 해 주었다. (대응성)	①	②	③	④	⑤
9. 나는 기관에서 전문적인 상담을 받았다. (보증성)	①	②	③	④	⑤
10. 나는 상담선생님의 조언을 신뢰할 수 있다. (보증성)	①	②	③	④	⑤

⊕ 그림 12-7 서비스 품질 조사를 위한 설문지 예시

4) 효율성에 대한 평가

최근 효율성 평가에 대한 관심이 증가하는 추세이다. 따라서 효율성의 개념과 간단한 분석방법을 소개한다. 효율성(efficiency) 분석은 과정평가에서 종종 활용되는 분석방법이다. 효율성의 개념은 [그림 12-8]과 같이 투입과 산출에 초점을 둔다(Martin & Kettner, 1996).

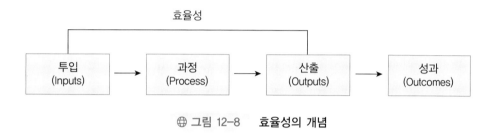

⊕ 그림 12-8　**효율성의 개념**

효율성이란 투입 대비 산출을 의미하며, 개념적인 공식은 다음과 같다.

$$효율성 = \frac{산출}{투입}$$

실제로 효율성을 산출하는 가장 흔한 방식은 서비스 단가를 제시하는 것이다. 서비스 단가(unit cost)란 전체 비용을 프로그램 산출량(예: 참여자의 인원수)으로 나눈 것을 말한다. 예를 들어, 프로그램 A와 B가 있다고 하자. 두 프로그램의 내용은 거의 동일하다. 〈표 12-6〉과 같이 프로그램 A의 서비스 단가는 20만 원이고, 프로그램 B의 서비스 단가는 10만 원이다. 어느 프로그램이 서비스 단가가 더 낮은가? 후자에서 서비스 단가(1인당 투입되는 비용)가 더 저렴하다. 이때 프로그램 A보다는 프로그램 B가 더 효율성(성과)이 우수하다고 평가할 수 있다.

⊕ 표 12-6　프로그램 A와 B의 서비스 단가 비교

구분	프로그램 A	프로그램 B
예산	200만 원	200만 원
참여자 수	10명	20명
서비스 단가	200만 원/10명=20만 원	200만 원/20명=10만 원

　서비스 단가를 계산할 때는 예산을 실인원으로 나눌 뿐 아니라, 연인원 혹은 서비스 제공 횟수로 나누어도 계산할 수 있다. 실제 효율성을 평가할 때는 내 프로그램 서비스 단가를 '작년 서비스 단가와 비교하는 방법' '우리 기관 내 유사 프로그램의 서비스 단가와 비교하는 방법' '다른 기관의 유사 프로그램의 서비스 단가와 비교하는 방법' 등을 활용할 수 있다.

5. 피드백의 중요성

　과정평가의 핵심 기능은 프로그램의 운영현황을 파악해서 문제점을 해결하는 것이다. 따라서 평가 결과를 반영하는 작업, 즉 피드백(feedback) 기능이 매우 중요하다. 과정평가를 아무리 정교하게 수행하고 보고서를 충실하게 작성해도 평가 결과를 근거로 프로그램 운영을 개선하지 않는다면 과정평가는 의미 없는 작업으로 남을 뿐이다. 따라서 사회복지사는 평가 결과를 실제 운영에 피드백할 수 있는 체계를 만들어야 한다. 예를 들면, 정기적인 평가보고회를 갖거나 슈퍼비전 시간을 별도로 만들어서 슈퍼바이저와 과정평가 결과를 논의하고 대안책을 실행하는 것이다.

⬡ 표 12-7　과정평가 결과의 피드백 예시

평가항목	문제점	향후 개선계획
인적 자원의 적절성	강사의 전문성이 부족하다.	추천을 받아 새로운 강사를 모집하겠다.
물적 자원의 적절성	프로그램실 온도가 너무 높고 건조했다.	온도를 낮추고 가습기를 사용해서 적정 온도와 습도를 유지하겠다.
의사소통 수준	강사가 클라이언트의 질문에 대해 무성의하게 답변했다.	강사가 좀 더 자세하고 성의 있게 답변하도록 사전에 설명하겠다.
예의의 적절성	담당 사회복지사가 클라이언트의 이름을 기억하지 못했다.	클라이언트의 이름을 외우고 부르겠다.
적시성	모든 클라이언트가 적절한 시기에 프로그램에 참여했다.	프로그램 운영시기를 동일하게 유지하겠다.
접근성	모든 클라이언트가 프로그램실 위치에 만족했다.	현재 프로그램실을 계속 사용하겠다.

〈표 12-7〉는 과정평가 후 찾아낸 문제점과 향후 개선계획을 작성한 표이다. 이를 통해 과정평가 결과를 향후 프로그램 운영계획에 피드백할 수 있다.

실무 연습 문제

다음은 276페이지의 '청소년 상담 프로그램의 서비스 품질 조사'에 참여한 30명의 응답자료를 분석한 통계 결과이다. 이 분석을 통해 현재 프로그램의 문제점을 진단해 보자. 평균이 3점 미만이라면 문제가 있다고 판단하고, 3점 이상인 경우 다른 항목과 상대적인 비교를 통해 운영이 잘되고 있는지를 판단하면 된다. 그리고 개선 아이디어를 작성해 보자.

과정평가 결과

문항	최솟값	최댓값	평균	표준편차
1. 상담실이 편안하게 느껴졌다. (유형성)	1	5	2.7	±0.2
2. 상담선생님의 복장이 적절했다. (유형성)	1	5	2.9	±0.3
3. 상담시간은 잘 지켜졌다. (신뢰성)	1	5	3.1	±0.3
4. 상담에서 나누기로 한 대화를 모두 잘 나누었다. (신뢰성)	1	5	3.2	±0.4
5. 상담선생님은 진심으로 나를 이해해 주었다. (공감성)	1	5	3.5	±0.3
6. 상담선생님은 내가 무엇을 원하는지 잘 알고 있다. (공감성)	1	5	3.7	±0.2
7. 상담선생님은 언제나 나를 최우선으로 대해 주었다. (대응성)	2	5	4.3	±0.2
8. 기관 이용 시 문의를 하면 빠르게 답변을 해 주었다. (대응성)	1	5	4.2	±0.2
9. 나는 기관에서 전문적인 상담을 받았다. (보증성)	1	5	3.5	±0.6
10. 나는 상담선생님의 조언을 신뢰할 수 있다. (보증성)	1	5	3.6	±0.5

문제점 및 향후 개선계획

차원	문제점	개선계획
유형성		
신뢰성		
공감성		
대응성		
보증성		

제4부

프로그램 전문가로 성장하는 길

제13장

설득력 있는 보고서와 마음을
사로잡는 프레젠테이션

1. 설득력 있는 보고서 작성요건

2. 마음을 사로잡는 프레젠테이션 준비

프레젠테이션 위기

"최고야 선생님." 언제나 우아하고 품위 있는 사임당 관장님께서 나를 부르셨다. "올해 마지막 운영위원회가 12월 28일에 개최됩니다. 모두 10명의 운영위원들이 참여하시고, 최고야 선생님이 졸업하신 대학의 왕똑똑 교수님도 운영위원으로 참석하십니다. 그 외에 이용인 대표님, 후원자 대표님, 자원봉사자 대표님, 구청의 주임님 등도 참여하십니다. 이번 운영위원회에서는 지난 1년 동안의 사업과 내년 사업계획을 발표하는 시간을 갖습니다. 특별히 오프닝 타임에 올해 우리 기관에서 처음으로 실시한 '모두 함께 FRIENDS'의 사업 결과를 발표해 주시기 바랍니다. 하실 수 있죠?" "네. 잘 준비해 보겠습니다." 관장님의 방을 나오며 가슴이 두근거리기 시작했다. '많은 사람 앞에서 내가 만든 모두 함께 FRIENDS 프로그램의 성과를 발표하라구? 더구나 모교 은사님도 참여하신다니! 엄청 부담되는 걸?' 돌아와서 팀장님과 상의했다. "팀장님, 어떻게 발표를 준비해야 할까요? 저는 파워포인트를 만들어 본 경험이 부족합니다. 어디서 배운 적도 없어요." "파워포인트를 만드는 능력은 프레젠테이션과 별 상관이 없습니다." "네? 파워포인트는 중요하지 않다구요?" 나는 의아해서 질문을 드렸다. 사실, 나는 대학 시절에도 늘 파워포인트를 만들지 못해서 발표점수가 낮았다. 멋지게 파워포인트를 만드는 친구들을 보면 늘 부러웠다. 근데 파워포인트가 중요하지 않다는 말에 크게 놀랐던 것이다. "그럼 중요한 것이 무엇인가요?" 팀장님은 이렇게 말씀하셨다. "알고 싶으세요? 자, 지금부터 설명할 테니 잘 들어 보세요."

설득력 있는 보고서를 작성해서 청중의 마음을 사로잡는 발표를 할 수 있다면 기금은 따 놓은 당상이다. 그러나 생각보다 쉽지 않다. 우리는 설득력 있는 보고서를 작성하는 방법을 수업시간에 따로 배우지 않으며, 발표의 기술 또한 한 번도 배워 본 적이 없기 때문이다. 이 장에서는 설득력 있는 보고서 작성과 프레젠테이션 기술을 향상시킬 수 있는 방법을 배워 보기로 하자.

1. 설득력 있는 보고서 작성요건

설득력 있는 보고서가 갖추어야 하는 요건은 무엇일까? 보고서는 쓰는 사람이 아니라 보고를 받는 사람의 입장을 철저하게 고려해서 작성해야 한다. 보고를 받는 기관이나 사람들의 성향, 특성 등을 고려하고, 많은 내용을 전달하려 하기보다 핵심을 잘 정리해서 보기 좋고 읽기 편하게 제출해야 한다.

1) 보고서의 세 가지 핵심요소

보고서의 구성에 세 가지 핵심요소인 주제(What), 이유(Why), 방법(How)이 포함되어야 한다. What이 없다면 무엇을 말하려고 하는지를 알 수 없다. 또한 Why가 분명하지 않으면 What에 동조할 수 없다. Why는 곧 사람들의 마음을 설득하는 힘이다. How는 말 그대로 구체적인 방법을 제시하는 것이다. How가 없다면 Why를 이해해서 What을 실천하고 싶어도 방법을 몰라 못하는 수가 생기기 때문이다. 자신의 보고서에 세 가지 핵심요소가 명확하게 담겨 있는지 확인해야 한다.

2) 보고서의 스토리 전개

보고서의 스토리라인 구조는 '도입-전개-마무리'의 전개를 가진다. '도입'에서 무엇과 왜를 설명하기 시작하여, '전개'에서 무엇을, 어떻게에 대한 구체적인 설명과 설득을 하고, '마무리'에서 지금까지 했던 이야기들을 정리하고 결론을 맺는다. 때로는 강한 인상을 주기 위해서 보고서든 발표든 결론을 도입에서 먼저 제시하는 것도 가능하다.

2. 마음을 사로잡는 프레젠테이션 준비

학생들 앞에서 강의하는 것과 달리 학회나 연구보고서를 위해서 발표를 해야 할 때 발표울렁증을 고백하는 교수들을 심심찮게 볼 수 있다. 그러므로 자신이 발표울렁증이라고 해서 비관할 필요는 없다. 많은 사람이 발표와 관련한 크고 작은 어려움을 가지고 있기 때문이다. 확실한 것은 극복하려고 노력하는 만큼 나아질 수 있다는 것이다. 희망을 갖자. 무대공포증, 발표울렁증 때문에 괴로운 정도가 아니라 실제로 완벽하게 처절한 실패로 끝난 발표를 한 경험이 있는가? 처절하게 실패한 발표 이후에 모든 사람이 자신의 발표를 사진처럼 기억하고 있을 것이라고 생각하고 다음 날 강의실에 들어가는 것이 괴로웠던 경험이 있는가? 이러한 경험들이 쌓여서 자신이 발표를 못하는 사람이라고 단정해 버리지 않았는가?

여기서 알아야 할 사실이 있다. 우리는 타인에 대해서 그렇게 관심이나 집중도가 높지 않다. 그 전날 발표에서 처절하게 실패했다 할지라도 그 학생이 그랬었는지에 대해서 자신만큼 세세하게 기억하지도, 그 기억이 오래가지도 않는다. 다만, 자기 스스로 그렇게 기억하고 괴로움을 반복재생할 뿐이다. 발표를 못하는 사람이 있는가? 물론 있다. 그러나 저자의 교수경험에 의하면 발표를 못하는 학생은 없다. 발표를 연습하지 않을 뿐이다.

프레젠테이션은 기획서 작성을 마무리하는 공정이다. 프로그램 기획가는 사업제안서를 작성한 이후 조직 내부에서나 기금을 배분하는 주체의 심사위원들 앞에서 프레젠테이션을 해야 하는 경우가 있다. 프레젠테이션의 성패는 앞선 공정을 망치거나 만회하기도 한다. 기획서와 프레젠테이션의 조합에 따른 최종 성패를 도식화하면

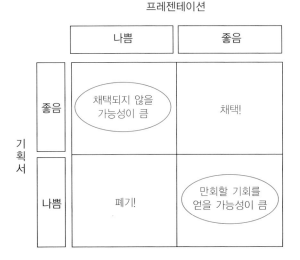

프레젠테이션

⊕ 그림 13-1　　**기획서와 프레젠테이션의 조합에 따른 최종 성패**

출처: 나시다 도오루(2004).

[그림 13-1]과 같다.

　설득력 있는 프레젠테이션을 하여 듣는 사람들로 하여금 원하는 행동을 이끌어 내는 능력은 사회복지 현장에서 반드시 필요한 능력 중 하나이다. 하지만 불행히도 대부분의 사람은 이런 능력을 갖추고 있지 않아서, 막상 자리가 주어졌을 때 너무 두려워하거나 강박관념에 마비되기 일쑤이다. 이런 일이 되풀이되면 절대 설득력 있는 프레젠테이션을 할 수 없다.

　그렇다면 프레젠테이션을 잘할 수 있는 비결은 무엇인가?

1) 멋진 오프닝 멘트를 준비하자

　발표를 시작하기 전에 대부분 간단하게 오프닝 멘트를 한다. 이때 자주 하는 것이 날씨나 교통상황 등에 대한 이야기이다. 그냥 날씨 이야기로 끝난다면? 그것은 좋지 않다. 날씨와 자신의 심리상태를 연결시킴으로써 감성적으로 접근했다면 멋진 오프닝이 될 수 있다. 프레젠테이션의 좋은 예로 스티브 잡스(Steve Jobs)의 예를 든다. 다음의 세 문장은 2007년 1월에 'PT의 달인' 스티브 잡스가 애플의 휴대전화 '아이폰'을 출시하면서 했던 오프닝 멘트이다(함주한, 2009).

> "감사합니다(Thank you)! 와 주셔서 감사합니다(Thank you for coming). 오늘 우리는 함께 역사를 만들 것입니다(Together today, we are going to make some history)."

때로는 호기심을 자극하거나 도발적인 질문을 하는 것도 좋은 오프닝이 될 수 있다. 답이 궁금해지면 청중들은 자연스럽게 발표자에게 집중하게 된다. 또는 사건과 뉴스, 관련 동영상을 활용하는 것도 효과적인 오프닝이 될 수 있다.

2) 설명을 쉽게 하자

2006년 독일 월드컵을 놓고 SBS와 MBC는 시청률 전쟁을 벌였고, 결과는 MBC의 승리였다. MBC가 SBS보다 높은 시청률을 보인 이유는 무엇일까? 동일한 경기 장면에서 SBS의 신문선 해설위원과 MBC의 차범근 감독의 예를 비교해서 보면 이해가 쉽다(함주한, 2009).

(슈팅한 공이 하늘로 치솟자)

- 신문선: 운동역학적으로 말씀드린다면 슈팅을 하는 순간에 디딤발과 차는 발 사이의 밸런스가 제대로 맞추어지지 않으면서 발등과 공의 임팩트 지점이 정확하지 않았기 때문에 저렇게 뜨는 겁니다.
- 차범근: 킥 하기 전 자세가 불안했습니다.

설명의 핵심은 쉬워야 한다.

3) 설득력을 갖추자

설명은 객관적 사실을 전달하는 것이고, 설득은 주관적 의견과 주장을 전달하는 것이다. 설득력을 갖추기 위해서는 발표자가 먼저 자신의 발표내용을 충분히 이해하고 있어야 한다.

- 전체 발표자료의 내용과 흐름을 완벽하게 숙지한다.
- 청중을 분석(성별, 연령, 정보의 수준)하고, 이해해야 한다.

4) 감동과 여운을 남기자

프레젠테이션의 마지막은 청중의 머리가 아니라 마음을 움직여야 한다.

스티브 잡스는 전설적인 하키 선수인 웨인 그레츠키(Wayne Gretzky)의 명언을 인용하여 애플의 의지를 보여 주며 마무리를 했습니다.

"저는 퍽이 있는 곳이 아니라 퍽이 이동할 곳으로 갑니다(웨인 그레츠키).
애플 또한 처음부터 퍽이 이동할 곳으로 가려고 노력해 왔고, 앞으로도 그러할 것입니다."

클로징 멘트에 해서는 안 될 말들이 있다. "준비가 부족해서 죄송합니다." "두서없는 발표를 들어 주셔서 감사합니다."가 바로 그렇다.

5) 시각적 효과를 활용하자

파워포인트의 가장 전형적인 패턴은 테두리를 두르고, 상단에 슬라이드 제목을 써 놓고, 어느 페이지인지 만드는 것이다. 이제 이런 방식에서 벗어나자. 때로는 그림만으로 충분히 설명이 가능하다.

6) 시선처리, 목소리 톤, 그리고 적절한 제스처를 연습하자

발표자가 청중을 바라보지 않고, 화면만을 보거나 준비한 스크립터만을 보는 것은 최악이다. 원고를 보는 동안 청중들과의 시선교감이 끊어진다. 청중 한 사람 한 사람과 부드럽고 자연스러운 시선을 교환하면서 이야기를 해야 한다. 또한 강조하고 싶은 대목에서는 짧게 침묵하거나 힘을 주어 말하는 등 목소리의 강약을 조절한다. 손을 모으거나, 주먹을 불끈 쥐거나, 스크린을 향해 손을 뻗는 등 발표를 강조하는 세련된 제스처를 활용한다. 때로는 자연스러운 자리이동이 발표자에게로 시선을 모을 수 있는 수단이 되기도 한다.

이 내용들은 스스로가 점검하기 어렵다. 친구들 앞에서 발표하면서 피드백을 받거나 영상이나 오디오로 촬영·녹음해서 자신의 발표 모습과 목소리를 확인하면, 어디가 어색하고 무엇을 고쳐야 할지 확연하게 알 수 있다.

7) 청중을 불편하게 하지 말자

발표하는 사람은 자신의 습관을 모른다. 본인도 모르게 자꾸 반복하는 미사여구들이 있다. '왜냐면' '그러니까' '음, 음……'과 같은 습관은 청중을 거슬리게 해서 집중을 방해한다.

때로는 머리카락을 자주 넘기거나, 다리를 떨거나, 손으로 자신의 귀나 코, 옷자락을 만지작거리는 등의 행동도 자주 하지 않는지 반드시 점검한다.

8) 정해진 시간을 반드시 준수하자

리허설을 통해서 소요시간을 점검해야 한다. 슬라이드 매수당 2분으로 계산하는 것이 일반적이며, 생략할 부분과 강조할 부분을 미리 정해 둔다. 시간이 지연되면 청중들은 지루해할 것이고, 지나치게 빨리 끝나면 준비가 부족하다고 여길 것이다.

9) 자신감을 잊지 말자

자신감은 발표 연습에 비례한다. 앞선 내용들을 활용해서 연습하고, 또 연습한다면 자신감은 당연히 따라온다.

실무 연습 문제

다음은 제5장의 실무 연습 문제에서 다룬 프로그램 계획 사례이다. 당신은 이 내용을 발표 슬라이드로 구성해서 발표해야 한다. 총 8장의 슬라이드를 어떤 내용으로 구성할 것인지 빈칸을 작성해 보자.

한부모 여성 가장의 행복증진을 위한 프로그램 '함께 행복해지기'

지역사회에서 한부모 여성 가장들이 겪는 어려움은 종종 간과되곤 한다. 이들은 경제적 압박뿐 아니라 정서적 지지가 부족한 상태에서 자녀를 양육해야 하는 이중의 부담을 안고 살아간다. 이에 지역에 거주하는 한부모 여성을 위한 '함께 행복해지기'라는 프로그램을 통해 이들의 삶에 힘과 용기를 주고자 한다. 이 프로그램은 한부모 여성 자신과 자녀들의 삶에 문화적 풍요로움을 더하는 것을 목적으로 한다. 성과목표는 첫째, 한부모 여성 가장의 사회적 지지망을 향상하고, 둘째, 삶의 만족감을 증진하는 것이다. 이 프로그램은 특히 경제적으로 어려움을 겪는 가정을 대상으로 하며, 자녀가 만 18세 이하인 가정에 초점을 맞추고 있다. 프로그램 기간은 3월부터 12월까지로 총 10회로 계획되어 있으며, 각 활동은 참가자들에게 충분한 시간을 제공하기 위해 금요일 저녁 시간대에 진행된다.

이 프로그램은 크게 '자조모임'과 '문화체험'으로 구성된다. 구체적인 프로그램 내용은 다음과 같다.

회기	제목	주요 내용
1	오리엔테이션	• 프로그램 목적과 일정 소개 • 참가자 상호 인사 및 자기소개 • 아이스브레이킹 활동
2	나의 강점 이야기	• 개인의 성공담 경험 공유 • 감정 표현과 경청의 중요성에 대한 워크숍 • 팀 빌딩 게임
3	미술관 탐방	• 지역 미술관 견학 • 미술 작품 감상 및 창의적 반응 활동 • 미술관 교육 담당자와의 대화
4	스트레스 관리	• 스트레스 관리 전문가 강연 • 마음의 강점 찾기 연습 • 스트레스 관리 전략 공유

5	공연 관람	• 공연 예술 관람 • 다양한 공연 예술 소개 및 감상 • 공연 후 감상 토론
6	긍정적 자아상 구축	• 자신감 강화 워크숍 • 긍정적 자기 대화 및 강점 발견 활동 • 자기 주장 연습 롤 플레이
7	창의 워크숍	• 창의력 발휘 워크숍 참여 • 개인 작품 만들기 및 전시 • SNS에 공유하기
8	나의 생태도 그리기	• 지역사회 자원 찾기 워크숍 • 생태도 그리기
9	자연 속에서의 하루	• 자연 공원 방문 및 산책 • 자연 관찰 및 사진 찍기 활동
10	수료식 및 평가회	• 프로그램 피드백 공유 • 수료증 수여 및 성과 평가 • 향후 계획 안내

성공적인 프로그램 운영을 위해, 충실한 예산 계획을 수립하였다. 이는 운영비, 전문가 강연비, 문화체험 관련 비용, 교통비 지원, 그리고 간식 및 식사를 포함한다. 프로그램의 효과를 검증하기 위해, 만족도 조사를 통해 성과목표 달성을 측정할 것이며, 정기적인 피드백을 수집하여 지속적인 개선을 추구할 계획이다.

발표 내용을 다음에 작성하시오.

슬라이드 1	슬라이드 2

슬라이드 3

슬라이드 4

슬라이드 5

슬라이드 6

슬라이드 7

슬라이드 8

고급 프로그래밍을 위한
프로그램 이론을 활용하기

1. 개입연구조사 모델을 활용하여 프로그램 설계 · 개발 · 보급하기
2. 증거기반 실천 모델을 통해 '최상의' 증거를 기반으로
   클라이언트를 위한 '최선의' 프로그래밍을 수행하기
3. PDCA 사이클을 적용하여 프로그램을 지속적으로 개선하기

제14화

프로그램 전문가로 성장하다

　어느덧 3년이라는 시간이 흘렀다. 나는 좀 더 전문적인 사회복지사가 되기로 결심했다. 사실, 그동안 개발한 프로그램은 뭔가 어설펐다. 그래서 나는 대학 은사님이신 왕똑똑 교수님께 문의를 드렸다. "교수님, 이제 좀 더 전문적인 프로그램을 만들고 싶습니다. 어떻게 해야 할까요?" 왕똑똑 교수님께서는 이렇게 조언하셨다. "최고야 선생님이 어느 정도 실무경험이 생기니까 이제 진짜 프로그램을 개발할 의지가 생겼네요. 아주 좋은 생각입니다. 그것은 프로그래밍 이론을 반영한 프로그램을 기획하는 것입니다. 관심이 있다면 저를 한번 찾아오세요." "아! 교수님, 그런 방법이 있군요. 바로 찾아뵙겠습니다. 꼭 가르쳐 주십시오." 얼마나 발전해야 훌륭한 프로그램 전문가로 성장할 수 있을까? 나는 내가 성장할 모습에 기대감을 갖게 되었다.

　우리 복지관은 나날이 발전해서 클라이언트도 증가하고 직원 수도 증가했다. 우아하고 아름다운 사임당 관장님께서 퇴임하셨다. 출근 첫날 사임당 관장님께서 나에게 임명장을 주시던 일은 평생 잊지 못할 것 같다. 그리고 남루한 이몽룡 부장님께서 법인으로부터 관장 발령을 받으셨고, 지금은 멋지게 꾸미고 다니신다. 내가 존경하는 홍날래 팀장님은 부장으로 승진하셨다. 나는 이번에 지역복지팀 사회복지사로 발령이 나서 부서 이동을 하게 되었다. 그곳에서 장영실 팀장님을 상사로 모시고 일을 하게 된 것이다. 나는 그동안 10개의 프로그램을 직접 개발하고 운영하였다. 그중에서 어떤 사업은 사회복지공동모금회의 지원을 받기도 하였다. 그러나 이러한 외형적인 실적보다 더 큰 보람은 내가 만든 프로그램을 통해 위기에 처한 많은 사람이 도움을 받았다는 사실이다. 처음에 사회복지학과에 입학했을 때 불안했고 실습을 할 때도 내 진로에 대한 고민이 많았는데, 지금은 내가 다른 길로 가지 않고 사회복지사가 되어 일하게 된 것이 너무나 감사하고 기쁘다. 어제는 내가 처음으로 맡았던 '모두 함께 FRIENDS'에 참여했던 팥쥐가 어느덧 대학생이 되어서 예쁜 꽃을 들고 날 찾아왔다. "선생님처럼 청소년을 위해 일하고 싶어서 저도 사회복지학과에 들어갔어요. 선생님 밑에서 자원봉사 할 수 있을까요?" "그럼. 대환영이야. 팥쥐야." 이렇게 많은 클라이언트가 나를 기억해 주고 종종 소식을 전해 준다. 이런 작은 일들이 내게는 큰 기쁨이다.

이 장에서는 고급 프로그래밍을 위해 기획에 활용할 수 있는 모델로 개입연구조사 모델, 증거기반 실천 모델, PDCA 사이클 모델을 살펴보고자 한다. 대학원 수업이나 실무자들의 학습에 있어서는 다음의 세 가지 모델을 모두 다루는 것이 용이하나, 학부 수업에서는 학년과 이해도 수준에 따라 간단히 개념 정리만 하는 등 조율하여 활용하는 것이 적절하다.

1. 개입연구조사 모델을 활용하여 프로그램 설계 · 개발 · 보급하기

실천 현장에서 사회복지사로 일하면서 우리나라 현실에 적합한 효과적인 프로그램을 찾기가 쉽지 않다는 점이 고민인 경우가 있다. 프로그램 개발과 평가에 대한 관심이 고조되고 개입의 효과성을 검증하기 위한 실천가들과 학계의 많은 노력이 이루어지고 있지만, 효과적인 실천개입을 개발하기 위한 체계적인 과정에 대한 이해는 다소 부족한 듯하다. 개입연구조사 모델은 모형 개발연구모델, 프로그램 개발연구방법으로도 명명된다. 이 모델은 실천개입의 효과성을 검증하고 개입의 체계적인 과정과 유용한 개입 결과물을 생산하는 프로그램 개발 방법론으로 거론되고 있다. 이 모델은 프로그램의 체계적인 개발과 보급을 위한 유용한 도구로 활용될 수 있다.

1) 개입연구조사 모델의 개념과 목적

휴먼서비스 영역에서의 실천가들은 프로그램 개발과 보급을 위해 보다 면밀한 프로그램 개발연구방법론을 적용해야 하고, 실질적인 활용성에 초점을 둔 생산적인 접근을 추구해야 한다. 이것이 사회복지실천가들의 책임임은 두말할 필요가 없다. 개입연구조사 모델이란 바로 혁신적인 개입을 개발하는 연구를 의미한다.

그러나 실질적으로 개입연구조사 모델이 무엇인지를 한마디로 설명하는 것은 그리 쉬운 일이 아니다. 학자에 따라서 개입연구의 범위를 상이하게 규정하고 있고, 그것이 계속 발전되고 있는 개념이기 때문이다. 이 책에서는 토머스와 로스먼(Thomas & Rothman, 1994)의 개념 정의를 토대로 홍순혜와 이시연(2007)이 협의의 개념으로 재정리한 것을 활용하고자 한다.

개입연구조사는 광의의 의미에서 지식 개발, 지식 활용, 설계 · 개발이라는 세 가지 영역을 포함한다.

- 지식 개발은 개입연구의 핵심이라고 할 수 있는 설계와 개발에 필요한 개념과 이론들을 도출하는 것으로, 우리가 흔히 수행하고 있는 사회과학 조사, 행동과학 조사 등과 중복된다. 예를 들어, 자동차라는 제품을 생산한다고 했을 때 자동차를 완성하는 원자재가 있는가, 강판을 어떻게 만들 수 있는가, 어떤 공정 과정이 있어야 하는가 등을 연구하는 것이 지식 개발 영역이라고 할 수 있다.
- 지식 활용이란 지식 개발에서 얻은 이론과 자료를 개입에 함의를 줄 수 있는 형태로 전환시키는 데에 관심을 둔다. 즉, 지식 개발에서 생산된 인간 행동에 관한 지식을 서비스 받는 클라이언트의 문제해결에 적용할 수 있는 응용지식으로 변화시키는 것을 연구하는 영역이다(서인해, 2004). 자동차 생산의 예를 다시 든다면, 원자재를 확보한 이후에는 그것을 자동차에 필요한 부품으로 만들어 낼 수 있는 공법이 필요하다. 철근과 철판이 자동차에 필요한 부품의 형태로 전환될 수 있는 공법이 없다면 자동차의 개발은 환상에 불과한 것이다.
- 설계 · 개발이란 효과적인 실천도구를 포함한 개입을 생산해 내는 것이다. 원자재를 부품화할 수 있는 공법이 개발되었다면, 원자재를 다양한 형태로 설계하여 부품을 만들어 내고 그것들을 적절하게 연결하고 통합하여 드디어 신차를 만들어 내게 된다. 또한 조립된 자동차가 기대대로 주행할 수 있다는 것을 보여 주어야 한다.

이상의 지식 개발, 지식 활용, 설계 · 개발은 서로 연계되어 있고 각각 매우 중요한 과정이지만, 프로그램을 개발한다고 했을 시에는 주로 설계 · 개발의 영역을 시행한다고 볼 수 있다. 협의의 개입연구 개념인 설계 · 개발(Design and Development: D&D)
이란 개입을 개발하기 위한 조사 기반의 문제해결 과정이다. 설계 · 개발에서 조사는
실천에 대한 조사가 아니라 실천을 위한 조사이며, 설계를 통해 문제를 해결하고자
하는 것이다. 이때 설계란 혁신을 창조하거나 재구조화할 수 있도록 관련 과학, 기
술, 실천 정보들을 체계적으로 적용하는 것으로, 예술성과 상상력, 창의성이 요구된
다(홍순혜, 이시연, 2007).

설계 · 개발의 목적과 방법, 결과는 다음과 같다.

- 목적: 새로운 휴먼서비스 테크놀로지를 발전시키는 것(즉, 테크놀로지란 기법, 프
  로그램, 서비스 체계, 정책 등을 의미함)
- 방법: 문제 분석, 개입 설계, 개발, 평가와 보급의 수단을 포함하는 방법을 실현
  화하는 것
- 산출 결과: 목적을 달성하기 위한 기술적 수단(예: 사정도구, 개입도구, 서비스 프
  로그램, 체계, 정책)이 탄생해야 함

2) 개입연구조사 모델 단계

프로그램 설계 · 개발은 문제 분석 및 프로젝트 계획, 정보 수집 및 종합, 설계, 초
기 개발 및 사전 현장실험, 평가 및 고급 개발, 보급과 확산 등의 여섯 가지 공통된 단
계와 각 단계의 과제를 가지고 있다(Thomas & Rothman, 1994).

(1) 문제 분석 및 프로젝트 계획
→ 욕구조사 및 실행 가능성 조사 결과, 클라이언트 구체화 및 참여, 목적 및 목표 설정
핵심 문제를 규명하고 분석하며 프로젝트 실행 가능성을 결정하는 단계이다. 프
로젝트 실행을 위한 개발목표를 설정하고 구체적인 계획을 수립한다. 실천 현장과의
협력적 관계를 구축한다.

(2) 정보 수집 및 종합

→ 현존 정보자원 활용, 사례조사, 성공적 모형의 특성 명료화, 정보 종합 분석 결과

다양한 관련 정보를 선택하고 수집하며 수집된 자료들을 분석하는 단계이다. 자료들은 전체적으로 프로젝트 설계의 근거가 되도록 종합적으로 정리되어야 한다.

(3) 설계

→ 개입 프로토콜, 개입을 위한 단계적 구성요소의 구체화

설계 영역과 목표를 설정하고, 참여 팀을 구성하며, 개발 현장을 설정하고, 해결 대안을 선택하여 초기 개입 모형을 만드는 단계이다. 이 단계에서는 초기 개입을 실행하기 위한 세부 지침을 마련한다.

(4) 초기 개발 및 사전 현장실험

→ 견본 개발 및 사전 현장실험 계획, 과정평가 및 질적연구 결과, 수정된 개입 마련

사전 실험(pilot testing)을 위한 계획을 수립하고 조사연구 및 모니터링 방법을 결정하여 실질적인 실험을 실행하는 단계이다. 이 단계에서는 지속적인 모니터링 및 과정평가를 통해 초기 개발된 개입 내용을 수정한다.

(5) 평가 및 고급 개발

→ 양적·질적평가 결과, 개입 방법의 반복과 결과분석, 보다 정교화되고 수정된 개입 마련

보다 체계적인 평가를 위해 다각적인 평가계획을 수립하고 실험의 본 실행 및 평가를 실시하는 단계이다. 이 단계에서는 양적·질적평가 등을 통해 수정된 개입 내용을 보완한다.

(6) 보급과 확산

→ 보급계획, 잠재적 시장 구체화, 지원 제공, 보급률·만족도 등 소비자에 의한 개입 재창조

개발된 결과물의 보급계획을 수립하고 실질적인 절차와 미디어 활용으로 프로그램을 보급·평가하는 단계이다.

개입조사연구 모델의 여섯 가지 단계를 구체적으로 살펴보았다. 우리나라에서도 개입연구를 활용하여 실습교육모델(이시연, 2001), 학교사회복지 슈퍼비전모델(김지연, 2007), 실습과제모델(서진환, 2004), 프로그램(김은영, 2012), 수업설계(안정선, 배진형, 2014), 직무교육과정(안정선 외, 2014), 청소년 프로그램(심혜선, 전종설, 2019) 등을 개발한 사례들이 있다. 이렇듯 개입연구는 실질적인 개입과 실천을 통해 프로그램이나 교육모형 등 최종 결과물을 개발하여 제시하는 연구방법이다. 프로그램을 면밀히 개발하고자 하는 학생과 사회복지사들은 이 프로그램 개발연구방법론에 대한 심도 깊은 학습에 도전해 보기 바란다.

🔍 ➡ 생각해 볼 문제

개입연구조사 모델 활용 전략 모색

현재 내가 기획하고 있는 프로그램과 관련하여 이 6단계 모형을 적용하여 구상해 보자.

단계	세부 활동	나의 프로그램 적용 구상
문제 분석 및 프로젝트 계획	• 문제 확인 및 분석 • 개발 목적과 목표 기획 • 프로젝트 계획	
정보 수집 및 종합	• 다양한 정보 수집 • 정보종합	
설계	• 초기 프로그램 설계(영역, 조건 등) • 개입 프로토콜	
초기 개발 및 사전 현장실험	• 초기 파일럿 실험 및 모니터링	
평가 및 고급 개발	• 효과성 평가 • 초기 프로그램 수정 및 후기 개입 제시	
보급과 확산	• 보급계획 및 실행, 지원 • 보급률 및 만족도 평가, 피드백 반영	

3) 개입연구조사 모델 적용 과제

개입연구를 사회복지 현장에 적용하기 위해서는 다음과 같은 노력이 병행되어야 할 것이다.

(1) 개입연구를 위한 인력 구성 및 수행역량 강화

개입연구조사 모델에서는 프로그램 개발을 위해 다각적이며 종합적인 정보 수집 및 종합의 과정을 사회복지사에게 요구하고 있다. 정보 검색의 능력은 물론, 욕구조사, 인터뷰, 문헌분석 등 정보를 종합·분석할 수 있는 역량이 필요한 것이다. 또한 개입을 위한 창조성 있는 설계능력 또한 필요하다.

개입연구 프로젝트를 위해서는 서로 다른 세부 전공과 능력을 갖춘 사람이 포함되는 것이 효과적이다. 그야말로 융복합적 접근이 필요하다. 프로그램 개발팀의 인력들은 전문성뿐만 아니라 복잡하고 모호한 상황 속에서도 적절히 행동할 수 있는 융통성, 민감성, 위기 대처능력, 의사소통능력 등이 필요하기 때문이다. 개입연구는 개인적 차원보다는 조직적 차원, 팀 접근 차원에서 진행되는 것이 바람직하다.

(2) 개입을 테스트할 현장 확대 및 학계와 현장의 공동 협력 강화

개입연구조사 모델은 현장에서의 반복적인 테스트와 수정을 전제로 하고 있고 기본적으로 현장을 중심으로 해서 프로그램 개발이 이루어져야 하기 때문에 모델을 적용할 현장이 확대되어야 한다. 또한 정보 수집 및 종합, 다양한 조사를 실행하는 등 연구조사 역량을 보유한 인력이 함께 참여해야 한다. 이러한 측면에서 이 모형에서는 학계와 현장의 공동 협력이 보다 강화되어야 한다.

개입연구는 1차 프로그램이 개발된 이후에도 생산된 프로그램이나 도구가 클라이언트들에게 바로 사용할 수 있는 형태여야 하기 때문에 이를 적용하고 보급하면서 피드백을 통해 지속적으로 발전시킬 수 있는 현장이 필요하다.

(3) 프로그램 보급과 확산 체계 도입

개입연구조사 모델의 마지막 단계는 프로그램 보급과 사후관리 단계이다. 프로그램 보급과 사후관리와 같은 단계는 기존 사회복지 프로그램 개발 및 평가에서 중요하게 다루지 않았던 것이다. 하지만 사회복지사가 아무리 유용한 프로그램을 개발한다고 하더라도 그것이 보급되지 않는다면 다른 사람들이 활용할 수 없을 것이다. 따라서 프로그램을 보급하기 위한 다양한 전략이 더 개발될 필요가 있고, 사회복지사들이 프로그램 보급에 대해 보다 책임성을 갖고 접근할 수 있는 조직 기반과 사회복지 전문직 체계의 지원이 요구된다.

2. 증거기반 실천 모델을 통해 '최상의' 증거를 기반으로 클라이언트를 위한 '최선의' 프로그래밍을 수행하기

경험에 근거한 실천의 출현으로 조사와 실천은 서로 밀접한 관계가 되었고, 실천가들은 실천 현장에서 조사 및 평가의 방법론을 사용하도록 요구받게 되었다. 경험적 근거가 미흡한 실천은 개인적이거나 주관적인 방법으로 여겨질 수 있고, 실제로 이러한 실천은 클라이언트에게 서비스를 제공하는 과정에서 위험할 수 있다. 증거기반 실천(evidence-based practice) 또한 같은 맥락에서 실천에서의 실증적인 증거를 강조하고 있다. 프로그램의 개입 전략을 선택하고 설계할 시에는, 특히 증거기반 실천 모델과 실행 단계가 적용되어야 할 것이다(Calley, 2011; Grinnell, Gabor, & Unrau, 2010).

1) 증거기반 실천의 개념과 목적

조사연구를 통해 얻은 정보를 사회복지실천 과정에 적극적으로 활용하려는 움직임은 이미 오래전부터 있어 왔다. 이것이 증거기반 실천을 활성화하는 데에 영향을 미쳤다. 증거기반 실천은 의학 분야에서 처음 사용된 이후에 사회복지 분야에도 활용되기 시작되었다(공계순, 서인해, 2006). 증거기반 실천은 새로운 글로벌 정보세대에서 사회복지사들이 최근 개발되어 온 기술들을 효과적·효율적으로 사용할 수 있도록 고안된 구성체계이다(Grinnell et al., 2010).

증거기반 실천이란 클라이언트를 원조하는 과정에서 의사결정을 내릴 때 존재하는 최상의 증거를 의도적·명시적·판단적으로 사용하는 것이다(Sackett et al., 1997).

증거기반 실천에서는 사회복지실천의 효과성에 관한 증거를 체계적으로 분석·종합하고(Cournoyer, 2004), 사회복지사가 클라이언트의 이익을 최우선 목표로 두고 최근의 증거를 객관적이고 효율적으로 찾아 현장에 적용한다(Gibbs, 2003). 이러한 의견을 종합해 보면, 증거기반 실천의 핵심은 '3E', 즉 클라이언트의 역량 강화(Empowerment)를 목적으로 효과성(Effectiveness)이 담보되며 증거(Evidence)에 의거하는 사회복지실천이라고 할 수 있다(박승민, 2009).

증거기반 실천은 단순히 사회복지사들이 기존의 조사연구 증거를 좀 더 많이 활용하는 정보처리자로서 기능하는 기술적 차원의 접근이 아니라(McNeill, 2006), 클라이언트와의 협력적 관계와 사회복지사 자신의 전문성을 토대로 하여 검증된 조사연구 결과를 적용하고 평가하는, 보다 역동적인 차원의 접근 모델이다(김영미, 박미진, 2007). 이러한 의미에서 그린넬 등(Grinnell et al., 2010)은 증거기반 실천 모델의 3요소로 최상의 증거, 사회복지사의 개인적인 전문기술, 클라이언트의 가치와 기대를 제시하면서, 증거기반 실천은 사회복지사의 전문성과 클라이언트의 가치가 최상의 증거들과 통합을 이루어야 함을 강조하였다.

2) 증거기반 실천의 단계

증거기반 실천의 단계에 대해 공계순과 서인해(2006)는 선행 연구자들의 증거기반 실천 절차를 토대로 다음과 같이 단계별 주요 과업을 설명하고 있다.

(1) 1단계: 답변 가능한 질문 만들기
1단계는 개념화된 질문을 만들고 검색계획을 세우는 것이다. 질문은 특정한 개입

기법이나 프로그램 효과성 및 예방적 효과가 높은 접근법, 타당하고 신뢰할 만한 사정도구 및 평가도구, 비용 효과성 등에 관한 것으로 다양할 수 있다.

(2) 2단계: 질문에 대한 답이 되는 증거 찾기

사회복지사는 프로그램 기획을 위해 필요한 질문과 더불어 다양한 자료를 정확하게 찾아낼 수 있는 정보탐색 능력이 있어야 한다. 기본적으로 기존 문헌과 자료들을 검색할 수 있도록 다양한 데이터베이스와 검색 엔진을 활용할 수 있어야 한다.

(3) 3단계: 수집된 증거에 대해 평가하기

수집된 정보들을 평가하고 분석 결과를 통합하는 단계이다. 사회복지사는 어떤 증거를 적합한 증거로 선택하고 어떤 것은 버릴 것인지를 결정해야 한다. 코노이어(Cournoyer, 2004)는 증거들을 수준에 따라 5등급으로 나누고 각 등급에 따라 어떻게 사용할지를 정리한 바 있다.

- 최고의 실천: 조사연구에 기반을 둔 증거, 임상 비교실험 연구, 지침서나 매뉴얼이 있어 안전성과 효과성을 나타내는 다각도의 증거들이 있는 것
- 우수한 실천: 어느 정도의 조사연구에 기반을 둔 증거, 사례연구와 만족도 보고서, 지침서가 있는 경우
- 받아들일 만한 실천: 역시 어느 정도의 증거들이 있으나, 지침서는 없고 위험성이 거의 없는 수준을 의미
- 의심스러운 실천: 조사연구에 기반을 둔 증거가 부족하고 부분적이거나 아주 약간의 효과성을 보이는 경우
- 위험한 실천: 증거에 있어 상당한 위험성을 보이는 경우

사회복지사는 '최고의 실천' 수준에 해당하는 증거를 활용하되, 클라이언트의 선호도 등을 고려하여 받아들일 만한 실천 수준의 증거까지 적용을 검토하는 것이 적절하겠다.

(4) 4단계: 실천에 적용하기

분석한 내용을 통합하여 실제 상황에 적용하는 단계이다. 아무리 효과적인 방법이라도 실제 프로그램 상황에 적용하기 위해서는 평가가 필요하다. 사회복지사는 클라이언트의 문제, 일반적 특성 등을 고려하여 결정한 증거를 활용하는 것이 적합한지를 최종 판단한 후에 적용해야 한다.

(5) 5단계: 실행 평가하기

최고의 증거를 찾아서 실천에 적용하는 것으로 끝나는 것이 아니라 실천에 대해서 평가를 해야 한다. 자료의 검색과정, 개입한 클라이언트 속성과 그에 따른 결과, 사정도구 평가 등 전체적인 효과성과 과정에 대한 평가를 시행해야 한다.

사회복지사가 증거기반 실천을 잘하기 위해서는 클라이언트에게 가장 적절한 증거를 찾아내는 것만으로는 부족하다. 증거기반 실천을 실행하는 사회복지사에게는 사정기술, 증거기반 실천 과정 기술, 의사소통과 협력 기술, 개입기술 등(Grinnell et al., 2010)이 필요하다.

🔍 **생각해 볼 문제**

증거기반 프로그래밍 활용 전략 모색

현재 내가 기획하고 있는 프로그램과 관련하여 이 5단계 모형을 적용하여 구상해 보자.

단계	세부 활동	나의 프로그램 적용 구상
질문 만들기	• 개념화된 질문 만들기 • 검색계획 세우기	
증거 찾기	• 다양한 DB 활용하여 검색하기 • 관련 자료 정리하기	
증거 평가하기	• 수집정보 선택하기 • 선택 자료 5등급 평가하기 • 분석 결과 통합하기	
실천에 적용하기	• 통합결과의 적용 가능성 평가하기 • 실제에 적용하기	
실행 평가하기	• 실천의 효과성과 과정평가 시행하기	

3) 증거기반 프로그래밍 적용과제

효과적인 서비스 제공을 위해서는 조사에 기반을 둔 결정을 내려야 한다. 이러한 증거기반 실천은 조사방법이 개선되고 조사 결과가 보급되는 통로가 확대되어야 가능하다. 또한 사회복지사가 증거기반 실천을 사회복지 프로그램 전반에 적용하기 위해서는 개별적 · 조직적 · 정책적 차원의 과제들을 해결하여야 한다.

(1) 증거기반 프로그래밍의 학습과 적용 경험 확대

증거기반 실천을 학습할 수 있는 과정과 이를 적용한 실천 과정에 대한 경험이 필요하다. 사회복지사들이 이러한 학습과 경험 과정을 갖지 않으면 집중적으로 증거기반 실천을 적용하는 데 어려움이 있다. 이를 위해서 증거기반 실천에 대한 훈련과 슈퍼비전 체계의 강화가 필요하다. 초보 사회복지사들은 슈퍼비전 체계를 활용하여 숙련 슈퍼바이저에게서 증거기반 실천에 대해 학습할 수 있어야 한다. 증거기반 프로그래밍을 실행할 수 있도록 내 · 외부 보수교육체계도 강화되어야 할 것이다.

(2) 프로그램 기획과 모니터링, 평가체계 강화

증거기반 실천을 강화하기 위한 프로그램 기획과 평가, 모니터링 체계의 강화가 필요하다. 증거기반 실천에 관한 단순한 교육만으로는 큰 변화를 이루어 내기 어렵다. 조직 전반의 슈퍼비전 체계는 물론이고 프로그램 관리체계, 인사 및 조직 관리체계와 연동하여 새로운 접근법을 개방적으로 수용할 수 있는 조직환경의 구축이 필요하다.

(3) 프로그램 효과성 연구 축적 및 정책적 지원

실천과 프로그램의 효과성에 관한 연구들이 보다 많이 이루어지고 또 이를 지원하는 정책이 가동될 필요가 있다. 사회복지실천에 관한 무수히 많은 경험적 연구가 이루어지고 있지만, 실질적으로 실천과 프로그램의 효과성을 다룬 연구는 여전히 부족한 상황이다. 기관 내부에서는 단순히 업무 실적 중심의 연간보고서를 만들어 내기보다, 증거기반 실천을 적용한 보급 가능한 결과물을 보고서로 발간하고 그에 참여한 사회복지사들을 지원하는 정책을 펼칠 필요가 있다. 민간 사회복지재단들의 경우에도, 행정적인 지도감독도 중요하지만 연구적인 지원기능을 더욱 강화할 필요가 있다.

3. PDCA 사이클을 적용하여 프로그램을 지속적으로 개선하기

1) PDCA 사이클의 개념과 목적

PDCA 사이클은 P(Plan), D(Do), C(Check), A(Act)의 약자인데 반복, 실행하는 선순환 구조를 가진 프로세스로, 지속적인 개선과 품질 향상 도구이자 성과관리모델로 사용되고 있다. PDCA는 "어떠한 일이든 실행하면서 그 일이 잘 되었는가를 평가하고 그 결과를 기초로 새로운 계획에 반영하거나 개선활동을 통한 환류체계가 이루어지면 조직성과가 좋아진다."라고 제안한 모델(Deming, 1992)로 사회복지 현장에서도 성과측정 및 환류체계 강화 흐름에 있어 학습과 적용이 필요하다고 생각된다. 이 모델은 문제를 식별하고 해결하는 데에 있어 효과적인 방법을 제공하며, 조직 학습과 조직 구성원 성장을 위해서도 활용된다. 또한 PDCA 사이클은 프로그램 기획에 활용됨은 물론 품질 관리, 프로젝트 관리, 프로세스 개선 등 다양한 영역에서 활용될 수 있다.

이러한 PDCA 사이클 활용의 기본 특성은 다음과 같다.

- 지속적 개선: PDCA 사이클은 지속적인 개선과정을 제공한다. 계획, 실행, 확인 (평가) 및 조치 과정을 반복하며 이를 통해 조직이나 프로그램의 지속적인 성장과 발전을 돕는다.
- 체계적인 접근: PDCA 사이클은 체계적인 방법으로 문제를 해결한다. 계획, 실

행, 확인(평가), 조치의 각 단계는 서로 연결되어 있으며, 이를 반복함으로써 문
제의 근본 원인을 파악하고 효과적으로 해결할 수 있도록 돕는다.

- 위험 최소화: PDCA 사이클은 실행 전에 계획을 세우고 결과를 평가하기 때문에
잠재적인 위험을 사전에 감지하고 예방할 수 있다. 또한 이를 통해 프로그램이
나 프로세스의 성공 확률을 높일 수 있다.

2) PDCA 사이클의 요소와 단계

PDCA 사이클 각 요소별 과업에 대해서는 학자들(김소형, 2011; 이해듬, 2020; 신승
호, 2006)마다 약간의 차이는 있지만 공통적으로 다음과 같이 정리할 수 있다.

- Plan(계획 수립)

계획 수립을 위한 자료 수집 및 요구와 상황, 환경을 분석하고 조직의 사명과 목표
및 중장기발전계획과 연계한다. 문제를 해결하기 위한 목표를 설정하고, 해결 방법
을 계획한다. 계획 시에는 분석 내용과 전년도 성과관리 내용을 반영하고 프로그램
간 상호연계성과 관련 규정 및 지침 수행 여부 등을 확인한다. 성과를 측정할 수 있
는 명확한 기준을 설정하고 지표를 정의한다. 예산 등 필요한 자원과 절차를 결정하
고, 실행계획 및 계획별 전략을 수립한다.

- Do(계획 실행)

계획에 따라 구체적인 실행을 하는 단계로 계획에 명시된 방법과 절차에 따라 과
업을 수행하고, 문제를 해결하기 위한 기초 자료를 확보한다. 지침 준수는 물론이고
적절한 인력배치를 통한 실행과 위원회나 관리자를 통한 슈퍼비전 등 점검과 피드백
과정을 진행한다. 수립된 계획 실행 여부와 중간 실적 확인, 실행과정의 변화 파악,
평가를 위한 자료 수집 등이 이루어진다.

● Check(결과 확인)

실행한 결과를 검토하고, 수집한 데이터를 분석하여 계획과의 일치 여부를 평가한다. 최종 실적, 결과보고서 작성, 만족도 조사, 역량평가 등 성과를 측정하여 개선 목표에 도달했는지를 확인한다. 자료 분석을 통해 문제의 원인을 찾고, 개선이 필요한 부분을 식별한다. 언론보도 현황, 자원발굴 결과, 우수사례, 수상실적 등 대내외적 인정 결과들도 확인한다.

● Act(조치 실행)

개선이 필요한 부분을 기반으로 조치를 취하는 단계이다. 실행이 제대로 되지 않은 부분을 확인하고 개선안을 마련한다. 문제의 원인을 해결하기 위한 행동을 취하고, 프로세스를 개선하는 데 필요한 변경 사항을 반영한다. 필요시 개선을 위해 교육 및 훈련을 제공하고 프로그램 관련한 이해관계자들과의 소통을 강화한다. 향후 새로운 계획 수립 시 반영내용, 대응방안 마련 그리고 공유 및 확산을 위한 노력 등을 제안한다. 새로운 방법이나 절차를 도입하고, 결과를 모니터링하면서 지속적인 개선을 위해 반복적으로 PDCA 사이클을 실행한다.

PDCA 각 요소는 사회복지프로그램 기획에 있어 내용 면에서는 익숙한 요소들일 수 있다. 그러나 지속적인 개선을 위한 PDCA 사이클을 성과관리 및 피드백 반영 과정에 적극 활용할 필요가 있겠다.

3) PDCA 사이클의 프로그램 관리 적용과제

(1) 반복적인 관리를 위한 내부 인식 확대 및 시간과 비용 투자

이 모델을 적용하는 과정에서 먼저 지속적 개선 프로세스에 대한 인식을 책임자가 인지하고 이에 대한 프로그램을 운영하는 것이 필요하다. 전체 사업의 목표를 구성원들이 인지하고 상호 공유하는 과정도 필요하다. 또한 PDCA 사이클은 반복적인 과정을 거치기 때문에 시간과 비용이 소요될 수 있으며 각 단계를 충분히 수행하고 결과를 평가, 개선하기 위해서는 조직적 차원의 준비와 지원이 요구된다.

(2) 전문 인력 및 훈련 필요

PDCA 사이클은 효과적인 개선을 위해 충분한 자원과 인력이 필요하다. 계획 수립, 계획 실행, 결과 확인 및 조치 실행에 참여할 수 있는 전문 인력과 실행 인력의 역량이 요구된다. 또한 PDCA 사이클은 명확하고 측정 가능한 목표를 설정해야 하며, 이를 기반으로 계획을 세우고 실행, 평가해야 하는데, 목표 및 평가지표 선정, 성과 측정 등에 대한 기본 지식이 필요하다.

사회복지조직의 인력은 기본적으로 프로그램 기획과 프로젝트 관리 교과목을 대부분 이수하기 때문에 기본적인 프로그램 관리, 조사평가 역량을 확보했다고 생각되는데, 이 모델에 대한 학습과 적용 경험을 쌓는 것이 필요하겠다.

(3) 조직의 지속적 개선 문화 구축

PDCA 사이클은 조직 내에서 지속적인 개선 문화를 구축하는 데 중요한 역할을 할 수 있다. 그러나 조직 문화나 관행이 개선에 적합하지 않거나 개선을 방해하는 경우, PDCA 사이클의 효과가 제한될 수 있다. 지속적 개선 및 내부 프로세스 관점의 평가를 수용하고 촉진하는 조직의 문화 변화와 이를 적극 지원하는 리더십이 필요하다.

(4) 일상적 프로세스나 프로젝트에 적합

마지막으로 PDCA 사이클은 일상적인 프로세스나 프로젝트의 개선에 적합한 방법이다. 전체 기관 차원의 변화나 혁신적인 아이디어, 장기적인 영향평가 등을 추진하는 경우에는 한계가 있을 수 있다. 이를 위해서는 보다 다각적인 평가방법을 통한 접근이 필요하다.

실무 연습 문제

　　지금까지 프로그램 개발을 시작하는 사회복지사가 학습하고 적용해야 할 프로그램 개발 관련 모델들(제2장 논리모델, 제14장 개입연구조사 모델, 증거기반 실천 모델, PDCA 사이클 모델)을 살펴보았다.

① 각 모델의 핵심 용어를 간단히 정리하고 차이점에는 어떤 점이 있을지 비교해 보자.
② 학습한 모델들 중에서 어떤 모델이 당신에게 매력적으로 다가오고, 그 이유는 무엇인가?
　　어떤 모델을 적극적으로 학습하고 적용할 것인지 향후 계획을 정리해 보자.

	내용
1. 학습 모델명	
2. 선정 이유	
3. 학습계획(일정/방법 등)	
4. 학습자료 목록	

제15장

사업제안서 작성 기법 배우기

1. 사업명
2. 사업내용 및 추진전략
3. 예산편성
4. 문제의식(사업 필요성)
5. 목표 및 평가
6. 사업종료 후 지향점

지금까지 이용자들과 지역사회의 긍정적인 변화를 목적으로 전문적 사회복지 개입인 프로그램 기획/진행/관리/평가와 관련된 지식과 기술을 학습하였다.

이제는 프로그램 내용의 정당성을 인정받고 프로그램에 필요한 자원을 획득하기 위해 다양한 사람과 조직을 대상으로 참여와 기여를 제안하는 문서인 사업제안서(proposal)를 작성할 차례이다.

사업제안서 혹은 프로포절은 조직 내부적으로는 기관장 및 이사회, 운영위원회 등에 사업 목적과 내용, 예산 등 사업수행을 승인받는 계획서이고 조직 외부적으로는 사업비, 인력 등 자원을 지원요청하는 신청문서를 의미한다. 즉, 사업제안서에 따라 사업수행의 정당성과 자원확보 여부가 결정될 만큼 사업제안서 작성은 매우 중요하다고 할 수 있다.

따라서 사업제안서에는 문제의 심각성, 프로그램의 참신성과 효과성, 프로그램 운영의 비용 효율성, 신청기관의 전문성 등이 객관적인 근거자료를 기반으로 제시될 수 있어야 한다. 또한 이러한 프로그램의 목적과 내용, 수행 방법, 평가를 통해 실현하고자 하는 신청기관의 사명과 철학, 제안서를 받는 기관의 지향점 및 가치를 반영할 뿐만 아니라 프로그램의 타당성과 실현 가능성 등과 상호 밀접하게 연결되도록 작성해야 한다.

사업제안서는 일반적으로 프로그램명과 신청기관 정보(현황), 문제 정의와 분석, 참여자 선정, 목적과 목표 설정, 활동내용, 예산, 평가계획 등으로 구성되며 각 내용에 대한 작성 방법을 배워 보도록 하자.

여기서는 사회복지공동모금회의 사업계획서 양식 중 성과중심형 양식을 활용해서 작성된 청소년 행복증진 프로그램 '모두 함께 Friends'의 사례를 갖고 작성법을 살펴본다. 사업제안서 작성 예시의 전문은 〈부록 3〉에 제시되어 있으니 먼저 전문을 읽고 다음 내용을 학습한다.

1. 사업명

예시

> **사업명: 청소년 행복증진을 위한 대인관계 · 문화 프로그램 '모두 함께 Friends'**

사업(프로그램)명은 사업계획서에 대한 관심을 집중할 수 있도록 함축적으로 표현하되 핵심적인 메시지가 전달되도록 해야 한다. 조직 내외부, 사업 참여자 등 이해당사자들에게 부연설명 없이도 직관적으로 인지하고 이해할 수 있도록 작성해야 하며, 특히 사업의 대상과 목적, 방법적 요소가 반드시 포함되어야 한다.

예시와 같이 사업명에 대상은 청소년, 목적은 행복증진, 방법은 대인관계 및 문화체험을 내용으로 구성하여 대상과 목적을 통해서 사회복지 프로그램의 필요성이 강조되어야 하고 방법에는 프로그램의 적절성과 전문성이 제시되어 프로그램의 목적이 달성될 것이라는 정당성에 대한 신뢰를 줄 수 있어야 한다.

또한 친근하면서도 유사사업과의 차별화를 위해 '모두 함께 Freinds'라는 부제(슬로건)를 설정하기도 한다. 상기 부제는, 청소년 시기에 친구는 매우 중요한 대상이고 이 사업의 주요 활동들이 친구라는 또래집단과의 활동과 소통을 통해 이루어진다는 점을 부각되는 효과도 있다.

2. 사업내용 및 추진전략

1) 사업참여자 모집

(1) 참여 대상 및 인원

예시

구분		내용
핵심참여자	(정의) A지역에 거주하며 만 13~19세 사이의 청소년	
	인지	대인관계 및 학업스트레스 문제에 대한 인식 있음. 여가시간 동안 TV나 스마트폰 게임에 몰두하며, 개인 중심의 여가활동에 치중하는 경향이 있음
	정서	대인관계와 학업스트레스로 인한 감정의 압박 및 정서적 불안감이 있음. 여가활동에서의 고립감 및 사회적 고립 또한 느낄 수 있음
	행동	개인 중심의 여가활동(예: TV 시청, 스마트폰 게임)에 많은 시간을 할애하고, 그 외의 활동에는 상대적으로 적은 시간을 보냄
	기능	대인관계 및 학업스트레스로 인해 일상생활 및 학업에서 기능적 제한을 경험할 수 있음. 학업과 여가활동의 균형을 이루기 어려울 수 있음
	경제상태	일부 청소년은 빈곤부모의 자녀로서 여가활동에 대한 경제적 부담을 겪고 있음
주변참여자	(정의) 청소년들이 다니고 있는 지역사회 내 중학교 및 고등학교	
	학업 지원	학생들에게 필요한 교육과정을 제공하며, 학업성취도를 높이기 위해 다양한 프로그램 및 지원 시스템을 운영함. 학생들의 인성 및 리더십 발달을 위한 프로그램과 활동을 제공하여, 건전한 사회인으로 성장할 수 있도록 지원함
	인성교육	학생들의 인성 및 리더십 발달을 위한 프로그램과 활동을 제공하여 건전한 사회인으로 성장할 수 있도록 지원함
	지역사회 연계	지역사회와의 협력을 통해 학생들에게 다양한 경험 및 학습 기회를 제공함
	자립 및 진로 지원	고등학생들에게 진로 탐색, 대학진학 및 취업에 관한 상담 및 지원을 제공하여, 미래 자립을 준비하는 데 도움을 줌
	학교 문화 및 커뮤니티	학교 특색에 따른 다양한 문화활동, 동아리, 행사를 통해 학생들의 소속감과 자아정체성을 강화함
	안전 및 복지	학생들의 신체적·정신적 안전을 보장하며, 필요한 학생들에게 복지 지원을 제공함

사업참여자를 선정하는 것은 이 프로그램을 통해 해결해야 할 문제의 크기와 범위를 산출하는 것이다. 사업참여자는 사회복지서비스를 직접 제공받는 이용자 및 변화당사자로서 성과를 측정하게 되는 핵심참여자와 성과측정 대상은 아니지만 핵심참여자의 변화를 견인하는 데 중요한 역할과 영향력을 행사하는 주변참여자로 구분한다.

먼저, 핵심참여자는 프로그램을 통해 변화의 주체가 되는 클라이언트(사람 혹은 조직)로 예시와 같이 A지역에 거주하는 만 13~19세 청소년 중 인지, 정서, 행동, 기능, 경제 등 다양한 측면에서 욕구를 가지고 있거나 제시된 상태에 있는 청소년이 해당된다.

다음 주변참여자는 핵심참여자인 클라이언트의 긍정적인 변화와 성장에 영향을 미치는 미시체계로서, 주로 사람, 조직, 물리적 환경 등이다. 예시에서는 A지역을 포함한 인근지역에 청소년들이 다니고 있는 중/고등학교, 지역사회 내 다양한 교육/복지기관에서 진행하고 있는 학업/인성/자립과 진로/문화/안전/복지에 대한 교육 및 서비스와 이를 제공하고 있는 사람과 조직들이 해당된다.

(2) 참여자 선정기준

예시

핵심참여자의 프로그램 참가 자격(기준)은 다음과 같다.

NO	구분	내용
1	의사소통의 어려움	대인관계에서 의사소통의 어려움을 겪고 있으며, 이를 개선하고자 하는 자
2	학업 스트레스	학교 생활 및 학업에 관한 스트레스나 부담감이 높은 자
3	나이 제한	지역사회의 중학교와 고등학교 학생으로, 특정 나이 또는 학년 범위 내에 속하는 자
4	지역 거주	해당 프로그램이 운영되는 지역사회 내에 거주 중인 자
5	관심 및 동기	프로그램의 목표나 활동에 관심이 있으며, 참여를 원하는 동기를 가진 자
6	부모(보호자)의 동의	학생이 프로그램에 참여하기 위해서는 부모나 법정 보호자의 동의를 받아야 함
7	건강 상태	프로그램 참여에 건강적인 문제가 없는 자 (특정 활동에 따라 건강 검진이 필요할 수 있음)
8	프로그램 준수	프로그램 규칙 및 지침을 준수할 의향이 있는 자
9	진로 및 전문 분야	프로그램의 주제나 활동과 관련된 진로나 전문 분야에 관심을 가진 자
10	참여 가능 시간	프로그램이 요구하는 기간 동안 꾸준히 참여할 수 있는 시간적 여유를 가진 자

　　참여자 선정기준은 프로그램 참여자 선정 시 적용하는 기준으로 프로그램을 통해 해결해야 할 문제와 욕구를 가진 자들이 참여할 수 있는 조건을 우선적으로 고려해야 한다. 즉, 참여자의 성별, 연령, 거주지역 등의 인구사회학적 특성과 대인관계 어려움, 스트레스, 학업부진 등 특정한 욕구 그리고 관심과 동기 등 참여자의 변화와 성장을 극대화를 위한 자발성, 마지막으로 모집 참여인원이 초과할 경우 참여자 선정을 위한 기준과 절차도 고려해야 한다.

　　예시의 참여자 선정기준에서 인구사회학적 특성은 3, 4항목이고 특정한 욕구는 1, 2, 7, 9, 10항목이며 자발적 참여는 5, 8, 10항목이 해당된다.

(3) 참여자 모집 방안

예시

디지털 플랫폼 등 온라인 활용 전략	SNS 활용	인스타그램, 페이스북, 트위터 등의 SNS 채널을 통해 프로그램 소개와 모집 공고를 게시한다. 게시물의 해시태그와 타깃팅 광고를 활용해 효과적으로 학생들에게 접근한다.
	유튜브 활용	유튜브 채널을 통해 프로그램 홍보 동영상을 업로드한다. 학생들의 참여 후기나 프로그램의 핵심 내용을 담은 동영상을 제작하여 관심을 끌도록 한다.
	카카오톡 및 네이버 카페 활용	중학생, 고등학생들이 활발하게 참여하는 카페나 그룹에서 모집 정보를 공유한다.
오프라인 활용 전략	학교 협업	지역사회의 중학교와 고등학교와 협력하여 학교 내 게시판, 방송, 학교 행사 등에서 프로그램을 홍보한다.
	행사 및 워크숍 개최	핵심참여자의 관심을 끌 수 있는 주제로 짧은 행사나 워크숍을 개최하여 프로그램에 대한 인지도를 높인다.
	전단지 및 포스터 배포	학교 근처의 학원가, 도서관, 공공시설 등에 전단지와 포스터를 배포하여 홍보한다.

　　참여자 모집 방안은 잠재적 참여자를 대상으로 사업참여 홍보방법에 대한 것으로 SNS, 유튜브, 카카오톡 등 온라인 디지털 플랫폼과 지역사회 내 중고등학교, 잠재 참여자를 대상으로 한 행사 및 워크숍, 포스터 배포 등의 오프라인을 활용하는 전략 등을 내용으로 작성할 수 있다.

2) 사업내용 및 사업집행전략

예시 사업내용 및 사업집행전략

성과목표	프로그램명	활동(수행방법)	시행 시기	수행 인력	참여 인원 (연인원)	시행 횟수/ 시간
청소년이 전문적인 심리상담을 통하여 대인관계 역량을 강화한다	청소년 개별 심층상담	대인관계 문제에 관한 개별상담을 실시한다.	3~9월	전문상담가	5(60)	12회/ 2주당 1회/ 1시간
	또래상담반	또래상담 지도를 통해 또래친구들 사이의 다양한 의사소통 방법을 배운다. 배운 것을 활용하여 이야기를 해 보고 아이들의 원활한 의사소통을 돕는다.		담당 사회복지사	30(720)	24회/ 주 1회/ 2시간
청소년이 여가 프로그램에 참여하여 학업 스트레스를 감소한다	대인관계 증진 캠프	또래상담반 수업을 통하여 숙지한 의사소통기술을 활용할 수 있는 캠프를 실시한다. 캠프 동안의 규칙을 정하여 청소년이 함께 수행해 나아간다.		담당 사회복지사	30(60)	3개월 1회/ 2회/ 16시간
	문화탐방 동아리 활동	문화탐방 장소를 알려 주고 청소년이 2~3명씩 짝을 지어 해당 장소로 함께 이동한다. 문화 경험을 마치고 조별로 또는 단체로 어떤 경험을 하였는지, 어떤 느낌이 들었는지 이야기를 나눈다.		담당 사회복지사	30(180)	월 1회/ 6회/ 3시간
	테마별 미니올림픽	운동 관련 지식과 함께 운동 방법을 배운다. 자신이 해 보고 싶은 여러 가지 운동을 해 봄으로써 아이들이 가진 놀이 욕구에 다양성을 충족시킨다.		담당 사회복지사	30(180)	월 1회/ 6회/ 3시간

예시 프로그램 추진일정 1_전체

NO	단계	일정	진행내용	집행전략
1	프로포절 승인	전년도	프로포절 작성 및 당선	–
2	참가자 모집 및 홍보	1~2월	핵심참여자 모집	• SNS, 유튜브, 카페 활용한 온라인 홍보 • 학교와 협업하여 오프라인 홍보
3	선발 및 안내	2월	지원자 중 프로그램 자격에 맞는 학생 선발 및 안내	• 지원서 기반 선발 • 안내 메일 및 문자 전송
4	개회식 및 오리엔테이션	3월	프로그램 소개 및 참가자 간의 네트워킹	• 게임 및 팀 빌딩 활동으로 참가자 간 친밀도 증진 • 프로그램 목표와 방향성 안내
5	본 프로그램 진행	3~9월	청소년 개별심층상담, 또래상담반, 대인관계증진 캠프, 문화탐방 동아리 활동, 테마별 미니올림픽	• 전문 강사나 멘토 초청 • 워크숍, 그룹 활동 및 개인 상담 진행
6	평가 및 피드백	9월	참가자들의 반응 및 진행상황 평가	• 설문조사나 인터뷰 진행 • 개선할 부분 파악 및 즉시 조치
7	마무리 및 종료	9월	프로그램 마무리 및 인증서 발급	• 참가자들의 만족도 조사 • 종료 행사 및 인증서 발급
8	결과보고서 작성 및 제출	10~12월	결과보고서 작성	

예시 프로그램 추진일정 2_세부사업별

세부사업		기간 3	4	5	6	7	8	9
청소년 개별심층상담	대인관계 문제에 관한 개별상담을 실시한다.	●	●	●	●	●	●	●
또래상담반	• 또래상담 지도를 통해 또래친구들 사이의 다양한 의사소통방법을 배운다. • 배운 것을 활용하여 이야기를 해 보고 아이들의 원활한 의사소통을 돕는다.	●	●	●	●	●	●	●
대인관계증진 캠프	• 또래상담반 수업을 통하여 숙지한 의사소통 기술을 활용할 수 있는 캠프를 실시한다. • 캠프 동안의 규칙을 정하여 청소년이 함께 수행해 나간다.			●		●		
문화탐방 동아리 활동	• 문화탐방 장소를 알려 주고 청소년이 2~3명씩 짝을 지어 해당 장소로 함께 이동한다. • 문화경험을 마치고 조별로 또는 단체로 어떤 경험을 하였는지, 어떤 느낌이 들었는지 이야기를 나눈다.	●	●	●	●	●	●	●
테마별 미티올림픽	• 운동 관련 지식과 함께 운동 방법을 배운다. • 자신이 해 보고 싶은 여러 가지 운동을 해 봄으로써 아이들이 가진 놀이 욕구에 다양성을 충족시킨다.	●	●	●	●	●	●	●

사업내용은 논리모델에서 두 번째 단계인 과정(process)에 해당하는 것으로 설정된 목적과 목표를 달성하기 위해 실행하는 단위 프로그램의 구체적인 활동내용과 추진일정으로 구성된다.

먼저, 단위 프로그램의 구체적인 활동내용은 수립한 성과목표에 따라 구분하여 나열하되 프로그램명, 수행방법, 시행시기, 수행인력, 참여인원, 시행 횟수 및 시간 등을 명시한다. 다음 프로그램 추진일정은 일반적으로 프로그램 준비시점부터 종료시점까지의 모든 과업을 시간 순서대로 나열한 후 해당 시기별 음영 표시로 프로그램을 효과적으로 점검하고 관리하는 데 용이한 활동별 시간계획표(Gantt Chart)를 활용한다.

예시를 살펴보면, 이 사업을 통해 달성하고자 하는 대인관계 역량 강화와 학업 스트레스 감소라는 각각의 성과에 따라 진행되는 개별심층상담과 또래상담반, 대인관계증진 캠프, 문화탐방 동아리활동, 테마별 미니올림픽 등의 프로그램별 수행방법 및 활동내용, 시행시기, 수행인력, 참여인원, 시행 횟수 및 시간을 작성한다.

프로그램 추진일정은 연간 사업계획서 작성(1월)을 시작으로 참여자 모집 및 홍보(1~2월) 등 사업을 준비하는 단계부터 개회식 및 오리엔테이션 등(2월) 사업을 시작하여 개별심층상담, 또래상담반 운영, 대인관계증진 캠프, 문화탐방 동아리 활동, 테마별 미니올림픽 등 주요 프로그램 진행(3~9월), 평가 및 결과보고서 작성(9~12월) 등이며, 사업이 종료되는 시점까지의 모든 과제를 시행해야 하는 시간 순서대로 작성하여 각 시기별 해당 과업을 점검하고 관리하도록 한다.

3) 기관 연계협력 전략

예시

구분	협력기관명	세부사업	협력 내용	비고
지역사회 컨소시엄	○○중학교	사업 전반	프로그램 홍보	MOU
	○○고등학교		참가학생 모집	MOU
전문가 참여 협조	문화관광협회	문화탐방 동아리 활동	문화 프로그램 자문	협조공문
프로그램 협조	○○대학교 (스포츠과학부)	테마별 미니올림픽	체육 프로그램 운영보조	자원봉사자 모집

사업 신청기관에서 사업의 목적을 달성하는 데 필요한 역량과 자원을 보유하지 못한 경우에는 지역사회 내 역량과 자원을 제공하고 협력할 수 있는 유관기관과의 연계와 파트너십은 필수적이다. 기관 연계협력 전략은 사업 목적을 달성하기 위하여 수행하는 프로그램에 필요한 전문적인 역할과 기능을 사업 신청기관 외에 지역사회 내 타 기관의 연계 및 협력할 내용을 명확하게 제시하고 사업을 추진하는 과정에서 실제로 어떻게 협력할 것인가에 대한 계획을 포함해야 한다.

3. 예산 편성

예시

목	세목	세세목	계	산출근거	예산조달 계획				
					신청금액	비율(%)	자부담	비율(%)	자부담재원
총계			34,792,000						
인건비	전담인력	급여	21,600,000	1,800,000원×12개월×1명			21,600,000		자체예산
		사회보험	2,052,000	171,000월×12개월×1명			2,052,000		자체예산
		퇴직적립금	1,800,000	150,000×12개월×1명			1,800,000		자체예산
	소계		25,452,000				25,452,000	100	
사업비	문화탐방동아리	활동비	1,080,000	6,000(1인 1회)×180=1,080,000	1,080,000				
	테마별미니올림픽	프로그램준비비	300,000	50,000(1회)×6회=300,000	300,000				
	청소년개별심층상담	상담비	2,400,000	200,000(1회)×12명=2,400,000	2,400,000				
	또래상담반	심리검사(사전/사후)	3,000,000	50,000(1인)×30인×2회=3,000,000	4,200,000				
		상담활동비	1,200,000	50,000(1회) × 24인=1,200,000					
	대인관계증진캠프	텐트 대여, 식재료구입비 등	1,000,000	50,000(3명당 1개)×10개×2회=1,000,000	1,000,000				
	소계		8,980,000		8,980,000	96.15			
관리운영비	관리운영비	교통비	360,000	6,000×30인×2회=360,000	360,000				
	소 계		360,000		360,000	3.85			

예산 수립은 프로그램을 운영하는 데 소요되는 비용을 계획하는 것으로 인건비, 사업비, 관리운영비 세부항목으로 구분하여 각 항목의 산출근거를 구체적으로 제시하는 성과주의 예산방식으로 편성한다.

먼저, 인건비는 프로그램을 직접 수행하는 프로그램 담당자 또는 보조 담당 인력에게 지급하는 경비로 급여, 수당, 4대 보험료, 퇴직적립금 등이 포함된다. 예시를 살펴보면, 전담인력 1명의 인건비로 급여 21,600,000원, 사회보험료 2,052,000원, 퇴직적립금 1,800,000원을 자부담으로 설정하였다. 인건비 책정 시 주의해야 할 사항으로는 직접 사업을 수행하는 강사 혹은 자문 등의 전문 인력에게 지급되는 인건비나 교통비는 인건비에 해당되지 않고 사업비에 포함되어야 한다.

다음 사업비는 프로그램 진행비용, 즉 프로그램 참여자에게 제공되는 서비스에 필요한 비용을 의미한다. 따라서 서비스 단가, 횟수, 인원수, 건수, 수량 등의 근거를 기초로 산출하여 작성해야 한다. 이러한 산출 단위로 사업비 예산을 구체화하는 것은 성과주의의 가장 큰 특징으로 산출 단위로 사업의 산출물(실적)을 확인할 수 있다.

이에 사업비는 세부사업명을 세목으로 분류하여 단위 프로그램별로 예산을 수립하되 단위 프로그램의 예산이 크거나 다양한 항목이 있는 경우에는 세세목으로 구분하여 작성하도록 한다. 세세목 예산 편성은 프로그램 진행 시 종종 발생하는 예산 변경을 효율적으로 처리할 수 있다.

예시를 살펴보면 사업비 목에 개별심층상담, 또래상담반, 대인관계증진 캠프, 문화탐방 동아리, 테마별 미니올림픽 이상 5개의 세부사업비가 책정되고 각 사업의 서비스 단가, 횟수, 인원수, 건수 등의 산출물이 사업비의 산출근거가 되어 사업비 총액 8,980,000원을 신청금액으로 설정하였다.

관리운영비는 프로그램 수행에 필요한 간접비용으로 사무용품, 냉난방비, 우편료 등으로 상기 인건비 및 사업비와 마찬가지로 실제 단가, 수량, 횟수, 기간 등의 산출근거를 제시해야 한다.

예산 수립 시 일반적으로 직접 경비와 간접 경비를 구분하여 제시하게 되는데 직접 경비는 프로그램 예산 집행 시 참여자에게 제공되는 서비스 및 활동비, 전담인력 인건비 등 프로그램만을 위해서만 실제 지출되는 경비를 의미하며, 간접경비는 기존의 시설이나 인원 중 프로그램에 활용될 부분의 비용을 의미하는 것으로 할당되는 비율을 근거로 계산한다. 계획서 작성 시 직접 비용은 신청금액으로, 간접 비용은 기관 자부담으로 하되 자부담 금액, 즉

간접 비용 비율이 높을 경우 프로그램 총 예산이 증가하여 효율성이 낮게 평가될 수 있으므로 유의해야 한다.

4. 문제의식(사업 필요성)

1) 사업 계획 배경

예시 청소년 상담 주제(A 청소년상담복지센터, 2023)

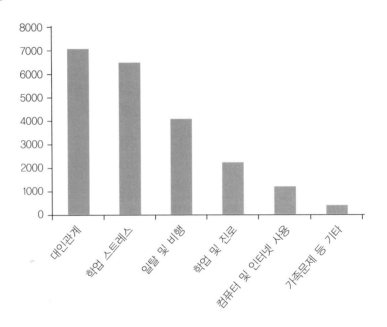

• 객관적인 자료에 근거한 프로그램의 필요성 제시

사회복지 프로그램은 사회문제를 해결하는 전문적 도구이다. 그래서 프로그램에 대해 전반적으로 설명하기 전에 먼저 해당 사업을 기획하게 되었는지, 프로그램을 통해 해결하고자 하는 문제가 무엇인지, 문제로 인해 어려움을 겪고 있는 사람이 얼마나 되는지, 그 문제가 얼마나 심각하고 해결이 시급한지, 문제의 원인은 무엇이고 파급효과는 얼마나 되는지 등에 대해서 객관적인 자료 제시와 함께 이를 논리적으로 전개해야 한다.

이렇게 객관적으로 입증된 자료와 조사 결과를 근거로 정리된 사회문제의 정의와 심각성, 원인과 실태 등은 프로그램이 왜 필요한지, 어떻게 프로그램을 기획하게 되었는지 설득력 있는 배경이 된다.

이를 위해 활용되는 자료로는 기관에서 직접 진행하여 생성된 1차 자료(이용자들의 욕구 설문조사, 개인 및 초점집단 면접, 관찰 등)와 공신력 있는 기관들의 통계 자료 및 데이터베이스, 과학적 절차에 의해 시행되고 분석된 조사 결과 등 2차 자료를 활용하되 반드시 출처를 표기하여 객관성을 보증해야 한다. 또한 효율적인 자료 제시를 위해 표, 그래프 등의 시각화된 양적 자료와 현장감을 느낄 수 있는 이용자의 인터뷰 및 관찰내용 등의 질적 자료를 활용하는 것도 매우 효과적이다.

예시를 살펴보면 청소년들이 경험하고 있는 대인관계와 학업 스트레스가 얼마나 많은지 청소년 상담건수 1~2위를 차지하고 있음을 보고서 등의 공개자료를 근거로 밝히고 있고 청소년들이 호소하고 있는 일탈 및 비행, 학업 및 진로, 컴퓨터 및 인터넷 사용, 가족문제 등 기타 원인 또한 대인관계와 학업 스트레스와 밀접한 관련이 있기에 대인관계와 학업스트레스 문제가 청소년들에게 매우 심각하고 시급한 해결 문제임을 객관적인 자료를 근거로 사업의 필요성을 제시하고 있다.

2) 기존 유사사업과의 차별성

예시

구분	내용
통합적 접근	우리 프로그램은 단순히 문제의 표면적인 측면만을 바라보는 것이 아니라, 청소년의 전반적인 삶의 질을 향상시키기 위한 통합적인 접근을 취한다. 이를 통해 청소년의 다양한 문제와 고민들을 복합적으로 해결하고자 한다.
실질적인 의사소통 능력 강화	기존 프로그램들은 주로 정보 제공에 중점을 둔 반면, 우리 프로그램은 청소년들이 실제 상황에서 의사소통 능력을 강화할 수 있도록 다양한 실습 활동과 훈련을 제공한다.
학업 스트레스 해소 전략	우리는 청소년의 학업 스트레스를 단순히 줄이는 것이 아니라, 어떻게 이러한 스트레스에 건강하게 대처할 수 있는지에 대한 전략과 방법을 함께 제공한다. 이를 통해 청소년들이 스스로의 문제를 해결하는 능력을 기르도록 돕는다.
디지털 플랫폼 활용	SNS, 유튜브 등의 디지털 플랫폼을 적극적으로 활용하여 청소년들과의 소통 채널을 다양화하고, 최신 정보와 지식을 제공한다.
지역사회 연계	우리 프로그램은 학교와 지역사회 기관들과의 긴밀한 협력을 통해 청소년들에게 더욱 풍부한 경험과 지원을 제공한다.

사업추진의 당위성과 함께 타 기관보다 우리 기관이 이 프로그램을 진행할 경우 어떤 차별성과 강점이 있는지 기관의 핵심가치와 경험, 접근 방법과 기술의 독특성을 중심으로 기존 유사 프로그램과 비교해서 논리적으로 제시할 수 있어야 한다.

예시와 같이 기존 유사사업과 차별화된 측면은 청소년의 다양한 문제와 고민들을 복합적으로 해결하여 전반적인 삶의 질을 향상시키는 통합적 접근이라는 점, 정보 제공을 넘어 실습활동과 훈련을 통해 실제적인 의사소통 능력을 강화하는 데 초점을 맞춘 점, 건강하게 스트레스를 대처하는 전략을 제공하여 향후 청소년 스스로 문제를 해결하는 능력을 기르도록 한다는 점 등이다.

3) 신청기관의 강점

예시

구분	내용
오랜 경험과 전문성	A종합사회복지관은 오랜 시간 동안 청소년 복지 프로그램을 수행해 왔다. 이런 기간 동안 축적된 노하우와 전문 지식은 청소년들의 실질적인 문제를 깊이 이해하고, 효과적으로 대응할 수 있는 능력을 보유하게 했다.
폭넓은 지역사회 네트워크	A종합사회복지관은 지역사회 내 다양한 기관들과 깊은 협력 관계를 구축해 왔다. 이로 인해 청소년들에게 다양한 서비스와 프로그램을 제공할 수 있게 되었다.
지역사회 연계 강화	우리의 넓은 네트워크는 단순히 다양한 서비스를 제공하는 데 그치지 않는다. 청소년들이 지역사회 내에서 더욱 활발하게 활동하고, 그들의 능력과 잠재력을 최대한 발휘할 수 있도록 다양한 기회와 환경을 제공한다.

신청기관 정보를 통해 성취하고자 하는 목적인 참여자의 욕구충족과 사회문제 해결이 기관이 지향하고 있는 설립취지인 미션과 비전, 가치와의 연관성뿐만 아니라 타 기관과는 다른 차별성과 전문성을 부각시킬 수 있어야 한다. 이를 위해 신청기관이 보유하고 있는 직원을 비롯한 이사회, 운영위원회와 같은 전문 인력 등의 자원과 그동안 기관이 추진해 온 이력과 주요 사업 등의 경험과 성과를 제시하여 프로그램의 성공과 효과성을 예측할 수 있도록 신뢰감을 주는 것이 중요하다.

5. 목표 및 평가

1) 산출목표

예시

세부사업명	산출목표	모니터링 방법
개별심층상담	5명×12회=60명	수치 세기 및 체크리스트
또래상담반 교육	30명×24명=720명	수치 세기 및 체크리스트
대인관계증진 캠프	30명×2회=60명	수치 세기 및 체크리스트
방과 후 문화탐방 동아리 활동	30명×6회=180명	수치 세기 및 체크리스트
테마별 미니올림픽	30명×6회=180명	수치 세기 및 체크리스트

2) 성과목표 및 평가 방법

예시

성과목표	평가도구 및 방법	측정시기
대인관계 역량 증진	대인관계 척도, 단일집단 전후 비교설계	3월, 9월
	심층면접기록지, 질적평가	9월
학업 스트레스 감소	아동 스트레스 척도, 단일집단 전후 비교설계	3월, 9월
	카메라(사진 촬영), 질적평가	9월

프로그램은 궁극적으로 사회문제 해결이라는 목적을 성취하기 위한 것으로 하위 세부목표들이 달성된다면 지향하는 목적이 달성되는 것이다.

목표 및 평가는 각 목표 달성 정도를 어떻게 평가할 것인가에 대한 계획으로 산출목표와 성과목표로 구분한다. 즉, 프로그램 효과성의 기준이 되는 세부목표가 프로그램 내 단위사업의 내용과 구체적인 방법, 목표 달성 여부를 평가할 수 있는 측정 가능한 계량화된 산출물(실적)인 산출목표와, 척도와 같은 지표를 활용하여 측정하고 분석 가능한 성과목표로 설정한다. 설정된 세부목표의 달성 여부와 정도는 프로그램의 산출물과 성과물을 통해 확인되는데 이를 평가할 수 있는 방법과 도구, 시기 등은 구체적으로 제시되어야 한다.

산출목표는 사업의 실적으로 프로그램 활동의 직접적 결과물, 즉 논리모델에서 산출

(output)에 해당되는 것으로 성과목표를 달성하는 데 필요한 수단적 성격의 목표(사회복지공동모금회, 2023)라고 할 수 있다. 산출목표는 일반적으로 참여자 수, 서비스 제공 횟수 등 개입활동을 수치화한 목표로, 측정 가능한 지표로 구성되어야 한다. 모티터링 방법은 설정한 산출목표의 달성 여부를 확인하고 관리할 수 있도록 계획서, 프로그램 운영일지, 결과보고서, 출석부, 참여자 면담기록지, 체크리스트 등 구체적인 방법으로 제시되어야 한다.

성과목표는 전문적 개입활동인 프로그램을 통해 핵심참여자들의 변화, 즉 최종적으로 달성하고자 하는 목표로 측정 가능한 수준으로 제시되어 성과지표와 연결하여 제시된다, 예시와 같이 '대인관계 역량 증진'이라는 성과목표는 대인관계 척도 수치의 유의미한 향상을 의미하기 때문에 '대인관계 척도'라는 성과지표와 '단일집단 전후 비교'라는 조사설계에 의해 프로그램 전후 비교 측정, 적절한 성과지표가 없어 양적 측정이 용이하지 않거나 질적인 변화가 중요한 부분에 대해서는 심층면접기록지 등의 질적평가 등을 활용하여 분석한 결과로 목표 달성 여부를 확인한다.

6. 사업종료 후 지향점

1) 사업수행으로 인한 기대효과

예시

구분	내용
대인관계 기술 강화	청소년들의 갈등 해결 능력이 향상되어 또래 간의 의견 불일치가 줄어들게 된다. 학생들 간의 신뢰와 협력 관계가 더욱 증진하고 결국 프로그램 참가자들의 리더십 및 멘토 역량이 강화될 것이다.
학업 스트레스 감소	성적과 학업성취도가 지속적으로 향상될 것이다. 학업에 대한 심리적 부담감이 감소함에 따라 삶의 다양한 스트레스를 관리하게 되고 주변의 자원을 이용하는 기술도 증진해서 결국 균형 잡힌 학업 추구가 가능해질 것이다

사업수행을 통해 기대되는 효과는 계획대로 사업을 수행할 경우 기대되는 결과를 의미하는 것으로 사업수행을 통해 이루어지는 긍정적인 변화, 성취되는 목적이다.

예시와 같이 이 프로그램에 참여한 청소년들은 첫째, 갈등 해결 능력 향상, 또래 간의 신뢰와 협력 관계 증진, 리더십 및 멘토 역량 강화 등을 통해 대인관계 기술이 강화될 것이고 성적과 학업성취도 향상, 학업에 대한 심리적 부담감 감소, 다양한 스트레스 관리, 자원활용 기술 증진으로 학업 스트레스가 감소되어 건강한 삶을 영위하게 되는 효과를 얻게 된다.

2) 사업 결과의 활용계획

예시

구분	내용
지역사회의 의사소통 능력 강화	프로그램을 통해 청소년들의 의사소통 능력이 향상되면, 이는 지역사회 전체의 의사소통 문화에 긍정적인 영향을 미칠 것이다. 이로써 지역사회 구성원 간의 상호 이해와 협력이 강화되어, 더욱 화합된 지역사회를 만들 수 있다
학교 환경 개선	학업 스트레스 증가 문제가 해결되면, 학생들의 학습 환경과 학교 생활의 질이 향상된다. 이를 바탕으로 학교와 지역사회와의 협력이 강화되어, 다양한 교육 프로그램이나 활동이 지역사회에서 진행될 수 있다.
청소년 리더 육성	프로그램 참여 청소년 중 리더십을 발휘하는 청소년들을 발굴하여, 지역사회 활동에 더욱 적극적으로 참여하도록 독려한다. 이를 통해 청소년 리더층이 형성되어 지역사회의 미래를 이끌어 갈 인재가 양성된다.
지역사회 복지 활동 확대	이 프로그램의 성과를 기반으로 비슷한 복지 프로그램이나 서비스가 확대되거나 신규 프로그램이 기획될 수 있다. 이를 통해 지역사회의 복지 서비스 수준과 질을 높일 수 있다.
지역사회 홍보와 정보 공유	성과를 홍보하며, 다른 지역사회나 기관과의 정보 공유를 통해 지역사회 전체의 복지 서비스 향상에 기여한다. 또한 성공 사례를 바탕으로 지역사회 내외부의 지원과 협력을 더욱 확대할 수 있다.
지역사회 발전 기여	프로그램의 성공은 단순히 참여 청소년의 문제해결에 그치지 않고, 지역사회 전체의 발전과 화합에 크게 기여할 것이다.

사업 결과의 활용계획은 사업수행을 통해 얻게 된 경험과 지식을 향후 어떻게 활용할 것인가에 대한 것으로 예시와 같이 청소년들의 대인관계 기술 강화와 학업 스트레스 감소라는 결과는 지역사회 의사소통 능력 향상, 학교 환경 개선, 청소년 리더 육성 등으로 청소년 자신과 학교, 더 나아가 지역사회 전체에 적용/확산되는 모델로 활용할 수 있을 것이다.

실무 연습 문제 모범 답안

🗨··→ **실무 연습 문제 모범 답안**

: 정답이나 모범 답안이 없는 문제의 경우(제1장, 제4장 일부)는 모범 답안을 생략함

제2장 실무 연습 문제 모범 답안

1. 다음은 발달장애아동 대상 사회성 증진 프로그램의 논리모델에 들어가는 항목들이다. 각 항목이 논리모델의 어느 영역에 해당하는지를 찾아서 빈칸에 적합하게 배치해 보자.

투입	과정	산출	성과
• 신청 발달장애아동 • 학부모 • 사회복지사 • 심리상담가 • 프로그램실 • 예산 500만 원 • 지역시설(슈퍼마켓, 식당, 약국, 영화관 등)	• 프로그램 참가자 모집 • 초기 접수 • 발달장애아동 사회성 사정 • 개별상담 서비스 • 사회성 집단활동 • 지역시설 탐방 및 이용훈련 • 학부모 대상 워크숍 • 프로그램 평가(만족도 조사 등)	• 참석 발달장애아동 10명 • 참석 학부모 10명 • 개별상담 횟수 5회 • 사회성 집단활동 10회 • 지역시설 탐방 12회 • 학부모 교육 2회	• 발달장애아동 의사소통 능력 향상 • 아동의 사회성 증진 • 학부모 자녀양육기술 증가

2. 당신은 중학교에서 일하는 학교사회복지사이다. 이번에 1학년을 대상으로 학교폭력예방 프로그램을 개발하고 있다. 논리모델에 따라 프로그램의 전반적인 내용을 구성해 보자.

투입	과정	산출	성과
• 1학년 1반 • 학교사회복지사 • 자원봉사자 • 담임교사 • 교실 • 예산 30만 원	• 자기소개 활동 • 학교폭력 예방교육 • 우리반 유튜브 제작 • 우리반 체육대회 • 프로그램 만족도 조사	• 참가학생 25명 • 학교폭력 예방교육 3회 • 우리반 유튜브 제작 10건 • 우리반 체육대회 1회	• 학교폭력 이해 증진 • 학교폭력 대처기술 향상 • 학급 응집력 증진

제3장　실무 연습 문제 모범 답안

1. 학교폭력 가해자 학생 대상의 공감적 의사소통 증진 프로그램을 개발하고자 한다. 학교폭력에 대한 규범적 욕구를 조사할 수 있는 방법을 제안해 보자.

　　규범적 욕구는 전문가가 규정하는 욕구이면서 대표적으로 통계와 기존 연구 등을 통해 파악한다.

　　첫째, 학교폭력 통계는 지역교육청의 실태조사 결과, 청소년 백서 등에 나타난 통계 자료를 통해 학교폭력의 지역·성별·연령·학년별 특성들을 파악한다. 사업계획서 작성은 철저하게 지역기반이다. 사업계획서를 작성하는 사회복지사가 속한 지역의 특성이 반영되어야 한다. 학교폭력 통계는 구체적인 지역적 특성을 반영하고 있지는 못하지만 소도시, 대도시, 농산어촌이나 경제적 특성 등의 지표의 의미를 해석하면서 욕구를 해석한다.

　　둘째, 최근의 학교폭력 가해자 학생들에 대한 기존 학술연구 동향 등을 파악하고, 이 중에서 대인관계, 의사소통, 공감 등의 핵심단어를 활용하여 적합성이 높은 자료를 찾는다.

　　셋째, 학교폭력 가해자 학생들의 공감적 의사소통의 문제나 욕구를 잘 알고 있는 전문가들에 대한 심층면접을 실시한다. 대표적으로 학교사회복지사, 교육복지사, 교사 등이 이에 해당된다. 또한 학교폭력으로 인해 징계를 받은 학생들을 대상으로 특별교육이수 프로그램을 담당하는 전문가도 대상이 될 수 있다. 이들과 인터뷰를 하면서 학교폭력 가해자 학생들의 의사소통 어려움을 포함한 구체적인 욕구에 대한 자료를 수집한다.

2. 학교폭력 가해자 대상의 공감적 의사소통 증진 프로그램을 사회복지사와 공감적 의사소통 전문가가 협력해서 프로그램을 운영하고자 한다. 프로그램의 효과성을 높이기 위해서 일부 프로그램에는 방관자 학생들과 학급교사가 1~2회 참여하도록 기획하였다. 이 프로그램의 핵심참여자와 주변참여자는 누구인지 작성해 보자.

　핵심참여자: 학교폭력 가해자 학생

　주변참여자: 학교폭력 방관자 학생들과 학급교사

　(이때 주변참여자에 사회복지사와 의사소통 전문가를 포함시키는 것은 적절하지 않다. 때로는 주변참여자에 해당되는 대상이 없는 경우도 있다. 빈칸으로 남겨 두는 것보다 뭔가를 써야 한다는 생각에 사회복지사나 다른 협력 전문가를 기입하는 것은 부적절하다.)

제4장 실무 연습 문제 모범 답안

1. 다음 성과목표문의 문제점을 찾고 적절히 수정해 보자.

수정 전	수정 후			
	클라이언트	서비스, 활동	변화 내용	변화 방향
(예시) 아동의 사회성을 향상한다.	아동이	스포츠 활동에 참여해서	사회성을	향상한다.
1. 아동의 공부방교실을 통해 학업능력 향상을 도모한다.	아동이	공부방교실을 통해	학업능력을	향상한다.
2. 청소년에게 나눔캠페인을 실시해서 기부관심 증진의 기회를 제공한다.	청소년이	나눔캠페인에 참여해서	기부 관심을	증진한다.
3. 학대받은 아동에게 심리상담을 제공해서 불안감과 스트레스를 감소한다.	학대받은 아동에게	심리상담을 제공해서	불안감을	감소한다.
4. 노인의 스마트기기 활용능력 향상을 위해 스마트폰 사용법을 교육한다.	노인에게	스마트폰 사용법 교육을 통해	스마트기기 활용능력을	향상한다.
5. 노인이 즐겁게 참여할 수 있는 실버체조를 실시해서 어디든 자유롭게 다닐 수 있게 운동능력을 향상한다.	노인이	실버체조에 참여해서	운동능력을	향상한다.

2. 인터넷이나 기타 자료를 참고해서 사회복지기관의 프로그램 1개를 찾아보자. 그다음 아래 예시를 참고해서 프로그램의 목적, 성과목표, 산출목표를 새롭게 작성해 보자.

기관명	당진북부사회복지관
프로그램 이름	지역사회 내 둘레자원 형성을 위한 **'이웃망 관계망 확장 프로젝트'**
목적	주민모임을 통해 정서적 고립감을 해소하고 둘레자원을 형성하여 사회적 관계망을 확장한다.
성과목표	1. 주민들이 요리배움에 참여해서 고립감을 감소한다. 2. 주민들이 걷기모임을 통해 사회적 관계망을 증진한다. 3. 홀몸 어르신의 동화책 만들기를 통해 긍정적 둘레관계를 향상한다.
산출목표	1. 요리활동 10명 × 6회 = 60명 2. 요리나눔 10명 × 5회 = 50명 3. 걷기모임 10명 × 10회 = 100명 4. 미술공부 6명 × 3회 = 30명 5. 동화책 제작 6명 × 1권 = 6명

제5장 실무 연습 문제 모범 답안

다음은 어떤 사회복지사가 기획한 한부모 여성 가장 지원 프로그램의 초안이다. 이 사회복지사는 프로그램의 필요성, 목적, 성과목표 등은 설정했으나 구체적인 활동내용을 정하지 못했다. 이제 표의 빈칸을 채워서 프로그램 내용을 구체적으로 설계해 보자.

한부모 여성 가장의 행복증진을 위한 프로그램
'함께 행복해지기'

지역사회에서 한부모 여성 가장들이 겪는 어려움은 종종 간과되곤 한다. 이들은 경제적 압박뿐 아니라 정서적 지지가 부족한 상태에서 자녀를 양육해야 하는 이중의 부담을 안고 살아간다. 이에 지역에 거주하는 한부모 여성을 위한 '함께 행복해지기'라는 프로그램을 통해 이들의 삶에 힘과 용기를 주고자 한다. 이 프로그램은 한부모 여성 자신과 자녀들의 삶에 문화적 풍요로움을 더하는 것을 목적으로 한다. 성과목표는 첫째, 한부모 여성 가장의 사회적 지지망을 향상하고, 둘째, 삶의 만족감을 증진하는 것이다. 이 프로그램은 특히 경제적으로 어려움을 겪는 가정을 대상으로 하며, 자녀가 만 18세 이하인 가정에 초점을 맞추고 있다. 프로그램 기간은 3월부터 12월까지로 총 10회로 계획되어 있으며, 각 활동은 참가자들에게 충분한 시간을 제공하기 위해 금요일 저녁 시간대에 진행된다.

이 프로그램은 크게 '자조모임'과 '문화체험'으로 구성된다. 구체적인 프로그램 내용은 다음과 같다.

회기	제목	주요 내용	
1	오리엔테이션	• 프로그램 목적과 일정 소개 • 참가자 상호 인사 및 자기소개	• 아이스브레이킹 활동
2	나의 강점 이야기	• 개인의 성공담 경험 공유 • 감정 표현과 경청의 중요성에 대한 워크숍	• 팀 빌딩 게임
3	미술관 탐방	• 지역 미술관 견학 • 미술 작품 감상 및 창의적 반응 활동	• 미술관 교육 담당자와의 대화
4	스트레스 관리	• 스트레스 관리 전문가 강연 • 마음의 강점 찾기 연습	• 스트레스 관리 전략 공유
5	공연 관람	• 공연 예술 관람 • 다양한 공연 예술 소개 및 감상	• 공연 후 감상 토론
6	긍정적 자아상 구축	• 자신감 강화 워크숍 • 긍정적 자기 대화 및 강점 발견 활동	• 자기 주장 연습 롤 플레이
7	창의 워크숍	• 창의력 발휘 워크숍 참여 • 개인 작품 만들기 및 전시	• SNS에 공유하기
8	나의 생태도 그리기	• 지역사회 자원 찾기 워크숍 • 생태도 그리기	
9	자연 속에서의 하루	• 자연 공원 방문 및 산책 • 자연 관찰 및 사진 찍기 활동	
10	수료식 및 평가회	• 프로그램 피드백 공유 • 수료증 수여 및 성과 평가	• 향후 계획 안내

제6장 실무 연습 문제 모범 답안

1. 다음의 예산 수립 작성 예시를 분석하여 변화가 필요한 내용을 확인해 보자.

관	사업비								
항	공동모금회 'ⓔ로운 프로젝트' 사업비								
목	세목	계	산출 근거	예산조달 계획					
				신청금액	비율(%)	자부담	비율(%)	자부담 재원	
	총계	21,379,000		13,000,000		10,379,000			
인건비	사회복지사	4,400,000	급여 1,100,000×4명			4,400,000			
	소계	4,400,000				4,400,000			
사업비	네 꿈을 펼쳐라 프로그램	약 1,028,000	[자격증 시험 응시료] 제과-42,000원, 제빵-42,000원× 지원자 수(약 7명) 청소년지도사-50,000원×지원자 수약 6명) 전산세무회계-20,000원×지원자 수(약 7명)			약 1,028,000		클라이언트	
		약 351,000	[자격증 대비 교재비] (제과·제빵) 18,000원×지원자 수 (전산세무회계) 15,000원×지원자 수 (청소년지도사) 20,000원×지원자 수	200,000		151,000		지역사회서점	
		1,000,000	[수업비] 연 50,000원×20명	1,000,000					
	1:1 학습지도	800,000	[교통비] 월 20,000원×40명			800,000		클라이언트	
		2,000,000	[간식비 지원] 월 100,000원×20명(2인 1조)	1,000,000		1,000,000		자체부담	
	꿈으로의 한 발자국	1,000,000	[직업체험관 이용비] 50,000원×20명× 1회	3,000,000					
	취미생활 프로그램	6,000,000	[수업재료비 지원] 500,000원×12개월	5,000,000		1,000,000		모금	
	신나는 오늘!	600,000	[문화생활비] 30,000원×20명	600,000					
		600,000	[행사 및 축제] 30,000원×20명	600,000					
	소계	13,379,000		11,400,000		3,979,000			
관리운영비	난방비	1,800,000	월 15만×12개월	800,000		1,000,000		자체부담	
	전기료	1,800,000	월 15만×12개월	800,000		1,000,000		자체부담	
	소계	3,600,000		1,600,000		2,000,000			

다음과 같이 수정이 필요한 부분의 피드백을 제시하며 모범 예산서는 〈표 6-3〉 일반적인 예산서 형식의 인건비 부분을 참고한다.

- 인건비, 사업비, 관리운영비로 적절히 구분하여 하위 프로그램 단위로 예산을 수립하였으나 사회복지사의 급여, 간식비, 수업재료비 등의 산출 단가가 명확하지 않다. 보다 구체적인 산출 기초에 의해 단가를 제시해야 한다.
- 예산액에 '약'이란 표현은 적절하지 않다. 예산액과 산출단가는 정확해야 한다.
- 청소년지도사, 전산세무회계 자격 준비 등은 단기간의 지원 프로그램으로 달성될 실현 가능성이 없어 보인다. → 프로그램 내용 자체 변경을 고려
- 문화생활비, 행사 축제 비용은 성과를 나타내기에는 불충분한 예산 배정으로 판단된다.
- 예산조달 계획이 다양하게 제시되어 있으나 클라이언트 자부담, 복지관 자체 부담, 지자체 부담 방식으로 압축하여 제시하는 것이 적절하겠다.

1. 다음의 프로그램 과정기록 작성 예시를 분석하여 변화가 필요한 내용을 분석하고 적절한 기록 내용으로 재작성해 보자.

---

① ○○○은 오른손을 들어 올려 머리를 쓸어 만지기 시작했다. 5회를 쓸어 올렸다. 지도자를 바라보며 눈을 7회 깜박거렸다. 입술이 파르르 떨렸다. 볼의 가운데가 빨갛게 달아 오르고, " 어…… 어…….'라고 말을 시작했으나 더 이상 말을 잇지 못했다.

수정 방향: 모든 것을 다 기록할 수는 없으므로 핵심 포인트를 요약적으로 기록함

➡ ○○○은 입술이 떨리고 볼이 빨개지고 말을 잇지 못하는 등 자신을 표현하는 것에 대해 힘들어했다.

② ○○○이 매우 좋아졌다. 이제 한숨 놓을 수 있다. ○○○은 분위기를 잘 녹였다.

수정 방향: 주관적인 판단보다는 변화의 근거를 가지고 설명함

➡ ○○○이 시선 접촉도 하고 활동 시간에 자신에 대해 자연스럽게 이야기하는 것을 보니 집단에 많이 적응한 듯하다.
○○○은 최근 개그 프로그램의 유행어를 말하여 웃음을 주고 먼저 활동에 적극적으로 나서는 등 분위기를 띄우는 역할을 했다.

③ 집에 가도 아무도 없이 혼자 있어야 할 ○○○을 생각하니 너무도 불쌍한 마음이 들었다.

수정 방향: 감정적 표현보다는 상황분석과 대안의 방향을 제시함

➡ ○○○은 어려운 가정경제 상황과 부모님의 맞벌이로 방과 후에 집에 가면 혼자 있어야 하고 숙제지도와 식사 제공 등에 어려움이 있으므로 지역아동센터나 복지관 방과 후 교실 등에 연결하는 것이 필요하다.

④ ○○○이 □□□과 맞짱을 떠서 분위기가 썰렁해졌다.

수정 방향: 공식 서류로서 용어 선정에 유의하며 관찰한 근거를 설명함

➡ ○○○이 □□□과 집단 안에서 주먹을 날리는 등 다툼이 있어 구성원들이 고개를 내리고 말이 전혀 없는 등 집단의 전체 분위기가 어두워졌다.

제8장 실무 연습 문제 모범 답안

이 연습은 자신의 프로그램 성과를 주요 이해관계자 앞에서 자신 있게 설명하는 훈련이다. 다음의 성과목표를 읽고, 이것을 성과를 설명하는 진술문으로 변경해 보자.

번호	성과목표	진술문
1	[과정] 학부모에게 정서지원 서비스를 제공해서 [성과] 양육 스트레스를 감소한다.	(예시) [과정] "학부모에게 정서지원 서비스를 제공해서 [성과] 양육 스트레스를 감소했습니다."
2	[과정] 정신장애인이 사회기술훈련을 통해 [성과] 자기주장기술을 향상한다.	(예시) [과정] "정신장애인이 사회기술훈련을 통해 [성과] 자기주장기술을 향상했습니다."
3	[과정] 노인에게 스마트폰 사용법을 교육해서 [성과] 디지털도구 활용능력을 증진한다.	[과정] "노인에게 스마트폰 사용법을 교육해서 [성과] 디지털도구 활용능력을 증진했습니다."
4	[과정] 사례관리대상자가 자조모임을 조직해서 [성과] 자아존중감을 높인다.	[과정] "사례관리대상자가 자조모임을 조직해서 [성과] 자아존중감을 높였습니다."
5	[과정] 청소년에게 자원봉사활동을 제공해서 [성과] 지역참여도를 향상한다.	[과정] "청소년에게 자원봉사활동을 제공해서 [성과] 지역참여도를 향상했습니다."
6	[과정] 마을주민이 마을공동체 활동을 통해 [성과] 지역 공동체의식을 증진한다.	[과정] "마을주민이 마을공동체 활동을 통해 [성과] 지역 공동체의식을 증진했습니다."
7	[과정] 장애인에게 직업훈련 프로그램을 실시해서 [성과] 직업역량을 강화한다.	[과정] "장애인에게 직업훈련 프로그램을 실시해서 [성과] 직업역량을 강화했습니다."
8	[과정] 아동이 학습멘토링에 참여해서 [성과] 학업성취도를 향상한다.	[과정] "아동이 학습멘토링에 참여해서 [성과] 학업성취도를 향상했습니다."
9	[과정] 독거노인에게 요리교실을 실시해서 [성과] 자립생활기술을 증진한다.	[과정] "독거노인에게 요리교실을 실시해서 [성과] 자립생활기술을 증진했습니다."
10	[과정] 장애인이 기업체 견학을 통해 [과정] 취업동기를 높인다.	[과정] "장애인이 기업체 견학을 통해 [성과] 취업동기를 높였습니다."
11	[과정] 가정폭력피해자에게 법률지원 서비스를 제공해서 [성과] 권익을 증진한다.	[과정] "가정폭력피해자에게 법률지원 서비스를 제공해서 [성과] 권익을 증진했습니다."
12	[과정] 청소년이 취미동아리 활동을 통해 [과정] 삶의 행복감을 향상한다.	[과정] "청소년이 취미동아리 활동을 통해 [성과] 삶의 행복감을 향상했습니다."
13	[과정] 시각장애인을 위한 지역정보지원체계를 구축해서 [성과] 지역사회 적응력을 증진한다.	[과정] "시각장애인을 위한 지역정보지원체계를 구축해서 [성과] 지역사회 적응력을 증진했습니다."
14	[과정] 지역 주민이 지역 소모임 활동을 통해 [성과] 지역 네트워크를 구축한다.	[과정] "지역 주민이 지역 소모임 활동을 통해 [성과] 지역 네트워크를 구축했습니다."
15	[과정] 노인이 생활체육을 통해 [성과] 운동능력을 유지한다.	[과정] "노인이 생활체육을 통해 [성과] 운동능력을 유지했습니다."
16	[과정] 정신장애인에게 자조모임을 실시해서 [성과] 불안감을 감소한다.	[과정] "정신장애인에게 자조모임을 실시해서 [성과] 불안감을 감소했습니다."
17	[성과] 독거노인이 마을라디오를 운영하여 [성과] 고독감을 줄인다.	[과정] "독거노인이 마을라디오를 운영하며 [성과] 고독감을 줄였습니다."
18	[과정] 자립준비 청년에게 재정관리 교육을 통해 [성과] 경제적 불안감을 낮춘다.	[과정] "자립준비 청년에게 재정관리 교육을 통해 [성과] 경제적 불안감을 낮췄습니다."
19	[과정] 예비 후원자에게 기부교육을 통해 [성과] 기부참여도를 향상한다.	[과정] "예비 후원자에게 기부교육을 통해 [성과] 기부참여도를 향상했습니다."
20	[과정] 자원봉사자가 봉사활동을 통해 [성과] 이타심을 향상한다.	[과정] "자원봉사자가 봉사활동을 통해 [성과] 이타심을 향상했습니다."

제9장 실무 연습 문제 모범 답안

프로그램 평가계획을 설계하기

다음은 어느 '발달장애인의 탄력성 증진 프로그램'의 평가계획을 수립한 표이다. 이 예시를 참고해서 아래 프로그램의 평가계획을 설계해 보자. 평가지표는 〈부록 5〉를 참조하시오.

구분	내용	평가지표	평가도구	평가방법
성과목표 1	발달장애인이 지역시설이용을 통해 지역사회 적응력을 증진한다.	지역사회적응력 정도	지역사회활동 횟수	목표 대비 실적 평가
성과목표 2	발달장애인과 가족이 가족캠프에 참여해서 가족탄력성을 증진한다.	가족탄력성 수준	면접지	초점집단면접
성과목표 3	지역 주민-발달장애인 파트너십을 통해 지역 지지체계를 구축한다.	지역 지지체계 점수	만족도 설문지	통계분석
산출목표 1	발달장애인 10명을 대상으로 지역탐방활동을 10회 실시한다.	참가자 수 (연인원수)[1]	수치 세기	목표 대비 결과 평가
산출목표 2	발달장애인 가족 10가구를 대상으로 가족캠프를 1회 실시한다.	참가자 수 (연인원수)	수치 세기	목표 대비 결과 평가
산출목표 3	지역주민-장애인 10커플을 대상으로 짝꿍활동을 10회 제공한다.[2]	참가자 수 (연인원수)	수치 세기	목표 대비 결과 평가

〈노인 디지털 역량 향상 프로그램〉

구분	내용	평가지표	평가도구	평가방법
성과목표 1	노인이 컴퓨터 교실을 통해 컴퓨터 활용능력을 증진한다.			
성과목표 2	노인이 AI 교육에 참여해서 AI 활용능력을 향상한다.			
성과목표 3	노인이 SNS 활동을 통해 사회적 소외감을 감소한다.			
산출목표 1	노인 15명을 대상으로 컴퓨터 교실을 20회 실시한다.			
산출목표 2	노인 15명을 대상으로 AI 활용교육을 15회 실시한다.			
산출목표 3	노인 5명을 선발해서 유튜브 영상을 5건 제작한다.			

---

1) 연인원이란 '실인원수 × 횟수'를 계산한 값이다.

2) 경우 실인원은 20명이고 실시 횟수는 10회이므로 연인원은 200명이다.

　　'노인 디지털 역량 향상 프로그램'에 관해 다음과 같이 다양한 방법으로 평가계획을 설계할 수 있다. 성과목표별로 1~2개 정도의 평가지표, 평가도구, 평가방법을 선정하는 것이 무난하다.

구분	내용	평가지표	평가도구	평가방법
성과목표 1	노인이 컴퓨터 교실을 통해 컴퓨터 활용능력을 증진한다.	컴퓨터 활용능력 수준	컴퓨터 활용시험 (퀴즈)	목표 대비 결과 평가
		컴퓨터 활용능력 정도	카메라(영상제작)	영상에 대한 질적분석
		컴퓨터 활용능력 점수	만족도 설문지	통계분석
성과목표 2	노인이 AI 교육에 참여해서 AI 활용능력을 향상한다.	AI 활용능력 수준	AI 활용 기능수준척도(LOF)	통계분석
		AI 활용능력 정도	관찰기록지	관찰에 대한 질적분석
		AI 활용능력 점수	AI 활용 횟수	목표 대비 결과 평가
성과목표 3	노인이 SNS 활동을 통해 사회적 소외감을 감소한다.	사회적 소외감 수준	소외감 척도 (심리검사)	통계분석
		사회적 소외감 정도	면접지	초점집단면접 (질적분석)
		사회적 소외감 점수	만족도 설문지	통계분석
산출목표 1	노인 15명을 대상으로 컴퓨터 교실을 20회 실시한다.	참가자 수 (연인원수)	수치 세기	목표 대비 결과 평가
산출목표 2	노인 15명을 대상으로 AI 활용교육을 15회 실시한다.	참가자 수 (연인원수)	수치 세기	목표 대비 결과 평가
산출목표 3	노인 5명을 선발해서 유튜브 영상을 5건 제작한다.	참가자 수 (연인원수)	수치 세기	목표 대비 결과 평가

제10장 실무 연습 문제 모범 답안

프로그램 만족도 분석하기

다음은 부모 대상 '행복한 자녀양육 프로그램'을 평가하기 위한 만족도 설문지와 참가자 부모 10명의 응답 자료이다. 이 프로그램의 성과목표 중 하나는 '양육에 대한 자신감 증진'이다. 만족도 분석을 통해 성과목표가 달성되었는지 확인해 보자. 엑셀이나 통계 프로그램을 사용해서 각 문항의 평균과 전체 문항의 평균을 분석하면 되며 5점 척도를 사용했으므로 평균 점수가 3점 이상이면 만족도가 높고 3점 미만이면 만족도가 낮다고 해석해 보자.

자녀양육 프로그램 만족도 설문지

문항	전혀 아니다	아니다	보통 이다	그렇다	매우 그렇다
1. 자녀와 대화할 때 사용할 수 있는 새로운 의사소통 기술을 배웠습니까?	1	2	3	4	5
2. 프로그램이 아이의 감정을 이해하는 데 도움이 되었나요?	1	2	3	4	5
3. 프로그램을 통해 자녀의 마음에 더 공감하게 되었나요?	1	2	3	4	5
4. 프로그램이 자녀와의 친밀감을 높이는 데 도움이 되었습니까?	1	2	3	4	5
5. 프로그램이 자녀의 행동을 관리하는 데 유용한 전략을 제공했습니까?	1	2	3	4	5
6. 프로그램이 자녀의 마음을 이해하는 데 도움이 되었습니까?	1	2	3	4	5
7. 프로그램이 자녀의 관점을 더 잘 이해하는 데 도움이 되었다고 느끼십니까?	1	2	3	4	5
8. 프로그램 참여 후 자녀와의 의사소통 능력에 자신감이 생겼습니까?	1	2	3	4	5
9. 프로그램에 참여한 후 자녀와 더 연결되어 있다고 느꼈습니까?	1	2	3	4	5
10. 프로그램을 통해 자녀와 가까워졌습니까?	1	2	3	4	5

응답 자료

응답자	문항 1	문항 2	문항 3	문항 4	문항 5	문항 6	문항 7	문항 8	문항 9	문항 10
가	4	5	4	4	4	5	4	4	4	4
나	5	4	5	5	5	5	5	5	5	5
다	3	3	4	3	4	4	3	3	3	3
라	4	4	3	3	3	4	4	4	4	4
마	5	5	5	5	5	5	5	5	5	5
바	4	4	4	4	4	4	4	3	4	4
사	3	3	4	4	4	4	4	4	4	4
아	5	5	5	5	5	5	5	5	5	5
자	4	4	3	3	3	4	3	3	3	3
차	5	5	5	5	5	5	5	5	5	5

　먼저 10문항의 전체 평균값을 계산하고 각 문항과 전체 평균의 평균을 계산해야 한다. 문항 1~10 중에서 만족도가 가장 높은 문항은 문항 6(프로그램이 자녀의 마음을 이해하는 데 도움이 되었습니까?)으로 평균 점수가 4.5점이다. 반면에 만족도가 제일 낮은 문항은 문항 8(프로그램 참여 후 자녀와의 의사소통 능력에 자신감이 생겼습니까?)으로 평균 점수는 4.10이다. 10개 문항 전체의 평균값은 4.2점이다. 3점 이상이므로 성과목표인 '양육에 대한 자신감 증진'은 달성되었다.

응답자	문항 1	문항 2	문항 3	문항 4	문항 5	문항 6	문항 7	문항 8	문항 9	문항 10	전체 평균
가	4	5	4	4	4	5	4	4	4	4	4.2
나	5	4	5	5	5	5	5	5	5	5	4.9
다	3	3	4	3	4	4	3	3	3	3	3.3
라	4	4	3	3	3	4	4	4	4	4	3.7
마	5	5	5	5	5	5	5	5	5	5	5.0
바	4	4	4	4	4	4	4	3	4	4	3.9
사	3	3	4	4	4	4	4	4	4	4	3.8
아	5	5	5	5	5	5	5	5	5	5	5
자	4	4	3	3	3	4	3	3	3	3	3.3
차	5	5	5	5	5	5	5	5	5	5	5.0
평균	4.2	4.2	4.2	4.1	4.2	4.5	4.2	4.1	4.2	4.2	4.2

제11장 **실무 연습 문제 모범 답안**

　다음은 미혼모 지원 프로그램을 실시한 이후 담당 사회복지사와 어느 미혼모 클라이언트가 나눈 심층면담 내용이다. 이 프로그램의 성과목표는 미혼모에 대한 '**사회적 지지체계 강화**'이다. 면담내용에 대한 질적평가 보고서를 작성해 보자.

클라이언트 면담기록지

사회복지사: 안녕하세요, 면담에 응해 주셔서 감사합니다. 프로그램 소감을 말씀해 주시겠습니까?

클라이언트: 물론입니다. 저는 지금 몇 달 동안 이 프로그램에 참여한 것이 정말 도움이 된다는 것을 알게 되었습니다. 이 프로그램의 가장 좋은 점은 저와 같은 어려움을 겪고 있는 다른 미혼모들과 연결될 수 있다는 것입니다.

사회복지사: 잘 들었습니다. 이러한 연결이 당신의 삶에 어떤 영향을 미쳤습니까?

클라이언트: 제 인생에 큰 변화를 가져왔습니다. 저는 더 이상 그렇게 외롭고 고립되어 있다고 느끼지 않습니다. 내가 겪고 있는 일을 이해하고 필요할 때 도움을 줄 수 있는 친구가 있다는 것은 좋은 일입니다. 우리는 육아에 대한 조언을 나누고, 어려움을 논의하고, 급한 일이 있을 때 서로의 자녀를 돌봅니다. 우리는 아주 친밀한 싱글맘 커뮤니티를 만들었습니다.

사회복지사: 정말 잘 들었습니다. 프로그램에 대해 유익하다고 생각하는 다른 것이 있습니까?

클라이언트: 네, 금전적인 지원도 해 주어서 큰 도움이 되었어요. 미혼모로서 생계를 유지하는 것은 정말 어려울 수 있으므로 추가 지원에 크게 감사드립니다. 다른 방법으로는 할 수 없었던 방식으로 아이들을 돌볼 수 있게 되었습니다.

사회복지사: 네, 정말 유익했나 보네요. 프로그램 경험에 대해 공유하고 싶은 다른 사항이 있습니까?

클라이언트: 사실, 프로그램이 제 삶에 끼친 영향을 정말 강조하는 에피소드가 하나 있었어요. 몇 주 전에 어머니가 교통사고로 이틀 동안 입원하는 예상치 못한 사태가 발생하여 며칠 동안 집을 떠나야 했습니다. 내가 없는 동안 누가 내 아이들을 돌볼지 정말 걱정이 되었어요. 하지만 프로그램에 참여한 엄마들에게 손을 내밀었고 그들은 기꺼이 도와주었습니다. 그들 중 한 명은 제가 없는 동안 제 아이들을 돌보았고, 다른 한 명은 요리와 청소도 도와주기까지 했습니다. 제가 가장 필요로 할 때 그들이 얼마나 기꺼이 저를 도와주었는지…… 정말 큰 힘이 되었습니다.

사회복지사: 정말 듣기 좋네요. 프로그램이 당신의 삶에 정말 긍정적인 영향을 끼친 것 같습니다.

클라이언트: 예, 확실히 그렇습니다. 저는 이전보다 더 많은 지원을 받고 덜 외롭다고 느낍니다. 프로그램을 통해 받은 도움과 지원에 정말 감사드립니다.

사회복지사: 생각을 공유해 주셔서 감사합니다. 선생님의 말씀은 저희에게 매우 소중해요. 프로그램을 지속적으로 개선하고 개발하는 데 도움이 될 것입니다.

나를 이해해 주는 강력한 지지체계를 얻게 되다.

이 프로그램은 미혼모의 위기 상황에 대한 사회적 지원체계를 제공하는 데 효과를 거둔 것으로 나타났다. 이 프로그램을 통해 클라이언트는 비슷한 어려움을 겪고 있는 다른 미혼모와 연결되고 공동체의식과 지원을 형성할 수 있었다. 프로그램을 통해 형성된 자조 그룹은 클라이언트에게 조언, 정보 및 지원을 공유할 수 있는 공간을 제공했다. 그들은 육아 문제에 대해 이야기하고 서로에게 조언과 격려를 제공할 수 있었다. 또한 클라이언트는 가족의 응급 상황이나 갑작스러운 질병과 같은 예기치 않은 위기 상황에 직면했을 때 자조 그룹에 의지하여 지원을 받을 수 있었다.

"제 인생에 큰 변화를 가져왔습니다. 저는 더 이상 그렇게 외롭고 고립되어 있다고 느끼지 않습니다. 내가 겪고 있는 일을 이해하고 필요할 때 도움을 줄 수 있는 친구가 있다는 것은 좋은 일입니다."

"우리는 육아에 대한 조언을 나누고, 어려움을 논의하고, 급한 일이 있을 때 서로의 자녀를 돌봅니다. 우리는 아주 친밀한 싱글맘 커뮤니티를 만들었습니다."

"제가 없는 동안 누가 내 아이들을 돌볼지 정말 걱정이 되었어요. 하지만 프로그램에 참여한 엄마들에게 손을 내밀었고 그들은 기꺼이 도와주었습니다."

"저는 이전보다 더 많은 지원을 받고 덜 외롭다고 느낍니다."

제12장 실무 연습 문제 모범 답안

다음은 276페이지의 '청소년 상담 프로그램의 서비스 품질 조사'에 참여한 30명의 응답자료를 분석한 통계 결과이다. 이 분석을 통해 현재 프로그램의 문제점을 진단해 보자. 평균이 3점 미만이라면 문제가 있다고 판단하고, 3점 이상인 경우 다른 항목과 상대적인 비교를 통해 운영이 잘되고 있는지를 판단하면 된다. 그리고 개선 아이디어를 작성해 보자.

과정평가 결과

문항	최솟값	최댓값	평균	표준편차
1. 상담실이 편안하게 느껴졌다. (유형성)	1	5	2.7	±0.2
2. 상담선생님의 복장이 적절했다. (유형성)	1	5	2.9	±0.3
3. 상담시간은 잘 지켜졌다. (신뢰성)	1	5	3.1	±0.3
4. 상담에서 나누기로 한 대화를 모두 잘 나누었다. (신뢰성)	1	5	3.2	±0.4
5. 상담선생님은 진심으로 나를 이해해 주었다. (공감성)	1	5	3.5	±0.3
6. 상담선생님은 내가 무엇을 원하는지 잘 알고 있다. (공감성)	1	5	3.7	±0.2
7. 상담선생님은 언제나 나를 최우선으로 대해 주었다. (대응성)	2	5	4.3	±0.2
8. 기관 이용 시 문의를 하면 빠르게 답변을 해 주었다. (대응성)	1	5	4.2	±0.2
9. 나는 기관에서 전문적인 상담을 받았다. (보증성)	1	5	3.5	±0.6
10. 나는 상담선생님의 조언을 신뢰할 수 있다. (보증성)	1	5	3.6	±0.5

문제점 및 향후 개선계획

차원	문제점	개선계획
유형성		
신뢰성		
공감성		
대응성		
보증성		

과정평가는 문제점과 개선점을 많이 찾을수록 우수한 평가를 수행하는 것이다. 다음은 정답이 아니며 하나의 예시이다.

문제점 및 향후 개선계획

차원	문제점	개선계획
유형성	상담실에 대한 만족도가 낮다. 그리고 담당 직원의 복장도 적절하지 않다.	상담실을 편안하게 느끼도록 온도, 조명을 개선하고 담당 직원도 단정한 복장을 입도록 한다.
신뢰성	상담시간에 대한 만족도는 보통 수준으로 큰 문제는 없으나 우수하지도 않다.	상담시간이 부족했다. 상담시간을 늘려, 나누기로 한 대화를 모두 나누도록 하겠다.
공감성	담당 직원이 청소년 클라이언트가 무엇을 원하는지 잘 파악하며 상담하여 공감성 점수가 우수하다.	클라이언트를 진심으로 이해하도록 더욱 공감하고 경청한다.
대응성	이 프로그램의 만족도 영역 중에서 대응성 점수가 가장 높다. 서비스 품질이 우수하다.	현재 방식대로 유지하겠다.
보증성	청소년 클라이언트는 자신이 전문적인 상담을 받고 담당 직원의 조언을 신뢰하였다.	현재 큰 문제는 없으며 더욱 보증성의 품질을 높이기 위해 상담 시 심리검사 및 해석 서비스를 추가로 제공하겠다.

제13장 실무 연습 문제 모범 답안

다음은 제5장의 실무 연습 문제에서 다룬 프로그램 계획 사례이다. 당신은 이 내용을 발표 슬라이드로 구성해서 발표해야 한다. 총 8장의 슬라이드를 어떤 내용으로 구성할 것인지 빈칸을 작성해 보자.

한부모 여성 가장의 행복증진을 위한 프로그램
'함께 행복해지기'

지역사회에서 한부모 여성 가장들이 겪는 어려움은 종종 간과되곤 한다. 이들은 경제적 압박뿐 아니라 정서적 지지가 부족한 상태에서 자녀를 양육해야 하는 이중의 부담을 안고 살아간다. 이에 지역에 거주하는 한부모 여성을 위한 '함께 행복해지기'라는 프로그램을 통해 이들의 삶에 힘과 용기를 주고자 한다. 이 프로그램은 한부모 여성 자신과 자녀들의 삶에 문화적 풍요로움을 더하는 것을 목적으로 한다. 성과목표는 첫째, 한부모 여성 가장의 사회적 지지망을 향상하고, 둘째, 삶의 만족감을 증진하는 것이다. 이 프로그램은 특히 경제적으로 어려움을 겪는 가정을 대상으로 하며, 자녀가 만 18세 이하인 가정에 초점을 맞추고 있다. 프로그램 기간은 3월부터 12월까지 총 10회로 계획되어 있으며, 각 활동은 참가자들에게 충분한 시간을 제공하기 위해 금요일 저녁 시간대에 진행된다.

이 프로그램은 크게 '자조모임'과 '문화체험'으로 구성된다. 구체적인 프로그램 내용은 다음과 같다.

회기	제목	주요 내용	
1	오리엔테이션	• 프로그램 목적과 일정 소개 • 참가자 상호 인사 및 자기소개	• 아이스브레이킹 활동
2	나의 강점 이야기	• 개인의 성공담 경험 공유 • 감정 표현과 경청의 중요성에 대한 워크숍	• 팀 빌딩 게임
3	미술관 탐방	• 지역 미술관 견학 • 미술 작품 감상 및 창의적 반응 활동	• 미술관 교육 담당자와의 대화
4	스트레스 관리	• 스트레스 관리 전문가 강연 • 마음의 강점 찾기 연습	• 스트레스 관리 전략 공유
5	공연 관람	• 공연 예술 관람 • 다양한 공연 예술 소개 및 감상	• 공연 후 감상 토론
6	긍정적 자아상 구축	• 자신감 강화 워크숍 • 긍정적 자기 대화 및 강점 발견 활동	• 자기 주장 연습 롤 플레이
7	창의 워크숍	• 창의력 발휘 워크숍 참여 • 개인 작품 만들기 및 전시	• SNS에 공유하기
8	나의 생태도 그리기	• 지역사회 자원 찾기 워크숍 • 생태도 그리기	
9	자연 속에서의 하루	• 자연 공원 방문 및 산책 • 자연 관찰 및 사진 찍기 활동	
10	수료식 및 평가회	• 프로그램 피드백 공유 • 수료증 수여 및 성과 평가	• 향후 계획 안내

성공적인 프로그램 운영을 위해, 충실한 예산 계획을 수립하였다. 이는 운영비, 전문가 강연비, 문화체험 관련 비용, 교통비 지원, 그리고 간식 및 식사를 포함한다. 프로그램의 효과를 검증하기 위해, 만족도 조사를 통해 성과목표 달성을 측정할 것이며, 정기적인 피드백을 수집하여 지속적인 개선을 추구할 계획이다.

발표 내용을 다음에 작성하시오.

슬라이드 1	슬라이드 2
슬라이드 3	슬라이드 4
슬라이드 5	슬라이드 6
슬라이드 7	슬라이드 8

다음은 한부모 여성 가장을 위한 행복증진 프로그램의 발표 슬라이드 예시이다.

슬라이드 1: 제목 및 프로그램 소개
- 제목: '내면의 빛을 발견하는 여정'
- 여성 한부모 가장을 위한 행복증진 프로그램 로고 또는 프로그램 관련 이미지

슬라이드 2: 프로그램 필요성과 목적
- 여성 한부모 가장의 도전과 고충
- 프로그램의 목적: 사회적 지지망 향상과 삶의 만족감 증진

슬라이드 3: 프로그램 개요
- 강점 기반 접근법
- 회기 수 및 구조: 오리엔테이션, 8회의 활동, 수료식 및 평가회
- 세부 일정 요약

슬라이드 4: 회기별 내용(1~5회차)
- 1회: 오리엔테이션
- 2회: 나의 강점 이야기
- 3회: 미술관 탐방
- 4회: 스트레스 관리
- 5회: 공연 관람

슬라이드 5: 회기별 내용(5~8회차)
- 6회 긍정적 자아상 구축
- 7회: 창의 워크숍
- 8회: 나의 생태도 그리기
- 9회: 자연 속에서의 하루
- 10회: 수료식 및 평가회

슬라이드 6: 성과목표
- 성과목표: 사회적 지지망 향상. 삶의 만족감 증진

슬라이드 7: 참여 방법 및 지원 자격
- 참가 신청 방법과 마감일
- 참가 자격 및 선발 과정
- 일정 개요 및 중요 날짜

슬라이드 8: 마무리
- 수료식 및 평가회에 대한 정보
- 프로그램 담당자
- 감사의 인사

제14장 실무 연습 문제 모범 답안

　　지금까지 프로그램 개발을 시작하는 사회복지사가 학습하고 적용해야 할 프로그램 개발 관련 모델들(제2장 논리모델, 제14장 개입연구조사 모델, 증거기반 실천 모델, PDCA 사이클 모델)을 살펴보았다.

① 각 모델의 핵심 용어를 간단히 정리하고 차이점에는 어떤 점이 있을지 비교해 보자
② 학습한 모델들 중에서 어떤 모델이 당신에게 매력적으로 다가오고, 그 이유는 무엇인가? 어떤 모델을 적극적으로 학습하고 적용할 것인지 향후 계획을 정리해 보자.

	내용
1. 학습 모델명	
2. 선정 이유	
3. 학습계획 (일정/방법 등)	
4. 학습자료 목록	

① 논리모델, 개입연구조사 모델, 증기기반 실천 모델, PDCA사이클은 모두 문제해결과 개선을 위한 접근 방식입니다. 각 모델의 차이점을 중심으로 간단히 정리해 보도록 하겠습니다.

논리모델	개입연구	증거 기반	PDCA
Input, Process(Activity), Output, Outcome (Impact)	문제 분석, 정보 종합, 설계, 초기 개발, 평가와 고급 개발, 보급과 확산	3E-Empowerment/ Effectiveness/ Evidence(5등급 평가)	계획(Plan), 실행(Do), 결과 확인(Check), 조치 실행(Act)
프로젝트의 논리적 구조화 초점	실제 개입과 효과 분석 초점/ 실험적 접근	과학적 근거 기반/ 증거 등급 부여	지속적 개선을 위한 과정 중심 접근
프로젝트 성과평가 활용/ 설계 및 상황 추적 용이	정책 및 프로그램 효과의 검증과 개선을 위해 사용	최신 연구 활용/ 효과적인 방법의 결정과 설계를 위해 사용	지속적 평가와 피드백 활용/ 프로세스 개선과 관리, 품질 향상 용이

② 여러분이 프로그램 이론을 더욱더 학습, 적용하려고 계획을 구체적으로 수립한 그 계획 모두가 모범 답안입니다. 실천가이자 개발자인 우리가 실천에 대한 책임성을 가지고 발전하는 길은 뜨거운 열정과 동기만으로는 부족합니다. 지속적인 학습과 적용을 통해 진정한 성과를 창출하는 유능한 프로그램 개발자로 나아가는 우리가 되기를 바라봅니다.

부록

프로그램 계획서

청소년 행복증진 프로그램
'모두 함께 FRIENDS' 프로그램 계획서

1. 필요성

1) 문제 및 현황

A지역 청소년들은 대인관계와 학업 스트레스 문제를 경험하고 있다. A청소년상담복지센터 사업보고(2023)에 따르면, 2023년에 실시한 총 21,550건의 청소년 상담 중 '대인관계'에 대한 상담건수는 7,150건, '학업 스트레스'에 대한 상담건수는 6,505건으로 전체 상담에서 상위 2위를 차지하였다. 이 외에도 '일탈 및 비행' 4,088건, '학업 및 진로' 2,253건, '컴퓨터 및 인터넷 사용' 1,165건, '가족문제 등 기타' 389건의 상담이 있었는데, 이들 상담 또한

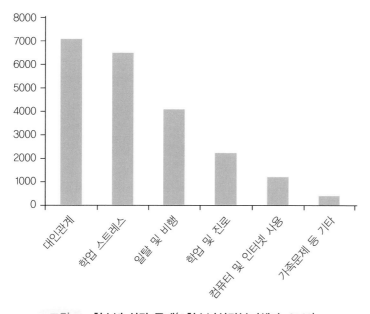

그림   청소년 상담 주제(A청소년상담복지센터, 2023)

대인관계와 학업 스트레스 문제와 관련이 있음을 볼 수 있다. 관할 지방자치단체 또한 청소년의 대인관계 문제에 대한 해결책을 모색하고 있다(K일보, 2023.12.02.). S종합사회복지관의 2023년 조사에 따르면, 복지관을 이용한 지역 청소년 821명 중 40%가 TV 및 스마트폰 게임 시청 시간이 증가하였으며, 이는 전년 대비 12%의 증가를 보인다. 학원 및 과외 수업 외의 활동에서 대다수의 청소년들이 TV와 게임에 많은 시간을 할애하는 것이 확인되었다.

2) 원인 분석

이러한 현상의 원인으로 두 가지 주요 요인을 제시할 수 있다.

첫째, 개인 중심 여가활동의 부정적 영향이다. 청소년들이 개인적인 시간을 컴퓨터 게임, 스마트폰 게임, TV 시청 등에 할애하게 되면 대인관계에서의 의사소통이 단절될 위험이 있다. 이에 따라 또래들과 공유할 수 있는 여가 프로그램의 제공이 필요하다. 둘째, 학업 스트레스이다. A지역 청소년들은 학업 스트레스를 겪는 경우 혼자서 그 문제를 해결하기에는 어려움이 있으며, 과외나 학원에 큰 시간을 할애하게 됨으로써 스트레스가 누적될 수 있다. 이에 전문가의 지원 및 지지체계의 구축이 필요하다고 판단된다. 따라서 우리 지역 청소년들의 대인관계 및 학업 스트레스 문제에 대해 지역사회 차원에서 적극적인 개입 및 지원이 필요하다는 결론을 내릴 수 있다.

3) 지역사회 특성 및 클라이언트 욕구

지역사회 특성을 살펴보면 A지역의 인구는 2023년을 기준으로 약 60만(605,776)명이며, 아동 및 청소년 인구는 약 14만(139,266) 명으로 23%를 차지했다. A지역 청소년상담복지센터가 2020년부터 2023년까지 청소년들의 상담내용을 분석한 결과, '대인관계의 문제'와 '학업 스트레스'가 매년 1~2위의 청소년 문제로 조사되었다. 이 지역의 청소년 문제는 바로 대인관계와 학업 스트레스 문제이며 이것이 결국 청소년 삶의 질 저하를 야기하고 있다.

4) 기대효과

A지역의 청소년들에게 여가생활 프로그램을 제공하고 전문 상담 서비스를 활성화한다면 다음과 같은 긍정적 효과가 기대된다.

① 청소년들 사이의 긍정적인 상호작용 증진: 여가활동 프로그램 참여를 통해 대인관계 스킬을 개선하고 의사소통 능력을 향상시킬 수 있다.
② 학업 스트레스 감소: 전문 상담 서비스를 통해 청소년들이 스트레스와 관련된 문제를 공유하고 해결 방법을 찾을 수 있게 된다.

이 프로그램은 청소년들이 건강한 정신적 · 사회적 발달을 이루는 데 중요한 역할을 할 것으로 예상된다.

2. 서비스 대상자

정의	A지역에 거주하고 있는 만 13세~19세의 아동 · 청소년
인원수	30명
특성	1) 대인관계의 어려움을 겪으면서 고립된 여가시간을 보내고 있는 청소년 2) 빈곤부모의 자녀로서 여가활동에 대한 경제적 부담을 갖고 있는 청소년

3. 목적과 목표

1) 목적(Goal)

대인관계 문제와 학업 스트레스로 어려움을 겪고 있는 청소년들이 친구를 만나서 서로 협력하고 어울릴 수 있는 여가 프로그램에 참여해서 지지체계를 형성하고 사회적 역량을 강화하는 것이다.

2) 목표(Objectives)

구분	목표	목표량
성과목표 1	청소년이 전문적인 심리상담을 통하여 대인관계 역량을 강화한다.	+
성과목표 2	청소년이 여가 프로그램에 참여하여 학업 스트레스를 감소한다.	-
산출목표 1	대인관계 위기 청소년 5명 대상으로 개별심층상담 12회 실시한다.	60명
산출목표 2	청소년 30명 대상으로 또래상담반 교육 24회 실시한다.	720명
산출목표 3	청소년 30명 대상으로 대인관계증진 캠프 2회 실시한다.	60명
산출목표 4	청소년 30명 대상으로 방과 후 문화탐방 동아리 활동 6회 실시한다.	180명
산출목표 5	청소년 30명 대상으로 스포츠(테마별 미니올림픽) 활동 6회 실시한다.	180명

4. 사업내용

1) 세부서비스 내용

세부 세비스명	수행방법	시행 시기	산출목표		
			실인원	횟수	연인원
청소년 개별심층상담	대인관계 문제에 관한 개별상담을 실시한다.	3~9월	5명	2주 1회X12번 =12건	60명
또래상담반	• 또래상담 지도를 통해 또래친구들 사이의 다양한 의사소통방법을 배운다. • 배운 것을 활용하여 이야기를 해 보고 아이들의 원활한 의사소통을 돕는다.	3~9월	30명	주 1회X24번 =24건	720명
대인관계증진 캠프	• 또래상담반 수업을 통하여 숙지한 의사소통기술을 활용할 수 있는 캠프를 실시한다. • 캠프 동안의 규칙을 정하여 청소년이 함께 수행해 나간다.	3~9월	30명	3개월 1회x2번 =2건	60명
문화탐방 동아리 활동	• 문화탐방 장소를 알려 주고 청소년이 2~3명씩 짝을 지어 해당 장소로 함께 이동한다. • 문화경험을 마치고 조별로 또는 단체로 어떤 경험을 하였는지, 어떤 느낌이 들었는지 이야기를 나눈다.	3~9월	30명	월 1회x6번 =6건	180명

| 테마별
미니올림픽 | • 운동 관련 지식과 함께 운동 방법을
  배운다.
• 자신이 해 보고 싶은 여러 가지 운동
  을 해 봄으로써 아이들이 가진 놀이
  욕구에 다양성을 충족시킨다. | 3~9월 | 30명 | 월 1회x6번
=6건 | 180명 |

2) 담당인력구성 및 전문성

이름	직위	업무	전문성
김유림	부장	슈퍼비전	- 사회복지사 1급/ 유아 체육지도사 자격증 - 경력 10년
최지현	팀장	프로그램 총괄	- 사회복지사 1급/ 청소년상담사 2급 - 경력 7년
김훈석	직원	프로로그램 담당	- 사회복지사 1급/ 응급처치 전문가 과정 취득 - 경력 5년
김가희	직원	프로그램 지원 (대인관계증진 캠프)	- 사회복지사 1급/ 레크리에이션 지도사 1급 - 경력 2년
이하늘	직원	프로그램 지원 (테마별 미니올림픽)	- 사회복지사 1급 - 경력 1년

3) 진행일정

내용＼기간	12월	1월	2월	3월	4월	5월	6월	7월	8월	9월	10월	11월	12월
프로그램 홍보	○	○											
참가자 모집 및 대상자 선정			○										
문화탐방 동아리 활동				○	○	○	○	○	○	○			
테마별 미니올림픽				○	○	○	○	○	○	○			
아동 · 청소년 개별심층상담				○	○	○	○	○	○	○			
또래상담반				○	○	○	○	○	○	○			
대인관계증진 캠프						○		○					
결과보고서 제출													○

4) 운영방침: 전년도 문제의 개선방향, 지역사회자원 활용 및 홍보 계획

① 전년도 문제의 개선방향

문제	2023년 상황	2024년 개선방향
강사의 전문성	전년도 청소년 프로그램에 대한 만족도 조사를 실시한 결과, 강사의 전문성에 대한 만족도 점수가 낮았음	외부 강사에 의존하기보다는 가급적 담당 직원 및 기관 직원이 직접 프로그램을 운영할 예정임
프로그램 운영계획 변경	전년도 과정평가 결과, 기관 사정으로 인해 프로그램 일정이 변경되는 일이 발생해서 참여자들이 불편을 호소했음	프로그램 일정을 재검토한 후 확정했음. 다른 사업과 시간, 장소 등에서 겹치는 일이 발생하지 않도록 주의 깊게 검토함
참여자 결석	전년도 과정평가 결과, 참여자들이 갑자기 결석을 해서 운영에 어려움이 있었음	매 회기별로 사전에 참여자들에게 출석안내를 할 예정임

② 홍보계획

대상	방법	도구
지역사회 주민	홍보물 제작, 복지관 이용자 전체 문자 및 메일, 본 복지관 홈페이지 복지관 사업 설명회 1회 실시, 아파트 및 인근 중고교 대상 협조공문 발송, 복지관 페이스북과 인스타그램 홍보	유튜브, 사업 설명 리플렛, SNS
타 복지기관	리플렛 제공, 이메일로 사업 소개, 타 복지기관 홈페이지 게시판, 타 복지기관 공고 게시판	사업 설명 리플렛
지방자치단체	협조공문 발송	사업 설명 리플렛

5. 예산

(단위: 원)

항목	예산액	산출 근거
문화탐방 동아리	1,080,000	여가비-6,000(1인1회)X180=1,080,000
테마별 미니올림픽	300,000	프로그램준비물-50,000(1회)X6=300,000 장소-운동장
아동·청소년 개별심층상담	2,400,000	상담전문가-200,000(1회)X12=2,400,000 장소-복지관
또래상담반	4,200,000	심리검사-50,000(1인 사전)X30=1,500,000 상담전문가-50,000(1회)X24=1,200,000 심리검사-50,000(1인 사후)X30=1,500,000 장소-복지관
대인관계증진 캠프	1,000,000	텐트-5,0000(3명당 1개)X10개=500,000(1회)X2=1,000,000 강사-사회복지사+자원봉사자 식재료-쌀·라면(개인) 장소-운동장
계	8,980,000	8,980,000

6. 평가계획

1) 과정평가 계획

번호	평가지표	평가도구	평가방법	평가시기
1	유형성 (프로그램 기자재가 잘 구비되었는가?)	체크리스트	직원회의	7월 중
2	신뢰성 (계획대로 프로그램이 운영되었는가?)	체크리스트	직원회의	7월 중
3	공감성 (담당 직원이 이용인에게 친절했는가?)	체크리스트	직원회의	7월 중
4	대응성 (문제가 발생했을 때 신속히 해결되었는가?)	체크리스트	직원회의	7월 중
5	보증성 (전문 인력이 투입되었는가?)	체크리스트	직원회의	7월 중

2) 성과평가 계획

목표	평가지표	평가도구	평가방법	평가시기
성과목표 1	대인관계능력 점수 자기표현능력	대인관계 척도 심층면접기록지	단일집단 전후 비교설계 질적평가	3월, 12월 12월
성과목표 2	학업 스트레스 점수 문화경험 수준	아동 스트레스 척도 카메라(사진촬영)	단일집단 전후 비교설계 질적평가	3월, 12월 12월
산출목표 1	개별상담 횟수	수치 세기	목표 대비 결과 평가	12월
산출목표 2	또래상담반 횟수	수치 세기	목표 대비 결과 평가	12월
산출목표 3	대인관계 캠프 횟수	수치 세기	목표 대비 결과 평가	12월
산출목표 4	문화탐방 횟수	수치 세기	목표 대비 결과 평가	12월
산출목표 5	테마별 미니올림픽 횟수	수치 세기	목표 대비 결과 평가	12월

7. 중장기 기대효과

이 프로그램을 지속적으로 제공한다면 다음의 중장기 성과를 기대할 수 있다.

1) 대인관계 기술 강화 관련

청소년들의 갈등 해결 능력이 향상되어 또래 간의 의견 불일치가 줄어들게 된다. 학생들 간의 신뢰와 협력 관계가 더욱 증진하고 결국 프로그램 참가자들의 리더십 및 멘토 역량이 강화될 것이다.

2) 학업 스트레스 감소 관련

성적과 학업성취도가 지속적으로 향상될 것이다. 학업에 대한 심리적 부담감이 감소함에 따라 삶의 다양한 스트레스를 관리하게 되고 주변의 자원을 이용하는 기술도 증진해서 결국 균형 잡힌 학업 추구가 가능해질 것이다. 끝.

프로그램 결과보고서

청소년 행복증진 프로그램
'모두 함께 FRIENDS' 결과보고서

1. 필요성

1) 문제 및 현황

A지역 청소년들은 대인관계와 학업 스트레스 문제를 경험하고 있다. A청소년상담복지센터 사업보고(2023)에 따르면, 2023년에 실시한 총 21,550건의 청소년 상담 중 '대인관계'에 대한 상담건수는 7,150건, '학업 스트레스'에 대한 상담건수는 6,505건으로 전체 상담에서 상위 2위를 차지하였다. 이 외에도 '일탈 및 비행' 4,088건, '학업 및 진로' 2,253건, '컴퓨터 및 인터넷 사용' 1,165건, '가족문제 등 기타' 389건의 상담이 있었는데, 이들 상담 또한

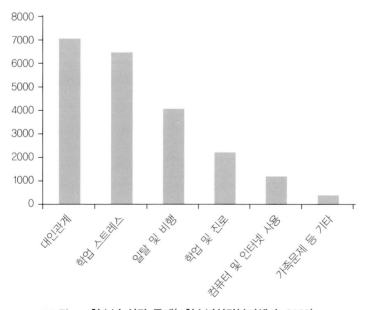

그림　청소년 상담 주제(A청소년상담복지센터, 2023)

대인관계와 학업 스트레스 문제와 관련이 있음을 볼 수 있다. 관할 지방자치단체 또한 청소년의 대인관계 문제에 대한 해결책을 모색하고 있다(K일보, 2023.12.02.). S종합사회복지관의 2023년 조사에 따르면, 복지관을 이용한 지역 청소년 821명 중 40%가 TV 및 스마트폰 게임 시청 시간이 증가하였으며, 이는 전년 대비 12%의 증가를 보인다. 학원 및 과외수업 외의 활동에서 대다수의 청소년들이 TV와 게임에 많은 시간을 할애하는 것이 확인되었다.

2) 원인 분석

이러한 현상의 원인으로 두 가지 주요 요인을 제시할 수 있다.

첫째, 개인 중심 여가활동의 부정적 영향이다. 청소년들이 개인적인 시간을 컴퓨터 게임, 스마트폰 게임, TV 시청 등에 할애하게 되면 대인관계에서의 의사소통이 단절될 위험이 있다. 이에 따라 또래들과 공유할 수 있는 여가 프로그램의 제공이 필요하다. 둘째, 학업 스트레스이다. A지역 청소년들은 학업 스트레스를 겪는 경우 혼자서 그 문제를 해결하기에는 어려움이 있으며, 과외나 학원에 큰 시간을 할애하게 됨으로써 스트레스가 누적될 수 있다. 이에 전문가의 지원 및 지지체계의 구축이 필요하다고 판단된다. 따라서 우리 지역 청소년들의 대인관계 및 학업 스트레스 문제에 대해 지역사회 차원에서 적극적인 개입 및 지원이 필요하다는 결론을 내릴 수 있다.

3) 지역사회 특성 및 클라이언트 욕구

지역사회 특성을 살펴보면 A지역의 인구는 2023년을 기준으로 약 60만(605,776)명이며, 아동 및 청소년 인구는 약 14만(139,266) 명으로 23%를 차지했다. A지역 청소년상담복지센터가 2020년부터 2023년까지 청소년들의 상담내용을 분석한 결과, '대인관계의 문제'와 '학업 스트레스'가 매년 1~2위의 청소년 문제로 조사되었다. 이 지역의 청소년 문제는 바로 대인관계와 학업 스트레스 문제이며 이것이 결국 청소년 삶의 질 저하를 야기하고 있다.

4) 기대효과

A지역의 청소년들에게 여가생활 프로그램을 제공하고 전문 상담 서비스를 활성화한다면 다음과 같은 긍정적 효과가 기대된다.

① 청소년들 사이의 긍정적인 상호작용 증진: 여가활동 프로그램 참여를 통해 대인관계 스킬을 개선하고 의사소통 능력을 향상시킬 수 있다.
② 학업 스트레스 감소: 전문 상담 서비스를 통해 청소년들이 스트레스와 관련된 문제를 공유하고 해결 방법을 찾을 수 있게 된다.

이 프로그램은 청소년들이 건강한 정신적 · 사회적 발달을 이루는 데 중요한 역할을 할 것으로 예상된다.

2. 서비스 대상자

정의	A지역에 거주하고 있는 만 13세~19세의 아동 · 청소년
인원수	30명
특성	1) 대인관계의 어려움을 겪으면서 고립된 여가시간을 보내고 있는 청소년 2) 빈곤부모의 자녀로서 여가활동에 대한 경제적 부담을 갖고 있는 청소년

3. 목적과 목표

1) 목적(Goal)

대인관계 문제와 학업 스트레스로 어려움을 겪고 있는 청소년들이 친구를 만나서 서로 협력하고 어울릴 수 있는 여가 프로그램에 참여해서 지지체계를 형성하고 사회적 역량을 강화하는 것이다.

2) 목표(Objectives)

구분	목표	목표량
성과목표 1	청소년이 전문적인 심리상담을 통하여 대인관계 역량을 강화한다.	+
성과목표 2	청소년이 여가 프로그램에 참여하여 학업 스트레스를 감소한다.	-
산출목표 1	대인관계 위기 청소년 5명 대상으로 개별심층상담 12회 실시한다.	60명
산출목표 2	청소년 30명 대상으로 또래상담반 교육 24회 실시한다.	720명
산출목표 3	청소년 30명 대상으로 대인관계증진 캠프 2회 실시한다.	60명
산출목표 4	청소년 30명 대상으로 방과 후 문화탐방 동아리 활동 6회 실시한다.	180명
산출목표 5	청소년 30명 대상으로 스포츠(테마별 미니올림픽) 활동 6회 실시한다.	180명

4. 사업내용

1) 세부서비스 내용

성과목표	세부서비스명	수행방법	시행시기	목표 실인원	횟수	실적 연인원
1	청소년 개별심층상담	대인관계 문제에 관한 개별상담을 실시한다.	3~9월	5명 / 5명	12건 / 12건	60명 / 60명
	또래상담반	• 또래상담 지도를 통해 또래친구들 사이의 다양한 의사소통방법을 배운다. • 배운 것을 활용하여 이야기를 해 보고 아이들의 원활한 의사소통을 돕는다.	3~9월	30명 / 30명	24건 / 24건	720명 / 720명
	대인관계증진 캠프	• 또래상담반 수업을 통하여 숙지한 의사소통기술을 활용할 수 있는 캠프를 실시한다. • 캠프 동안의 규칙을 정하여 청소년이 함께 수행해 나간다.	3~9월	30명 / 30명	2건 / 2건	60명 / 60명

2	문화탐방 동아리 활동	• 문화탐방 장소를 알려 주고 청소년이 2~3명씩 짝을 지어 해당 장소로 함께 이동한다. • 문화경험을 마치고 조별로 또는 단체로 어떤 경험을 하였는지, 어떤 느낌이 들었는지 이야기를 나눈다.	3~9월	25명 / 30명	6건 / 6건	150명 / 180명
	테마별 미니올림픽	• 운동 관련 지식과 함께 운동 방법을 배운다. • 자신이 해 보고 싶은 여러 가지 운동을 해 봄으로써 아이들이 가진 놀이 욕구에 다양성을 충족시킨다.	3~9월	30명 / 30명	6건 / 6건	180명 / 180명

2) 담당인력구성 및 전문성

이름	직위	업무	전문성	참고
김유림	부장	슈퍼비전	- 사회복지사 1급/유아 체육지도사 자격증 - 경력 10년	
최지현	팀장	프로그램 총괄	- 사회복지사 1급/청소년상담사 2급 - 경력 7년	
김훈석	직원	프로그램 담당	- 사회복지사 1급/응급처치 전문가 과정 취득 - 경력 5년	
김가희	직원	프로그램 지원 (대인관계증진 캠프)	- 사회복지사 1급/레크리에이션 지도사 1급 - 경력 2년	
박현수	직원	프로그램 지원 (테마별 미니올림픽)	- 사회복지사 1급 - 경력 3개월	기존 직원 퇴사로 다른 직원이 업무를 맡음

3) 진행일정

내용 \ 기간	12월	1월	2월	3월	4월	5월	6월	7월	8월	9월	10월	11월	12월	참고
프로그램 홍보	○	○												
참가자 모집 및 대상자 선정		○	○											모집을 1월부터 했음
문화탐방 동아리 활동				○	○	○	○	○	○	○				
테마별 미니올림픽				○	○	○	○	○	○	○				
아동청소년 개별심층상담				○	○	○	○	○	○	○				
또래상담반				○	○	○	○	○	○	○				
대인관계증진 캠프						○			○					2차 캠프시기를 방학으로 조정
결과보고서 제출													○	

5. 결산

(단위: 원)

항목	집행액	산출 근거
문화탐방 동아리	750,000원	여가비-6,000원(1인1회)X125명=750,000원
테마별 미니올림픽	300,000원	준비물비-50,000원(1회)X6건=300,000원 장소-운동장
아동·청소년 개별심층상담	2,600,000원	상담전문가-200,000원(1회)X13건=2,600,000원 장소-복지관
또래상담반	4,200,000원	심리검사-50,000원(1인사전)X30명=1,500,000원 상담전문가-50,000원(1회)X24건=1,200,000원 심리검사-50,000원(1인사후)X30명=1,500,000원 장소-복지관

대인관계증진 캠프	1,000,000원	텐트-5,0000원(3명당1개)X10개=500,000원 500,000원(1회)X2건=1,000,000원 강사-사회복지사+자원봉사자 식재료-쌀·라면(개인) 장소-운동장
계	8,850,000원	

6. 과정평가 결과

번호	평가지표	평가결과
1	유형성 (프로그램 기자재가 잘 구비되었는가?)	- 복지관 프로그램실 및 기자재 우수 - 그러나 외부 캠프활동에서 너무 더운 날씨 에 진행
2	신뢰성 (계획대로 프로그램이 운영되었는가?)	- 전반적으로 계획대로 운영함 - 2차 캠프 일정이 변경되는 문제 발생
3	공감성 (담당 직원이 이용인에게 친절했는가?)	- 직원들이 청소년들에게 친절하게 대함 - 청소년의 문화를 잘 이해하고 지지해 줌
4	대응성 (문제가 발생했을 때 신속히 해결되었는가?)	- 일정 변경을 청소년들에게 신속히 안내했음 - 청소년들의 불만 호소에 적극적으로 대응했 음
5	보증성 (전문 인력이 투입되었는가?)	- 청소년들이 담당 사회복지사를 신뢰함 - 전문 인력이 투입됨

7. 성과평가 결과

1) 산출목표 평가

구분	분석 및 평가내용								
	계획			실적			달성율(%)		
	실인원	건/회	연인원	실인원	건/회	연인원	실인원	건/회	연인원
산출목표 1	5	12	60	5	12	60	100	100	100
산출목표 2	30	24	720	30	24	720	100	100	100
산출목표 3	30	2	60	30	2	60	100	100	100
산출목표 4	30	6	180	25	6	150	83.3	100	83.3
산출목표 5	30	6	180	30	6	180	100	100	100

연인원을 기준으로 산출목표 1~5의 달성율을 보면 100%, 100%, 100%, 83.3%, 100%로 나타났다. 평균 96.7%의 우수한 결과를 보이고 있다.

2) 성과목표 평가

① 성과목표 1에 대한 평가

성과목표 1 평가 결과	■ 달성　　　□ 미달성			
근거①	〈표〉 사전점수와 사후점수 비교			
	사전점수		사후점수	
	평균	표준편차	평균	표준편차
	10.73	6.26	13.63	6.74

프로그램을 통해 대인관계 능력이 향상되었는지를 평가하기 위해 대인관계 변화 척도로 참여자를 측정하였다. 실험설계방법 중 단일집단 전후설계를 적용해서 사전점수와 사후점수를 비교하였다. 사전점수의 평균은 10.73점이고 사후점수의 평균은 13.63점으로 점수가 2.90점 증가하였다. 따라서 프로그램 효과가 있는 것으로 볼 수 있다.

　　질적평가 방법을 적용해서 프로그램 참여자의 자기표현능력이 변화했는지 분석하였다. 연구대상은 '전형적 사례 표집(typical sampling)'을 활용해서 가장 대표적인 변화 사례를 보인 최○○ 군(만 16세)을 선정하였다. 심층면접 결과, 다음과 같이 '나도 이제 표현할 수 있다'라는 의미 있는 변화를 확인할 수 있었다.

의사소통 능력이 향상되다

근거②

　　클라이언트가 프로그램에 참여하여 전문적인 심리상담과 캠프를 통해 느끼는 첫 효과는 변화한 자신에 대한 인식과 수용과정이었다. 클라이언트는 일찍 돌아가신 어머니와 자신을 억압하는 아버지 그리고 한 살 차이 나는 언니와 일곱 살 차이 나는 남동생 사이에서 언니의 구박과 남동생의 괴롭힘을 받았다. 아버지는 엄격한 잣대를 대어 클라이언트를 억압하고 언니와 남동생은 첫째라는 이유로, 막내면서 남자라는 이유로 편애를 하셨다. 또한 클라이언트는 학교가 끝나면 집으로 가 텔레비전을 시청하거나 컴퓨터를 하는 등 또래들과 어울리지 못하고 혼자 있는 시간이 많아졌다. 항상 가족들에게 억압받고 무시받는 클라이언트는 심리적 위축과 우울증을 느끼고 있었고 자신을 표현하기 꺼려 하고 자신의 생각을 이야기하기도 눈치를 보고 어려워하였다. 이러한 클라이언트가 프로그램에 참여하여 전문적인 심리상담과 또래들과의 캠프활동을 통해 자신의 생각을 이야기하고 자신을 표현해 보는 활동을 함으로써 또래들 사이에서 자신이 눈치 보지 않아도 된다는 것을 체험한 후 변화하는 자신에 대한 인식, 자기 수용의 과정을 거치게 되었다.

> "전문적인 상담선생님과 비밀이 보장되는 공간에서 내 이야기를 함으로 인해서 선생님이 내 이야기를 들어 주시는 것만으로도 위로가 되는 느낌이었어요. 그리고 비슷한 나이의 또래들과 함께 또래상담을 하면서 '나만 이러한 문제를 가지고 힘들어하지 않는구나'라는 생각도 들었고 그 친구들과 하룻밤 같이 보내는 캠프도 다녀오니 내 편도 많이 생긴 것 같아서 좋았어요. 가족들에게 억압받고 집에 혼자 있고 혼자 지낼 때는 아무것도 하기 싫어서 무기력해졌었는데 이렇게 친구들과 함께 지내고 함께하니까 사람들과 대화도 잘할 수 있을 것 같고, 가족들에게도 제가 싫은 것은 싫다고 표현할 수 있을 것 같다는 희망이 생겼어요."

② 성과목표 2에 대한 평가

성과목표 2 평가 결과	■ 달성　　　□ 미달성

<table>
<tr>
<td rowspan="6">근거①</td>
<td>〈표〉 사전점수와 사후점수 비교</td>
</tr>
</table>

<table>
<tr>
<th colspan="2">사전점수</th>
<th colspan="2">사후점수</th>
</tr>
<tr>
<th>평균</th>
<th>표준편차</th>
<th>평균</th>
<th>표준편차</th>
</tr>
<tr>
<td>104.84</td>
<td>10.94</td>
<td>97.08</td>
<td>10.25</td>
</tr>
</table>

근거①

　프로그램을 통해 스트레스 수준이 감소되었는지를 평가하기 위해 아동의 일상적 스트레스 척도로 참여자를 측정하였다. 실험설계방법 중 단일집단 전후설계를 적용해서 사전점수와 사후점수를 비교하였다. 사전점수의 평균은 104.84점이고 사후점수의 평균은 97.08점으로 점수가 7.76점 감소하였다. 따라서 프로그램 효과가 있는 것으로 볼 수 있다.

근거②

　청소년 30명을 대상으로 만족도 조사를 실시하였다. 만족도 문항은 성과목표 2와 관련된 문항 및 분석 결과는 다음과 같다.

문항	평균	표준 편차
1. 문화탐방활동을 통해서 학업 스트레스를 줄일 수 있었다.	3.78	0.65
2. 문화탐방활동은 새로운 즐거움을 느끼게 해 주었다.	4.10	0.44
3. 테마 올림픽을 통해 친구들과 친밀감을 높일 수 있었다.	3.55	0.74
4. 다양한 스포츠를 경험하며 정서적인 만족감을 느꼈다.	4.25	0.42
5. 전반적으로 이번 프로그램을 통해 학업에 대한 삶의 만 　족감이 높아졌다.	4.01	0.64
계	3.94	0.52

　5개 문항의 평균점수가 3.55~4.25점으로 나타났고 총점의 평균 점수는 3.94점으로 전반적으로 이번 프로그램을 통해 학업 스트레스를 줄일 수 있었다는 점에 참여자들은 매우 긍정적인 반응을 보였다.

8. 결론 및 계획

1) 결론

① 프로그램을 통해 성과목표 1과 성과목표 2가 모두 달성되었다.

② 전문적인 심리상담 서비스 제공을 통해 지역사회 청소년의 대인관계 역량이 강화되었다는 성과가 객관적으로 확인되었다.

③ 청소년의 학업 스트레스 문제를 해결하는 데 본 프로그램이 긍정적인 성과를 거두었다는 사실도 입증되었다.

④ 주요 산출목표들도 대체로 달성된 것으로 평가되었다.

2) 향후 계획 및 개선사항

본 프로그램을 지속적으로 운영하면서 다양한 중장기 성과를 탐색할 예정이다. 또한 프로그램의 성과가 단지 프로그램 장면에서 나타나는 것인지 아니면 학교와 가정생활에서도 효과가 유지되는지 사후관리가 필요하다.

첨부자료 1 대인관계 변화 척도(RCS) 검사 응답지 샘플

대인관계 변화 척도(Relationship Change Scale: RCS)

다음은 여러분의 가족과 친구, 선생님과의 관계가 어떻게 변화되었는지에 대해 알아보는 것입니다. 여러분의 생각이나 느낌과 가장 같다고 생각되는 번호에 ○표를 해 주세요.

각 문항에 대한 대답은 다음과 같이 네 가지로 할 수 있습니다.

문항의 내용이 여러분의 생각과 전혀 다르면, 1에	① 2 3 4
별로 그렇지 않다고 생각하면, 2에	1 ② 3 4
가끔 그런 편이면, 3에	1 2 ③ 4
정말 그렇다고 생각하면, 4에 ○표를 합니다.	1 2 3 ④

1. 나는 친구를 쉽게 사귄다.	1 ② 3 4
2. 다른 사람들이 나에게 말을 걸기 전에 먼저 말을 건다.	1 2 3 ④
3. 나는 친구가 자기의 고민을 털어놓을 때 잘 들어 준다.	① 2 3 4
4. 다른 사람들에게 칭찬을 잘 해 준다.	1 ② 3 4
5. 다른 사람과 다른 의견을 가지고 있을 때 싸우지 않고 나의 의견을 말할 수 있다.	1 2 3 ④
6. 다른 사람이 나에게 화를 낼 때 덩달아 화를 내지 않고 참을 수 있다.	1 ② 3 4
7. 친구와의 사이에 문제가 생겼을 때 대화로 문제를 해결하려고 한다.	1 2 ③ 4

첨부자료 2   아동의 일상적 스트레스 척도 검사 응답지 샘플

아동의 일상적 스트레스 척도

다음은 여러분의 일상적 스트레스 정도를 알아보는 것입니다. 여러분의 생각이나 느낌과 가장 같다고 생각되는 번호에 ○표를 해 주세요.

각 문항에 대한 대답은 다음과 같이 세 가지로 할 수 있습니다.

문항의 내용이 여러분의 생각과 전혀 다르다면, 1에	①	2	3
약간 그런 편이면, 2에	1	②	3
정말 그렇다고 생각하면, 3에 ○표를 합니다.	1	2	③

1. 나는 부모님이 늘 공부하라고 말씀하셔서 짜증이 난다.	1	②	3
2. 부모님이 내 생각이나 의견을 존중해 주지 않아 불만이다.	①	2	3
3. 부모님이 나에게 시키는 일이 많아 피곤하다.	1	②	3
4. 부모님이 나의 일에 지나치게 간섭하고 참견하셔서 짜증이 난다.	①	2	3
5. 부모님이 내 성적에 너무 신경 쓰셔서 부담스럽다.	1	2	③
6. 나는 부모님과 충분한 이야기를 나누지 못해 불만이다.	1	②	3
7. 내가 갖고 싶어 하는 것들을 부모님이 잘 사 주지 않아 불만이다.	①	2	3
8. 부모님이 내게 거는 기대와 요구가 커서 부담스럽다.	1	2	③
9. 우리 가족은 그다지 화목한 편이 못 되어 속상하다.	1	②	3
10. 가족들이 나에게 관심을 보이지 않아 불만이다.	①	2	3
11. 우리 집이 가난해서 속상하다.	1	2	③
12. 나는 필요한 물건들을 제대로 살 수 없어 속상하다.	1	②	3
13. 나는 집이 좁아서 속상하다.	①	2	3
14. 우리 집 분위기가 마음에 안 든다.	1	②	3
15. 나는 부모님이 자주 다투셔서 속상하다.	①	2	3

16. 친구들이 나를 따돌리는 것 같아 속상하다.   1   ②   3

17. 친구들이 나를 무시하는 것 같아 속상하다.   1   2   ③

18. 나는 친구들과 마음껏 어울리지 못해 불만이다.   1   2   ③

19. 내가 좋아하는 친구가 나보다 다른 아이를 더 좋아해 속상하다.   1   2   ③

20. 나는 친구들과 이야기가 통하지 않아 불만이다.   1   2   ③

21. 친구들이 나를 놀려 화가 난다.   1   ②   3

22. 나는 마음에 맞는 친구가 없어서 속상하다.   ①   2   3

23. 나는 학업성적 때문에 신경이 많이 쓰인다.   1   ②   3

24. 나는 시험을 볼 때마다 초조하고 긴장이 된다.   1   2   ③

25. 나는 다니고 있는 학원이나 과외활동이 많아 힘들다.   ①   2   3

26. 열심히 노력해도 성적이 잘 오르지 않아 걱정된다.   1   ②   3

27. 앞으로 해야 할 공부를 생각하면 걱정이 앞선다.   1   ②   3

28. 내가 장차 어떤 일을 할 수 있을지 고민된다.   1   2   ③

29. 대학에 못 들어가면 안 된다는 생각에 벌써 걱정이 된다.   1   ②   3

30. 선생님이 몇몇 학생만을 편애하는 것 같아 불만이다.   ①   2   3

31. 나는 학교생활에 적응하기 힘들다.   1   2   ③

32. 나는 선생님의 수업방식이 마음에 안 든다.   1   ②   3

33. 숙제가 많아 부담스럽다.   ①   2   3

34. 학교에서 나보다 힘센 친구들이 괴롭혀서 속상하다.   1   ②   3

35. 선생님이 다른 아이들 앞에서 창피를 주곤 해 불만이다.   1   2   ③

36. 나는 교실이나 화장실 등 학교시설을 이용하는 데 불편을 느낀다.   ①   2   3

37. 나는 학교에 오고 가는 데 시간이 많이 걸려 짜증스럽다.   1   2   ③

38. 버스나 전철이 복잡해서 짜증이 난다.   ①   2   3

39. 나는 우리 동네가 싫다.   1   2   ③

40. 주위가 시끄러워 공부하는 데 방해가 된다.   ①   2   3

41. 차가 너무 막혀 짜증스럽다.   1   2   ③

42. 학교가 멀어서 다니기가 힘들다.   ①   2   3

첨부자료 3 프로그램 참가자 만족도 조사 응답지 샘플

'모두 함께 FRIENDS' 프로그램 만족도 조사

안녕하세요. 본 설문지는 이번에 여러분이 참여한 '모두 함께 FRIENDS' 프로그램 만족도를 조사하기 위한 질문지입니다. 여러분께서 응답한 내용은 조사 목적을 위해 통계 자료로만 사용될 뿐, 그 외의 목적으로 사용되는 일은 절대 없을 것을 약속드리며, 조사는 익명으로 진행되오니 솔직하게 응답하여 주시기 바랍니다. 본 설문에 응해 주셔서 진심으로 감사드립니다.

담당자: ○○○ 서비스제공팀 사회복지사

다음은 프로그램 참여 중 느낀 만족감에 관한 질문입니다.

문항	전혀 동의하지 않는다	별로 동의하지 않는다	약간 동의한다	매우 동의한다
1. 프로그램실 환경이 활동하기에 적절하다.	1	2	3	④
2. 프로그램이 계획대로 잘 운영되었다.	1	2	3	④
3. 담당선생님이 나의 이야기에 적극적으로 경청했다.	1	2	3	④
4. 선생님이 참여자들의 질문에 잘 대답했다.	1	2	③	4
5. 프로그램 내용이 전문적이다.	1	2	③	4

다음은 프로그램 참여 후 얻은 만족감에 대한 질문입니다.

문항	전혀 동의하지 않는다	별로 동의하지 않는다	약간 동의한다	매우 동의한다
6. 문화탐방활동을 통해서 학업 스트레스를 줄일 수 있었다.	1	2	3	④
7. 문화탐방활동은 새로운 즐거움을 느끼게 해 주었다.	1	2	③	4
8. 테마올림픽을 통해 친구들과 친밀감을 높일 수 있었다.	1	2	③	4
9. 다양한 스포츠를 경험하며 정서적인 만족감을 느꼈다.	1	2	3	④
10. 전반적으로 이번 프로그램을 통해 학업에 대한 삶의 만족감이 높아졌다.	1	2	3	④

기타 건의사항

더 많은 친구들이 내년에도 참여하면 좋겠습니다.

프로포절 작성 예시

<성과중심형> 사업계획서

1. 사업명

청소년 행복증진 프로그램
'모두 함께 FRIENDS'

2. 사업내용 및 추진전략

1) 사업참여자 모집 전략

(1) 참여 대상 및 인원

	정의: A지역에 거주하며 만 13세~19세 사이의 아동 · 청소년
핵심참여자	• 인지: 대인관계 및 학업 스트레스 문제에 대한 인식 있음. 여가시간 동안 TV나 스마트폰 게임에 몰두하며, 개인 중심의 여가활동에 치중하는 경향이 있음 • 정서: 대인관계와 학업 스트레스로 인한 감정의 압박 및 정서적 불안감이 있음. 여가활동에서의 고립감 및 사회적 고립 또한 느낄 수 있음 • 행동: 개인 중심의 여가활동(예: TV 시청, 스마트폰 게임)에 많은 시간을 할애하고, 그 외의 활동에는 상대적으로 적은 시간을 보냄 • 기능: 대인관계 및 학업 스트레스로 인해 일상생활 및 학업에서 기능적 제한을 경험할 수 있음. 학업과 여가활동의 균형을 이루기 어려울 수 있음 • 경제상태: 일부 청소년은 빈곤부모의 자녀로서 여가활동에 대한 경제적 부담을 겪고 있음

주변참여자	정의: 청소년들이 다니고 있는 지역사회 내 중학교 및 고등학교
	• 학업 지원: 학생들에게 필요한 교육과정을 제공하며, 학업성취도를 높이기 위해 다양한 프로그램 및 지원 시스템을 운영함
	• 인성교육: 학생들의 인성 및 리더십 발달을 위한 프로그램과 활동을 제공하여, 건전한 사회인으로 성장할 수 있도록 지원함
	• 지역사회 연계: 지역사회와의 협력을 통해 학생들에게 다양한 경험 및 학습 기회를 제공함
	• 자립 및 진로 지원: 고등학생들에게 진로 탐색, 대학진학 및 취업에 관한 상담 및 지원을 제공하여, 미래 자립을 준비하는 데 도움을 줌
	• 학교 문화 및 커뮤니티: 학교 특색에 따른 다양한 문화활동, 동아리, 행사를 통해 학생들의 소속감과 자아정체성을 강화함
	• 안전 및 복지: 학생들의 신체적·정신적 안전을 보장하며, 필요한 학생들에게 복지 지원을 제공함

(2) 참여자 선정기준

핵심참여자의 프로그램 참가 자격(기준)은 다음과 같다.

1. 의사소통의 어려움: 대인관계에서 의사소통의 어려움을 겪고 있으며, 이를 개선하고자 하는 자

2. 학업 스트레스: 학교 생활 및 학업에 관한 스트레스나 부담감이 높은 자

3. 나이 제한: 지역사회의 중학교와 고등학교 학생으로, 특정 나이 또는 학년 범위 내에 속하는 자

4. 지역 거주: 해당 프로그램이 운영되는 지역사회 내에 거주 중인 자

5. 관심 및 동기: 프로그램의 목표나 활동에 관심이 있으며, 참여를 원하는 동기를 가진 자

6. 부모(보호자)의 동의: 학생이 프로그램에 참여하기 위해서는 부모나 법정 보호자의 동의를 받아야 함

7. 건강 상태: 프로그램 참여에 건강적인 문제가 없는 자(특정 활동에 따라 건강 검진이 필요할 수 있음)

8. 프로그램 준수: 프로그램 규칙 및 지침을 준수할 의향이 있는 자

9. 진로 및 전문 분야: 프로그램의 주제나 활동과 관련된 진로나 전문 분야에 관심을 가진 자

10. 참여 가능 시간: 프로그램이 요구하는 기간 동안 꾸준히 참여할 수 있는 시간적 여유를 가진 자

(3) 참여자 모집 방안

디지털 플랫폼 활용 전략	• SNS 활용: 인스타그램, 페이스북, 트위터 등의 SNS 채널을 통해 프로그램 소개와 모집 공고를 게시한다. 게시물의 해시태그와 타깃팅 광고를 활용해 효과적으로 학생들에게 접근한다. • 유튜브 활용: 유튜브 채널을 통해 프로그램 홍보 동영상을 업로드한다. 학생들의 참여 후기나 프로그램의 핵심 내용을 담은 동영상을 제작하여 관심을 끌도록 한다. • 카카오톡 및 네이버 카페 활용: 중학생, 고등학생들이 활발하게 참여하는 카페나 그룹에서 모집 정보를 공유한다.
오프라인 활용 전략	• 학교 협업: 지역사회의 중학교와 고등학교와 협력하여 학교 내 게시판, 방송, 학교 행사 등에서 프로그램을 홍보한다. • 행사 및 워크숍 개최: 핵심참여자의 관심을 끌 수 있는 주제로 짧은 행사나 워크숍을 개최하여 프로그램에 대한 인지도를 높인다. • 전단지 및 포스터 배포: 학교 근처의 학원가, 도서관, 공공시설 등에 전단지와 포스터를 배포하여 홍보한다.

2) 사업내용(사업수행일정 포함) 및 사업집행전략

① 사업내용

성과목표	프로그램명	활동(수행방법)	시행 시기	수행 인력	참여 인원 (연인원)	시행횟수/ 시간
청소년이 전문적인 심리상담을 통하여 대인 관계 역량을 강화한다	청소년 개별심 층상담	대인관계 문제에 관한 개별상담 을 실시한다.	3~9월	전문상담가	5(60)	12회/ 2주당 1회/ 1시간
	또래상담반	또래상담 지도를 통해 또래친구 들 사이의 다양한 의사소통방법 을 배운다. 배운 것을 활용하여 이야기를 해 보고 아이들의 원 활한 의사소통을 돕는다.		담당 사회복지사	30(720)	24회/ 주 1회/ 2시간
청소년이 여가 프로그램에 참여하여 학업 스트레스는 감소한다	대인관계 증진 캠프	또래상담반 수업을 통하여 숙지 한 의사소통기술을 활용할 수 있는 캠프를 실시한다. 캠프동안 의 규칙을 정하여 청소년이 함 께 수행해 나아간다.		담당 사회복지사	30(60)	3개월 1회/ 2회/ 16시간
	문화탐방 동아리 활동	문화탐방 장소를 알려 주고 청 소년이 2~3명씩 짝을 지어 해 당 장소로 함께 이동한다. 문화 경험을 마치고 조별로 또는 단 체로 어떤 경험을 하였는지, 어 떤 느낌이 들었는지 이야기를 나눈다.		담당 사회복지사	30(180)	월 1회/ 6회/ 3시간
	테마별 미니올림픽	운동 관련 지식과 함께 운동 방 법을 배운다. 자신이 해 보고 싶 은 여러 가지 운동을 해 봄으로 써 아이들이 가진 놀이 욕구에 다양성을 충족시킨다.		담당 사회복지사	30(180)	월 1회/ 6회/ 3시간

② 전반적인 단계

NO	단계	일정	진행내용	집행전략
1	프로포절 승인	전년도	프로포절 작성 및 당선	–
2	참가자 모집 및 홍보	1~2월	핵심참여자 모집	• SNS, 유튜브, 카페 활용한 온라인 홍보 • 학교와 협업하여 오프라인 홍보
3	선발 및 안내	2월	지원자 중 프로그램 자격에 맞는 학생 선발 및 안내	• 지원서 기반 선발 • 안내 메일 및 문자 전송
4	개회식 및 오리엔테이션	3월	프로그램 소개 및 참가자 간의 네트워킹	• 게임 및 팀 빌딩 활동으로 참가자 간 친밀도 증진 • 프로그램 목표와 방향성 안내
5	본 프로그램 진행	3~9월	청소년 개별심층상담, 또래상담반, 대인관계증진 캠프, 문화탐방 동아리 활동, 테마별 미니올림픽	• 전문 강사나 멘토 초청 • 워크숍, 그룹 활동 및 개인 상담 진행
6	평가 및 피드백	9월	참가자들의 반응 및 진행상황 평가	• 설문조사나 인터뷰 진행 • 개선할 부분 파악 및 즉시 조치
7	마무리 및 종료	9월	프로그램 마무리 및 인증서 발급	• 참가자들의 만족도 조사 • 종료 행사 및 인증서 발급
8	결과보고서 작성 및 제출	10~12월	결과보고서 작성	

③ 세부사업별 추진일정

세부사업	기간	3	4	5	6	7	8	9
청소년 개별심층상담	대인관계 문제에 관한 개별상담을 실시한다.	●	●	●	●	●	●	●
또래상담반	• 또래상담 지도를 통해 또래친구들 사이의 다양한 의사소통방법을 배운다. • 배운 것을 활용하여 이야기를 해 보고 아이들의 원활한 의사소통을 돕는다.	●	●	●	●	●	●	●

대인관계증진 캠프	• 또래상담반 수업을 통하여 숙지한 의사소통기술을 활용할 수 있는 캠프를 실시한다. • 캠프 동안의 규칙을 정하여 청소년이 함께 수행해 나간다.			●		●		
문화탐방 동아리 활동	• 문화탐방 장소를 알려주고 청소년이 2~3명씩 짝을 지어 해당 장소로 함께 이동한다. • 문화경험을 마치고 조별로 또는 단체로 어떤 경험을 하였는지, 어떤 느낌이 들었는지 이야기를 나눈다.	●	●	●	●	●	●	●
테마별 미니올림픽	• 운동관련 지식과 함께 운동 방법을 배운다. • 자신이 해 보고 싶은 여러 가지 운동을 해 봄으로써 아이들이 가진 놀이 욕구에 다양성을 충족시킨다.	●	●	●	●	●	●	●

3) 기관 연계협력 전략

구분	협력기관명	세부사업	협력 내용	비고
지역사회 컨소시엄	○○중학교	사업 전반	프로그램 홍보	MOU
	○고등학교		참가학생 모집	MOU
전문가 참여 협조	문화관광협회	문화탐방 동아리 활동	문화 프로그램 자문	협조공문
프로그램 협조	○대학교 (스포츠과학부)	테마별 미니올림픽	체육 프로그램 운영보조	자원봉사자 모집

3. 예산 편성

(단위: 원)

목	세목	세세목	계	산출근거	신청금액	비율(%)	자부담	비율(%)	자부담 재원
					예산조달 계획				
총계			34,792,000						
인건비	전담인력	급여	21,600,000	1,800,000원×12개월×1명			21,600,000		자체예산
		사회보험	2,052,000	171,000월×12개월×1명			2,052,000		자체예산
		퇴직적립금	1,800,000	150,000×12개월×1명			1,800,000		자체예산
	소계		25,452,000				25,452,000	100	
사업비	세부사업1	문화탐방 동아리	1,080,000	활동비: 6,000(1인1회)×180	1,080,000				
	세부사업2	테마별 미니올림픽	300,000	프로그램준비물: 50,000 (1회)×6	300,000				
	세부사업3	아동·청소년 개별심층 상담	2,400,000	상담비: 200,000(1회)×12	2,400,000				
	세부사업4	또래상담반	4,200,000	심리검사: 50,000(1인 사전)×30 상담활동비: 50,000(1회)×24 심리검사-50,000(1인 사후)×30	4,200,000				
	세부사업5	대인관계 증진 캠프	1,000,000	텐트-50,000(3명당 1개)×10개×2회	1,000,000				
	소계		8,980,000		8,980,000	96.15			
관리운영비	관리운영비	교통비	360,000	6,000×30인×2명	360,000				
	소계		360,000		360,000	3.85			

4. 문제 의식(사업 필요성)

1) 사업 계획 배경

현대 사회에서 청소년들은 다양한 요인으로 인해 많은 스트레스와 고민을 안고 있다. 특히, 가속화된 디지털 시대의 등장으로 청소년들은 인간 대 인간의 의사소통 기회가 줄어들면서, 온라인과 오프라인 간의 경계에서 의사소통 능력의 부재와 학업에 대한 압박을 동시에 느끼게 되었다. 또한 교육의 과도한 경쟁 구조와 사회의 다양한 기대치는 청소년들에게 큰 부담감을 주며, 이로 인해 그들의 정서적 안정과 사회적 적응능력에 큰 장애를 초래하고 있다. 이러한 현상은 청소년들의 건강한 성장을 방해하며, 사회 전반에 걸쳐 다양한 문제점을 유발하게 된다.

A지역 청소년들은 대인관계와 학업 스트레스 문제를 경험하고 있다. A청소년상담복지센터 사업보고(2023)에 따르면, 2023년에 실시한 총 21,550건의 청소년 상담 중 '대인관계'에 대한 상담건수는 7,150건, '학업 스트레스'에 대한 상담건수는 6,505건으로 전체 상담에서 상위 2위를 차지하였다. 이 외에도 '일탈 및 비행' 4,088건, '학업 및 진로' 2,253건, '컴퓨

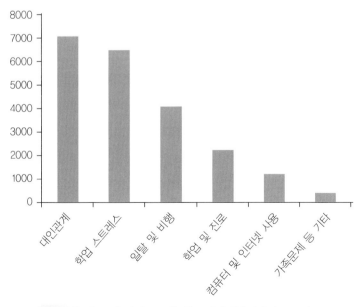

그림   청소년 상담 주제(A청소년상담복지센터, 2023)

터 및 인터넷 사용' 1,165건, '가족문제 등 기타' 389건의 상담이 있었는데, 이들 상담 또한 대인관계와 학업 스트레스 문제와 관련이 있음을 볼 수 있다. 관할 지방자치단체 또한 청소년의 대인관계 문제에 대한 해결책을 모색하고 있다(K일보, 2023. 12. 02.). S종합사회복지관의 2023년 조사에 따르면, 복지관을 이용한 지역 청소년 821명 중 40%가 TV 및 스마트폰 게임 시청 시간이 증가하였으며, 이는 전년 대비 12%의 증가를 보인다. 학원 및 과외수업 외의 활동에서 대다수의 청소년들이 TV와 게임에 많은 시간을 할애하는 것이 확인되었다.

그럼에도 불구하고, 청소년들이 이러한 문제에 대해 효과적으로 대응하고, 건강하게 성장할 수 있도록 지원하는 프로그램이나 기관은 상대적으로 부족한 상태이다. 따라서 이러한 배경 속에서 이 프로그램은 청소년들의 의사소통 능력 향상과 학업 스트레스 감소를 목표로 하여, 그들이 사회와 더 건강하게 연결될 수 있도록 도와주는 것을 목적으로 한다.

2) 기존 유사사업과의 차별성

본 프로그램은 청소년들의 삶의 질 향상을 위해 많은 노력을 기울여 왔다. 이러한 노력의 결과로 다양한 방법을 통해 청소년들의 문제를 해결하고자 한다. 기존의 다른 프로그램들과 비교할 때 우리 프로그램의 주요 차별점은 다음과 같다.

- **통합적 접근**: 우리 프로그램은 단순히 문제의 표면적인 측면만을 바라보는 것이 아니라, 청소년의 전반적인 삶의 질을 향상시키기 위한 통합적인 접근을 취한다. 이를 통해 청소년의 다양한 문제와 고민들을 복합적으로 해결하고자 한다.
- **실질적인 의사소통 능력 강화**: 기존 프로그램들은 주로 정보 제공에 중점을 둔 반면, 우리 프로그램은 청소년들이 실제 상황에서 의사소통 능력을 강화할 수 있도록 다양한 실습 활동과 훈련을 제공한다.
- **학업 스트레스 해소 전략**: 우리는 청소년의 학업 스트레스를 단순히 줄이는 것이 아니라, 어떻게 이러한 스트레스에 건강하게 대처할 수 있는지에 대한 전략과 방법을 함께 제공한다. 이를 통해 청소년들이 스스로의 문제를 해결하는 능력을 기르도록 돕는다.

- 디지털 플랫폼 활용: SNS, 유튜브 등의 디지털 플랫폼을 적극적으로 활용하여 청소년들과의 소통 채널을 다양화하고, 최신 정보와 지식을 제공한다.
- 지역사회 연계: 우리 프로그램은 학교와 지역사회 기관들과의 긴밀한 협력을 통해 청소년들에게 더욱 풍부한 경험과 지원을 제공한다.

우리 프로그램은 기존의 프로그램들과는 다르게 청소년들의 실질적인 문제해결을 위해 다양한 방법과 전략을 제공한다. 이를 통해 청소년들이 더욱 건강하고 행복한 삶을 살아갈 수 있도록 지원하고자 한다.

3) 신청기관의 강점

A종합사회복지관은 청소년 복지의 선두주자로서 꾸준한 노력과 전문성을 바탕으로 지역사회에 뿌리를 내리며 활동해 왔다. 그 강점은 아래와 같이 정리할 수 있다.

- 오랜 경험과 전문성: A종합사회복지관은 오랜 시간 동안 청소년 복지 프로그램을 수행해 왔다. 이런 기간 동안 축적된 노하우와 전문 지식은 청소년들의 실질적인 문제를 깊이 이해하고, 효과적으로 대응할 수 있는 능력을 보유하게 했다.
- 폭넓은 지역사회 네트워크: A종합사회복지관은 지역사회 내 다양한 기관들과 깊은 협력 관계를 구축해 왔다. 이로 인해 청소년들에게 다양한 서비스와 프로그램을 제공할 수 있게 되었다.
- 지역사회 연계 강화: 우리의 넓은 네트워크는 단순히 다양한 서비스를 제공하는 데 그치지 않는다. 청소년들이 지역사회 내에서 더욱 활발하게 활동하고, 그들의 능력과 잠재력을 최대한 발휘할 수 있도록 다양한 기회와 환경을 제공한다.

A종합사회복지관은 지역사회와의 깊은 연결을 바탕으로 청소년 복지 활동에 앞장서 왔다. 이러한 강점을 바탕으로 청소년들이 직면한 문제를 해결하고, 그들의 삶의 질을 더욱 향상시키는 데 기여할 것이다.

5. 목표 및 평가

1) 산출목표

세부 사업명	산출목표	모니터링 방법
개별심층상담	5명×12회 = 60명	수치 세기 및 체크리스트
또래상담반 교육	30명×24명=720명	수치 세기 및 체크리스트
대인관계증진 캠프	30명×2회=60명	수치 세기 및 체크리스트
방과 후 문화탐방 동아리 활동	30명×6회=180명	수치 세기 및 체크리스트
테마별 미니올림픽	30명×6회=180명	수치 세기 및 체크리스트

2) 성과목표 및 평가

성과목표	평가도구 및 방법	측정 시기
대인관계 역량 증진	• 대인관계 척도, 단일집단 전후 비교설계	3월, 9월
	• 심층면접기록지, 질적평가	9월
학업 스트레스 감소	• 아동 스트레스 척도, 단일집단전후비교설계	3월, 9월
	• 카메라(사진촬영), 질적평가	9월

6. 사업종료 후 지향점

1) 사업수행으로 인한 기대 효과

이 프로그램을 지속적으로 제공한다면 다음의 중장기 성과를 기대할 수 있다.

(1) 대인관계 기술 강화 관련

청소년들의 갈등 해결 능력이 향상되어 또래 간의 의견 불일치가 줄어들게 된다. 학생들 간의 신뢰와 협력 관계가 더욱 증진하고 결국 프로그램 참가자들의 리더십 및 멘토 역량이 강화될 것이다.

(2) 학업 스트레스 감소 관련

성적과 학업성취도가 지속적으로 향상될 것이다. 학업에 대한 심리적 부담감이 감소함에 따라 삶의 다양한 스트레스를 관리하게 되고 주변의 자원을 이용하는 기술도 증진해서 결국 균형 잡힌 학업 추구가 가능해질 것이다.

2) 사업 결과의 활용계획

이 프로그램이 성과를 거두면 이러한 결과를 지역사회에 다음과 같은 방식으로 활용할 수 있다.

- 지역사회의 의사소통 능력 강화: 프로그램을 통해 청소년들의 의사소통 능력이 향상되면, 이는 지역사회 전체의 의사소통 문화에 긍정적인 영향을 미칠 것이다. 이로써 지역사회 구성원 간의 상호 이해와 협력이 강화되어, 더욱 화합된 지역사회를 만들 수 있다.
- 학교 환경 개선: 학업 스트레스 증가 문제가 해결되면, 학생들의 학습 환경과 학교 생활의 질이 향상된다. 이를 바탕으로 학교와 지역사회와의 협력이 강화되어, 다양한 교육 프로그램이나 활동이 지역사회에서 진행될 수 있다.
- 청소년 리더 육성: 프로그램 참여 청소년 중 리더십을 발휘하는 청소년들을 발굴하여, 지역사회 활동에 더욱 적극적으로 참여하도록 독려한다. 이를 통해 청소년 리더층이 형성되어 지역사회의 미래를 이끌어 갈 인재가 양성된다.
- 지역사회 복지 활동 확대: 이 프로그램의 성과를 기반으로 비슷한 복지 프로그램이나 서비스가 확대되거나 신규 프로그램이 기획될 수 있다. 이를 통해 지역사회의 복지 서비스 수준과 질을 높일 수 있다.
- 지역사회 홍보와 정보 공유: 성과를 홍보하며, 다른 지역사회나 기관과의 정보 공유를 통해 지역사회 전체의 복지 서비스 향상에 기여한다. 또한 성공 사례를 바탕으로 지역사회 내외부의 지원과 협력을 더욱 확대할 수 있다.

프로그램의 성공은 단순히 참여 청소년의 문제해결에 그치지 않고, 지역사회 전체의 발전과 화합에 크게 기여할 것이다.

부록 4 사회복지공동모금회 프로포절 양식(성과중심형)

① 배분신청서 표준 양식(공통)

배분신청서[1]

기관명			고유번호 (사업자등록번호)		
사업명		〈대상+목적+방법 : 부제〉			
사업 기본 정보	연차	____ ① 1년차 ____ ② 2년차 ____ ③ 3년차 ____ ④기타( )			
	대상 지역		사업수행 인력		명
	사업 기간	년 월 일 ~ 년 월 일 (총 개월)			
사업 참여자[2]	참여자 구분	____ ① 아동/청소년 ____ ② 노인 ____ ③ 장애인 ____ ④ 여성/다문화 ____ ⑤ 위기가정 ____ ⑥ 지역사회 ____ ⑦ 북한/해외/기타			
	핵심 참여자		인원수		명

사업구분	모금회 지속가능발전목표(C-SDGs)
☐ 기초생계 지원	☐ 경제적 빈곤 퇴치 ☐ 영양 및 급식지원/기아종식
☐ 교육/자립 지원	☐ 교육 및 자립역량 강화 ☐ 양질의 일자리 만들기 ☐ 적정기술과 정보기술격차 해소 지원
☐ 주거/환경 개선	☐ 모두를 위한 깨끗한 에너지 ☐ 지속가능한 지역사회 인프라 구축 ☐ 지속가능한 생산과 소비 ☐ 기후변화와 대응 ☐ 해양생태계 보존 ☐ 육상생태계 보호
☐ 보건/의료 지원	☐ 신체·정서적 건강과 회복 ☐ 깨끗한 물과 위생
☐ 심리/정서 지원	☐ 신체·정서적 건강과 회복
☐ 사회적 돌봄 강화	☐ 사회적 배제 감소와 불평등 완화
☐ 소통과 참여 확대	☐ 성평등 ☐ 지속가능한 지역사회 인프라 구축 ☐ 사회적 약자의 권리증진
☐ 문화 격차 해소	☐ 사회적 배제 감소와 불평등 완화

성과목표		해당사항이 없을 경우에는 공란으로 표기			
주요 사업 내용	세부 사업명	주요 내용			
사업비	총 사업비		원	신청금액	원
신청금액 세부내역	사업비	원 %	인건비	원 관리 % 운영비	원 %
담당자	성명		직통전화	E-mail	@
	직위		휴대폰	FAX	

위와 같이 2023년도 사업을 신청합니다.

2022년 월 일

기관대표자: (인)

사회복지공동모금회장 귀하

---

1) 온라인 배분신청 시 온라인배분신청사이트(http://proposal.chest.or.kr)에서 작성
2) 기능보강 사업은 이용 대상자 기재

② 신청기관 현황 표준 양식(공통)

신청기관 현황 표준 양식(공통)[3]

기관명		대표자		
고유번호 (사업자등록번호)		전화번호		
E-mail		FAX		
홈페이지		설립연월일		년 월 일

주소	☐☐☐☐☐			

직원 현황	총명 (①+②)	상근 (①)		비상근 (②)	
			명		명

기관 주요	구분	____ ① 노인복지　　____ ② 영유아/아동복지　　____ ③ 장애인복지　　____ ④ 노숙인복지 ____ ⑤ 지역복지　　____ ⑥ 정신보건　　____ ⑦ 여성복지　　____ ⑧ 가족복지 ____ ⑨ 청소년복지　　____ ⑩ 다문화지원　　____ ⑪ 북한/해외지원　____ ⑫ 기타(　)				
	내용					

결산	세입	총 계	보조금수입	전입금	후원금수입	사업수입	기타수입
		원	원	원	원	원	원
	세출	총 계	인건비	관리운영비	사업비	재산조성비	기타지출
		원	원	원	원	원	원

예산	세입	총 계	보조금수입	전입금	후원금수입	사업수입	기타수입
		원	원	원	원	원	원
	세출	총 계	인건비	관리운영비	사업비	재산조성비	기타지출
		원	원	원	원	원	원

운영 법인 또는 단체	운영주체 성격	____ ① 사회복지법인　　____ ② 사단법인　　　　____ ③ 종교법인　　____ ④ 학교법인 ____ ⑤ 재단법인　　____ ⑥ 국가지방자치단체　____ ⑦ 임의단체　　____ ⑧ 개인(신고) ____ ⑨ 법인(기타)　　____ ⑩ 단체(기타)(　)　　____ ⑪ 개인(기타) (　　　　)			
	법인 (단체)명		대표명		
	고유번호 (사업자번호)		전화번호		
	홈페이지		설립연월일	년 월 일	
	주소	☐☐☐☐☐			

※ 신청기관 조직도, 운영위원회 및 운영법인 이사회 명단은 별첨자료로 첨부 요망

※ 조직도, 운영위원회 및 운영법인 이사회 명단은 별도 첨부

---

3) 온라인 배분신청 시 온라인배분신청사이트(http://proposal.chest.or.kr)에서 작성
　 ※ 온라인배분신청사이트 내 최신 기관정보 업데이트 요망

③ 프로그램_성과중심형 사업계획서 표준 양식

〈성과중심형〉 사업계획서

1. 사업명: 대상   목적   방법

• 대상, 목적, 방법과 관련된 정보를 담은 사업명을 적어주십시오.(슬로건은 부제(副題)로 병기해 주세요)

---

2. 사업 내용 및 추진 전략

1) 사업 참여자 모집 전략

(1) 참여 대상 및 인원

핵심 참여자	
주변 참여자	

• 누가 이 사업에 참여합니까?
 -(핵심 참여자) 성과를 측정하게 되는 대상은 누구이며, 인원은 몇 명입니까?
  (이 사업에 참여하게 함으로써 누구의 변화를 이끌어내려고 하는 것입니까?)
 -(주변 참여자) 성과측정 대상은 아니지만 핵심 참여자의 변화를 이끌어내는데 중요한 역할
       을 하는 사람은 누구이며, 인원은 몇 명입니까?

(2) 참여자 선정 기준

• 어떤 기준을 세워서 참여자를 모집하게 됩니까?

(3) 참여자 모집 방안

• 기준에 적합한 참여자를 어떻게 모집할 예정입니까?

2) 사업 참여자 모집 전략

• 아래 내용을 모두 포괄하되, 자유롭게 (질문순서에 상관없이) 표현해 주시기 바랍니다.
  - 전체 사업을 몇 개의 세부 사업으로 분류한다면 어떻게 구성될 수 있습니까?
  - 사업을 어떻게 추진할 것인지에 대하여 세부 사업별 시행방법, 시행 시기 및 횟수, 사업 진
    행일 정 등 구체적인 정보를 담아서 기술해 주시기 바랍니다.
※ 아래표는 예시이며, 사업에 맞게 양식 변경 가능

세부 사업명	활동 내용(수행방법)
	(시행방법, 시행 시기, 횟수 등 포함하여 작성)

주요내용 　　　기간										

3) 기관 연계협력 전략

• 위의 사업 집행 전략과 관련하여, 지역사회 내(또는 그 범위를 넘어서) 어떤 기관들과 유기적
  인 협조관계를 가질 것인지에 대하여 아래 내용을 포함하여 기술해 주시기 바랍니다.
  - 협력 기관이 세부 사업에서 어떤 역할을 담당하게 되는지, 그 때 신청기관의 역할은 무엇인
    지, 이러한 협력체계는 어떤 절차를 통해 진행되는지 등

3. 예산 편성

(단위: 원)

목	세목	세세목	계	산출근거	예산조달 계획				
					신청금액	비율 (%)	자부담	비율 (%)	자부담 재원
총계									
인건비									
	소계								
사업비									
	소계								
관리 운영비									
	소계								

- 사업에 직접 투입되는 비용을 인건비, 사업비, 관리운영비로 구분하여 작성해주시기 바랍니다.
  - (인건비) 해당사업을 직접적으로 수행하는 인력에게 투입되는 비용
  - (사업비) 프로그램 수행에 필요한 직접비용
  - (관리운영비) 프로그램의 수행에 필요한 간접비용(사업관리에 필요한 비용)
  - 예산 수립 시 "별첨 3. 예산편성기준표"를 참고하여 주시기 바랍니다.
- 세목은 세부 사업별로 구분하고 단위가 큰 경우 세세목으로 구분하여 작성하시기 바랍니다.
- 산출근거는 실제 단가, 수량, 인원수, 건수, 횟수 등을 구체적으로 기록해 주시기 바랍니다.

4. 문제 의식(사업 필요성)

1) 사업 계획 배경

- 왜 이 사업을 기획하게 되었습니까?
  - 귀 기관이 관심을 가지기 전에는 어떤 상태에 있었는지, 인근 다른 지역에도 유사한 상황이 있다면 어떻게 대응하고 있는지에 대해서도 서술해 주시기 바랍니다.

2) 기존 유사사업과의 차별성

- 기존의 시각이나 접근방식과 다른 점은 무엇입니까?

3) 신청기관의 강점

- 이 사업을 신청기관에서 수행해야 하는 이유에 대해 사전조사 내용, 관련 분야 수행 경험 등을 포함하여 기재해주시기 바랍니다.

5. 목표 및 평가

1) 산출목표

세부 사업명	산출목표	모니터링 방법

- 성과목표를 달성하기 위해 이끌어내야 하고 모니터링 해야 하는 산출목표는 무엇입니까?

2) 성과목표 및 평가 방법

성과목표	평가도구 및 방법	측정 시기

- (성과목표) 성과목표와 관련하여 아래 내용들에 대해 작성해 주시기 바랍니다.
  - 핵심 참여자의 어떤 부분을 어느 수준까지 변화시키는 것입니까?
  - 작성하고자 하는 성과목표가 이후에 기술되는 평가 방법을 통해 달성여부를 알 수 있게 됩니까?
  - (성과라고 강조하고 싶은데) 양적으로 드러내기(수치화하기) 어려운 성과목표가 있다면 무엇입니까?
  - 앞서 기술하신 사업내용과 성과목표를 논리적으로 연결하여 작성해 주십시오.

- (평가 도구 및 방법 / 측정 시기) 성과목표 달성 여부와 정도를 어떻게 평가하실 건가요?
  - 성과목표 달성 여부와 정도를 판단하기 위해 어떤 성과지표를 설정하실 건가요?
  - 제시된 성과목표에 대한 평가계획(자료수집방법, 측정시기 등)은 어떠한가요?
  - 수치화하기 어려운 성과목표가 있다면 어떤 평가방법을 통해 변화의 수준과 의미를 드러내실 건가요?

6. 사업종료 후 지향점

1) 사업 수행으로 인한 기대 효과

- 이 사업이 성공적으로 수행된다면 기대되는 효과는 무엇입니까?

2) 사업 결과의 활용 계획

- 사업의 효과로 나타난 결과를 어떻게 활용할 계획입니까?
- 사업 결과를 통해 유사기관이나 지역사회에 꼭 알리고 싶은 이야기가 있다면 무엇입니까?

※ 배분신청서, 기관현황을 포함하여 총 20매 이내로 작성하여 주십시오.

부록 5 사회복지 프로그램 평가에 활용 가능한 핵심성과지표 리스트 500[4]

〈정량지표〉

1	가정방문 멘토링 서비스 인원 · 횟수	35	계절학교 출석률
2	가정방문 봉사자 모집률	36	공모전 출품 횟수
3	가족간담회 시행 횟수	37	공연관람 횟수
4	가족구성원들의 활동시간 증가율	38	공연관람자 수
5	가족대화시간 증가율	39	과제물 달성률
6	가족상담 횟수	40	과제물 제출 여부 · 횟수
7	가족신문 발간 및 배포 부수	41	관계증진 프로그램 실시 여부 · 횟수
8	가족여행 횟수	42	관공서 이용교육 시행 여부 · 횟수
9	간담회 실행 여부 · 횟수	43	교육 후 활용가능 여부
10	간담회 출석률	44	교육과정 결석률
11	개별목표 달성률	45	교육과정 수료율
12	개별상담 횟수	46	교육과정 수료자 수
13	개별수행능력 평가 여부 · 횟수	47	교육과정 실시 여부 · 횟수
14	건강검진 프로그램 시행 여부 · 횟수	48	교육과정 참여자 수
15	건강상태 체크 여부	49	교육과정 출석률
16	결성한 커뮤니티 수	50	기관 홈페이지 신규 게시글 수
17	결손가정아동 사례관리 수	51	기술활용 가능 여부
18	결손가정아동 사후관리 여부 · 횟수	52	나들이활동 참여자 수
19	결식아동대상 식사제공 여부 · 횟수	53	나들이활동 횟수
20	결연물품 제공 여부 · 횟수	54	노동관련 법률교육 시행 여부 · 횟수
21	결연자원봉사자 수	55	대상자 모집률
22	결연자원봉사자와의 만남 횟수	56	독거노인 소그룹 형성 여부
23	결연지속 가정 수	57	동료관계향상 체크리스트 시행 여부
24	결연지속률	58	동아리활동 참여율
25	결연후원 달성률	59	동호회 등록 회원수
26	결연후원금 지원 수준	60	또래모임 참가율
27	결연후원자 모집률	61	또래모임 횟수
28	결연후원자 수	62	리더십 캠프 참여율
29	경시대회 참여 횟수	63	리플렛 발간 여부 · 횟수
30	경시대회 참여율	64	매뉴얼 발간 수
31	경제적 지원 수준	65	매뉴얼 제작 여부 · 횟수
32	경제활동교육 수료율	66	멘토링 서비스 연계율
33	경제활동교육 시행 여부 · 횟수	67	멘토활동 참가 인원
34	계절학교 참여자 수	68	멘토활동 횟수

---

4) 출처: 조성우, 노재현(2009).

157	아동상담 횟수	201	자격증 취득자 수
158	아동 질병 발생률	202	자기관리교육 프로그램 참여율
159	안내서 발간 여부	203	자기관리교육 프로그램 참여자 수
160	안부전화 횟수	204	자기역량강화 프로그램 시행 여부 · 횟수
161	야외활동 참여 횟수	205	자녀양육 정보제공 여부 · 횟수
162	양부모 사례발표 실시 여부	206	자녀양육교육 횟수
163	양육프로그램 시행 여부 · 횟수	207	자료집 배부 수
164	양육프로그램 출석률	208	자아존중감 향상 프로그램 시행 횟수
165	언어발달평가 달성률	209	자원봉사자 수
166	여가기술교육 실시 여부 · 횟수	210	자원봉사자 자조모임 횟수
167	여가문화활동 동행지원 여부 · 횟수	211	자원봉사자 참여율
168	여가활동수첩 기록 여부 · 횟수	212	자원봉사활동 참여 횟수
169	연극치료 시행 여부 · 횟수	213	자원연계 수
170	우울증 예방프로그램 시행 여부 · 횟수	214	자원연계 효과성 평가 여부
171	운동경기 관람 여부 · 횟수	215	자조모임 비상연락망 구축 여부
172	운영위원회 개최 횟수	216	자조모임 시행 여부 · 횟수
173	워크숍 참가율	217	자조모임 참여자 수
174	원예치료 시행 여부 · 횟수	218	자조모임 출석률
175	월 근로 일수	219	자조집단 인터넷카페 가입자 수
176	위기가정 결연 여부 · 횟수	220	자체 과정평가 실시 여부 · 횟수
177	위생 및 병원시설 방문 횟수	221	작업 시간
178	위생 및 병원시설 이용교육 횟수	222	작업 일수
179	유명인사 특강 횟수	223	작업 채점표 작성 여부
180	의료서비스 지원 인원수	224	작품 전시회 출품 여부 · 횟수
181	의료서비스 후 발병률	225	작품 판매 증감률
182	의사소통 프로그램 시행 여부 · 횟수	226	작품집 발간 여부 · 횟수
183	이웃초청행사 참여자 수	227	작품활동 실시 여부 · 횟수
184	이웃초청행사 횟수	228	장보기교육 시행 횟수
185	이주노동자 건강상태 체크 여부	229	장애이해교육 시행 여부 · 횟수
186	이혼법률정보 강좌 실시 여부 · 횟수	230	장애인 생산품 제작 횟수
187	이혼위기상담 여부	231	장애인 차량이동 지원 횟수
188	이혼적응 프로그램 실시 여부 · 횟수	232	장애인 · 비장애인 문화체험 횟수
189	인권교육 시행 여부 · 횟수	233	장애인식개선 캠페인 시행 여부
190	인식개선 캠페인 시행 여부 · 횟수	234	재활운동 지도 건수
191	인지력 검사 시행 여부	235	저축 금액
192	인터넷뱅킹 이용 횟수	236	전년대비 가족해체 발생 건수
193	일기 작성 횟수	237	전년대비 구직신청자 비율
194	일상생활적응 프로그램 종류	238	전년대비 사례발굴 건수
195	일상생활적응 프로그램 실시 여부 · 횟수	239	전년대비 위탁아동 수
196	일자리제공 인원	240	전년대비 체중 및 비만도 변화 정도
197	자가건강관리 프로그램 시행 여부 · 횟수	241	전년대비 프로그램 시행률
198	자격시험 응시율	242	전문가 상담 시행 여부 · 횟수
199	자격시험 합격률	243	전문가 상담률
200	자격증 취득율	244	전문가 양성률

333	한국어 문장력 변화 수준	342	현장훈련 참여율
334	한국어 시험 합격률	343	현장훈련 취업연계 수준
335	행사 개최 여부	344	협동작업 시간 · 횟수
336	행사 참여자 수	345	홈스테이 시행 여부
337	현장학습 참여 여부 · 횟수	346	홍보 및 연계회의 실시 여부 · 횟수
338	현장학습 참여율	347	홍보물 발송 횟수
339	현장학습 참여자 수	348	홍보물 제작 수
340	현장훈련 참여 여부 · 횟수	349	후원 업체 수
341	현장훈련 참여 후 취업률	350	후원금 지원 수준

〈정성지표〉

1	가사활동에 대한 가족의 만족도	32	또래관계 만족 점수
2	가정방문 봉사 서비스 만족도	33	또래관계 변화 정도
3	가정생활태도 변화 정도	34	또래애착 점수
4	가족관계 만족도	35	리더십 변화 정도
5	가족관계 점수	36	무료급식 만족도
6	가족생활사건 및 변화 점수	37	문제해결 점수
7	가족유대감 만족도	38	문제행동 변화 정도
8	가족응집성 점수	39	문화탐방 만족도
9	가족적응성과 응집력 평가 점수	40	방과 후 학교 만족도
10	가치관 변화 정도	41	부모교육 만족도
11	개인내적 임파워먼트 변화 정도	42	부모교육 욕구 수준
12	결혼만족도 점수	43	부모양육기술 점수
13	결혼만족 여부	44	부모양육스트레스 점수
14	결혼불안정성 점수	45	부모양육태도 변화 정도
15	경제인식 변화 정도	46	부모역할 책임감 변화 정도
16	경제적 스트레스 점수	47	부부간 이해 수준
17	교육 후 수행능력 수준	48	사례관리에 대한 인지도
18	교육 후 지식획득 정도	49	사회복지의식 변화 정도
19	교육과정 만족 여부	50	사회성 변화 정도
20	교육과정 만족 점수	51	사회성숙도 변화 정도
21	교육과정 이해 정도	52	사회적응능력 변화 정도
22	구직욕구 변화 정도	53	사회적 지지 점수
23	근로의식 변화 정도	54	사회적 지지 지각 점수
24	기술습득 정도	55	삶의 만족 여부
25	노동관련 법률상식 점수	56	삶의 만족 점수
26	노인생활만족도	57	삶의 질 변화 정도
27	노인우울증 점수	58	새터민 대인관계 점수
28	노인자아존중감 변화 정도	59	새터민 직무만족도
29	다차원 지지 점수	60	새터민과의 봉사활동 만족도
30	대인관계 변화 점수	61	생명존중의식 변화 수준
31	대처기제 점수	62	생활만족 점수

한국판 사회복지서비스 이용자 만족도 척도

한국판 사회복지서비스 이용자 만족도 척도
(Korean version of the Client Satisfaction Inventory: CSI-K)

● 개발자

김용석, 이은영, 고경은, 민은희

● 목적

한국판 사회복지서비스 이용자 만족도 척도는 사회복지서비스의 질을 평가하고 그 효과성을 입증하기 위한 것이다.

● 척도 소개

한국판 사회복지서비스 이용자 만족도 척도는 다양한 사회복지실천 현장에서 활용될 수 있다는 장점을 지니고 있고, 문제해결 및 도움 여부, 재이용 여부와 추천 여부 등을 묻는 질문 외에도 사회복지서비스 제공자와의 관계와 관련된 문항들도 포함하고 있다. 본 척도는 이용자 중심의 세분화된 문항을 갖추고 있는 맥머트리와 허드슨(McMurtry & Hudson, 2000)이 개발한 척도를 국내 실정에 맞게 고안한 것이다. 25문항의 원척도에서 문항분석을 통해 부적절한 5문항을 제외하여 총 20문항으로 구성되었으며, 1에서 7까지의 리커트 척도로 평가하고, 해당사항이 없을 경우에는 응답하지 않아도 된다. 서비스 공급자에 대한 이용자의 만족(1, 2, 3, 4, 5, 6, 7, 8, 9, 10, 12, 13번 문항)과 서비스 효과에 대한 이용자의 만족(11, 14, 15, 16, 17, 18, 19번 문항)이라는 2개의 하위요인으로 이루어져 있다.

● 대상

한국판 사회복지서비스 이용자 만족도 척도는 사회복지서비스 혹은 사회복지 프로그램을 이용하는 클라이언트에게 사용하는 것이 적절하다.

● 신뢰도 및 타당도

한국판 사회복지서비스 이용자 만족도 척도의 신뢰도를 살펴보면 평균값이 .955로 높은 내적 일관성을 보이고 있다. 타당도에서도 구성타당도를 가지고 있다.

● 해석

한국판 사회복지서비스 이용자 만족도 척도는 최저 0점부터 최고 100점 사이의 점수가 산출되며, 점수가 높을수록 만족도가 높음을 의미한다. 총점을 내는 방식은 다음과 같다.

$$총점(S) = \frac{(\Sigma[Y]-N)(100)}{(N)(6)}$$

$\Sigma[Y]$: 응답한 문항의 총점, N: 응답한 문항의 수Σ

예를 들어, 응답한 문항이 총 20개이고 모두 '매우 그렇다'(7점)에 응답하였다면 다음과 같이 계산한다.

$$총점(S) = \frac{([7+7+7+7+7+7+7+7+7+7+7+7+7+7+7+7+7+7+7+7]-20)(100)}{(20)(6)} = 100$$

또 예를 들어, 응답한 총 문항이 15개이고, 모두 '조금 그렇다'(5점)에 응답하였다면 다음과 같이 계산한다(소수점 셋째 자리에서 반올림).

$$총점(S) = \frac{([5+5+5+5+5+5+5+5+5+5+5+5+5+5+5]-15)(100)}{(15)(6)} = 66.67$$

● 출처

김용석, 이은영, 고경은, 민은희(2007). 한국어판 사회복지서비스 이용자 만족도 척도 (Client Satisfaction Inventory)의 신뢰도와 타당도 평가: 종합사회복지관을 중심으로. 한국사회복지학, 59(4), 83-109.

한국판 사회복지서비스 이용자 만족도 척도
(Korean version of the Client Satisfaction Inventory: CSI-K)

● 범주

① 전혀 그렇지 않다   ② 많이 그렇지 않다   ③ 약간 그렇지 않다   ④ 보통이다

⑤ 조금 그렇다   ⑥ 대체로 그렇다   ⑦ 매우 그렇다

1. 이곳에서 받은 서비스는 나에게 큰 도움이 된다.

2. 이곳의 직원은 진심으로 나를 도와주는 것 같다.

3. 만일 다시 도움이 필요하면 이곳을 이용할 것이다.

4. 이곳의 직원은 나를 업무적으로 대하지 않고 인격적으로 대해 준다.

5. 이곳에서 나는 나의 문제를 다루는 방법에 대해 많이 배웠다.

6. 내가 이곳에서 도움 받은 것에 대해 다른 사람에게도 추천하고 싶다.

7. 이곳의 직원은 자신들의 일을 성의껏 한다.

8. 나는 이곳에서 진정으로 내가 필요로 하는 도움을 받았다.

9. 이곳의 직원은 나의 모습을 있는 그대로 받아 준다.

10. 내가 처음 이곳에 왔을 때보다 지금이 훨씬 좋아졌다고 생각한다.

11. 이곳에 오기 전까지는 나를 도와준 사람은 아무도 없다고 생각했다.

12. 여기서 받은 도움은 내가 지불한 이용료만큼 가치가 있다.

13. 이곳의 직원은 자신의 업무보다 내가 요구하는 것을 먼저 해 준다.

14. 이곳에서 내가 받은 가장 큰 도움은 나 자신을 돕는 방법을 배운 것이다.

15. 내가 아는 사람들은 이곳에서 내가 긍정적으로 변화되었다고 말한다.

16. 이곳의 직원은 내가 다른 곳에서 어떻게 도움을 받을 수 있는지를 알려 준다.

17. 이곳의 직원은 내 심정을 이해하는 것 같다.

18. 나는 이곳의 직원에게 속마음을 털어놓을 수 있을 것 같다.

19. 내가 여기서 받은 도움은 기대 이상이었다.

20. 나는 이곳을 다시 이용하고 싶다.

* 해당사항이 없을 경우 응답하지 않아도 된다.

참고문헌

경기복지재단(2013). 사회복지사의 경력개발 방안 연구.

공계순, 서인해(2006). 증거기반 사회복지실천에 대한 이해와 한국에서의 적용가능성에 관한 연구. 사회복지연구, 31, 한국사회복지연구회.

국립국어원(2023). 표준국어대사전.

김경태(2006). 스티브잡스의 프레젠테이션. 멘토르.

김경희(2001). 사회복지관 사회복지사의 책무성에 영향을 미치는 변인. 서울여자대학교 대학원 박사학위논문.

김범수(2005). 지역사회복지의 이해. 학현사.

김상곤(2012). 안산시 위스타트 학교사회복지사업 7주년 성과보고서. 학생 FGI 분석결과, 94-127.

김소형(2011). 공공부분 프로젝트 내부성과 평가모형에 대한 연구-BSC 관점과 PDCA모형을 적용하여. 상업교육연구, 25(3), 177-194.

김영미, 박미진(2007). 증거기반실천모델의 채택에 대한 사회복지사의 태도 연구. 사회과학연구, 23(2), 281-303.

김영종, 민소영, 김영미, 김찬우, 임정기, 홍현미라(2007). 사회복지성과측정기법. 학지사.

김용석, 이은영, 고경은, 민은희(2007). 한국어판 사회복지서비스 이용자 만족도 척도의 신뢰도와 타당도 평가: 종합사회복지관을 중심으로. 한국 사회복지학, 59(4), 83-109.

김은영(2012). 문화적 역량 증진 프로그램 개발. 이화여자대학교 대학원 박사학위논문.

김종원(2017). 사회복지홍보 포켓백과. 푸른복지.

김종원, 양원석, 신현환, 조향경, 김동찬, 김세진(2011). 홍보로 사회사업하기. 푸른복지.

김지연(2007). 학교사회복지사의 자기효능감 향상을 위한 학습조직 수퍼비전의 적용과 효과. 부산대학교 대학원 박사학위논문.

김진우(2011). 작은나눔 큰사랑 프로그램 기획 매뉴얼. 삼성복지재단.

김진우, 김상곤, 문순영(2011). 작은나눔 큰사랑 사회복지 프로그램 개발지원사업 20년 평가. 삼성복지재단.

김태욱(2021). 사회복지관 홍보전략 10단계. 유페이퍼.

김통원(2009). 사회복지 프로그램 기획과 평가. 신정.

김통원, 윤재영(2005). 사회복지 서비스 품질관리. 신정.

박수정(2011). 학교폭력 가해·피해학생의 참여를 통한 역량강화 프로그램. 2010년 작은나눔 큰사랑 지원사업 우수 프로그램. 반포종합사회복지관.

박승민(2009). 증거기반 사회복지실천을 향하여: 흡연 임산부 금연프로그램의 효과성, 지속성, 비용효과성 분석. 극동사회복지저널, 5, 7-31.

박지영(2005). 한-미 국가 R&D 프로그램 평가의 이론적 배경 및 평가 철학 비교 분석. 한국과학기술기획평가원.

보건복지부, 중앙사회서비스원(2022). 2022년도 사회복지시설평가 현장평가위원 추천 우수운영 사례집. 보건복지부·중앙사회서비스원.

부곡종합사회복지관(2010). 다양한 문화가 공존하는 마을 디자인 프로젝트 '으뜸 다문화마을'. 삼성복지재단 작은나눔 큰사랑 우수 프로그램.

생명의전화종합사회복지관(2010). 성북구 노인자살예방센터 운영을 통한 노인자살예방 맞춤형 S(security)-3step 살자 프로젝트. 삼성복지재단 작은나눔 큰사랑 우수 프로그램.

서인해(2004). 프로그램 개발을 위한 새로운 패러다임: 개입조사 모델 적용 가능성과 과제. 한국사회복지행정학, 6(2), 1-16.

서진환(2004). 정신보건센터 사회복지 실습과제 개발 연구: 개입연구방법을 적용한 사례관리프로그램 개발. 사회복지연구, 24, 93-124.

성북구자살예방센터(2011a). 2008 성북구 저소득 재가어르신 자살위험군 선별 조사보고서.

성북구자살예방센터(2011b). 노인우울과 자살예방을 위한 프로젝트 간담회 회의자료.

신승호(2006). 공공부문 BSC 운용이 조직성과에 미치는 영향에 관한 실증연구-PDCA 모형을 중심으로. 단국대학교 대학원 학위논문.

심혜선, 전종설(2019). 중학생 스마트폰 중독 개입 프로그램 개발. 청소년학 연구, 26(3), 143-174.

안정선(2011). 강의노트.

안정선, 배진형(2014). 사회복지전공교육에 있어서 구성주의 기반 프로젝트 학습적용 수업 설계의 효과 분석 및 모형 제안. 한국사회복지교육, 26, 35-72.

안정선, 엄경남, 방진희, 홍순혜, 조성심(2014). 학교 현장 사회복지 슈퍼바이저 양성 교육 과정 개발 및 효과분석. 학교사회복지, 29, 343-374.

안정선, 최원희(2016). 사회복지 수퍼비전의 이론과 실제(2판). 신정.

안지영, 김종남(2017). 청소년 사회적 고립 경험과 초기 성인기 대인관계문제 간의 관계: 정서표현양가성과 경험회피의 매개효과. 청소년학연구, 24(12), 89-119.

양옥경, 이민영(2003). 가족관계척도 활용을 위한 타당도 연구. 한국사회복지학, 54, 5-34.

엄명용, 조성우 (2005). 사회복지실천과 척도개발. 학지사.

유영숙, 정현주(2012). 사회적 유능성 프로그램이 Wee센터에 의뢰된 위기 청소년의 사회적 기술 및 대인관계에 미치는 효과. 재활심리연구, 19(1), 43-61.

이봉주, 김기덕(2008). 사회복지 프로그램 기획의 이해와 적용. 신정.

이시연(2001). 사회복지 전공 학부생 실습지도 모델 개발에 관한 연구. 서울여자대학교 대학원 박사학위논문.

이해듬(2020). 대학 교수ㆍ학습 성과관리 준거 개발 및 타당화 연구: PDCA 모형을 기반으로. 대학교수-학습 연구, 13(2), 67-94.

전명순, 권일남(2012). 청소년의 대인관계역량 프로그램 개발 연구. 청소년학연구, 19(6), 149-177.

정무성(1999). 사회복지기관의 후원자개발을 위한 마케팅 전략에 관한 연구. 사회복지리뷰, 제3집.

정무성(2005). 사회복지프로그램 개발론. 학현사.

조성심, 최승희(2011) 학교부적응 중학생을 위한 생태체계관점의 진로탐색 프로그램 개발. 학교사회복지, 20호, 23-54.

조성우(2010). 근로복지공단 사회심리재활 프로그램 성과평가연구. 근로복지공단.

조성우, 노재현(2009). 사회복지 성과측정 자료집. 사회복지공동모금회연구센터.

지은구(2005). 사회복지프로그램 개발과 평가. 학지사.

청소년폭력예방재단(2011). 학교폭력의 실태와 현황.

최명구, 신은영(2003). 청소년의 자아구조와 대인관계문제와의 관계 연구. 교육심리연구, 17(4), 1-16.

최일섭, 최성재(1994). 사회문제와 사회복지. 나남출판.

하우석(2005). 발표의 기술. 한국경제신문 한경 BP.

함주한(2009). 프리젠테이션 상식 사전. 길벗.

홍순혜, 이시연(2007). 프로그램 개발의 새로운 패러다임 개입연구. 청목출판.

황성동(2006). 알기쉬운 사회복지조사방법론. 학지사.

황성철(2001). 사회사업실천의 효과성 고찰 및 인식론적 논점. 한국사회복지학. 한국사회복지학회.

황성철(2005). 사회복지 프로그램 개발과 평가. 공동체.

황성철, 정무성, 강철희, 최재성(2009). 사회복지행정론. 학현사.

나시다 도오루(2004). 說得できる企劃 提案200の鐵則: 相手の行動變革をうながす知的生 産 はこう實踐する. 김혜숙 역(2005). 한번에 OK 받아내는 기획·제안서 작성 기술 200. 길벗.

Bansley, J., & Ellis, D. (1992). *Research for change*. The Women's Research Centre.

Barker, R. L. (1995). *Social work dictionary* (3rd ed.). NASW Press.

Bradshaw, J. (1977). The concept of social need. In N. Gilbert & H. Specht (Eds.), *Planning for social welfare* (pp. 290-296). Prentice-Hall.

Calley, N. G. (2011). *Program Development in the 21st Century. An Evidence-based Approach to Design, Implementation, and Evaluation*. SAGE Publications, Inc.

Cournoyer, B. R. (2004). *The evidence-based social work skills book*. Allyn & Bacon.

Csikszentmihalyi, M. (1996). *Creativity: Flow and the Psychology of Discovery and Invention*. Harper Perennial.

De Bono, E. (1993). *Serious creativity: Using the power of lateral thinking to create new ideas*. 이구연, 신기호 공역(2004). 드 보노의 창의력 사전. 21세기 북스.

Deming, W. E. (1991). *W. Edwards Deming*. Madonna University.

Dror, Y. (1967). The planning process: A facet design. In F. Lyden & E. Miller (Eds.), *Planning-programming budgeting*. Markham Publishing Co.

Finifter, D. H., Jensen, C. J., Wilson, C. E., & Koenig, B. L. (2005). A comprehensive, multi-tiered targeted community needs assessment: Methodology, dissemination, and implementation. *Family and Community Health*, *28*, 293-306.

Fischer, J. (1973). Is casework effective? A Review. *Social Work*, *18*, 5-21.

Gibbs, L. E. (2003). *Evidence-based practice for the helping professions*. Brooks/Cole.

Gilbert, N., & Specht, H. (1977). *Planning for social welfare*. Prentice-Hall.

Greenbaum, T. L. (1998). *The handbook for focus group research*. 이광숙 역(2001). 포커 스 그룹 리서치. 커뮤니케이션북스.

Grinnell, R. M., Gabor, P. A., & Unrau, Y. A. (2010). *Program evaluation for social workers*. Oxford university press.

Hall, I., & Hall, D. (2004). *Evaluation & social research*. Macmillan.

Hanslin, J. M. (1996). *Social problems* (4th ed.). Prentice-Hall.

Haynes, R., Corey, C., & Moulton, P. (2003). *Clinical supervision in the helping professionals*. American Psychological Association.

Henderson, N., & Milstein, M. (2008). *Resiliency in schools: Making it happen for students and educators*. Corwin press, Inc.

Jason, R. (2003). *Brain storm: Tab into your creativity to generate awesome ideas and remarkable results*. Carrer Press.

Jordan, C., & Franklin, C. (1995). *Clinical Assessment for Social Workers: Quantitative and Qualitative Methods*. Lyceum Books

Kadushin, A., & Harkness, D. (2002). *Supervision in social work*. Columbia University.

Kagle, J. D., & Kopels, S. (2008). *Social work records*. 홍순혜, 한인영 공역(2010). 사회복지기록. 시그마프레스.

Kettner, P. M., Daley, J. M., & Nichols, A. W. (1985). *Initiating change in organizations and communities: A macro practice model*. Brooks/Cole.

Kettner, P. M., Moroney, R. M., & Martin, L. L. (2008). *Designing and managing program: An effectiveness-based approach*. Sage.

Krejcie, R. V., & Morgan, D. W. (1970). Determining sample size for research activities. *Educational and Psychological Measurement, 30*, 607–610.

Lofland, J., & Lofland, L. H. (1995). *Analyzing social setting*. Wadseorth.

Martin, L. (2001). *Financial management for human service administrators*. Allyn & Bacon.

Martin, L., & Kettner, P. M. (2000). *Measuring the performance of human service program*. Sage.

McNeill, T. (2006). Evidence-based practice in an age of relativism. *Social Work, 51*(2), 147–157.

Meenaghan, T. M., Kilty, K. M., & McNutt, J. G. (2004). *Social policy analysis and practice*. Lyceun Books.

Merton, R. K., & Nisbet, R. (1976). *Contemporary social problems*. Harcourt College Pub.

Midgley, J., & Piachaud, D. (1984). *The fields and methods of social planning*. Johannesburg: Heinemann Educational Books.

Munson, C. E. (2002). *Handbook of cinical social work supervision*. Haword Press.

Netting, F., Kettner, P., & McMurtry, S. (2008). *Social work macro practice* (4th ed.). Allyn & Bacon.

Parasuraman, A., Zeithaml, V. A., & Berry, L. L. (1988). "SERVQUAL: A multiple-item scale for measuring consumer perceptions of service quality". *Journal of Retailing, 64*(1), 12–40.

Parasuraman, A., Zeithaml, V. A., & Berry, L. L. (1994). "Reassessment of expectations as a comparison standard in measuring service quality: Implications for further research". *Journal of Marketing, 58*, 111-124.

Patti, R. J. (1983). *Social welfare administration: Managing social programs in a developmental context*. Prentice-Hall.

Patton, M. Q. (2002). *Qualitative Research and Evaluation Methods* (3rd ed.). Sage Publications.

Popper, K. (1959). *The logic of scientific discovery*. Macmillan.

Posavac, E., & Carey, R. (2003). *Programs evaluation*. Prentice Hall.

Rich, J. R. (2003). *Brain storm: Tap into your creativity to generate awesome ideas and remarkable results*. Career Press. 정명진 역(2003). 브레인 스토밍 100배 잘하기. 21세기 북스.

Rossi, P., & Freeman, H. (1982). *Evaluation: A systematic approach*. Sage.

Royse, D., Thyer, B. A., Padgett, D. K., & Logan, T. K. (2001). *Program evaluation an introduction* (3rd ed.). Brooks/Cole.

Rubin, A., & Babbie, E. (1997). *Research methods for social work*. Brook/Cole.

Sackett, D. L. et al. (1997). *Evidence-based medicine. Edinburgh: Churchill Livingstone*. 안형식 외 공역(2004). 근거중심의학. 아카데미아.

Sackett, D., Strauss, S., Richardson, W., Rosenberg, W., & Haynes, R. (2000). *Evidence-based medicine: How to practice and teach EBM*. Churchill Livingstone.

Scherer, M. J. et al. (1993). Participatory action research. Annual meeting of American educational research association, Atlanta GA, April 12-16.

Sheafor, B. W., & Horejsi, C. R. (2008). *Techniques and guideline for social work practice* (8th ed). 남기철, 정선욱, 조성희 공역(2010). 사회복지실천기법과 지침(개정2판). 나남출판.

Skidmore, R. A. (1995). *Social work administration: Dynamic management and human relationships* (3rd ed.). Allyn & Bacon.

Smith, M. J. (2010). *Handbook of program evaluation for social work and health professional*. Oxford.

Stewart, D. W., & Shamdasani, P. N. (1990). *Focus groups*. Sage.

Straus, S. E., Richardson, W. S., Glasziou, P., & Haynes, R. B. (2005). *Evidence-based medicine*. Churchill Livingston.

Thomas, E. J. (1984). *Designing interventions for the helping professions*. Sage Publication.

Thomas, E. J., & Rothman, J. (1994). *An integrative perspective on intervention research*. Haworth Press.

United Way of America. (1996). *Measuring program outcomes: A practical approach*. United Way of America.

Wiskup, M. (2005). *Presentation S.O.S–From perspiration to persuasion in 9 easy steps*. Warner Business Books.

Wood, R., & Payne, T. (1998). *Competency–Based Recruitment and Selection*. 오인수, 임대열 공역(2003). 채용과 선발의 심리학: 성공적인 역량기반 채용과 선발을 위한 가이드북. 시그마프레스.

Yarbrough, D. B., Shulha, L. M., Hopson, R. K., & Caruthers, F. A. (2011). *The program evaluation standards: A guide for evaluators and evaluation users* (3rd ed.). Sage publication.

York, R. O. (1982). *Human service planning: Concepts, tools and methods*. The University of North Carolina Press.

국립국어원(2023). https://www.korean.go.kr/

사회복지사업법(2024). https://www.law.go.kr

위키백과사전(2023). https://ko.wikipedia.org/wiki/%ED%8D%BC%ED%8A%B8

중앙사회서비스원(2023). https://kcpass.or.kr/mps

태화기독교사회복지관 http://www.taiwha.or.kr

AEA(2023). https://www.eval.org/

찾아보기

저자 소개

조성우(Sungwoo Cho)
백석대학교 사회복지학부 교수
충현복지관 사회복지사
사회복지공동모금회 배분분과실행위원
해피빈재단 이사
서울시복지재단 지식공유활동가
경기복지재단 정책자문위원
관심 영역: 프로그램 성과평가, 연구방법론

안정선(Jeongsun Ahn)
한국성서대학교 사회복지학과 교수
태화기독교사회복지관 팀장
보건복지인력개발원 연구교수
태화사회복지연구소장
아동권리보장원 슈퍼비전교육/심의위원
관심 영역: 사회복지슈퍼비전, 프로그램 이론과 개발

최승희(Seunghee Choi)
평택대학교 사회복지학과 교수
아산나눔재단 파트너십 온 자문위원
서울꿈장학재단 자문위원
경기도사회복지공동모금회 배분분과위원
경기도종합사회복지관 평가위원
안양시 민간전문감사관
관심 영역: 미혼모, 학교사회복지

김정선(Jungsun Kim)
한국자폐인사랑협회 사무처장
장애인정책조정실무위원회 위원
국립장애인도서관 자문위원
경희대학교 공공대학원 사회복지학과 강사
세이브더칠드런 팀장
수서종합사회복지관 과장
숭실대학교 대학원 사회복지학 박사
관심 영역: 비영리경영, 조직개발, 성과 관리

쉽게 배우고 바로 활용하는

사회복지 프로그램 개발과 평가 (2판)
Social Welfare Program Development and Evaluation (2nd ed.)

2018년 2월 20일 1판 1쇄 발행
2023년 1월 20일 1판 4쇄 발행
2024년 3월 25일 2판 1쇄 발행
2024년 9월 25일 2판 2쇄 발행

지은이 • 조성우 · 안정선 · 최승희 · 김정선
펴낸이 • 김진환
펴낸곳 • (주) **학지사**

　　　　04031 서울특별시 마포구 양화로 15길 20 마인드월드빌딩
대표전화 • 02)330-5114　　　팩스 • 02)324-2345
등록번호 • 제313-2006-000265호

홈페이지 • http://www.hakjisa.co.kr
인스타그램 • https://www.instagram.com/hakjisabook

ISBN 978-89-997-3092-4 93330

정가 23,000원

출판미디어기업 **학지사**

간호보건의학출판 **학지사메디컬** www.hakjisamd.co.kr
심리검사연구소 **인싸이트** www.inpsyt.co.kr
학술논문서비스 **뉴논문** www.newnonmun.com
교육연수원 **카운피아** www.counpia.com
대학교재전자책플랫폼 **캠퍼스북** www.campusbook.co.kr